国家卫生健康委员会"十四五"规划教材

全国高等学校教材
供卫生管理及相关专业用

卫生法学

Science of Health Law

第2版

主　编　黎东生
副主编　乐　虹　陈　瑶

编　委　（以姓氏笔画为序）

王　洋　黑龙江中医药大学　　胡　姝　中国医科大学
王　薇　潍坊医学院　　　　　胡汝为　中山大学
王大红　海南医学院　　　　　高　蕾　哈尔滨医科大学
乐　虹　华中科技大学　　　　郭福娥　长治医学院
李海军　锦州医科大学　　　　龚学德　贵州医科大学
张彩霞　广州中医药大学　　　韩冬梅　包头医学院
陈　瑶　贵州中医药大学　　　翟方明　广东医科大学
林宇虹　福建中医药大学　　　黎东生　广州中医药大学
罗　秀　成都医学院

人民卫生出版社
·北京·

图书在版编目（CIP）数据

卫生法学 / 黎东生主编. —2 版. —北京：人民
卫生出版社，2023.6 （2025.4重印）
全国高等学校卫生管理专业第三轮规划教材
ISBN 978-7-117-34836-2

Ⅰ. ①卫…　Ⅱ. ①黎…　Ⅲ. ①卫生法－法学－中国－
高等学校－教材　Ⅳ. ①D922.161

中国国家版本馆 CIP 数据核字（2023）第 098432 号

| 人卫智网 | www.ipmph.com | 医学教育、学术、考试、健康，购书智慧智能综合服务平台 |
| 人卫官网 | www.pmph.com | 人卫官方资讯发布平台 |

卫 生 法 学
Weishengfaxue
第 2 版

主　　编：黎东生
出版发行：人民卫生出版社（中继线 010-59780011）
地　　址：北京市朝阳区潘家园南里 19 号
邮　　编：100021
E - mail：pmph @ pmph.com
购书热线：010-59787592　010-59787584　010-65264830
印　　刷：人卫印务（北京）有限公司
经　　销：新华书店
开　　本：850×1168　1/16　印张：20
字　　数：564 千字
版　　次：2013 年 8 月第 1 版　　2023 年 6 月第 2 版
印　　次：2025 年 4 月第 6 次印刷
标准书号：ISBN 978-7-117-34836-2
定　　价：78.00 元
打击盗版举报电话：010-59787491　E-mail：WQ @ pmph.com
质量问题联系电话：010-59787234　E-mail：zhiliang @ pmph.com
数字融合服务电话：4001118166　E-mail：zengzhi @ pmph.com

全国高等学校卫生管理专业
第三轮规划教材修订说明

我国卫生管理专业创办于 1985 年，第一本卫生管理专业教材出版于 1987 年，时至今日已有 36 年的时间。随着卫生管理事业的快速发展，卫生管理专业人才队伍逐步壮大，在教育部、国家卫生健康委员会的领导和支持下，教材从无到有、从少到多、从有到精。2002 年，人民卫生出版社成立了第一届卫生管理专业教材专家委员会。2005 年出版了第一轮卫生管理专业规划教材，其中单独编写教材 10 种，与其他专业共用教材 5 种。2011 年，人民卫生出版社成立了第二届卫生管理专业教材评审委员会。2015 年出版了第二轮卫生管理专业规划教材，共 30 种，其中管理基础课程教材 7 种，专业课程教材 17 种，选择性课程教材 6 种。这套教材出版以来，为我国卫生管理人才的培养，以及医疗卫生管理事业教育教学的科学化、规范化管理作出了重要贡献，受到广大师生和卫生专业人员的广泛认可。

为了推动我国卫生管理专业的发展和学科建设，更好地适应和满足我国卫生管理高素质复合型人才培养，以及贯彻 2020 年国务院办公厅发布《关于加快医学教育创新发展的指导意见》对加快高水平公共卫生人才培养体系建设，提高公共卫生教育在高等教育体系中的定位要求，认真贯彻执行《高等学校教材管理办法》，从 2016 年 7 月开始，人民卫生出版社决定组织全国高等学校卫生管理专业规划教材第三轮修订编写工作，成立了第三届卫生管理专业教材评审委员会，并进行了修订调研。2021 年 7 月，第三轮教材评审委员会和人民卫生出版社共同组织召开了全国高等学校卫生管理专业第三轮规划教材修订论证会和评审委员会，拟定了本轮规划教材品种 23 本的名称。2021 年 10 月，在武汉市召开了第三轮规划教材主编人会议，正式开启了整套教材的编写工作。

本套教材的编写，遵循"科学规范、继承发展、突出专业、培育精品"的基本要求，在修订编写过程中主要体现以下原则和特点。

1. 贯彻落实党的二十大精神，加强教材建设和管理 二十大报告明确指出，人才是第一资源，教育是国之大计、党之大计，要全面贯彻党的教育方针、建设高质量教育体系、办好人民满意的教育，落脚点就是教材建设。在健康中国战略背景下，卫生管理专业有了新要求、新使命，加强教材建设和管理，突出中国卫生事业改革的成就与特色，总结中国卫生改革的理念和实践经验，正当其时。

2. 凸显专业特色，体现创新性和实用性　本套教材紧扣本科卫生管理教育培养目标和专业认证标准；立足于为我国卫生管理实践服务，紧密结合工作实际；坚持辩证唯物主义，用评判性思维，构建凸显卫生管理专业特色的专业知识体系，渗透卫生管理专业精神。第三轮教材在对经典理论和内容进行传承的基础上进行创新，提炼中国卫生改革与实践中普遍性规律。同时，总结经典案例，通过案例进行教学，强调综合实践，通过卫生管理实验或卫生管理实训等，将卫生管理抽象的知识，通过卫生管理综合实训或实验模拟课程进行串联，提高卫生管理专业课程的实用性。以岗位胜任力为目标，培养卫生领域一线人才。

3. 课程思政融入教材思政　育人的根本在于立德，立德树人是教育的根本任务。专业课程和专业教材与思想政治理论教育相融合，践行教育为党育人、为国育才的责任担当。通过对我国卫生管理专业发展的介绍，总结展示我国近年来的卫生管理工作成功经验，引导学生坚定文化自信，激发学习动力，促进学生以德为先、知行合一、敢于实践、全面发展，培养担当民族复兴大任的时代新人。

4. 坚持教材编写原则　坚持贯彻落实人民卫生出版社在规划教材编写中通过实践传承的"三基、五性、三特定"的编写原则："三基"即基础理论、基本知识、基本技能；"五性"即思想性、科学性、先进性、启发性、适用性；"三特定"即特定的对象、特定的要求、特定的限制。在前两轮教材的基础上，为满足新形势发展和学科建设的需要，与实践紧密结合，本轮教材对教材品种、教材数量进行了整合优化，增加了《中国卫生发展史》《卫生管理实训教程》。

5. 打造立体化新形态的数字多媒体教材　为进一步推进教育数字化、适应新媒体教学改革与教材建设的新要求，本轮教材采用纸质教材与数字资源一体化设计的"融合教材"编写出版模式，增加了多元化数字资源，着力提升教材纸数内容深度结合、丰富教学互动资源，充分发挥融合教材的特色与优势，整体适于移动阅读与学习。

第三轮卫生管理专业规划教材系列将于 2023 年秋季陆续出版发行，配套数字内容也将同步上线，供全国院校教学选用。

希望广大院校师生在使用过程中多提宝贵意见，为不断提高教材质量，促进教材建设发展，为我国卫生管理及相关专业人才培养作出新贡献。

全国高等学校卫生管理专业
第三届教材评审委员会名单

顾　　问　李　斌

主任委员　梁万年　张　亮

副主任委员　孟庆跃　胡　志　王雪凝　陈　文

委　　员　（按姓氏笔画排序）

马安宁　王小合　王长青　王耀刚　毛　瑛
毛宗福　申俊龙　代　涛　冯占春　朱双龙
邬　洁　李士雪　李国红　吴群红　张瑞华
张毓辉　张鹭鹭　陈秋霖　周尚成　黄奕祥
程　峰　程　薇　傅　卫　潘　杰

秘　　书　姚　强　张　燕

主编简介

黎东生

男，1965年3月生于广东省肇庆市。教授、硕士研究生导师。中国卫生法学会理事、广东省法学会卫生法学研究会副秘书长、广东省卫生经济学会医药产业经济委员会主任委员、广东省中西医结合学会药物经济委员会副主任委员、广东保险学会常务理事、《医师在线》杂志专家委员会专家、广东医药价格协会专家委员会专家。

从事教学工作35年，主要研究领域为卫生法学、卫生经济学、医药管理等，主编教材7部，主持各级课题20余项，发表学术论文100余篇，曾获多项校级以上教学和科研奖励。近年来，多次参加广东省多个地级市的法制和政策咨询活动，担任《广东省中医药条例》起草负责人，2个地级市《卫生健康事业发展"十四五"规划》的主要参加人。

女，1962年10月生于湖北省武汉市。教授。中国卫生法学会常务理事，中国医院协会医疗法制专业委员会常务理事，中华预防医学会公共卫生管理与法治专委会常务委员，湖北省卫生法学会副会长，湖北省卫生健康法学会副会长，湖北省医学伦理专家委员会委员。

从事卫生法学教学工作37年，主讲卫生法学、宪法与行政法等多门课程。曾获湖北省科学技术进步二等奖、武汉市科学技术进步三等奖等奖项。副主编、参编《卫生法学》等多本教材。

乐　虹

女，1965年11月生于贵州省惠水县。教授、硕士研究生导师。贵州中医药大学人文与管理学院党委书记、中华中医药学会人文与管理科学分会副主任委员、贵州省卫生健康法学研究会会长、贵阳仲裁委员会仲裁员、《贵州省中医药条例》立法专家组组长。

从事教学工作34年。主持完成国家社会科学基金课题一项，主编全国规划及统编教材20余部，主持国家中医药管理局、贵州省民族宗教事务委员会、贵州省科学技术厅、贵州省哲学社会科学重大招标课题等10余项，主持完成贵州省人民政府立法工作、贵阳市人民政府法规清理工作等工作。

陈　瑶

前　言

《"健康中国2030"规划纲要》指出："健康是促进人的全面发展的必然要求，是经济社会发展的基础条件。实现国民健康长寿，是国家富强、民族振兴的重要标志，也是全国各族人民的共同愿望。"健康中国，应该由每一个健康的中国人组成，其中既包括医护人员、医药健康行业从业人员，也包括每一位普通的老百姓。制定一系列与健康有关的法律法规，是实现健康中国伟大战略目标的基础，也是指导我国医药卫生事业健康发展的重要保障，而卫生法学正是研究与健康相关的法律法规的学科。

卫生法学作为一门学科，自20世纪80年代在我国诞生以来，已经取得了长足的发展，为指导我国医药卫生事业的改革和发展作出了应有的贡献。卫生法学课程是卫生事业管理专业（或公共事业管理专业）的一门核心必修课，要保证其教学质量，编写一本高水平的教材至关重要。2013年出版的国家卫生和计划生育委员会"十二五"规划教材《卫生法学》在业内获得了良好的口碑与社会效果。但是，由于近几年国家颁布实施了一些新的法律法规，并且对一些旧的法律法规也进行了修订，因此，对第1版教材进行修订也就非常必要了。特别指出的是，2019年12月1日起施行的《中华人民共和国疫苗管理法》作为我国首部有关疫苗管理的专门法律，对疫苗研制、生产、流通和预防接种及其监督管理活动作出了明确的法律规定。2020年6月1日施行的《中华人民共和国基本医疗卫生与健康促进法》是我国卫生健康领域的第一部基础性、综合性法律，对完善卫生健康法治体系、引领与推动卫生健康事业改革发展、加快健康中国建设、保障公民享有基本医疗卫生服务、提升全民健康水平具有十分重大的意义。所以，第2版教材增加了"疫苗管理法"和"基本医疗卫生与健康促进法"两章全新内容。同时，2017年7月1日施行的《中华人民共和国中医药法》是中医药发展史上具有里程碑意义的大事，为进一步促进中医药事业健康发展提供了法律保障。《中华人民共和国中医药法》相较于原来的《中华人民共和国中医药条例》，在内容上有了很大的改变，我们也对这一章的内容作了较大的修改。教材其他章节的内容也根据法律法规的修订情况进行了相应的修改。

本教材具有知识量大、时代性与针对性强、形式活泼等特点。教材的内容突出医药卫生事业管理专业的需求特点，围绕卫生法学基础理论、医疗活动的主体和相关客体、医疗侵权、公共卫生管理、民族医学、医学发展面临的法律新问题这条主线编写，具体章节包括绪言、卫生法概述、基本医疗卫生与健康促进法、医疗机构管理法律制度、卫生技术人员管理法律制度、医疗侵权法律制度、医疗纠纷预防与处理法律制度、药品管理法律制度、疫苗管理法律制度、血液及血液制品管理法律制度、医疗器械管理法律制度、传染病防治法律制度、职业病防治法律制度、食品安全法律制度、突发公共卫生事件应急管理法律制度、精神卫生法律制度、母婴保健法律制度、中医药管理法律制度、医疗技术临床应用中的法律问题等章节。

　　教材在编写的过程中得到了相关院校、有关领导和老师的大力支持和帮助,在此表示感谢。由于编者的能力和水平有限,错误和不当之处,希望同行和广大读者批评指正。

黎东生

2022 年 9 月

目　录

绪　言

章前案例

中国卫生法学会的主要任务

中国卫生法学会是1993年3月经民政部审核登记、批准成立的全国性法学专业性社会团体组织。其成员主要是由卫生部、国家计划生育委员会、解放军总后勤部卫生部、国家食品药品监督管理局、国家中医药管理局系统以及大专院校、医疗机构、律师事务所、医药企业等单位从事卫生行政管理、法律工作、教学、研究的专家、教授、学者、律师和相关人员等组成，会员遍布全国29个省、市、自治区。

学会的主要任务是：开展卫生法学理论探索、卫生法学教学与学科建设、卫生法理论与实际相结合的工作研究；组织、协调卫生法教育培训活动；接受政府有关部门和单位的委托，进行卫生法制工作的调查研究，组织卫生法学领域成果评审及资格考评，为卫生立法、司法、监督执法、人身伤害、医疗纠纷与诉讼等进行协作，提供协调、咨询服务；普及卫生法律知识，加强和世界及各国卫生法学组织的联系与合作，开展国际学术交流和民间友好往来；编纂、翻译、出版与生命健康相关的科学技术及与普及卫生法有关的刊物、著作、教材、案例、资料等；建立必要的法律援助、咨询、服务机构；依法扩充经济活动范围、发展人身医疗保险业务；依法监督司法证据鉴定工作。

思考：

通过中国卫生法学会的主要任务思考卫生法学的内涵及主要研究内容。

一、卫生法学的内涵

卫生法学（science of health law）是研究卫生法律规范及其发展规律的一门法律学科。要准确地了解卫生法学的内涵，必须了解卫生和法律这两个概念的内涵。无论是卫生还是法律，都是社会发展的产物，都会随着社会的发展而不断丰富其内涵，并且两者之间的关系也会更密切、相互影响也会更突出。

1. 卫生的内涵　医学史研究认为，"卫生"是医学名词，意为"养生"。这个词最早出现于《灵枢》中，《庄子·庚桑楚》里也有"卫生"一词——南荣曰："里人有病，里人问之，病者能言其病，然其病，病者犹未病也。若趎之闻大道，譬犹饮药以加病也。殊愿闻卫生之经而已矣。"也有人认为"卫生"一词来自希腊语，"hygeian"是指神话中的"健康女神"，西欧学者用此词表示"卫生"或"卫生学"。

现代意义上的卫生具有多层涵义。首先，卫生是指为增进人体健康，预防疾病，改善和创造合乎生理、心理需求的生产环境、生活条件所采取的个人的和社会的卫生措施。其次，卫生是一项十分重要的事业。现代社会的各国政府都把卫生作为其重要的事业，都会制定各种政策和法律促进卫生事业的发展，改善人民群众的健康水平。社会的发展对卫生事业的影响越来越大，卫生事业的发展也对社会的发展起着促进作用。再次，卫生是具有科学内涵的知识体系。卫生由最初的一种自发的行为越来越成为一种科学知识体系,越来越克服其盲目性,建立在科学基础之上。这些科学基础既有物质的科学技术(如科学设备等),也有科学的理念和方法。建立在科学基础上的卫生,得到了更好的发展。

2. 法律的内涵　法律是社会发展的历史产物,是人类社会的一种特殊社会规范。法律不是伴随着人类社会的产生而产生的,而是人类社会发展到一定阶段的产物,是存在私有制和阶级之后的特有历史现象。

法律是调整人们行为的社会规范。它告诉人们什么可以做、什么不可以做;法律是制定人们权利和义务的社会规范,它赋予人们权利的同时也规定了义务,以及权利和义务实施的保障;法律是国家制定或认可的,由国家强制力保证实施的,具有普遍约束力的社会规范。

3. 卫生法学的内涵　卫生法律作为一种特殊的社会现象,是在长期的医疗、卫生服务过程中累积、产生并发展起来的。卫生法律问题首先是医学问题,其次是法律化的医学问题,亦即随着医学不断发展,提出了诸多需要法律予以解决的问题;法学也在不断应答的过程中建立、充实并不断完善自身的学科体系。

对于卫生法学的内涵有各种各样的表述。有观点认为,卫生法学是卫生法的荟萃和精华,是一门新兴的正在发展中的交叉学科;有观点认为卫生法学是研究卫生法这一特定社会现象及其发展变化规律的科学,是医学与法学的融合,是实践性极强的应用法学的边缘学科;有观点认为卫生法学是研究卫生法、卫生法的现象及与卫生法相关问题的一门法律科学;有观点认为卫生法学是生物学、医学、卫生学、药物学等自然科学和法学结合的产物,是自然科学和社会科学相互渗透、交叉的新型学科。本书观点认为,不论对卫生法学有多少种解释都离不开研究卫生法律这一核心内容以及属于法律学科这一本质。因此,从学科属性来看,卫生法学是法律学科,它是研究卫生法这一特定的社会现象及其发展变化规律的科学,是医学与法学交叉、融合的法律边缘学科。

二、卫生法学的研究对象

卫生法学是一个新兴的法学学科。由于与医疗卫生相关的科学技术发展迅猛,新的医疗技术、新药临床应用、医疗卫生管理、卫生防疫以及国家卫生管理、调控等法律、法规、政策的制定、修改和更新的速度都非常快,因此,卫生法学需要研究和解决的问题也越来越多,同时,新的卫生法学研究成果也急需整理。因此,卫生法学研究的对象是十分丰富的。

1. 卫生法学要研究卫生法的相关法律法规　卫生法的相关法律法规是卫生法学研究的首要对象。有关的法律法规至少可以分为三个层次:一是全国人大制定的卫生法律,如《中华人民共和国食品安全法》《中华人民共和国药品管理法》《中华人民共和国医师法》《中华人民共和国职业病防治法》《中华人民共和国传染病防治法》《中华人民共和国母婴保健法》《中华人民共和国献血法》等。二是卫生行政法规以及国家卫生健康委员会等国务院部委制定的卫生行政规章,例如《国家突发公共事件总体应急预案》《医疗事故处理条例》《人类辅助生殖技术规范》《医疗机构管理条例实施细则》等。三是地方性行政法规及卫生标准等,例如《上海市市容环境卫生管理条例》等。

2. 卫生法学要研究各种卫生法的现象与规律　卫生法的现象和规律是卫生法学研究的重要内容。法学是研究具有明显规范性的法律现象的社会科学,法律是人为的,是人们的约定,而不是不以人的意志为转移的客观规律,尽管它具有国家意志的神圣光环。判断法律现象的标准是合法性,而不是真理性,即用法律去衡量一种行为是否合法。法与卫生具有越来越密切的关系。

医药卫生实践和医学科学、卫生事业发展中的法律现象,包括卫生法的立法、执法、司法及法律解释及监督。卫生法学要探讨卫生法对医学的影响及法律效果、社会效果,关注卫生法在多大程度上促使医学实现其使命。

3．卫生法学要研究与卫生法相关的社会问题　医学总是在一定的社会条件下产生和发展的，所以医学必然和其他社会问题密切联系在一起。而卫生法学不仅要研究卫生法本身，也要研究与卫生法相关的其他社会问题，如卫生法与经济、政治、伦理、文化及其他社会现象的关系问题。

三、卫生法学的产生和发展

1．卫生法学在世界范围的产生和发展　卫生法学作为一门独立的学科，大致形成于20世纪60年代后期。这个时期，世界各国面临着许多卫生领域的问题和挑战，在医学得到迅猛发展的同时，医学社会问题也越来越多、社会医疗保障问题越来越成为各国政府必须正视的问题。卫生事业在各国具有独特的社会地位，而在其发展中又产生了许多新的社会关系，这些社会关系需要从法律的角度加以规范。医学新技术的广泛应用，在为人类造福的同时也带来了一些副作用，需要立法加以管理。人们对健康的理解和要求越来越高，医患双方的权利意识不断提高，维权的行为不断发生，医患冲突和纠纷日益引起人们的重视，这些都需要从法律的角度加以调节。因此，许多国家开始重视卫生立法，将其作为实施国家卫生政策和发展卫生事业的重要手段和方法。其后，卫生法学在世界范围得到了充分的发展。

2．卫生法学在我国的产生和发展　1987年，蔡维生在《医学与卫生立法》中提出应建立我国的卫生法学；1988年，卓小勤在《加强卫生法制建设，建立我国"医学法学"》中较全面地论述了卫生法学建立的基本构想，对卫生法学的概念、性质、研究范围、研究内容以及组成要素进行了界定；1989年，潘改良在《试论医学法学的要素》中对卓小勤提出的卫生法学要素进行了修正和研讨。与此同时，全国各地卫生管理专业都把卫生法学作为专业课，卫生法学作为一门独立的学科开始得到了公认，并受到重视。作为一个学科的名称，刚开始时并不统一，有的称"医学法学"，有的称"医药卫生法学"或"卫生法学"。经过了长时间的争论，现在较公认的名称为"卫生法学"，这一名称逐渐得到学术界的认同。

一个学科的创立与发展需要自己的专业学术团体和研究刊物，这也是一个学科发展水平的标志之一。1992年，全国性卫生法学专业期刊——《中国卫生法制》创刊，1993年中国卫生法学会正式成立。《中国卫生法制》的创刊和中国卫生法学会的成立是中国卫生法学发展史上的里程碑，标志着中国卫生法学全面发展和繁荣的开始。

四、学习卫生法学的意义

任何一门学科都有它的特定作用。作为研究卫生法律的学科，卫生法学对制定卫生法律的组织（如立法机关）、执行卫生法律的单位（如医疗机构）、提供卫生服务的人（如医务人员）、接受卫生服务的人（如患者）等都有非常重要的指导意义。从理论上说，法律本身的作用可以分为规范作用与社会作用。从法是一种社会规范的角度看，法律具有规范作用，规范作用是法作用于社会的特殊形式。从本质和目的的角度看，法又具有社会作用，社会作用是法以规制和调整社会关系的目的。学习卫生法学的具体作用不仅是法律本身的作用，而且在对法治国家的建设、依法行政、依法行医、各方权利的实现和义务的履行、合法经营等方面都具有重要意义。

1．依法发展我国卫生事业的需要　我国的卫生事业以人民的健康服务为中心，在大力发展社会主义市场经济体制的今天，依法发展卫生事业显得尤其重要。我国的卫生事业是带有一定福利性质的公益事业，可以利用行政手段、市场手段依法发展社会主义卫生事业。卫生事业的发展要走上法制的轨道。首先，要从宏观的层面、从国家的角度确定卫生事业发展的方向，发展社会主义医疗保障制度；其次，不仅是医疗卫生机构的设置、各类医务人员的执业要依法管理，而且医务人员的行医行为、患者的求医行为都要纳入法律管理；再次，医药企业的经营、药品的生产和流通也要遵守法律；最后，公共卫生服务的提供和管理、医学面临的新问题等都需要法律的支持。因此，作为卫生事业的管理者、卫生技术人员、卫生服务的提供者，以及作为卫生服务后备军的医学生都应该学习卫生法学，学习卫生法律、法规，明确自己的权利和义务，增强卫生法律意识，为我国的卫生事业的发展贡献力量。

2. 提高卫生执法水平的需要　法制社会包括立法、执法、守法等方面。完善的法律是建设法制社会的前提，严格执法是法制社会的重要体现。社会主义的卫生事业必须依法进行，运用法律手段管理卫生事业是法制社会必需的。卫生行政执法水平的高低直接影响卫生事业的发展。卫生行政要依法进行，必须有一支既有丰富专业知识，又熟悉法律、法规的高素质的卫生行政执法队伍。学习卫生法律法规和法学理论是提高卫生执法队伍法律素养的重要手段。

3. 规范卫生活动的需要　在现代社会，医学与法学的联系越来越密切。法律可以规范医学发展的方向，医学的发展又需要法律的支持。例如，要想从事医疗卫生活动，只有医学专业的学历已经不足够，还必须考取执业医师资格证；要想提供医疗卫生服务，必须依法取得医疗机构执业许可证；有了执业医师资格证和医疗机构执业许可证，在执业的过程中还必须依法行医。医疗广告要依法发布，严禁利用广告进行虚假宣传、坑害消费者。

4. 维护公民健康权利的需要　健康权是公民享有的法定权利，医疗行为、医药产品都必须维护公民的健康权。作为患者的消费者和医药产品的消费者，依法拥有自己的权利和义务。一方面，当权利受到侵犯时，可以拿起法律武器维权，但也要严禁过度维权。另一方面，也要依法履行自己的义务。要做到依法享受权利和履行义务，必须懂得法律、了解法律，即先要知法，才会守法。要做到知法、守法必须先学法。

思考题

联系实际谈谈学习卫生法学的意义。

（黎东生）

第一章　卫生法概述

章前案例

加强卫生执法、维护群众健康利益

群众健康利益必须依法得到保护，侵犯群众健康利益的行为必将受到法律的处罚。我国许多地方的卫生健康部门，每年都会公布年度卫生健康执法十大典型案例。例如，在某市某年度的卫生健康执法十大典型案例中，主要涉及医疗卫生、公共卫生、职业卫生等专业领域。当年的卫生健康执法活动，主要针对非法医疗美容、疫苗接种、用人单位职业健康监护等领域进行了专项执法。通过专项执法行动，对数以万计的单位进行监督检查，查处各类违法案件近万件、罚款2 000多万元。据相关执法人员介绍，医疗卫生专业领域的违法案件常见的现象包括未取得医疗机构执业许可证擅自开展诊疗活动、违法出租医疗机构执业许可证、未取得执业医师资格擅自开展医疗美容、擅自开展产前诊断、医师篡改病历、医师伪造医学文书等违法情形，这些行为严重扰乱了医疗服务秩序，严重侵犯了群众的健康权益。

思考：

如何通过加强卫生行政执法维护群众健康利益？

第一节　卫生法基础理论

一、卫生法的定义和调整对象

（一）卫生法的定义

法或法律是最主要的社会规范之一。根据《中华人民共和国宪法》（以下简称《宪法》）和《中华人民共和国立法法》（以下简称《立法法》）的规定，法律仅指由全国人民代表大会及其常务委员会制定的规范性法律文件，这是狭义的法律；而在广义上，法律泛指一切国家机关依照法定的权限和程序制定的规范性法律文件。

卫生法（health law）是我国法律体系的组成部分，卫生法也有广义和狭义两个概念。广义的卫生法是指国家机关依据《宪法》和《立法法》规定的权限和程序制定和认可的，由国家强制力保证实施的，调整医药卫生社会关系的法律规范的总称。狭义的卫生法是指国家立法机关制定和认可的，由国家强制力保证实施的，调整医药卫生活动社会关系的法律规范的总称，也就是由全国人民代表大会及其常务委员会制定的卫生法律规范。

卫生法律规范与一般法律规范的主要区别是调整的对象不同。凡是调整医药卫生活动和因保护公民健康而产生的社会关系的法律规范就是卫生法，而不论它是以何种名称、何种形式存在。

（二）卫生法的调整对象

法律的调整对象是社会关系。卫生法的调整对象是在医药卫生活动中形成的社会关系和因保护公民健康而产生的社会关系。这些社会关系根据性质不同可以分为以下几种。

1.调整卫生行政管理关系 首先,卫生法调整卫生行政机构内部管理关系。其次,卫生法调整卫生行政机构(包括卫生执法机构)与医疗卫生保健单位之间的关系。再次,卫生法调整卫生行政部门与被监督的特殊企事业单位的监督关系。最后,卫生法调整卫生行政部门与公民的关系。

2.调整卫生服务关系 卫生服务关系属于民事法律关系的范畴。典型的是医疗卫生单位为公民提供医疗卫生服务而产生的关系,即医患关系。除此之外,医疗卫生保健机构和向社会提供药品、保健食品、医疗器械等生产经营单位,在提供产品和服务的过程中与被服务者所结成的社会关系也属于此范畴。

3.调整因保护公民健康权益而形成的其他社会关系 例如,《中华人民共和国国境卫生检疫法》(以下简称《国境卫生检疫法》)的立法目的是防止传染病的传出和传入,所调整的社会关系有一部分是国家与国家以及我国与外国人的关系。

二、卫生法的特征

卫生法是我国社会主义法律体系的组成部分,毫无疑问,它具有法律的基本特征,如强制性、国家意志性、规范性等。与一般法律相比,卫生法还有如下特征或特点。

1.卫生法以保护公民健康为直接目的 任何法律的制定都必须有明确的目的,卫生法也不例外。卫生法立法的直接目的是确立和保护公民健康权利。如《中华人民共和国药品管理法》第一条规定:“为了加强药品管理,保证药品质量,保障公众用药安全和合法权益,保护和促进公众健康,制定本法。”

2.卫生法以医学科学为基础 一方面卫生法的制定必须以相关的医学科学为基础,例如《中华人民共和国传染病防治法》(以下简称《传染病防治法》)规定的三类预防措施(消灭传染源、切断传播途径、保护易感人群)就是以流行病学为基础的;另一方面医学技术鉴定在卫生法的实施中具有重要意义,例如判定食品、药品、医疗器械是否符合标准,医疗事故的判定,都需要严格的技术鉴定。

3.卫生法主要为行政法律规范 卫生法大多数属于行政法的范畴。例如,《中华人民共和国药品管理法》(以下简称《药品管理法》)、《中华人民共和国食品安全法》(以下简称《食品安全法》)、《中华人民共和国职业病防治法》(以下简称《职业病防治法》)等的规定主要是行政法规范。至于国务院制定的一些卫生行政法规,国家卫生健康委员会制定的卫生行政规章,以及制定的技术标准更是属于行政法律规范的范畴。卫生法中也包含一些其他法律规范,但大多数是比较笼统的规定,在适用时要依照相关的法律、法规作出判断。

4.卫生法具有广泛的社会性 卫生法是社会主义法律体系的组成部分,具有阶级性。但是,卫生法作为保护人民健康的一种法律规范,主要体现的是人与自然、人与医学技术的关系。卫生法反映的是全社会的共同需求,具有广泛的社会性。由于影响健康的因素在世界范围内具有共同性,因此,卫生法也具有共同性。例如,要控制食品的污染,各国的食品卫生法都要规定相类似的法律规则。

三、卫生法的作用

卫生法的作用是指卫生法实施后将对社会和公民产生的影响。卫生法的作用是通过法律的实施,进而影响公民和单位的行为来实现的,作为法律体系的组成部分,对人们的行为将产生规范作用、预测作用、强制作用、教育作用等。这里重点阐述卫生法对卫生事业和公民健康权益的作用，主要体现在以下几方面。

1. 确认和保护公民的健康权益　如前所述，公民的健康权（the right to health）是与公民的政治权益、经济权益、文化权益相并列的基本权利。卫生法以法律的形式确认公民的健康权具有重要意义。公民的健康权包括两个重要部分：一是公民的各种健康权，包括就医权、获得预防保健权、使用食品和药品等健康相关产品安全权等。二是由健康权衍生的经济和其他权利，如健康受到不法侵害的被赔偿权、获得精神安慰的权利、知情权等。以上这些权利必须由卫生法确定，并规定法律措施予以保障。

2. 明确卫生管理者管理权限和程序　卫生管理者包括卫生行政管理机关、卫生执法机构及其工作人员。卫生管理者管理权力的行使，意味着履行管理卫生事业的职责，对于公民健康权益的实现起到至关重要的作用。卫生管理权力的行使要严格按照法定权限和程序，卫生法关于管理权限和程序的规定，是卫生管理的基本法律依据。

3. 作为卫生事业管理的重要手段　卫生事业管理的主要手段有三个，即行政、经济和法律手段，法律手段与行政手段、经济手段相比，具有强制性、规范性等特点。通过卫生法的贯彻执行，使卫生管理的决策更具有规范性、强制性和科学性。卫生法是依法管理卫生事业的基础。在我国，党的政策对卫生事业具有重要的指导作用，通过制定卫生法，把党的主张和人民的意志通过法定程序转化为国家意志，使之成为全体公民普遍遵守的社会规则，卫生法是党的卫生政策贯彻执行的有效形式。在依法治国的基本国策下，依法管理卫生事业是我国卫生事业发展的必由之路。

4. 规范和促进医学科学技术的发展　医学科学技术是卫生法存在的基础，反之，卫生法的制定和实施又能促进医学科学技术的发展。第一，卫生法规定了鼓励和保护医学先进技术的规范，如对药品和医疗器械的知识产权保护。第二，卫生法通过对不法行为的打击和惩治，起到惩恶扬善，保护先进技术的作用。例如，依法打击非法行医行为，对于维护我国的医疗秩序具有重要作用。第三，医学技术也具有两面性，卫生法的规范作用对于防止医学技术的滥用具有重要意义。例如，关于禁止使用医学技术进行非法胎儿性别鉴定的规定，对于维持人口性别比例适度，进而保证国家的长治久安具有重要意义。

5. 预防和制裁违法行为　违法现象是社会的普遍现象。违法现象侵犯了社会管理秩序，破坏了社会关系，必须预防违法现象的发生，发生了违法现象必须给予制裁和纠正。卫生法中明确了各种违法现象的法律责任，通过对法律责任的追究，制止违法行为的发生，给受害人足够的补偿，从而保护公民健康权利的实现。

四、卫生法律关系

（一）卫生法律关系的概念

卫生法律关系（health legal relationship）是指国家机关、企事业单位、社会团体、公民个人在卫生管理和医药卫生预防保健服务过程中，依据卫生法律规范所形成的权利和义务关系。

卫生法律关系除了具备法律关系的一般特征，还有其他法律关系所不具备的特征：第一，从法律关系形成的目的和过程看，卫生法律关系是在卫生管理和医药卫生预防保健服务过程中，基于保障和维护人体健康而结成的法律关系。其他法律关系也有一定的形成目的和过程，但均不以人体健康这一特定事物为直接目的，也不是在医药卫生行政管理和医药卫生预防保健服务这一特定活动中形成的。第二，从法律关系参加者的具体情况及行为性质看，卫生法律关系是一种纵横交错的法律关系。纵向卫生法律关系，主要包括卫生行政部门及卫生监督机构与其行政相对人结成的卫生行政法律关系；横向卫生法律关系，既包括医疗机构及其医护人员与就医人员之间结成的医患法律关系，又包括从事药品、食品、化妆品、保健品的生产经营企业和提供公共场所服务的单位以其卫生服务质量和药品疗效与被服务者之间结成的卫生服务法律关系。

（二）卫生法律关系的构成要素

卫生法律关系的构成要素是指任何一种卫生法律关系应由哪几个方面组成，如果缺乏其中某一个方面，该卫生法律关系就无法形成或继续存在。卫生法律关系同其他法律关系一样，也是由主体、客体和内容三个方面的要素构成的，但其具体内涵有所不同。

1. 卫生法律关系的主体　卫生法律关系的主体是指卫生法律关系的参加者，亦即在卫生法律关系中享有权利并承担义务的当事人。在我国，国家机关、企事业单位、社会团体和公民，如果参加到某一卫生法律关系中，并在该法律关系中享有权利和承担义务，均可成为卫生法律关系的主体。

国家机关作为卫生法律关系的主体大致有二种情况：一是各级卫生行政部门及其卫生监督机构以卫生监督管理机关的身份，依法对其管辖范围内的国家机关、企事业单位、社会团体、公民个人结成卫生行政法律关系；二是各级卫生监督管理机关之间、各级卫生监督管理机关与同级政府之间、各级卫生行政部门与法律授权承担公共卫生事务管理的事业单位之间、各类卫生监督管理机关与其卫生监督执法人员之间，分别以领导与被领导、管理与被管理的身份结成内部的卫生管理关系。

企事业单位和社会团体作为卫生法律关系的主体大致有两种情况：一是它们以卫生行政管理相对人的身份，同有管辖权的卫生监督管理机关结成卫生行政法律关系；二是提供医药卫生预防保健服务的企事业单位，一方面以提供者的身份，同需求这种服务和产品的国家机关、企事业单位、社会团体、公民个人结成卫生服务法律关系，另一方面以管理者的身份，同本单位的职工结成内部的卫生管理法律关系。

公民作为卫生法律关系的主体，有特定主体和一般主体之分。特定主体，主要指在各种医药卫生预防保健机构执业的卫生技术人员。他们一方面因需要申办医师、药师、护士、技师等执业注册许可而同有管辖权的卫生行政部门结成卫生行政法律关系；另一方面因承担卫生服务职责，既要同所在单位结成内部的卫生管理关系，又要同就医人员结成医患法律关系。一般主体，指从事非医药卫生预防保健服务的所有公民。他们一方面因需求医药卫生预防保健服务而同提供这种服务和产品的企事业单位结成卫生服务法律关系；另一方面，因作出某种涉及公共卫生管理的行为，如通过国境进出口岸，同有管辖权的卫生监督管理机关结成卫生行政法律关系。

2. 卫生法律关系的内容　卫生法律关系的内容指卫生法律关系当事人依法享有的权利和应承担的义务。这里的"权利"，就是卫生法律、法规和规章对双方当事人所赋予的实现己方意志的可能性。它可以表现为权利人有权作出符合卫生法规定的某种行为，以实现己方的意志；也可以表现为权利人有权要求对方依法作出某种行为，以满足己方的意志。

这里的"义务"，就是卫生法律、法规和规章对双方当事人所规定的必须分别履行的责任。它一方面表现为义务人必须依法按照权利人的要求作出一定的行为，以实现对方的权利；另一方面表现为义务人必须依法抑制己方的某些行为，以保障对方的权利。

3. 卫生法律关系的客体　卫生法律关系的客体指卫生法律关系当事人权利义务共同指向的对象，亦即当事人权利和义务所共同指向的标的。根据法学的一般原理，卫生法律关系的客体主要有三类：第一类是物，如食品、化妆品、保健品、药品、卫生材料等；第二类是行为，如卫生行政管理行为、公民的就医行为、卫生执法行为等；第三类是知识产权，如医药知识产权等。

（三）卫生法律关系的产生、变更和消灭

卫生法律关系同其他法律关系一样，不是自然而然地形成的，也不是一成不变永恒存在的，而是在一定条件下存在一个从产生到终止的演变过程。引起法律关系产生、变更和终止的条件，一是法律规范，二是法律事实。在法理学上，称一定的法律规范是一定的法律关系产生、变更和消灭的前提，称一定的法律事实是一定的法律关系产生、变更和消灭的根据。

第二节　卫生法的制定

一、卫生法制定的概念

卫生法的制定，又称卫生立法（health legislation）。它是有立法权的国家机关依照法定的权限和程序，制定、认可、修改、补充或废止规范性卫生法律文件的活动。

卫生法的制定有广义和狭义之分。狭义的卫生法的制定，专指全国人民代表大会及其常务委员会制定卫生法律的活动。广义的卫生法的制定，不仅包括狭义的卫生法的制定，还包括国务院制定卫生行政法规、国务院有关部门制定卫生部门规章、地方人民代表大会及其常务委员会制定地方性卫生法规、地方人民政府制定地方政府卫生规章、民族自治地方的自治机关制定卫生自治条例和单行条例、特别行政区的立法机关制定卫生法律文件等活动。

卫生法的制定是卫生执法、卫生司法和卫生守法的前提和基础，在国家卫生法制建设中具有重要的地位。

二、卫生法制定的权限与程序

（一）卫生法制定的权限

1. 全国人民代表大会及其常务委员会　全国人民代表大会和全国人民代表大会常务委员会行使国家立法权。全国人民代表大会有权修改《宪法》中关于公民健康权和卫生管理基本制度的内容；有权制定和修改基本卫生法律。全国人民代表大会常务委员会制定和修改除应当由全国人民代表大会制定的法律以外的其他卫生法律；在全国人民代表大会闭会期间，对全国人民代表大会制定的卫生法律进行部分补充和修改，但是不得同该法律的基本原则相抵触。

2. 国务院　国务院根据宪法和法律，制定卫生行政法规。卫生行政法规可以就下列事项作出规定：①为执行卫生法律的规定需要制定卫生行政法规的事项；②《宪法》第八十九条规定的国务院领导和管理的卫生工作行政管理职权事项。

3. 国务院各部委和直属管理机构　国家卫生健康委员会等国务院机构和具有行政管理职能的直属机构，可以根据法律和国务院的行政法规、决定、命令，在本部门的权限范围内，制定卫生规章。部门规章规定的事项应当属于执行法律或者国务院的行政法规、决定、命令的事项。涉及两个以上国务院部门职权范围的事项，应当提请国务院制定行政法规或者由国务院有关部门联合制定规章。

4. 省、自治区、直辖市的人民代表大会及其常务委员会　省、自治区、直辖市的人民代表大会及其常务委员会根据本行政区域的具体情况和实际需要，在不同宪法、法律、行政法规相抵触的前提下，可以制定地方性卫生法规。较大的市的人民代表大会及其常务委员会根据本市的具体情况和实际需要，在不同宪法、法律、行政法规和本省、自治区的地方性法规相抵触的前提下，可以制定地方性卫生法规，报省、自治区的人民代表大会常务委员会批准后施行。较大的市是指省、自治区的人民政府所在地的市，经济特区所在地的市和经国务院批准的较大的市。

5. 省、自治区、直辖市和较大的市的人民政府　可以根据法律、行政法规和本省、自治区、直辖市的地方性法规，制定卫生规章。地方政府卫生规章可以就下列事项作出规定：①为执行法律、行政法规、地方性法规的规定需要制定规章的事项；②属于本行政区域的具体行政管理事项。

6. 民族自治地方的人民代表大会　有权依照当地民族的政治、经济和文化的特点，制定自治条例和单行条例。自治区的自治条例和单行条例，报全国人民代表大会常务委员会批准后生效。自治州、自治县的自治条例和单行条例，报省、自治区、直辖市的人民代表大会常务委员会批准后生效。自治条例和单行条例可以依照当地民族的特点，对法律和行政法规的规定作出变通规定，但不得违背法律或者行政法规的基本原则，不得对《宪法》和《中华人民共和国民族区域自治法》的规定以及其他有关法律、行政法规专门就民族自治地方所作的规定作出变通规定。

7. 经济特区 经济特区所在地的市人民代表大会及其常务委员会根据全国人民代表大会的授权决定，制定法规，在经济特区范围内实施。

（二）卫生法制定的程序

卫生法的制定程序，简称卫生立法程序，是指拥有立法权的国家机构制定卫生法所必须遵循的方式、步骤、程序。

各级各类立法机构具有不同的程序。全国人民代表大会及其常务委员会在制定卫生法律时，严格按照《立法法》规定的程序进行。一般包括卫生法律案的提出、卫生法律案的审议、卫生法律案的表决通过、卫生法律案的公布四个步骤。国务院在制定卫生行政法规时，严格按照2002年1月1日实施的《行政法规制定程序条例》进行。一般包括立项、起草、审查、通过、公布、备案六个步骤。制定地方性卫生法规、卫生自治条例和单行条例时，按照地方性法规制定程序进行。

三、卫生法的渊源与体系

（一）卫生法的渊源

卫生法的渊源就是卫生法的各种表现形式。根据《宪法》和《立法法》的规定，卫生法的渊源主要有以下几种形式。

1.《宪法》中的有关规定 宪法是国家的根本大法，具有最高的法律效力，因此，宪法中有关医药卫生和保护公民健康的内容就成为所有卫生立法的基础。

2. 基本法律中有关医药卫生方面的规定 基本法律是由全国人民代表大会制定的法律规范。在一些基本法律中也规定了保护公民健康的法律规范。

3. 卫生法律 卫生法律是由全国人民代表大会常务委员会制定的有关卫生事业的法律规范。例如《食品安全法》、《药品管理法》、《国境卫生检疫法》、《传染病防治法》、《中华人民共和国母婴保健法》（以下简称《母婴保健法》）、《中华人民共和国献血法》（以下简称《献血法》）、《中华人民共和国红十字会法》（以下简称《红十字会法》）、《中华人民共和国医师法》（以下简称《医师法》）、《职业病防治法》等。

4. 卫生行政法规 《立法法》规定，国务院根据宪法和法律，制定行政法规。根据《立法法》的规定，行政法规主要包括三种：一是为执行法律的规定需要制定行政法规事项；二是属于《宪法》第八十九条规定的国务院行政管理职权的事项；三是由全国人民代表大会及其常务委员会制定法律的事项，国务院根据全国人民代表大会及其常务委员会的授权决定制定行政法规。

5. 卫生行政规章 根据《立法法》的规定，行政规章包括两种：一种是国务院卫生行政部门或其他部门，根据法律和国务院的行政法规、决定、命令，在本部门的权限范围内，制定的属于执行法律或者国务院行政法规、决定、命令的规范性法律文件；另一种是省、自治区、直辖市和较大的市的人民政府制定的规章。前者一般称作"部门规章"，后者称作"政府规章"。

6. 地方性卫生法规 根据《宪法》和《立法法》的规定，省、自治区、直辖市的人民代表大会及其常务委员会根据本行政区的具体情况和实际需要，在不同宪法、法律、行政法规相抵触的前提下，可以制定地方性法规。

7. 国际卫生约 凡是我国政府参加的国际卫生条约或与他国签订的双边条约，只要经过国家权力机关批准，对我国的单位和个人都有约束力，国际卫生条约也是我国卫生法的渊源。例如《国际卫生条例》《麻醉品单一公约》等。

（二）卫生法律规范的效力

关于卫生法的效力应该按照《立法法》的规定认定。一般制定机关的地位越高，卫生法的效力等级也越高；特殊立法的效力优于一般性立法，也即"特殊优于一般"，但仅限于同一主体指定的法律规范；同一制定机关先后就同一领域的问题制定、颁布了两个以上的法律时，适用"后法优于前法"的原则。

宪法具有最高的法律效力，一切法律、行政法规、地方性法规、自治条例和单行条例、规章都不得同宪法相抵触。法律的效力高于行政法规、地方性法规、规章。行政法规的效力高于地方性法规、规章。地方性法规的效力高于本级和下级地方政府规章。省、自治区的人民政府制定的规章的效力高于本行政区域内的较大的市的人民政府制定的规章。自治条例和单行条例依法对法律、行政法规、地方性法规作变通规定的，在本自治地方适用自治条例和单行条例的规定。经济特区法规根据授权对法律、行政法规、地方性法规作变通规定的，在本经济特区适用经济特区法规的规定。部门规章之间、部门规章与地方政府规章之间具有同等效力，在各自的权限范围内施行。法律之间对同一事项的新的一般规定与旧的特别规定不一致，不能确定如何适用时，由全国人民代表大会常务委员会裁决。行政法规之间对同一事项的新的一般规定与旧的特别规定不一致，不能确定如何适用时，由国务院裁决。地方性法规、规章之间不一致时，由有关机关依照权限作出裁决。

（三）卫生法的体系

卫生法的体系是指由不同的调整对象的法律、法规组成的有机统一体系。卫生法由公共卫生法规、医疗保健与服务法规和中医药法规三大部分组成。

1. 公共卫生法规　公共卫生法规又可以分为疾病预防与控制法规、职业与公共场所监督法规和产品监督法规。

（1）疾病预防与控制法规：疾病预防与控制法规包括传染病防治、地方病防治、慢性病防治、国境卫生检疫、爱国卫生和健康教育等法规。传染病防治法规主要包括《传染病防治法》《中华人民共和国传染病防治法实施办法》《国内交通卫生检疫条例》及其配套法规。另外，国务院颁布实施的疾病预防与控制法规还有《艾滋病防治条例》《病原微生物实验室生物安全管理条例》《医疗废物管理条例》《艾滋病监测管理的若干规定》等法规。国家卫生健康委员会还颁布了一系列规章。

（2）职业与公共场所监督法规：在职业卫生方面，主要有《职业病防治法》《女职工劳动保护特别规定》和《中华人民共和国尘肺病防治条例》等法规。在劳动法规、《中华人民共和国妇女权益保障法》（以下简称《妇女权益保障法》）、《中华人民共和国未成年人保护法》等法律、法规中也有劳动保护和职业病防治的内容。国家卫生健康委员会还制定了一系列卫生行政规章。

在环境卫生方面，主要是《公共场所卫生管理条例》及其实施细则和《生活饮用水卫生监督管理条例》。

在学校卫生方面，主要是《学校卫生工作条例》。

在放射卫生方面，主要是《放射性同位素与射线装置安全和防护条例》及国家卫生健康委员会颁布的相关行政规章。

（3）产品监督法规：所谓健康相关产品是指消费和使用这些商品，将直接关系到消费者和使用者的健康的一些特殊商品，主要包括药品、医疗器械、食品、化妆品、消毒用品、保健用品等。

1）药品和医疗器械法规：药品管理法自成体系，形成了以《药品管理法》《中华人民共和国疫苗管理法》（以下简称《疫苗管理法》）及其配套法规为主的药品管理体系。另外，国务院先后制定了《中华人民共和国药品管理法实施条例》《疫苗流通和预防接种管理条例》《麻醉药品和精神药品管理条例》《放射性药品管理办法》《血液制品管理条例》《医疗器械监督管理条例》等法规。

2）食品卫生监督法规：主要是全国人民代表大会常务委员会颁布的《食品安全法》及其实

办法和其他配套法规。

3）化妆品卫生监督法规：主要是《化妆品监督管理条例》及其实施细则。

2. 医疗保健与服务法规

（1）医疗服务法规：该部分主要包括医疗服务人员管理法规、医疗机构管理法规、医疗活动监督管理法规。

1）医疗服务人员管理法规：例如《医师法》《医师资格考试暂行办法》《医师执业注册暂行办法》《外国医师来华短期行医暂行管理办法》《乡村医生从业管理条例》和《中华人民共和国护士管理条例》等。

2）医疗机构管理法规：主要是国务院颁布实施的《医疗机构管理条例》及其实施细则和《中外合资、合作医疗机构管理暂行办法》。

血液管理方面，有全国人民代表大会常务委员会颁布实施的《献血法》，原卫生部发布的《血站管理办法》和《脐带血造血干细胞库管理办法（试行）》。

3）医疗活动监督管理法规：例如《医疗事故处理条例》《人体器官移植条例》等法规，《医师外出会诊管理暂行规定》《处方管理办法》《人类辅助生殖技术管理办法》等规章。

（2）保健服务方面的法规：保健服务包括母婴保健和康复。例如全国人民代表大会常务委员会已制定了《母婴保健法》及其配套法规。

（3）医疗保险法规：例如《中华人民共和国社会保险法》（以下简称《社会保险法》）、《中华人民共和国基本医疗卫生与健康促进法》（以下简称《基本医疗卫生与健康促进法》）等。

3. 中医药法律、法规　中医药是我国人民长期同疾病作斗争的智慧结晶，需要给予法律的保护和发展，为此制定了《中华人民共和国中医药法》（以下简称《中医药法》）及其配套法规。

第三节　卫生法的实施

一、卫生法实施的基本概念

（一）卫生法的实施

卫生法的实施，是指卫生法在社会生活中的实际贯彻与具体施行，是卫生法调整社会卫生关系的活动过程，是卫生法对社会生活实际发生作用的具体形态和方式的总称。

卫生法的实施是卫生法治的主要环节。卫生法的实施可以概括为卫生法的遵守、卫生法的执行、卫生法的适用等方面，但自觉遵守卫生法律是卫生法律、法规得以实施的基础和最主要途径。

（二）卫生法的适用

广义的卫生法的适用是指国家专门机关、组织及其工作人员依据法定的职责和程序，将卫生法律规范运用到具体场合的专门活动。它包括各级卫生执法主体依法进行的卫生执法活动和司法机关依法处理有关卫生方面案件的司法活动。狭义的卫生法的适用仅指司法机关处理具体案件的司法活动。卫生法的适用具有以下显著的特点。

1. 适用主体的特定性　卫生法的适用主体必须是法律授权的国家机关、组织或受委托的组织，卫生司法主体必须是国家司法机关，其他任何组织和个人无权行使卫生法适用权，不具有卫生法适用主体的资格。

2. 具有国家强制力　卫生法适用的过程往往直接伴随着国家的强制力，卫生法适用中的决定必须得到落实。为了保障卫生法适用的效果，法律、法规赋予了卫生法适用主体一定的强制手段，如查封、扣押、罚款等行政强制手段，甚至是刑罚手段。

3. 严格的程序性　卫生法的适用直接涉及国家、社会和相对人的利益，因此，为了保证卫生法适用的公正性,法律、法规规定了严格的程序,卫生法的适用过程必须严格按照这些程序进行,否则是无效的。卫生法的适用决定和程序一般都有一定格式的要求,如相应的法律文书、一定格式的意思表示等。

（三）卫生法的遵守

卫生法的遵守,简称卫生守法,是指一切国家机关、社会组织和公民个人依照卫生法的规定,行使卫生权利和履行卫生义务的一种状态。卫生法的遵守是卫生法实施的主要形式之一,是卫生法在社会实际生活中得以实现的保证。

二、卫生法的效力范围

卫生法的效力,一般是指卫生法具体生效或适用的范围,包括卫生法在时间上的效力、在空间上的效力以及对人的效力三个方面。

（一）卫生法的时间效力

卫生法的时间效力,是指卫生法律规范从何时开始生效与何时失效以及对其颁布前的事项和行为有无溯及力的问题。

1.卫生法的生效　即卫生法何时产生效力。我国现行的卫生法律、法规、规章生效主要有以下两种情况:第一种情况是在法律、法规、规章中明确颁布之日生效,我国的卫生规章大多采用这种方式;第二种情况是在法律、法规、规章中具体规定由其颁布后的某一具体时间生效。

2.卫生法的失效　即卫生法效力的终止。我国卫生法效力终止主要有以下三种情况:第一种情况是新法规代替旧法规,第二种情况是立法机关明文规定废除某些法规,第三种情况是在某些卫生法律、法规中明确废止以前的法律、法规。

3.卫生法的溯及力　即卫生法溯及既往的效力,是指新的卫生法律、法规、规章对它生效前的事件和行为是否适用的问题。如果适用,就是有溯及力;如果不适用,就没有溯及力。

（二）卫生法的空间效力

卫生法的空间效力是指卫生法律规范适用的地域范围。国家立法机关制定的法律文件,除有特别规定,均适用于我国主权管辖范围所及的全部领域。地方性法规和地方政府卫生规章,只在发布机关管辖的行政区域内生效,不适用于其他区域。

（三）卫生法对人的效力

卫生法对人的效力是指对什么人有约束力。这里的人包括自然人(中国人、外国人等各种人)和法律所拟制的人(法人以及其他组织)。

三、卫生违法及法律责任

（一）卫生违法

所谓卫生违法,是指法律关系主体实施的一切违反卫生法律规范的行为,即违反了有关卫生法律、法规对其权利行为的约束,或未履行有关卫生法律、法规规定应履行的义务的行为。构成卫生违法,必须符合以下四个条件。

1.客观上有违反卫生法律、法规的行为　这种行为必须是客观存在的、对社会产生一定作用和影响的行为。单纯的思想和意识活动没有转为客观行为,则不是违法。

2.具有一定的社会危害性行为　即在不同程度上侵犯了卫生法所保护的社会关系和社会秩序。这种危害性既可能是已经发生了的危害后果,也可以是一种潜在的威胁或危害;既可以是具体的、有形的,也可以是抽象的、无形的。

3.行为人有主观过错的行为　过错是指违法行为实施者的某种主观心理状态,包括主观上的故意和过失。如果卫生违法行为是因不可抗力造成或者由无行为能力者造成的，则不构成卫生违法。

4. 具备行为人的主体条件　行为人必须是具有法定责任能力的公民、法人或者其他组织。

（二）卫生法律责任

卫生法律责任，是指卫生法律关系主体由于违反卫生法律规定的义务，所应承担的带有强制性的法律后果。主要有行政责任、民事责任、刑事责任三种。

1. 行政责任　指法律关系主体违反卫生法律、法规所确立的卫生行政管理秩序，尚未构成犯罪，所应承担的具有惩戒或制裁性的法律后果。主要包括行政处罚和行政处分两种形式。

2. 民事责任　指法律关系主体违反卫生法律、法规造成他人损害所应承担的法律后果。卫生法律、法规所涉及的民事责任是以赔偿为主要形式的民事责任。

3. 刑事责任　指法律关系主体违反卫生法律规范，侵害了刑法所保护的社会关系，构成犯罪所应承担的法律后果。

第四节　卫生行政执法

一、卫生行政执法的概念

卫生行政执法（health administrative law enforcement）在广义上可以理解为国家卫生行政机关、法律授权、委托的组织及其公职人员在行使卫生行政权的过程中，依照法定职权和程序执行卫生法律的活动，既包括卫生行政主体的抽象行政行为，也包括卫生行政主体的具体行政行为。狭义上的卫生执法则仅指卫生行政主体将卫生法律、法规、规章适用于现实生活中的行政相对人，具体处理特定的卫生事务及案件的活动，也就是指卫生行政主体作出具体行政行为的活动过程。

二、卫生执法的原则

卫生执法的原则是在卫生执法活动中所应遵循的基本准则，卫生执法首先应当符合合法性原则、合理性原则、高效率原则。

合法性原则是指卫生执法主体要合法、卫生执法内容要合法、卫生执法程序要合法。合理性原则是指在法律规定的幅度内合理使用自由裁量权，处罚与违法情节相适应，不畸轻畸重。高效率原则，是卫生执法主体在依法行政的前提下，以尽可能低的成本取得尽可能大的执法效益。

三、卫生执法主体

卫生执法主体，是指以自己的名义实施行政执法行为，并对行为后果独立承担法律责任的组织。这些组织包括各类卫生行政主体和法律、法规授权的组织。我国的卫生执法主体主要有以下几种。

1. 卫生行政机关　卫生行政机关作为各级政府的组成部分，是代表国家行使卫生行政权的主要机关。在现行的卫生法律、法规中，大多授权县级以上卫生行政机关为卫生执法机关。因此，卫生行政机关是主要的卫生执法机关。

2. 国境卫生检疫机关　《国境卫生检疫法》规定，在中华人民共和国国际通航的港口、机场以及陆地边境和国界江河的口岸，设立国境卫生检疫机关，依法实施传染病检疫、监测和卫生监督。

3. 食品药品监督管理机关　《药品管理法》规定，食品药品监督管理机构是综合监督食品、保健品、化妆品安全管理和主管药品监督的机构,负责对药品,包括医疗器械、卫生材料、医药包装材料的研究、生产、流通、使用等进行行政监督和技术监督管理。

4. 卫生执法人员　卫生行政执法人员,是代表卫生行政执法机构进行具体卫生行政执法活动的人员。卫生行政部门的执法人员称为卫生监督员。

四、卫生行政执法行为

(一)卫生行政执法行为的概念与特点

1. 卫生执法行为的概念　卫生行政执法行为,是卫生行政执法主体在行使卫生执法职权过程中,依法单方面作出的具有法律意义和法律效力的行为。

2. 卫生执法行为的特点

(1)主体的特定性:有权作出卫生执法行为的主体是由法律明确规定的。例如,《食品安全法》的执法主体是国家卫生健康委员会、国务院食品安全委员会、国家药品监督管理局、农业农村部、国家市场监督管理总局等。

(2)行为是单方面作出的:卫生执法行为是卫生行政执法主体根据法律、法规和规章单方面作出的决定,不受相对人和其他机构干涉。

(3)严格的程序性:与其他行政管理活动相比,卫生执法行为直接涉及相对人的权益,所以,法律法规和规章规定了比较严格的程序。违反执法程序的行为是无效的。

(4)具有法律救济性:因为卫生执法行为直接涉及相对人的权益,又是卫生行政执法主体单方面作出的,所以,卫生法律法规和规章都规定了对相对人的法律救济途径。主要的法律救济途径包括行政复议、行政诉讼和国家赔偿。

(二)卫生行政执法行为的分类

根据不同的标准,可以将卫生行政执法行为分为若干类,常见分类如下。

1. 内部卫生执法行为与外部卫生执法行为　内部卫生执法行为,是指卫生执法主体在内部行政管理过程中所作出的,只对卫生执法组织内部产生法律效力的行为。外部卫生执法行为,是指卫生执法主体在行使管理社会卫生的公共职权过程中,针对卫生执法相对方的公民、法人或其他组织作出的卫生执法行为。这种行为是卫生执法主体基于卫生法律规范赋予的外部公共职权作出的,能够直接对卫生相对人产生法律效力,可以提起行政诉讼。

2. 抽象卫生执法行为与具体卫生执法行为　抽象卫生执法行为,是指卫生执法主体依法制定普遍行为规则和措施的行为,这种卫生执法行为是针对不特定的主体作出的,适用于所有相对人的行为。一般而言,对抽象卫生执法行为不能提起行政诉讼。具体卫生执法行为,是指卫生执法主体在行使卫生执法行政职权过程中,针对特定的人或事所采取的卫生执法具体措施的行为。此种行为适用的对象是特定的、具体的,只对特定的主体产生法律效力,可以提起行政诉讼。

3. 依职权卫生执法行为和依申请卫生执法行为　依职权的卫生执法行为,是指卫生执法主体依据法律授予的职权,无须相对人申请就可以主动作出的卫生执法行为,如卫生监督检查、卫生行政处罚等。依申请的卫生执法行为,是指卫生执法主体应相对人申请才实施的卫生执法行为,相对人不提出请求,卫生执法主体不主动实施,如卫生行政审批、许可,卫生行政仲裁、调解等。区分依职权卫生执法行为和依申请卫生执法行为,其意义在于明确卫生执法主体在不同情况下的职责与责任,有利于卫生执法责任的落实。

五、卫生行政执法的手段

1. 卫生行政许可　卫生行政许可是卫生行政执法机构根据公民、法人或者其他组织的申请,按照卫生法律、法规、规章和卫生标准、规范进行审查,准予其从事与卫生管理有关的特定活动的行为。卫生行政许可属于依申请卫生执法行为。

2．卫生监督检查 卫生监督检查,是指卫生行政执法主体依法对公民、法人和其他组织遵守卫生法律、法规、规章等情况进行了解、调查和督促的卫生执法行为。卫生监督检查属于依职权卫生执法行为。卫生监督检查的方式包括调查、现场查验、物品和人员检查、督促等。

3．卫生行政强制 行政强制包括行政强制措施和行政强制执行。行政强制措施,是指行政机关在行政管理过程中,为制止违法行为、防止证据损毁、避免危害发生、控制危险扩大等情形,依法对公民的人身自由实施暂时性限制,或者对公民、法人或者其他组织的财物实施暂时性控制的行为。行政强制执行,是指行政机关或者行政机关申请人民法院,对不履行行政决定的公民、法人或者其他组织,依法强制履行义务的行为。本书所说的卫生行政强制仅指卫生强制措施,卫生强制措施属于依职权卫生执法行为。

4．卫生行政处罚 卫生行政处罚是指县级以上卫生行政执法机关依据卫生法律、法规、规章,对应受制裁的违法行为,作出的警告、罚款、没收违法所得、责令停产停业、吊销许可证以及卫生法律、行政法规规定的其他行政处罚。

六、卫生执法文书

卫生执法文书(health law enforcement document)是指各级卫生行政部门在实施卫生行政监督管理过程中依法制作的具有法律效力或法律意义的系列法律文件的总称,是卫生行政行为的具体文字表述,一般属于国家行政公文的范畴。

第五节　卫生法律救济

一、卫生法律救济的概念与意义

(一)卫生法律救济的概念

卫生法律救济(health legal remedy)是指公民、法人或者其他组织认为自己的人身权、财产权因行政机关的行政行为或者其他单位和个人的行为而受到侵害,依照法律规定向有权受理的国家机关告诉并要求解决,予以补救,有关国家机关受理并作出具有法律效力的活动。目前,法律救济的方式包括行政复议、行政诉讼、国家赔偿三种。

(二)卫生法律救济的意义

1．保护相对人的合法权益 在卫生行政管理活动中,当卫生法律关系的主体,即作为相对人的公民、法人或其他组织的法定权益受到损害时,可以通过法定的方式和途径,请求有权机关以强制性的救济方式帮助受损害者恢复并实现自己的权利。

2．促进卫生行政部门依法行政 卫生法律救济在卫生行政管理活动中具有预防和控制卫生行政机关侵权行为的功能,能够促进卫生行政机关加强内部管理,增强卫生行政机关工作人员的法制意识,确保执法活动的法制性、公正性和合理性。

3．维护卫生法律的权威 卫生法律的权威性是卫生法治化的基本要求,卫生行政机关在卫生行政管理活动中的公正性是维护卫生法律权威的重要内容。通过法律救济,对卫生行政机关的违法行政进行矫正、对受侵害的相对人进行法律上的补救,可以使相对人和公众认同卫生行政执法的公正性,从而维护卫生法律的权威。

二、卫生行政复议

1. 卫生行政复议的概念 卫生行政复议（health administrative reconsideration）是指公民、法人或其他组织认为卫生行政执法机关的具体行政行为侵犯其合法权益，依法提出行政复议申请，由上一级卫生行政机关依法对原具体行政行为进行全面审查，并进行裁决的一种法律制度。

2. 卫生行政复议的范围 根据《中华人民共和国行政复议法》的规定，卫生行政复议的受案范围应是对卫生行政机关直接作出或直接委托的组织作出的具体行政行为不服而申请的下列行为：对行政机关在执行卫生法律、法规和规章过程中，作出的各种行政处罚决定不服的；对行政机关在执行卫生法律、法规和规章过程中，作出的临时限制人身自由或者查封、扣押等行政强制措施决定不服的；对行政机关在执行卫生法律、法规和规章过程中，作出的有关许可证、资格证等证书变更、中止、撤销的决定不服的；认为符合法定条件，申请行政机关颁发许可证、执照、资质证、资格证等证书，或者申请行政机关审批、登记有关事项，行政机关没有依法办理的；认为行政机关的其他具体行政行为侵犯其合法权益的。

但对下列事项不服，不能申请复议：对国家卫生健康委员会的部门规章或者地方人民政府规章不服的；对卫生行政机关工作人员的奖惩、任免等决定不服的；对卫生行政机关仲裁、调解或者处理的民事纠纷不服的。

3. 卫生行政复议机关和复议机构 依法履行行政复议职责的卫生行政机关是卫生行政复议机关。卫生行政机关内负责法制工作的机构是卫生复议机构。目前，卫生行政机关内普遍设立卫生行政复议委员会，卫生行政复议机构承担具体的复议工作。

4. 卫生行政复议的申请人与被申请人 卫生行政复议的发生，必须以相对人的申请为前提。依照本法申请行政复议的公民、法人或者其他组织是申请人。有权申请行政复议的公民死亡的，其近亲属可以申请行政复议。有权申请行政复议的公民为无民事行为能力人或者限制民事行为能力人的，其法定代理人可以代为申请行政复议。有权申请行政复议的法人或者其他组织终止的，承受其权利的法人或者其他组织可以申请行政复议。同申请行政复议的具体行政行为有利害关系的其他公民、法人或者其他组织，可以作为第三人参加行政复议。

公民、法人或者其他组织对行政机关的具体行政行为不服申请行政复议的，作出具体行政行为的行政机关是被申请人。

三、卫生行政诉讼

（一）卫生行政诉讼的概念与特征

1. 卫生行政诉讼的概念 卫生行政诉讼（health administrative litigation）是指公民、法人或者其他组织认为卫生行政机关及其工作人员，包括授权与委托的卫生执法组织的具体行政行为侵犯其合法权益时，依法向人民法院提起诉讼，由人民法院依据事实与法律进行审理并作出裁决的活动。

2. 卫生行政诉讼的特征

（1）是人民法院处理行政争议的活动：人民法院是国家的司法机关之一，人民法院处理行政争议的活动，具有司法性。而行政复议活动仍然是行政活动，两者具有不同的性质。

（2）实行更严格的程序：卫生行政诉讼严格按照《中华人民共和国行政诉讼法》的程序进行，使得卫生行政诉讼活动更加公开、公正。

（3）是解决行政争议的最后途径：卫生行政争议可以要求进行行政复议，也可以进行行政诉讼，还可以在不服行政复议的情况下提起行政诉讼。行政诉讼结束后，当事人必须执行法院的判决。

（4）直接伴随国家强制力：行政复议结果的强制执行，需要申请人民法院强制执行，而行政诉讼的结果直接由人民法院强制执行。

（二）卫生行政诉讼的受案范围

根据《中华人民共和国行政诉讼法》，结合我国现行医药卫生法律、法规的有关规定，可以提起卫生行政诉讼的案件有以下几类：不服卫生行政机关及其直接委托的组织作出的行政处罚的案件；不服卫生行政机关及其直接委托的组织作出的行政强制措施的案件；认为符合法定条件申请卫生行政机关颁发许可证和执照，卫生行政机关拒绝颁发或者不予答复的；认为卫生行政机关违法要求履行义务的和侵犯法律规定的经营自主权的；不服卫生行政机关作出的行政处理决定的。

四、卫生行政行为的国家赔偿

（一）卫生行政行为国家赔偿的概念和构成要件

1. 卫生行政行为国家赔偿的概念　卫生行政行为国家赔偿（state compensation）是指卫生行政机关及其工作人员违法行使职权，侵犯公民、法人或其他组织的合法权益造成损害后果，由卫生行政机关依法予以赔偿的制度。卫生行政赔偿是国家赔偿制度的重要组成部分。

2. 构成卫生行政行为国家赔偿的要件　侵权主体必须是行使国家卫生管理职权的卫生行政机关，法律、法规授权组织，以及受委托行使行政职权的组织及其工作人员；必须是卫生行政机关及其工作人员违法行使职权的行为；必须有损害结果的实际发生；卫生行政主体的违法侵权行为必须与损害结果有直接的因果关系。

（二）卫生行政行为国家赔偿的范围

根据《中华人民共和国国家赔偿法》规定，卫生行政机关及其工作人员在行使职权时违法实施行政处罚、违法采取行政强制措施等属于卫生行政行为国家赔偿的范围。

思考题

请结合本章所学，谈谈你对依法管理医药卫生事业的体会。

（黎东生）

第二章　基本医疗卫生与健康促进法

章前案例

出租医疗机构执业许可证案

2020 年 6 月 8 日，某省卫生健康技术监督中心接到群众举报，反映王某甲以每年一万元的租赁费，将执业医师资格证出租给王某乙使用。王某乙冒用王某甲的中医执业医师资格证开办中医诊所，非法行医长达 4 年之久。省卫生健康技术监督中心立即将该举报转给有管辖权的某市卫生计生监督局调查处理。某市卫生计生监督局接举报后立即前往调查。经查，王某甲于 2016 年申请开办诊所，于 2016 年 5 月 16 日取得医疗机构执业许可证。2016 年 6 月将该诊所交于王某乙经营，双方口头约定王某乙负责租赁房屋、交纳房租、购置药品，诊所收入归王某乙所有，自负盈亏。诊所盈利时每月付给王某甲 3 000 元报酬，没有盈利时就不付，王某甲平时不坐诊，只有诊所接受检查的时候过来。2019 年之前王某乙以现金形式支付王某甲报酬，无收据；2019 年月以后以手机转账支付，核实共付给王某甲 30 000 元；2020 年因诊所没有盈利，故没有支付王某甲报酬。

王某甲自 2016 年 6 月至 2020 年 7 月将医疗机构执业许可证出租给王某乙，违法所得共计 30 000 元。该行为违反了《基本医疗卫生与健康促进法》第三十八条第二款。2020 年 9 月 27 日某市卫生健康委员会作出行政处罚决定：依据《基本医疗卫生与健康促进法》第九十九条第二款，给予该诊所没收违法所得 30 000 元，并处罚款 150 000 元的行政处罚。

王某乙自 2016 年 6 月至 2020 年 7 月在未取得医疗机构执业许可证的情况下，开展诊疗活动，违法所得共计 46 846 元。该行为违反了《基本医疗卫生与健康促进法》第三十八条第一款。2020 年 9 月 28 日某市卫生健康委员会作出行政处罚决定：依据《基本医疗卫生与健康促进法》第九十九条第一款，给予王某乙没收违法所得 46 846 元及药品 2 箱，并处罚款人民币 234 230 元的行政处罚。

两位被处罚人均在规定期限内自觉履行了处罚，案件顺利结案。

思考：

1. 这起案件跨越了《基本医疗卫生与健康促进法》实施日期，该如何适用法律？

2. 如何区分出借医疗机构执业许可证和出租科室这两种违法行为？

第一节　概　　述

一、基本医疗卫生与健康促进法的概念、目的

（一）基本医疗卫生与健康促进法的概念

基本医疗卫生与健康促进法是从基本医疗卫生服务、医疗卫生机构、医疗卫生人员、药品供应保障、健康促进、资金保障、监督管理和法律责任等方面进行规范的法律。

（二）基本医疗卫生与健康促进法的目的

1. 发展医疗卫生与健康事业　健康是人民幸福和社会发展的基础，是人民群众对美好生活的共同追求。发展卫生健康事业是一项重大的民生工程和民心工程，积极构建与高水平全面小康社会要求相适应的卫生健康服务体系，抓紧补齐短板，创新体制机制，引进、培育高水平人才和团队，着力构建现代医院管理制度，加快培育更多的优质医疗资源。要进一步加强乡镇卫生院、村卫生室建设，做好对全科医生和乡村医生的培养，完善乡村医疗机构硬件设施设备，积极推进分级诊疗制度，不断提升基层医疗保障能力。要深入推进医药卫生体制改革，完善公共卫生服务体系建设，推动优质医药卫生资源下沉，切实增加群众对医药卫生体制改革成果的获得感。

2. 保障公民享有基本医疗卫生服务　继续提高城乡居民基本医疗保险和大病保险保障水平。增加财政补助，并提高报销比例，进一步减轻大病患者、困难群众医疗负担。落实和完善跨省异地就医直接结算政策。深化公立医院综合改革，促进社会办医。培训基层医护人员，提升分级诊疗和家庭医生服务质量。

3. 提高公民健康水平　实施健康中国行动，明确指导思想、基本原则和总体目标，加快推动从以治病为中心向以人民健康为中心的转变，提高全民健康水平。健康是促进人的全面发展的必然要求，人民健康是民族昌盛和国家富强的重要标志，历来受到党和国家高度重视。新中国成立特别是改革开放，我国健康领域改革发展取得显著成就。党的十八大以来，将建设"健康中国"上升为国家战略，提出健康中国"三步走"的宏伟蓝图。

4. 推进健康中国建设　全面推进健康中国建设，要站位全局、着眼长远，聚焦面临的老难题和新挑战，拿出实招硬招，加快提高卫生健康供给质量和服务水平，满足人民美好生活需要。

二、基本医疗卫生与健康促进法的原则

（一）基本医疗卫生与健康促进法原则的概念

基本医疗卫生与健康促进法的基本原则，是指反映基本医疗卫生与健康促进法的立法精神、符合新时代医疗卫生与健康事业法律关系的基本原则。基本医疗卫生与健康促进法以发展医疗卫生与健康事业，保障公民享有基本医疗卫生服务，提高公民健康水平，推进健康中国建设为目标。因此，基本医疗卫生与健康促进法的基本依据和立法基本思想，是基本医疗卫生与健康促进法所确认的关系及活动必须遵循的基本准则。

（二）基本医疗卫生与健康促进法的基本原则

1. 公益性原则　基本医疗卫生与健康促进法体现了以人民健康为中心的理念，坚持把公益性写在医疗卫生事业的旗帜上。规定基本公共卫生服务由国家免费提供；基本医疗服务主要由政府举办的医疗卫生机构提供；政府举办的医疗卫生机构应当坚持公益性质，所有收支均纳入预算管理；规定医疗卫生服务体系坚持以非营利性医疗卫生机构为主体、营利性医疗卫生机构为补充。

2. 保障基本医疗卫生服务公平原则　从现阶段国情和实际出发，突出基本医疗卫生服务的必需性和可持续性，保障基本医疗卫生服务公平可及，既尽力而为，又量力而行，避免脱离实际、超越发展阶段。

3. 提高基层医疗卫生服务能力原则　针对基层医疗卫生服务能力薄弱的现状，坚持以基层为重点，加强基层医疗卫生机构和人才队伍建设，提高基层医疗卫生服务能力，筑牢网底。

4. 完善重点人群健康制度原则　从以治病为中心向以人民健康为中心转变，强化健康教育、全民健身、食品安全、健康管理等健康促进措施，完善重点人群健康服务制度。

5. 促进医疗改革原则　将分级诊疗、家庭医生签约服务、医疗联合体建设等措施上升到法律层面，增强制度刚性；加强"三医联动"，形成制度合力。

6. 着眼医疗卫生与健康领域的基础性原则　着眼医疗卫生与健康领域的基础性、综合性立

法定位,突出规定关键性、骨干性和支撑性等重要制度,处理好与《传染病防治法》《药品管理法》等相关法律的关系,既相互衔接,又突出特点。

三、基本医疗卫生与健康促进法的地位和作用

(一)基本医疗卫生与健康促进法的地位

2020 年 6 月 1 日起,《基本医疗卫生与健康促进法》正式施行。该法是我国卫生与健康领域第一部基础性、综合性的法律。《基本医疗卫生与健康促进法》总结了我国医药卫生体制改革的经验,作出了顶层的、制度性的、基本的安排,凸显"保基本、强基层、促健康"理念,它将统领现行十余部专门法律,并引领未来的相关立法,对发展医疗卫生与健康事业、保障公民享有基本医疗卫生服务、提高公民健康水平、推进健康中国建设具有重要意义。

该法落实了宪法关于国家发展医疗卫生事业、保护人民健康的规定;引领医药卫生事业改革和发展大局;推动和保障健康中国战略的实施;明确了我国医疗卫生与健康事业应当坚持以人民为中心,为人民健康服务,规定了医疗卫生事业应当坚持公益性原则,确立了健康优先发展的战略地位。

《基本医疗卫生与健康促进法》在多处阐明国家对医护人员的保护。立法明确加强了对处理医患关系、保护医疗卫生人员的规定,并将医院纳入公共场所的范围,明确这一点意义重大。升级了对医护人员的安全保护力度的同时,也加大了对医疗卫生机构和医疗卫生人员违法行为的查处力度,要求医护人员要合理、合法、合规地执业,保护了患者的利益,有利于促进医疗机构依法治理、依法执业,营造管理有序、服务高效、医患和谐的医疗环境。

作为首部医疗健康领域的纲领性文件,《基本医疗卫生与健康促进法》内容全面,指导意义和宣示作用强。

(二)基本医疗卫生与健康促进法的作用

1.将医院定义为公共场所,明确规定暴力伤医的法律责任,维护社会卫生秩序　暴力伤医妨碍了整个社会医疗事业的发展。《基本医疗卫生与健康促进法》首次用法律的形式将医疗机构定义为公共场所,规定任何组织或者个人不得扰乱其秩序。同时规定医疗卫生人员的人身安全、人格尊严不受侵犯,其合法权益受法律保护。禁止任何组织或者个人威胁、危害医疗卫生人员人身安全,侵犯医疗卫生人员人格尊严。违反上述规定的,轻则给予治安管理处罚,重则依法追究刑事责任,造成人身、财产损害的,还要依法承担民事赔偿责任。

将医院定为"公共场所"加大了对涉医违法行为的打击力度,这一规定将在医院闹事的行为上升为社会公共问题,将医疗机构的安全层级从医院内部的"保安"上升为"公共安全"的层面,这无疑会促使公安机关加大对医疗机构及医护人员的保护力度,从严打击扰乱医疗机构秩序的违法犯罪行为。《基本医疗卫生与健康促进法》实施之后,任何扰乱医院秩序,威胁、危害医护人员人身安全及人格尊严的行为都将视为危害公共安全的行为,必将受到法律的严惩。

2.健全院前急救体系,规定公共场所配备必要急救设备、设施　《健康中国行动(2019—2030年)》提出,完善公共场所急救设施设备配备标准,在学校、机关、企事业单位和机场、车站、港口、客运站、大型商场、电影院等人员密集场所配备急救药品、器材和设施,配备自动体外除颤器(AED)。根据《中国心血管病报告 2018》估计,我国每年发生心脏性猝死 54.4 万例。然而,有数据表明,在我国,院外发生的猝死救治成功率仅为 1% 左右。

《基本医疗卫生与健康促进法》第二十七条明确规定,国家建立健全院前急救体系,为急危重症患者提供及时、规范、有效的急救服务。卫生健康主管部门、红十字会等有关部门、组织应当积极开展急救培训,普及急救知识,鼓励医疗卫生人员、经过急救培训的人员积极参与公共场所急救服务。公共场所应当按照规定配备必要的急救设备、设施。将公共场所配备急救设备、设施

写入法律，而且使用了"应当"的用语，这就为急救设备、设施成为公共场所的标配提供了法律支持，为落实健康中国行动的相关要求提供了法律保障，该法实施后相关部门将会确保资金到位，在人流密集的公共场所，如机场、火车站、地铁站、大型购物中心以及运动场等，配置自动体外除颤器（AED），从而能在需要时进行及时有效的抢救，提高院外发生猝死的抢救成功率。

3. 保护个人健康信息被纳入法律，泄露个人健康信息将被依法惩处　保护患者的隐私是我国卫生法律法规始终坚持的原则，《基本医疗卫生与健康促进法》第三十三条规定，公民接受医疗卫生服务，应当受到尊重。确立了医疗卫生机构、医疗卫生人员在执业活动中应当关心爱护、平等对待患者，尊重患者人格尊严，保护患者隐私的基本规范。对医务工作者而言，不仅要有精湛的技艺，还要恪守职业道德和执业规范，严格保护患者的隐私不受非法侵害。泄露患者隐私不仅要受到相应的行政处罚，构成犯罪的还会被依法追究刑事责任。《基本医疗卫生与健康促进法》明确规定，国家保护公民个人健康信息，确保公民个人健康信息安全。任何组织或者个人不得非法收集、使用、加工、传输公民个人健康信息，不得非法买卖、提供或者公开公民个人健康信息。该法并对非法收集、使用、加工、传输公民个人健康信息，非法买卖、提供或者公开公民个人健康信息的行为作出了相应的处罚规定，即构成违反治安管理行为的，依法给予治安管理处罚。构成犯罪的，依法追究刑事责任。

4. 保障患者就医安全　《基本医疗卫生与健康促进法》加大了对非法行医的处罚力度。对非法行医的处罚将会由《医疗机构管理条例》所规定的一万元以下的罚款，变更为"违法所得五倍以上二十倍以下的罚款，违法所得不足一万元的，按一万元计算"，最低五万元的罚款。

第二节　基本医疗卫生服务

一、概　　述

（一）基本医疗卫生服务的概念

基本医疗卫生服务，是指维护人体健康所必需的、与经济社会发展水平相适应的、公民可公平获得的，采用适宜药物、适宜技术、适宜设备提供的疾病预防、诊断、治疗、护理和康复等服务。

（二）基本医疗卫生服务的特征

1. 基础性　基本医疗服务的特征具有基础性。基本医疗服务的目标是保障劳动者或社会成员基本生命健康权利，使劳动者或者社会成员在防病治病过程中按照防治要求得到基本的治疗。

2. 服务性　基本医疗卫生服务的主要功能是促进公民的身体健康，使其享受良好的医疗服务。服务性是其最基本、最鲜明的特征。

3. 公益性　基本医疗卫生服务在公益性领域中，不属于竞争性生产经营活动，不以营利为目的，因此具有公益性。

（三）基本医疗卫生服务的范围

基本医疗卫生服务包括两大部分，一是公共卫生服务范围，包括疾病预防控制、计划免疫、健康教育、卫生监督、妇幼保健、精神卫生、卫生应急、急救、采血服务、食品安全、职业病防治和安全饮水等12个领域。二是基本医疗，即采用基本药物、使用适宜技术，按照规范诊疗程序提供的急慢性疾病的诊断、治疗和康复等医疗服务。

二、各级政府的职责

国家应该建立以基本医疗保险为主体，商业健康保险、医疗救助等为补充的、多层次的医疗保障体系。国家完善医疗救助制度,保障符合条件的困难群众获得基本医疗服务,让每一位公民都能被现代化的基本医疗服务覆盖。

各级人民政府领导医疗卫生与健康促进工作。人民政府可以将针对重点地区、重点疾病和特定人群的服务内容纳入基本公共卫生服务项目并组织实施。县级以上地方人民政府针对本行政区域重大疾病和主要健康危险因素,开展专项防控工作。县级以上地方人民政府应当制定并落实医疗卫生服务体系规划,科学配置医疗卫生资源。县级以上地方人民政府根据本行政区域医疗卫生需求,整合区域内政府创办的医疗卫生资源,因地制宜建立医疗联合体等协同联动的医疗服务合作机制。

三、公民的健康权利与义务

健康的概念通常有两种观点:一是生理健康说,即健康只包括人生理功能的完善状态,而不包括心理功能;二是生理、心理健康说,此观点认为健康包括身体的生理功能的正常运转以及心理的良好状态。法律意义上的健康,通常是指健康权,包括健康权利和义务两个方面。《基本医疗卫生与健康促进法》详细规定了公民享有的健康权利和义务。

(一)公民的基本健康权利

1. 获得健康教育的权利。
2. 从国家和社会获得基本医疗卫生服务的权利。
3. 依法接种免疫规划疫苗的权利。
4. 对病情、诊疗方案、医疗风险、医疗费用等事项依法享有知情同意的权利。
5. 依法参加基本医疗保险的权利。
6. 对违反《基本医疗卫生与健康促进法》规定的行为,向有关部门投诉、举报的权利。

(二)公民的健康义务

1. 依法接种免疫规划疫苗的义务。
2. 依法参加基本医疗保险的义务。
3. 尊重他人的健康权利和利益的义务。
4. 尊重医疗卫生人员的义务。
5. 遵守诊疗制度和卫生服务秩序的义务。
6. 接受、配合医疗卫生机构为预防、控制、消除传染病危害,依法采取的调查、检验、采集样的义务。

第三节　医疗卫生机构

一、医疗卫生机构的概念

医疗卫生机构,是指依法定程序设立的从事疾病诊断、治疗活动的卫生机构的总称。

《基本医疗卫生与健康促进法》第三十四条规定:国家建立健全由基层医疗卫生机构、医院、专业公共卫生机构等组成的城乡全覆盖、功能互补、连续协同的医疗卫生服务体系。国家加强县级医院、乡镇卫生院、村卫生室、社区卫生服务中心(站)和专业公共卫生机构等的建设,建立健全农村医疗卫生服务网络和城市社区卫生服务网络。

(一)基层医疗机构

基层医疗卫生机构主要提供预防、保健、健康教育、疾病管理,为居民建立健康档案,常见病、多发病的诊疗以及部分疾病的康复、护理，接收医院转诊患者，向医院转诊超出自身服务能力的患者等基本医疗卫生服务。

（二）医院

医院主要提供疾病诊治，特别是急危重症和疑难病症的诊疗，突发事件医疗处置和救援以及健康教育等医疗卫生服务，并开展医学教育、医疗卫生人员培训、医学科学研究和对基层医疗卫生机构的业务指导等工作。

（三）专业公共卫生机构

专业公共卫生机构主要提供传染病、慢性非传染性疾病、职业病、地方病等疾病预防控制和健康教育、妇幼保健、精神卫生、院前急救、采供血、食品安全风险监测评估、出生缺陷防治等公共卫生服务。

二、医疗卫生机构成立条件

举办医疗机构，应当具备符合规定的名称、组织机构和场所；具有与其开展的业务相适应的经费、设施、设备和医疗卫生人员；具有相应的规章制度；能够独立承担民事责任。

医疗机构依法取得执业许可证。禁止伪造、变造、买卖、出租、出借医疗机构执业许可证。

各级各类医疗卫生机构的具体条件和配置应当符合国务院卫生健康主管部门制定的医疗卫生机构标准。

三、医疗卫生机构的管理

（一）国家对医疗卫生机构实行分类管理

医疗卫生服务体系坚持以非营利性医疗卫生机构为主体、营利性医疗卫生机构为补充。

国家鼓励政府举办的医疗卫生机构与社会力量合作举办非营利性医疗卫生机构。国家采取多种措施，鼓励和引导社会力量依法举办医疗卫生机构，支持和规范社会力量举办的医疗卫生机构与政府举办的医疗卫生机构开展多种类型的医疗业务、学科建设、人才培养等合作。

社会力量举办的医疗卫生机构在基本医疗保险定点、重点专科建设、科研教学、等级评审、特定医疗技术准入、医疗卫生人员职称评定等方面享有与政府举办的医疗卫生机构同等的权利。社会力量可以选择设立非营利性或者营利性医疗卫生机构。社会力量举办的非营利性医疗卫生机构按照规定享受与政府举办的医疗卫生机构同等的税收、财政补助、用地、用水、用电、用气、用热等政策，并依法接受监督管理。

（二）国家对医疗卫生技术的临床应用进行分类管理

国家对医疗卫生技术的临床应用进行分类管理，对技术难度大、医疗风险高，服务能力、人员专业技术水平要求较高的医疗卫生技术实行严格管理。

医疗卫生机构开展医疗卫生技术临床应用，应当与其功能任务相适应，遵循科学、安全、规范、有效、经济的原则，并符合伦理。

医疗卫生机构执业场所是提供医疗卫生服务的公共场所，任何组织或者个人不得扰乱其秩序。

第四节　医疗卫生人员

医疗卫生人员应当弘扬敬佑生命、救死扶伤、甘于奉献、大爱无疆的崇高职业精神，遵守行业规范，恪守医德，努力提高专业水平和服务质量。医疗卫生行业组织、医疗卫生机构、医学院校应当加强对医疗卫生人员的医德医风教育。

一、医疗卫生人员的培养与管理

国家制定医疗卫生人员培养规划，建立适应行业特点和社会需求的医疗卫生人员培养机制和供需平衡机制，完善医学院校教育、毕业后教育和继续教育体系，建立健全住院医师、专科医师规范化培训制度，建立规模适宜、结构合理、分布均衡的医疗卫生队伍。

（一）职务培养管理

国家加强全科医生的培养和使用。全科医生主要提供常见病、多发病的诊疗和转诊、预防、保健、康复，以及慢性病管理、健康管理等服务。医疗卫生人员应当遵循医学科学规律，遵守有关临床诊疗技术规范和各项操作规范以及医学伦理规范，使用适宜技术和药物，合理诊疗，因病施治，不得对患者实施过度医疗。

医疗卫生人员不得利用职务之便索要、非法收受财物或者牟取其他不正当利益。

（二）注册管理

国家对医师、护士等医疗卫生人员依法实行执业注册制度。医疗卫生人员应当依法取得相应的职业资格。

（三）薪酬津贴管理

国家建立健全符合医疗卫生行业特点的人事、薪酬、奖励制度，体现医疗卫生人员职业特点和技术劳动价值。

对从事传染病防治、放射医学和精神卫生工作以及其他在特殊岗位工作的医疗卫生人员，应当按照国家规定给予适当的津贴。津贴标准应当定期调整。

二、医疗卫生人员的工作制度

（一）服务基层医疗

国家建立医疗卫生人员定期到基层和艰苦边远地区从事医疗卫生工作制度。

国家采取定向免费培养、对口支援、退休返聘等措施，加强基层和艰苦边远地区医疗卫生队伍建设。

执业医师晋升为副高级技术职称的，应当有累计一年以上在县级以下或者对口支援的医疗卫生机构提供医疗卫生服务的经历。

（二）建设基层医疗

对在基层和艰苦边远地区工作的医疗卫生人员，在薪酬津贴、职称评定、职业发展、教育培训和表彰奖励等方面实行优惠待遇。

国家加强乡村医疗卫生队伍建设，建立县乡村上下贯通的职业发展机制，完善对乡村医疗卫生人员的服务收入多渠道补助机制和养老政策。

（三）创建良好医疗环境

全社会应当关心、尊重医疗卫生人员，维护良好安全的医疗卫生服务秩序，共同构建和谐医患关系。

医疗卫生人员的人身安全、人格尊严不受侵犯，其合法权益受法律保护。禁止任何组织或者个人威胁、危害医疗卫生人员人身安全，侵犯医疗卫生人员人格尊严。

国家采取措施，保障医疗卫生人员执业环境。

第五节　药品供应保障

一、药品供应保障体系

国家建立健全药品供应保障体系。加快建立以国家基本药物制度为基础的药品供应保障体系，保障人民群众安全用药。建立工作协调机制，保障药品的安全、有效、可及。

二、国家基本药物制度

（一）基本概念

国家基本药物制度是对基本药物目录制定、生产供应、采购配送、合理使用、价格管理、支付报销、质量监管、监测评价等多个环节实施有效管理的制度。国家基本医药制度可以改善目前的药品供应保障体系，保障人民群众的安全用药。

（二）基本药物目录

国家实施基本药物制度，遴选适当数量的基本药物品种，满足疾病防治基本用药需求。

国家公布基本药物目录，根据药品临床应用实践、药品标准变化、药品新上市情况等，对基本药物目录进行动态调整。

基本药物按照规定优先纳入基本医疗保险药品目录。

（三）基本药物的保障

国家提高基本药物的供给能力，强化基本药物质量监管，确保基本药物公平可及、合理使用。

三、药品审批审评制度

国家建立健全以临床需求为导向的药品审评审批制度，支持临床急需品，儿童用药品，防治罕见病、重大疾病等药品的研制、生产，满足疾病防治需求。药品审评审批制度主要目标：①提高审评审批质量；②解决注册申请积压；③提高仿制药质量；④鼓励研究和创制新药；⑤提高审评审批透明度。

四、药　品　监　管

国家建立健全药品研制、生产、流通、使用全过程追溯制度，加强药品管理，保证药品质量。

国家建立健全药品价格监测体系，开展成本价格调查，加强药品价格监督检查，依法查处价格垄断、价格欺诈、不正当竞争等违法行为，维护药品价格秩序。

国家加强药品分类采购管理和指导。参加药品采购投标的投标人不得以低于成本的报价竞标，不得以欺诈、串通投标、滥用市场支配地位等方式竞标。

五、药　品　储　备

国家建立中央与地方两级医药储备，用于保障重大灾情、疫情及其他突发事件等应急需要。

国家建立健全药品供求监测体系，及时收集和汇总分析药品供求信息，定期公布药品生产、流通、使用等情况。

六、中药的保护和发展

中药是指在中医理论指导下，用于预防、治疗、诊断疾病并具有康复与保健作用的物质。中药主要来源于天然药及其加工品，包括植物药、动物药、矿物药及部分化学、生物制品类药物。国家加强中药的保护与发展，充分体现中药的特色和优势，发挥其在预防、保健、医疗、康复中的作用。

第六节　健 康 促 进

一、健 康 教 育

1. 各级人民政府应当加强健康教育工作及其专业人才培养，建立健康知识和技能核心信息发布制度，普及健康科学知识，向公众提供科学、准确的健康信息。

2. 学校应当利用多种形式实施健康教育，普及健康知识、科学健身知识、急救知识和技能，提高学生主动防病的意识，培养学生良好的卫生习惯和健康的行为习惯，减少、改善学生近视、肥胖等不良健康状况。学校应当按照规定开设体育与健康课程，组织学生开展广播体操、眼保健操、体能锻炼等活动。学校按照规定配备校医，建立和完善卫生室、保健室等。县级以上人民政府教育主管部门应当按照规定将学生体质健康水平纳入学校考核体系。

3. 医疗卫生、教育、体育、宣传等机构、基层群众性自治组织和社会组织应当开展健康知识的宣传和普及。医疗卫生人员在提供医疗卫生服务时，应当对患者开展健康教育。新闻媒体应当开展健康知识的公益宣传。健康知识的宣传应当科学、准确。

4. 公民是自己健康的第一责任人，树立和践行对自己健康负责的健康管理理念，主动学习健康知识，提高健康素养，加强健康管理。倡导家庭成员相互关爱，形成符合自身和家庭特点的健康生活方式。公民应当尊重他人的健康权利和利益，不得损害他人健康和社会公共利益。

二、健康状况调查与风险评估

国家组织居民健康状况调查和统计，开展体质监测，对健康绩效进行评估，并根据评估结果制定、完善与健康相关的法律、法规、政策和规划。

国家建立疾病和健康危险因素监测、调查和风险评估制度。县级以上人民政府及其有关部门针对影响健康的主要问题，组织开展健康危险因素研究，制定综合防治措施。

国家加强影响健康的环境问题预防和治理，组织开展环境质量对健康影响的研究，采取措施预防和控制与环境问题有关的疾病。

三、健身公共服务

国家发展全民健身事业，完善覆盖城乡的全民健身公共服务体系，加强公共体育设施建设，组织开展和支持全民健身活动，加强全民健身指导服务，普及科学健身知识和方法。

国家鼓励单位的体育场地设施向公众开放。

四、重点人群健康服务

国家制定并实施未成年人、妇女、老年人、残疾人等的健康工作计划，加强重点人群健康服务。

国家推动长期护理保障工作，鼓励发展长期护理保险。

国家采取措施，减少吸烟对公民健康的危害。公共场所控制吸烟，强化监督执法。

烟草制品包装应当印制带有说明吸烟危害的警示。禁止向未成年人出售烟酒。

五、公共场所卫生管理

国家完善公共场所卫生管理制度。县级以上人民政府卫生健康等主管部门应当加强对公共场所的卫生监督。公共场所卫生监督信息应当依法向社会公开。

公共场所经营单位应当建立健全并严格实施卫生管理制度，保证其经营活动持续符合国家对公共场所的卫生要求。

六、用人单位职责

用人单位应当为职工创造有益于健康的环境和条件，严格执行劳动安全卫生等相关规定，积极组织职工开展健身活动，保护职工健康。

国家鼓励用人单位开展职工健康指导工作。

国家提倡用人单位为职工定期开展健康检查。法律、法规对健康检查有规定的，依照其规定。

七、爱国卫生运动

国家大力开展爱国卫生运动，鼓励和支持开展爱国卫生月等群众性卫生与健康活动，依靠和动员群众控制和消除健康危险因素，改善环境卫生状况，建设健康城市、健康村镇、健康社区。

第七节　资金保障

一、政府职责与资金监督管理

各级人民政府应当切实履行发展医疗卫生与健康事业的职责，建立与经济社会发展、财政状况和健康指标相适应的医疗卫生与健康事业投入机制，将医疗卫生与健康促进经费纳入本级政府预算，按照规定主要用于保障基本医疗服务、公共卫生服务、基本医疗保障和政府举办的医疗卫生机构建设和运行发展。

县级以上人民政府通过预算、审计、监督执法、社会监督等方式，加强资金的监督管理。

二、基本医疗服务费用

基本医疗服务费用主要由基本医疗保险基金和个人支付。国家依法多渠道筹集基本医疗保险基金，逐步完善基本医疗保险可持续筹资和保障水平调整机制。公民有依法参加基本医疗保险的权利和义务。用人单位和职工按照国家规定缴纳职工基本医疗保险费。城乡居民按照规定缴纳城乡居民基本医疗保险费。

三、医疗保障体系

国家建立以基本医疗保险为主体，商业健康保险、医疗救助、职工互助医疗和医疗慈善服务等为补充的、多层次的医疗保障体系。

国家鼓励发展商业健康保险，满足人民群众多样化健康保障需求。

国家完善医疗救助制度，保障符合条件的困难群众获得基本医疗服务。

四、协商谈判机制

国家建立健全基本医疗保险经办机构与协议定点医疗卫生机构之间的协商谈判机制，科学合理确定基本医疗保险基金支付标准和支付方式，引导医疗卫生机构合理诊疗，促进患者有序流动，提高基本医疗保险基金使用效益。

五、基本医疗保险基金支付范围的确定

基本医疗保险基金支付范围由国务院医疗保障主管部门组织制定，并应当听取国务院卫生健康主管部门、中医药主管部门、药品监督管理部门、财政部门等的意见。

省、自治区、直辖市人民政府可以按照国家有关规定，补充确定本行政区域基本医疗保险基金支付的具体项目和标准，并报国务院医疗保障主管部门备案。

国务院医疗保障主管部门应当对纳入支付范围的基本医疗保险药品目录、诊疗项目、医疗服务设施标准等组织开展循证医学和经济性评价，并应当听取国务院卫生健康主管部门、中医药主管部门、药品监督管理部门、财政部门等有关方面的意见。评价结果应当作为调整基本医疗保险基金支付范围的依据。

第八节　监　督　管　理

一、建立健全医疗卫生综合监督管理体系

国家建立健全机构自治、行业自律、政府监管、社会监督相结合的医疗卫生综合监督管理体系。县级以上人民政府卫生健康主管部门对医疗卫生行业实行属地化、全行业监督管理。

县级以上人民政府医疗保障主管部门应当提高医疗保障监管能力和水平，对纳入基本医疗保险基金支付范围的医疗服务行为和医疗费用加强监督管理，确保基本医疗保险基金合理使用、安全可控。

二、建立沟通协商机制

县级以上人民政府应当组织卫生健康、医疗保障、药品监督管理、发展改革、财政等部门建立沟通协商机制，加强制度衔接和工作配合，提高医疗卫生资源使用效率和保障水平。

县级以上人民政府应当定期向本级人民代表大会或者其常务委员会报告基本医疗卫生与健康促进工作，依法接受监督。

三、对主要负责人进行约谈和整改

县级以上人民政府有关部门未履行医疗卫生与健康促进工作相关职责的,本级人民政府或者上级人民政府有关部门应当对其主要负责人进行约谈。

地方人民政府未履行医疗卫生与健康促进工作相关职责的,上级人民政府应当对其主要负责人进行约谈。

被约谈的部门和地方人民政府应当立即采取措施,进行整改。

约谈情况和整改情况应当纳入有关部门和地方人民政府工作评议、考核记录。

四、建立医疗卫生机构绩效评估制度

县级以上地方人民政府卫生健康主管部门应当建立医疗卫生机构绩效评估制度,组织对医疗卫生机构的服务质量、医疗技术、药品和医用设备使用等情况进行评估。评估应当吸收行业组织和公众参与。评估结果应当以适当方式向社会公开,作为评价医疗卫生机构和卫生监管的重要依据。

五、国家保护公民个人健康信息

国家保护公民个人健康信息,确保公民个人健康信息安全。任何组织或者个人不得非法收集、使用、加工、传输公民个人健康信息,不得非法买卖、提供或者公开公民个人健康信息。

六、建立信用记录制度

县级以上人民政府卫生健康主管部门、医疗保障主管部门应当建立医疗卫生机构、人员等信用记录制度,纳入全国信用信息共享平台,按照国家规定实施联合惩戒。

县级以上地方人民政府卫生健康主管部门及其委托的卫生健康监督机构,依法开展本行政区域医疗卫生等行政执法工作。

七、积极培育医疗卫生行业组织

县级以上人民政府卫生健康主管部门应当积极培育医疗卫生行业组织,发挥其在医疗卫生与健康促进工作中的作用,支持其参与行业管理规范、技术标准制定和医疗卫生评价、评估、评审等工作。

国家建立医疗纠纷预防和处理机制,妥善处理医疗纠纷,维护医疗秩序。

八、社 会 监 督

国家鼓励公民、法人和其他组织对医疗卫生与健康促进工作进行社会监督。任何组织和个人对违反本法规定的行为,有权向县级以上人民政府卫生健康主管部门和其他有关部门投诉、举报。

第九节　法　律　责　任

违反《中华人民共和国基本医疗卫生与健康促进法》相关规定的，根据不同情况要承担相应的法律责任。

一、滥用职权、玩忽职守、徇私舞弊的法律责任

地方各级人民政府、县级以上人民政府卫生健康主管部门和其他有关部门，滥用职权、玩忽职守、徇私舞弊的，对直接负责的主管人员和其他直接责任人员依法给予处分。

二、擅自执业的法律责任

未取得医疗机构执业许可证擅自执业的，由县级以上人民政府卫生健康主管部门责令停止执业活动，没收违法所得和药品、医疗器械，并处违法所得五倍以上二十倍以下的罚款，违法所得不足一万元的，按一万元计算。

伪造、变造、买卖、出租、出借医疗机构执业许可证的，由县级以上人民政府卫生健康主管部门责令改正，没收违法所得，并处违法所得五倍以上十五倍以下的罚款，违法所得不足一万元的，按一万元计算；情节严重的，吊销医疗机构执业许可证。

三、医疗卫生机构违反规定的法律责任

有下列行为之一的，由县级以上人民政府卫生健康主管部门责令改正，没收违法所得，并处违法所得二倍以上十倍以下的罚款，违法所得不足一万元的，按一万元计算；对直接负责的主管人员和其他直接责任人员依法给予处分：①政府举办的医疗卫生机构与其他组织投资设立非独立法人资格的医疗卫生机构；②医疗卫生机构对外出租、承包医疗科室；③非营利性医疗卫生机构向出资人、举办者分配或者变相分配收益。

四、医疗信息泄露，医疗管理制度、安全措施不健全的法律责任

医疗卫生机构等的医疗信息安全制度、保障措施不健全，导致医疗信息泄露，或者医疗质量管理和医疗技术管理制度、安全措施不健全的，由县级以上人民政府卫生健康等主管部门责令改正，给予警告，并处一万元以上五万元以下的罚款；情节严重的，可以责令停止相应执业活动，对直接负责的主管人员和其他直接责任人员依法追究法律责任。

五、医疗卫生人员违反规定的法律责任

医疗卫生人员有下列行为之一的，由县级以上人民政府卫生健康主管部门依照有关执业医师、护士管理和医疗纠纷预防处理等法律、行政法规的规定给予行政处罚：①利用职务之便索要、非法收受财物或者牟取其他不正当利益；②泄露公民个人健康信息；③在开展医学研究或提供医疗卫生服务过程中未按照规定履行告知义务或者违反医学伦理规范。

前款规定的人员属于政府举办的医疗卫生机构中的人员的，依法给予处分。

六、参加药品采购投标的投标人违反规定的法律责任

参加药品采购投标的投标人以低于成本的报价竞标，或者以欺诈、串通投标、滥用市场支配地位等方式竞标的，由县级以上人民政府医疗保障主管部门责令改正，没收违法所得；中标的，中标无效，处中标项目金额千分之五以上千分之十以下的罚款，对法定代表人、主要负责人、直接负责的主管人员和其他责任人员处对单位罚款数额百分之五以上百分之十以下的罚款；情节严重的，取消其二年至五年内参加药品采购投标的资格并予以公告。

七、骗取基本医疗保险的法律责任

以欺诈、伪造证明材料或者其他手段骗取基本医疗保险待遇，或者基本医疗保险经办机构以及医疗机构、药品经营单位等以欺诈、伪造证明材料或者其他手段骗取基本医疗保险基金支出的，由县级以上人民政府医疗保障主管部门依照有关社会保险的法律、行政法规规定给予行政处罚。

八、违反规定构成违法犯罪的法律责任

扰乱医疗卫生机构执业场所秩序，威胁、危害医疗卫生人员人身安全，侵犯医疗卫生人员人格尊严，非法收集、使用、加工、传输公民个人健康信息，非法买卖、提供或者公开公民个人健康信息等，构成违反治安管理行为的，依法给予治安管理处罚。构成犯罪的，依法追究刑事责任；造成人身、财产损害的，依法承担民事责任。

思考题

1. 请结合本章所学，谈谈对我国基本医疗卫生与健康促进事业的体会。
2. 为什么医疗卫生健康事业应当坚持以人民为中心，为人民服务？

（陈　瑶）

第三章　医疗机构管理法律制度

章前案例

罗某聘请非医疗技术人员从事医疗美容手术案件

2014 年 8 月 19 日，被告人罗某在某市某区某商铺注册成立医疗美容门诊部，核准经营范围为医疗美容科：美容外科（限门诊）、美容牙科和美容皮肤科。2014 年 10 月 28 日，经该区卫生局批准，该门诊部被核准为美容门诊部，诊疗科目为美容外科、美容皮肤科和美容牙科。

原告李某案发前系某生物科技有限公司员工。2017 年 1 月 12 日，被告人罗某收取被害人李某隆乳手术费人民币 40 万元；同年 2 月 23 日，罗某聘请未取得医生职业资格的被告人曾某，在其经营的医疗美容门诊部为被害人李某实施注射隆乳手术。手术过程中，曾某使用"无批文、无中文标识、无法律依据"的"三无产品"，造成被害人李某身体健康受到严重损害。经法医鉴定，被害人李某因注射隆乳手术（麻醉药中毒）致其成植物人生存状态，经法医鉴定，损伤程度评定为重伤一级。

思考：

被告人罗某的行为违反了《医疗机构管理条例》中关于医疗机构执业的哪些规定？应当承担哪些法律责任？

第一节　概　　述

一、医疗机构的概念及类别

（一）医疗机构的概念

依据《医疗机构管理条例》的规定，医疗机构（medical institution）是指依法设立的，以救死扶伤、防病治病为宗旨，从事疾病诊断、治疗活动的卫生服务机构。该定义包括以下内涵。

1. 医疗机构必须依法成立　依法成立是指医疗机构的成立必须依据国务院颁布的《医疗机构管理条例》及实施细则的规定设立和登记，在依法取得医疗机构设置许可、经登记获得医疗机构执业许可证或备案后，方能开展相关的医疗执业活动。

2. 医疗机构是从事疾病诊断与治疗活动的卫生机构　我国的医疗机构包括医院、社区卫生服务机构、乡（镇）卫生院等，主要开展疾病诊断、治疗活动。医疗机构与疾病预防控制机构共同构成了我国卫生机构。

（二）医疗机构的分类

1. 依据 2006 年 11 月 1 日《卫生部关于修订〈医疗机构管理条例施行细则〉第三条有关内容的通知》，以及 2017 年《国家卫生计生委关于修改〈医疗机构管理条例实施细则〉的决定》，根据医疗机构的功能、任务、规模的不同，医疗机构可以分为以下类别：①综合医院、中医医院、中西医结合医院、民族医院、专科医院、康复医院;②妇幼保健院;③社区卫生服务中心、社区卫生服务站;④中心卫生院、乡(镇)卫生院、街道卫生院;⑤疗养院;⑥综合门诊部、专科门诊部、中医门诊部、中西医结合门诊部、民族医门诊部;⑦诊所、中医诊所、民族医诊所、卫生所、医务室、卫生保健所、卫生站;⑧村卫生室(所);⑨急救中心、急救站;⑩临床检验中心;⑪专科疾病防治院、专科疾病防治所、专科疾病防治站;⑫护理院、护理站;⑬医学检验实验室、病理诊断中心、医学影像诊断中心、血液透析中心、安宁疗护中心;⑭其他诊疗机构。

2. 按照医疗机构的性质和社会功能的不同,分为营利性和非营利性医疗机构。营利性医疗机构是指医疗服务所得收益可用于投资者经济回报的医疗机构。非营利性医疗机构是指为社会公众利益服务而设立运营的医疗机构,不以营利为目的,其收入用于弥补医疗服务成本。实际运营中的收支、结余不能用于投资者回报,也不能为其职工变相分配,所有利润和盈余只能投入到机构的再发展中,用于购买设备,引进技术,开展新的服务项目或向公民提供低成本的医疗卫生服务。政府不举办营利性医疗机构。

国家对营利性和非营利性医疗机构,制定并实行不同的财税、价格政策。目前,非营利性医疗机构在我国的医疗服务体系中占主导地位,享受相应的税收优惠政策。营利性医疗机构医疗服务价格放开,依法自主经营,照章纳税。

二、医疗机构的管理立法

为了加强医疗机构的管理,促进医疗机构的健康发展,新中国成立后,陆续制定并颁布了一系列医疗机构管理的法规。1951 年 1 月,政务院批准颁布的《医院诊所管理暂行条例》是新中国第一部关于医疗机构管理的法律制度。在此之后,国务院及卫生部陆续制定和颁布实施了《医院、诊所组织编制原则(草案)》《县卫生院暂行组织通则》等有关医疗机构管理方面的行政法规和部门规章。伴随改革开放的实施,国家实行了多层次、多渠道的办医政策,卫生部先后制定了《全国城市街道卫生院工作条例(试行草案)》《综合医院组织编制原则》《医师、中医师个体开业暂行管理办法》《医院分级管理办法》等。20 世纪 80 年代以来,卫生部陆续颁布一些部门规章,如《全国医院工作条例》《医院工作制度》。

1994 年 2 月,国务院发布了《医疗机构管理条例》,于 1994 年 9 月 1 日起实行。条例从医疗机构的规划布局、设置审批、登记执业、监督管理、法律责任等方面作出了明确规定,标志着我国医疗机构管理立法步入一个新阶段。围绕该条例,卫生部又陆续制定了一系列配套规章,包括《医疗机构管理条例实施细则》《医疗机构设置规划指导原则》《医疗机构诊疗科目名录》《医疗机构评审办法》等。

为适应我国社会经济的发展和改革开放的进程加速,在医疗机构的设置管理方面,卫生部等部门于 2000 年联合出台了《关于城镇医疗机构分类管理的实施意见》《中外合资、合作医疗机构管理暂行办法》;2010 年,卫生部、商务部联合印发了《香港和澳门服务提供者在内地设立独资医院管理暂行办法》《台湾服务提供者在大陆设立独资医院管理暂行办法》;2014 年 7 月,国家卫生和计划生育委员会和商务部又联合印发了《关于开展外资独资医院试点工作的通知》,开展外资独资医院设立试点工作。

近年来,国家不断加强医疗机构的法制化管理,规范医疗服务主体,强化对医疗机构、医疗行为的规范管理和监督,先后颁布了《医疗机构病历管理规定》(2002 年 9 月 1 日施行)、《大型医用设备配置与使用管理办法》(2005 年 3 月 1 日施行)、《医疗广告管理办法》(2007 年 1 月 1 日施行)、《处方管理办法》(2007 年 5 月 1 日施行)、《医疗机构临床用血管理办法》(2012 年 8 月 1 日施行)等。2020 年 7 月,国家卫生健康委员会联合国家市场监督管理总局等部委,颁布了《关于进一步规范医疗机构名称管理工作的通知》。2022 年 4 月 7 日,国务院发布《国务院关于修改和废止部分行政法规的决定》,对《医疗机构管理条例》部分内容进行了修改,从 2022 年 5 月 1 日开始正式实施。

以《医疗机构管理条例》为核心的这一系列法规、规章,共同组成了现阶段我国较为全面的医疗机构管理法律体系,基本覆盖了医疗机构执业的各个方面。

第二节　医疗机构的设置与审批

一、医疗机构的设置规划

医疗机构的设置规划是区域卫生规划的重要组成部分,是卫生行政部门审批医疗机构设置的依据。县级以上地方人民政府应当把医疗机构设置规划纳入当地区域卫生发展规划和城乡建设发展总体规划。

医疗机构设置规划应当以区域内居民的实际医疗服务需求为依据,以医疗卫生资源的合理配置与利用,为全体居民提供公平、高质量的基本医疗服务为目的,由县级以上政府卫生行政部门根据本行政区域内的人口、医疗资源、卫生服务需求和现有医疗机构的分布状况,制定本行政区域的医疗机构设置规划,报同级人民政府批准后实施。通过实施属地化和全行业管理,将各种所有制、投资主体、隶属关系和经营性质的医疗机构纳入所在地卫生行政部门的统一规划、设置和布局,实行统一准入、统一监管。

医疗机构设置规划分为三级。省级和县级的医疗机构设置规划都要以设区的市级所制定的医疗机构设置规划为基础。设区的市级卫生行政部门按照区域医疗规划的原则和方法,进行规划的制订和组织工作;县级卫生行政部门完成一百张床位以下的医疗机构的配置和布局;省级卫生行政部门制订全省五百张床位以上的医院、重点专科和重点专科医院、急救中心、临床检验中心等医疗机构的配置方案。

二、医疗机构的设置申请

(一)申请设置医疗机构的条件

按照《医疗机构管理条例》规定,单位或者个人设置医疗机构,按照国务院的规定应当办理设置医疗机构批准书的,应当经县级以上地方人民政府卫生行政部门审查批准,并取得设置医疗机构批准书。医疗机构不分类别、所有制形式、隶属关系、服务对象,其设置必须符合当地《医疗机构设置规划》。

申请设置中外合资、合作医疗机构,除了符合当地区域卫生规划和医疗机构设置规划外,申请的中外双方必须是能够独立承担民事责任的法人。合资、合作的中外双方应当具有直接或间接从事医疗卫生投资与管理的经验,并符合下列要求之一:①能够提供国际先进的医疗机构管理经验、管理模式和服务模式;②能够提供具有国际领先水平的医学技术和设备;③可以补充或改善当地在医疗服务能力、医疗技术、资金和医疗设施方面的不足。同时还应当符合以下条件:①必须是独立的法人;②投资总额不得低于 2 000 万人民币;③合资、合作中方在中外合资、合作医疗机构中所占的股权比例或权益不得低于 30%;④合资、合作期限不超过 20 年;⑤省级以上卫生行政部门规定的其他条件。

申请设立台资独资医院、港澳独资医院的,应当具有直接或间接从事医疗卫生投资与管理的经验,并符合以下条件:①必须是能够独立承担民事责任的法人;②三级医院投资总额不低于 5 000 万人民币,二级医院投资总额不低于 2 000 万人民币;③符合二级以上医院基本标准;④在老、少、边、穷地区设置的港澳独资医院，投资总额要求可以适当降低。

因分立或者合并而新设置的医疗机构应当申请设置许可和执业登记。

2020年11月，国家卫生健康委员会办公厅发布了《关于取消部分医疗机构〈设置医疗机构批准书〉核发加强事中事后监管工作的通知》，通知规定：除三级医院、三级妇幼保健院、急救中心、急救站、临床检验中心、中外合资合作医疗机构、港澳台独资医疗机构外，举办其他医疗机构的，卫生健康行政部门不再核发《设置医疗机构批准书》，在执业登记时发放《医疗机构执业许可证》。

（二）不得申请设置医疗机构的情形

按照《医疗机构管理条例实施细则》规定，有下列情形之一的，不得申请设置医疗机构：①不能独立承担民事责任的单位；②正在服刑或者不具有完全民事行为能力的个人；③发生二级以上医疗事故未满五年的医务人员；④因违反有关法律、法规和规章，已被吊销执业证书的医务人员；⑤被吊销医疗机构执业许可证的医疗机构法定代表人或者主要负责人；⑥省、自治区、直辖市政府卫生计生行政部门规定的其他情形。

（三）申请设置医疗机构需要提交的材料

申请设置医疗机构的单位或个人，应按照规定和要求向当地卫生行政部门提交申请材料，包括设置申请书、设置可行性研究报告、选址报告和建筑设计平面图。

提交的设置可行性研究报告包括以下内容：①申请单位名称、基本情况以及申请人姓名、年龄、专业履历、身份证号码；②所在地区的人口、经济和社会发展等概况；③所在地区人群健康状况和疾病流行以及有关疾患病率；④所在地区医疗资源分布情况以及医疗服务需求分析；⑤拟设医疗机构的名称、选址、功能、任务、服务半径；⑥拟设医疗机构的服务方式、时间、诊疗科目和床位编制；⑦拟设医疗机构的组织结构、人员配备；⑧拟设医疗机构的仪器、设备配备；⑨拟设医疗机构与服务半径区域内其他医疗机构的关系和影响；⑩拟设医疗机构的污水、污物、粪便处理方案；⑪拟设医疗机构的通讯、供电、上下水道、消防设施情况；⑫资金来源、投资方式、投资总额、注册资金（资本）；⑬拟设医疗机构的投资预算；⑭拟设医疗机构五年内的成本效益预测分析。

选址报告包括以下内容：①选址的依据；②选址所在地区的环境和公用设施情况；③选址与周围托幼机构、中小学校、食品生产经营单位布局的关系；④占地和建筑面积。

《医疗机构管理条例实施细则》规定，由两个以上法人或者其他组织共同申请设置医疗机构以及由两人以上合伙申请设置医疗机构的，除提交可行性研究报告和选址报告外，还必须提交由各方共同签署的协议书。

三、医疗机构的设置审批

（一）医疗机构设置的审批程序

卫生行政部门应当自受理设置申请之日起30日内，依据当地《医疗机构设置规划》及《医疗机构管理条例实施细则》的规定，对于符合医疗机构设置规划和医疗机构基本标准的，发给设置医疗机构批准书；对不予批准的要以书面形式告知理由。设置中外合资、合作医疗机构的，其申请获国家卫生行政部门批准后，还需按照规定向商务部提出申请，取得外商投资企业批准证书。

（二）医疗机构设置的审批机构

床位在一百张以上的综合医院、中医医院、中西医结合医院、民族医院以及专科医院、疗养院、康复医院、妇幼保健院、急救中心、临床检验中心和专科疾病防治机构的设置，由省级人民政府卫生行政部门规定；不设床位或者床位在一百张以下的医疗机构，由县级人民政府卫生行政部门批准。

机关、企业和事业单位按照国家医疗机构基本标准设置为内部职工服务的门诊部、诊所、卫生所(室),报所在地的县级人民政府卫生行政部门备案。

国家统一规划的医疗机构的设置,由国务院卫生行政部门决定。

设置中外合资、合作医疗机构,经医疗机构所在地设区的市级卫生行政部门初审后,报省级卫生行政部门审批;并应当按照有关法律、法规报商务部门审批。

(三)不予批准的情况

申请设置医疗机构有下列情形之一的,不予批准:①不符合当地《医疗机构设置规划》;②设置人不符合规定的条件;③不能提供满足投资总额的资信证明;④投资总额不能满足各项预算开支;⑤医疗机构选址不合理;⑥污水、污物、粪便处理方案不合理;⑦省、自治区、直辖市卫生行政部门规定的其他情形。

第三节　医疗机构的登记与校验

一、医疗机构的执业登记

医疗机构执业,必须进行登记,领取《医疗机构执业许可证》。诊所按照国务院卫生行政部门的规定向所在地的县级人民政府卫生行政部门备案后,可以执业。

医疗机构的执业登记,由批准其设置的人民政府卫生行政部门办理;不需要办理设置医疗机构批准书的医疗机构的执业登记,由所在地的县级以上地方人民政府卫生行政部门办理。

机关、企业和事业单位设置的为内部职工服务的门诊部、卫生所(室)、诊所的执业登记或者备案,由所在地的县级人民政府卫生行政部门办理。

(一)申请执业登记的条件

申请医疗机构执业登记,应当具备:①按照规定应当办理设置医疗机构批准书的,已取得设置医疗机构批准书;②符合医疗机构的基本标准;③有适合的名称、组织机构和场所;④有与其开展的业务相适应的经费、设施、设备和专业卫生技术人员;⑤有相应的规章制度;⑥能够独立承担民事责任。

申请医疗机构执业登记应填写《医疗机构申请执业登记注册书》,并提交以下材料:①《设置医疗机构批准书》或者《设置医疗机构备案回执》;②医疗机构用房产权证明或者使用证明;③医疗机构建筑设计平面图;④验资证明、资产评估报告;⑤医疗机构规章制度;⑥医疗机构法定代表人或者主要负责人以及各科室负责人名录和有关资格证书、执业证书复印件;⑦省、自治区、直辖市卫生行政部门规定提交的其他材料。

申请门诊部、诊所、卫生所、医务室、卫生保健所和卫生站登记的,还应当提交附设药房(柜)的药品种类清单、卫生技术人员名录及其有关资格证书、执业证书复印件以及省、自治区、直辖市卫生行政部门规定提交的其他材料。

(二)审核批准

卫生行政部门自受理执业登记申请之日起45日内,应按照规定对申请人提交的材料进行审查和实地考察、核实,并对有关执业人员进行消毒、隔离和无菌操作等基本知识和技能的现场抽查考核。经审核合格的,发给医疗机构执业许可证;审核不合格的,将审核结果和不予批准的理由以书面形式通知申请人。

(三)执业登记的事项

医疗机构执业,应该依法进行登记,取得医疗机构执业许可证。未取得医疗机构执业许可证的,不得开展诊断、治疗活动。医疗机构执业登记的事项包括:①类别、名称、地址、法定代表人或者主要负责人；②所有制形式；③注册资金（资本）；④服务方式；⑤诊疗科目（含特殊医疗技术项目等）；⑥房屋建筑面积、床位（牙椅）；⑦服务对象、职工人数；⑧执业许可证登记号（医疗机构代码）；⑨省级卫生行政部门规定的其他登记事项。

（四）执业登记的变更与注销

有下列情形之一的，医疗机构应当按照规定向原登记机关申请办理变更登记手续或者向原备案机关备案。因变更登记超出原登记机关管辖权限的，由有管辖权的卫生行政部门办理变更登记：①医疗机构发生分立或者合并，保留医疗机构的；②变更名称、地址、法定代表人或者主要负责人、所有制形式、服务对象、服务方式、注册资金（资本）、诊疗科目、床位（牙椅）的；③机关、企业和事业单位设置的为内部职工服务的医疗机构向社会开放的。

申请办理变更登记的，应提交：①医疗机构法定代表人或者主要负责人签署的《医疗机构申请变更登记注册书》；②申请变更登记的原因和理由；③登记机关规定提交的其他材料。

医疗机构停业，必须经设置审批机关批准。医疗机构非因改建、扩建、迁建原因停业超过1年的，视为歇业。医疗机构歇业，必须向原登记机关办理注销登记或者向原备案机关备案，经登记机关核准后，收缴《医疗机构执业许可证》。此外，因合并而终止的医疗机构也应当申请注销登记。

（五）不予登记的情形

申请医疗机构执业登记有下列情形之一的，不予登记：①不符合设置医疗机构批准书核准的事项；②不符合《医疗机构基本标准（试行）》；③投资不到位；④医疗机构用房不能满足诊疗服务功能；⑤通讯、供电、上下水道等公共设施不能满足医疗机构正常运转；⑥医疗机构规章制度不符合要求；⑦消毒、隔离和无菌操作等基本知识和技能的现场抽查考核不合格；⑧省、自治区、直辖市卫生行政部门规定的其他情形。

二、医疗机构执业登记的校验

医疗机构执业校验，是卫生行政部门依法对医疗机构的登记条件和执业状况进行检查、评估、审核，并依法作出相应结论的过程。医疗机构在依法取得医疗机构执业许可证后，应按规定期限办理校验手段。

（一）校验程序

1. 校验期限 根据《医疗机构管理条例实施细则》的规定：①床位在一百张以上的综合医院、中医医院、中西医结合医院、民族医医院以及专科医院、疗养院、康复医院、妇幼保健院、急救中心、临床检验中心和专科疾病防治机构的校验期为三年；②其他医疗机构的校验期为一年。③中外合资、合作医疗机构的校验期为一年；④暂缓校验后再次检验合格的医疗机构校验期为一年。

2. 校验申请 医疗机构应当于校验期届满三个月前向登记机关申请办理校验手续，并提交相关文件资料。办理校验应当交验医疗机构执业许可证，并提交下列文件：医疗机构校验申请书；医疗机构执业许可证副本；省、自治区、直辖市卫生行政部门规定提交的其他材料。

（二）审核与批准

登记机关应当在收到医疗机构校验申请后的30日内进行书面审查，并可实地考察和核实。审核合格的，通过校验，准予其继续执业；审核不合格的，提出处理意见并书面通知申请人。

医疗机构校验期满未申请办理校验手续，登记机关应责令其限期补办；在限期内仍不办理校验的，注销其医疗机构执业许可证，并逐级报设置审批机关进行备案。

医疗机构有下列情形之一的，登记机关给予警告、限期改正，并可以根据情况，给予1至6个月的暂缓校验期，予以公示：①不符合《医疗机构基本标准》；②限期改正期间、停业整顿期间；③省级卫生行政部门规定的其他情形。不设床位的医疗机构在暂缓校验期内不得执业。暂缓校验期满仍不能通过校验的，由登记机关注销其医疗机构执业许可证。

有下列情形之一的,卫生行政部门可认定为不能通过校验,注销其医疗机构执业许可证,并予以公示:①暂缓校验期内,违反规定擅自开展医疗活动;②暂缓校验期内,擅自发布医疗服务信息;③暂缓校验期内,不良执业行为累积记分达到或超过规定分值;④暂缓校验期内,发生重大医疗安全责任事故;⑤暂缓校验期满,仍达不到医疗机构基本标准;⑥省级以上卫生行政部门规定的其他情形。

三、医疗机构的名称管理

(一)医疗机构命名的基本规定

医疗机构的名称由识别名称和通用名称依次组成。医疗机构的通用名称为:医院、中心卫生院、卫生院、疗养院、妇幼保健院、门诊部、诊所、卫生所、卫生站、卫生室、医务室、卫生保健所、急救中心、急救站、临床检验中心、防治院、防治所、防治站、护理院、护理站、中心以及国务院卫生行政主管部门规定或者认可的其他名称。可以作为医疗机构的识别名称的有:地名、单位名称、个人姓名、医学学科名称、医学专业和专科名称、诊疗科目名称和核准机关批准使用的名称。

医疗机构的名称必须名副其实,必须与医疗机构类别或者诊疗科目相适应。各级地方人民政府设置的医疗机构的识别名称中应当含有省、市、县、区、街道、乡、镇、村等行政区划名称,其他医疗机构的识别名称中不得含有行政区划名称。国家机关、企业和事业单位、社会团体或者个人设置的医疗机构的名称中应当含有设置单位名称或者个人的姓名。

医疗机构只准使用一个名称。确有需要,经核准机关核准可以使用两个或者两个以上名称,但必须确定一个第一名称。

(二)医疗机构命名不得使用的名称

医疗机构不得使用下列名称:①有损国家、社会或者公共利益的名称;②侵犯他人利益的名称;③以外文字母、汉语拼音组成的名称;④以医疗仪器、药品、医用产品命名的名称;⑤含有"疑难病""专治""专家""名医"或者同类含义文字的名称以及其他宣传或者暗示诊疗效果的名称;⑥超出登记的诊疗科目范围的名称;⑦省级以上卫生行政部门规定不得使用的名称。

(三)医疗机构名称的核准

医疗机构名称含有以下内容的,由国务院卫生行政部门核准:①含有外国国家(地区)名称及其简称、国际组织名称的;②含有"中国""全国""中华""国家"等字样以及跨省地域名称的;③各级地方人民政府设置的医疗机构的识别名称中不含有行政区划名称的。

属于中医、中西医结合和民族医医疗机构的,由国家中医药管理局核准。

以"中心"作为医疗机构通用名称的医疗机构名称,由省级以上卫生行政部门核准;在识别名称中含有"中心"字样的医疗机构名称的核准,由省、自治区、直辖市卫生行政部门规定。含有"中心"字样的医疗机构名称必须同时含有行政区划名称或者地名。

医疗机构名称经核准登记,于领取医疗机构执业许可证后方可使用,在核准机关管辖范围内享有专用权。医疗机构名称不得买卖、出借。未经核准机关许可,医疗机构名称不得转让。

卫生行政部门有权纠正已经核准登记的不适宜的医疗机构名称,上级卫生行政部门有权纠正下级卫生行政部门已经核准登记的不适宜的医疗机构名称。

(四)其他规定

除专科疾病防治机构以外,医疗机构不得以具体疾病名称作为识别名称,确有需要的由省、自治区、直辖市卫生行政部门核准。

2006年《卫生部关于进一步规范医疗机构命名有关问题的通知》,对医疗机构申请的名称中含有外国国家(地区)名称及其简称、国际组织名称的,如"××国际医院""中×医院"等的,作出明确规定,应当符合以下条件:①医疗机构的设置或命名具有中国政府(卫生部)与其他国家政府(卫生部)友好合作协议或技术合作协议背景;②医疗机构的设置或命名具有中国政府(卫生部)同意与国际组织友好合作或技术合作项目背景;③医疗机构的设置或命名具有中国政府(卫生部)指定的国际多边或双边诊疗服务业务项目背景;④具有历史沿革的习惯名称。

第四节　医疗机构的执业与监管

一、医疗机构的执业

（一）医疗机构执业的基本规定

1. 依法取得《医疗机构执业许可证》　任何单位和个人没有取得《医疗机构执业许可证》或者未经备案,不得开展诊疗活动。为内部职工服务的医疗机构未经许可和变更登记不得向社会开放。

2. 按照核准登记或者备案的诊疗科目开展诊疗活动　未经允许,医疗机构不得擅自扩大业务范围。需要改变诊疗科目的,应当按照规定程序和要求,办理变更登记手续。

3. 加强对医务人员的医德教育　医疗机构应定期组织人员学习医德规范,督促医务人员恪守职业道德。建立考核制度,开展医务人员基础知识与技能的培训与考核,严格落实各项规章制度。

4. 按规定收取医疗费用　医疗机构应当按照政府物价部门核准的收费标准收取医疗费用,详列细项,并出具收据。将医疗机构执业许可证、诊疗科目、诊疗时间和收费标准悬挂于明显位置。

5. 不得使用非卫生技术人员从事医疗卫生技术工作　医疗机构的工作人员上岗工作,必须佩戴载有本人姓名、职务或者职称的标牌。

6. 规范使用医疗机构标识　医疗机构的印章、银行账户、牌匾以及医疗文件中使用的名称应当与核准登记的医疗机构名称相同;使用两个以上名称的,应当与第一名称相同。标有医疗机构标识的票据和病历本册以及处方笺、各种检查的申请单、报告单、证明文书单、药品分装袋、制剂标签等不得买卖、出借和转让。不得冒用标有其他医疗机构标识的票据和病历本册以及处方笺、各种检查的申请单、报告单、证明文书单、药品分装袋、制剂标签等。

7. 遵守病历管理的有关规定　医疗机构门诊病历的保存期不得少于 15 年;住院病历的保存期不得少于 30 年。

（二）医疗机构的执业规则

1. 积极救治义务　医疗机构对危重患者应当立即抢救。对限于设备或者技术条件不能诊治的患者,应当及时转诊。

对传染病、精神病、职业病等患者的特殊诊治和处理,应当按照国家有关法律、法规的规定。

2. 依法出具医学证明文件　未经医师(士)亲自诊查患者,医疗机构不得出具疾病诊断书、健康证明书或者死亡证明书等证明文件;未经医师(士)、助产人员亲自接产,医疗机构不得出具出生证明书或者死产报告书。医疗机构为死因不明者出具的死亡医学证明书,只作是否死亡的诊断,不作死亡原因的诊断。如有关方面要求进行死亡原因诊断的,医疗机构必须指派医生对尸体进行解剖和有关死因检查后方能作出死因诊断。

3. 尊重患者的知情同意权　医务人员在诊疗活动中应当向患者说明病情和医疗措施。需要实施手术、特殊检查、特殊治疗的,医务人员应当及时向患者具体说明医疗风险、替代医疗方案等情况,并取得其明确同意;不能或者不宜向患者说明的,应当向患者的近亲属说明,并取得其明确同意。因抢救生命垂危的患者等紧急情况,不能取得患者或者其近亲属意见的,经医疗机构负责人或者授权的负责人批准,可以立即实施相应的医疗措施。

4. 切实做好医院感染管理　医疗机构应当严格执行无菌消毒、隔离制度,采取科学有效的措施处理污水和废弃物,预防和减少医院感染。

医疗机构应按照《消毒管理办法》,严格执行医疗器械、器具的消毒工作技术规范,并达到以下要求:①进入人体组织、无菌器官的医疗器械、器具和物品必须达到灭菌水平;②接触皮肤、黏膜的医疗器械、器具和物品必须达到消毒水平;③用于注射、穿刺、采血等有创操作的医疗器具必须一用一灭菌。

医疗机构使用的消毒药械、一次性医疗器械和器具应当符合国家有关规定,一次性使用的医疗器械、器具不得重复使用。

医疗机构应当及时发现医院感染病例和医院感染的暴发,分析感染源、感染途径,采取有效的处理和控制措施,积极救治患者。

5. 医疗机构发生医疗事故时,按照国家有关规定处理。

6. 医疗机构必须按照有关药品管理的法律、法规,加强药品管理　不得使用假药、劣药、过期和失效药品以及违禁药品。对抗菌药物的临床应用应当遵循安全、有效、经济的原则,实行分级管理。

7. 医疗机构必须承担相应的预防保健工作,承担县级以上人民政府卫生行政部门委托的支援农村、指导基层医疗卫生工作等任务。

8. 服从卫生行政部门的调遣　发生重大灾害、事故、疾病流行或者其他意外情况时,医疗机构及其卫生技术人员必须服从县级以上人民政府卫生行政部门的调遣。

9. 依法履行报告义务

(1) 医疗质量安全事件报告制度:按照《医疗质量安全事件报告暂行规定》,医疗质量安全事件实行网络在线直报。发生造成 2 人以下轻度残疾、器官组织损伤导致一般功能障碍或其他人身损害后果的一般医疗质量安全事件,医疗机构应当自事件发现之日起 15 日内,上报有关信息;发生造成 2 人以下死亡或中度以上残疾、器官组织损伤导致严重功能障碍或造成 3 人以上中度以下残疾、器官组织损伤或其他人身损害后果的重大医疗质量安全事件,医疗机构应当自事件发现之时起 12 小时内,上报有关信息;造成 3 人以上死亡或重度残疾的特大医疗质量安全事件,医疗机构应当自事件发现之时起 2 小时内,上报有关信息。

(2) 涉及医院感染事件的报告:医疗机构经调查证实发生以下情形时,应当于 12 小时内向所在地的县级地方人民政府卫生行政部门报告,并同时向所在地疾病预防控制机构报告:5 例以上医院感染暴发;由于医院感染暴发直接导致患者死亡;由于医院感染暴发导致 3 人以上人身损害后果。

发生以下情形时,应当按照《国家突发公共卫生事件相关信息报告管理工作规范(试行)》的要求进行报告:10 例以上的医院感染暴发事件;发生特殊病原体或者新发病原体的医院感染;可能造成重大公共影响或者严重后果的医院感染。

医疗机构对发生的医院感染属于法定传染病的,应当按照《传染病防治法》与《国家突发公共卫生事件应急预案》的规定进行报告和处理。

二、医疗机构的广告管理

医疗广告,是指利用各种媒介或者形式直接或间接介绍医疗机构或医疗服务的广告。非医疗机构不得发布医疗广告,医疗机构不得以内部科室名义发布医疗广告。

(一) 医疗广告的发布申请与审查

1.《医疗广告审查证明》的申请　医疗机构发布医疗广告,应当在发布前申请医疗广告审查。未取得《医疗广告审查证明》不得发布医疗广告。《医疗广告审查证明》由省级卫生行政部门、中医药管理部门负责，并对医疗机构进行监督管理。

医疗机构申请发布医疗广告，应当向申请部门提交以下材料：①《医疗广告审查申请表》；②《医疗机构执业许可证》副本原件和复印件，复印件应当加盖核发其《医疗机构执业许可证》的卫生行政部门公章；③医疗广告成品样件。电视、广播广告可以先提交镜头脚本和广播文稿。

2．医疗广告审查　省级卫生行政部门、中医药管理部门应当自受理之日起 20 日内对医疗广告成品样件内容进行审查。需要请有关专家进行审查的，可延长 10 日。

对审查合格的医疗广告，由省级卫生行政部门、中医药管理部门发给医疗广告审查证明，并将通过审查的医疗广告样件和核发的医疗广告审查证明予以公示；对审查不合格的医疗广告，应当书面通知医疗机构并告知理由。省级卫生行政部门、中医药管理部门应在核发医疗广告审查证明之日起五个工作日内，将医疗广告审查证明抄送本地同级工商行政管理机关。

医疗广告审查证明的有效期为一年。到期后需继续发布医疗广告的，应重新提出审查申请。

（二）医疗广告的内容与形式

医疗广告内容仅限于以下项目：医疗机构第一名称；医疗机构地址；所有制形式；医疗机构类别；诊疗科目；床位数；接诊时间；联系电话。发布的内容必须与卫生行政部门、中医药管理部门核发的医疗机构执业许可证或其副本载明的内容一致。

医疗广告的表现形式不得含有以下情形：涉及医疗技术、诊疗方法、疾病名称、药物的；保证治愈或者隐含保证治愈的；宣传治愈率、有效率等诊疗效果的；淫秽、迷信、荒诞的；贬低他人的；利用患者、卫生技术人员、医学教育科研机构及人员以及其他社会社团、组织的名义、形象作证明的；使用解放军和武警部队名义的；法律、行政法规规定禁止的其他情形。

禁止利用新闻形式、医疗资讯服务类专题节（栏）目发布或变相发布医疗广告。有关医疗机构的人物专访、专题报道等宣传内容，可以出现医疗机构名称，但不得出现有关医疗机构的地址、联系方式等医疗广告内容；不得在同一媒介的同一时间段或者版面发布该医疗机构的广告。

医疗广告内容需要改动或者医疗机构的执业情况发生变化，与经审查的医疗广告成品样件内容不符的，医疗机构应当重新提出审查申请。

三、医疗机构的处方管理

处方，是指由注册的执业医师和执业助理医师在诊疗活动中为患者开具的、由取得药学专业技术职务任职资格的药学专业技术人员审核、调配、核对，并作为患者用药凭证的医疗文书，包括医疗机构病区用药医嘱单。

为规范处方管理，提高处方质量，促进合理用药，保障医疗安全，卫生部于 2007 年 2 月发布了《处方管理办法》。

（一）处方书写规则

处方书写应当符合下列规则：①患者一般情况、临床诊断应填写清晰、完整，并与病历记载相一致。②每张处方限于一名患者的用药。③字迹清楚，不得涂改。如需修改，应当在修改处签名并注明修改日期。④药品名称应当使用规范的中文名称书写，没有中文名称的可以使用规范的英文名称书写；医疗机构或者医师、药师不得自行编制药品缩写名称或者使用代号。⑤书写药品名称、剂量、规格、用法、用量要准确规范，药品用法可用规范的中文、英文、拉丁文或者缩写体书写，但不得使用"遵医嘱""自用"等含糊不清字句。⑥患者年龄应当填写实足年龄，新生儿、婴幼儿写日、月龄，必要时要注明体重。⑦西药和中成药可以分别开具处方，也可以开具一张处方，中药饮片应当单独开具处方；开具西药、中成药处方，每一种药品应当另起一行，每张处方不得超过 5 种药品。⑧中药饮片处方的书写，一般应当按照"君、臣、佐、使"的顺序排列；调剂、煎煮的特殊要求注明在药品右上方，并加括号，如布包、先煎、后下等；对饮片的产地、炮制有特殊要求的,应当在药品名称之前写明。⑨药品用法用量应当按照药品说明书规定的常规用法用量使用,特殊情况需要超剂量使用时,应当注明原因并再次签名。⑩除特殊情况外,应当注明临床诊断。⑪开具处方后的空白处划一斜线以示处方完毕。⑫处方医师的签名式样和专用签章应当与院内药学部门留样备查的式样相一致,不得任意改动,否则应当重新登记留样备案。

药品剂量与数量用阿拉伯数字书写。剂量应当使用法定剂量单位。片剂、丸剂、胶囊剂、颗粒剂分别以片、丸、粒、袋为单位;溶液剂以支、瓶为单位;软膏及乳膏剂以支、盒为单位;注射剂以支、瓶为单位,应当注明含量;中药饮片以克(g)为单位。

(二)处方权的获得

经注册的执业医师在执业地点取得相应的处方权。执业助理医师经注册后在医疗机构开具的处方,应当经所在执业地执业医师签名或加盖专用签章后方有效;助理执业医师在乡、民族乡、镇、村的医疗机构独立从事一般执业活动时,可以在其注册的执业地点取得相应的处方权。

试用期人员开具处方,应当经所在医疗机构有处方权的执业医师审核并签名或加盖专用签章后方有效。进修医师由接收进修的医疗机构对其胜任本专业工作的实际情况进行认定后,授予相应的处方权。

执业医师取得麻醉药品和第一类精神药品处方权后,药师取得麻醉药品和第一类精神药品调剂资格后,方可在其注册机构开具和调剂麻醉药品和第一类精神药品处方。

(三)处方的开具

医师应当根据医疗、预防、保健需要,按照诊疗规范、药品说明书中的药品适应证、药理作用、用法、用量、禁忌、不良反应和注意事项等开具处方。开具医疗用毒性药品、放射性药品的处方应当严格遵守有关法律、法规和规章的规定。

医师开具处方应当使用经药品监督管理部门批准并公布的药品通用名称、新活性化合物的专利药品名称和复方制剂药品名称。

麻醉药品、第一类精神药品处方的开具,应当依据麻醉药品和精神药品临床应用指导原则。除需长期使用麻醉药品和第一类精神药品的门(急)诊癌症疼痛患者和中、重度慢性疼痛患者外,麻醉药品注射剂仅限于医疗机构内使用。门(急)诊癌症疼痛患者和中、重度慢性疼痛患者需长期使用麻醉药品和第一类精神药品的,首诊医师应当亲自诊查患者,建立相应的病历,要求其签署知情同意书。

(四)处方的有效期和用量

处方开具当日有效。特殊情况下需延长有效期的,由开具处方的医师注明有效期限,但有效期最长不得超过3日。

处方一般不得超过7日用量;急诊处方一般不得超过3日用量;对于某些慢性病、老年病或特殊情况,处方用量可适当延长,但医师应当注明理由。

为门(急)诊患者开具的麻醉药品注射剂,每张处方为1次常用量;控缓释制剂,每张处方不得超过7日常用量;其他剂型,每张处方不得超过3日常用量。为门(急)诊癌症疼痛患者和中、重度慢性疼痛患者开具的麻醉药品、第一类精神药品注射剂,每张处方不得超过3日常用量;控缓释制剂,每张处方不得超过15日常用量;其他剂型,每张处方不得超过7日常用量。

第一类精神药品注射剂,每张处方为一次常用量;控缓释制剂,每张处方不得超过7日常用量;其他剂型,每张处方不得超过3日常用量。哌甲酯用于治疗儿童多动症时,每张处方不得超过15日常用量。第二类精神药品一般每张处方不得超过7日常用量;对于慢性病或某些特殊情况的患者,处方用量可以适当延长,医师应当注明理由。

住院患者的麻醉药品和第一类精神药品处方应当逐日开具,每张处方为1日常用量。

(五)处方的保管

医疗机构应按规定妥善保管处方:①普通处方、急诊处方、儿科处方保存期限为1年;②医疗用毒性药品、第二类精神药品处方保存期为2年,麻醉药品和第一类精神药品处方保存期为3年。保存期满后,经医疗机构主要负责人批准、登记备案,方可销毁。

麻醉药品和精神药品处方开具情况,应按照其品种、规格对其消耗量进行专册登记,登记内容包括发药日期、患者姓名、用药数量。专册保存期为3年。

(六)处方的监督管理

医疗机构应当:①加强对本机构处方开具、调剂和保管的管理。②建立处方点评制度,填写处方评价表,对处方实施动态监测及超常预警,登记并通报不合理处方,对不合理用药及时予以干预。③对出现超常处方3次以上,且无正当理由的医师提出警告,限制其处方权;对限制处方权后,仍连续2次以上出现超常处方且无正当理由的,取消其处方权。

县级以上卫生行政部门应当定期对本行政区域内医疗机构处方管理情况进行监督检查。发现医师有以下情形的,应当责令医疗机构取消医师处方权:①被责令暂停执业;②考核不合格离岗培训期间;③被注销、吊销执业证书;④不按照规定开具处方,造成严重后果的;⑤不按照规定使用药品,造成严重后果的;⑥因开具处方牟取私利。

四、医疗机构的监督管理

国务院卫生行政部门负责全国医疗机构的监督管理工作;县级以上卫生行政部门负责本行政区内医疗机构的监督管理工作。中国人民解放军卫生主管部门负责对军队的医疗机构实施监督管理。

县级以上人民政府卫生行政部门行使下列监督管理职权:①负责医疗机构的设置审批、执业登记、备案和校验;②对医疗机构的执业活动进行检查指导;③负责组织对医疗机构的评审;④对违反《医疗机构管理条例》的行为给予处罚。

各级卫生行政部门负责对医疗机构的执业活动开展检查与指导,包括:①执行国家有关法律、法规、规章和标准情况;②执行医疗机构内部各项规章制度和各级各类人员岗位责任制情况;③医德医风情况;④服务质量和服务水平情况;⑤执行医疗收费标准情况;⑥组织管理情况;⑦人员任用情况;⑧省、自治区、直辖市卫生行政部门规定的其他检查、指导项目。

第五节　法　律　责　任

一、违反医疗机构管理规定的法律责任

1. 未取得医疗机构执业许可证,擅自执业的法律责任　依照《中华人民共和国基本医疗卫生与健康促进法》的规定予以处罚。由县级以上人民政府卫生健康主管部门责令停止执业活动,没收违法所得和药品、医疗器械,并处违法所得五倍以上二十倍以下的罚款,违法所得不足一万元的,按一万元计算。

诊所未经备案执业的,由县级以上人民政府卫生行政部门责令其改正,没收违法所得,并处三万元以下罚款;拒不改正的,责令其停止执业活动。

2. 逾期不校验医疗机构执业许可证,又继续从事诊疗活动的法律责任　医疗机构逾期不校验医疗机构执业许可证,仍继续从事诊疗活动的,由县级以上人民政府卫生行政部门责令其限期补办校验手续;在限期内仍不办理校验的,吊销其医疗机构执业许可证。

3. 出卖、转让、出借医疗机构执业许可证的法律责任　对医疗机构转让、出借医疗机构执业许可证的,依照《中华人民共和国基本医疗卫生与健康促进法》的规定予以处罚。由县级以上人

民政府卫生健康主管部门责令改正,没收违法所得,并处违法所得五倍以上十五倍以下的罚款,违法所得不足一万元的,按一万元计算;情节严重的,吊销医疗机构执业许可证。

4. 超出登记范围开展诊疗活动的法律责任　除急诊和急救外,医疗机构诊疗活动超出登记的诊疗科目范围或者备案范围的,由县级以上人民政府卫生行政部门予以警告、责令其改正,没收违法所得,并可以根据情节处以一万元以上十万元以下的罚款;情节严重的,吊销其医疗机构执业许可证或者责令其停止执业活动。

5. 使用非卫生技术人员从事医疗卫生技术工作的法律责任　对医疗机构任用非卫生技术人员从事医疗卫生技术工作的,由县级以上人民政府卫生行政部门责令其限期改正,并可以处以一万元以上十万元以下的罚款;情节严重的,吊销其《医疗机构执业许可证》或者责令其停止执业活动。

医疗机构使用卫生技术人员从事本专业以外的诊疗活动的,按使用非卫生技术人员处理。

6. 出具虚假证明文件的法律责任　出具虚假证明文件,由县级以上人民政府卫生行政部门予以警告;对造成危害后果的,可处以一万元以上十万元以下的罚款;对直接责任人员由所在单位或者上级机关给予行政处分。

7. 其他违法行为的法律责任　有下列行为之一的,由县级以上人民政府卫生行政主管部门责令改正,没收违法所得,并处违法所得二倍以上十倍以下的罚款,违法所得不足一万元的,按一万元计算;对直接负责的主管人员和其他直接责任人员依法给予处分:①政府举办的医疗卫生机构与其他组织投资设立非独立法人资格的医疗卫生机构;②医疗卫生机构对外出租、承包医疗科室;③非营利性医疗卫生机构向出资人、举办者分配或者变相分配收益。

二、违反医疗广告管理规定的法律责任

1. 违规发布医疗广告的　医疗机构违反《医疗广告管理办法》,由县级以上地方卫生行政部门、中医药管理部门责令其限期改正,给予警告;情节严重的,核发医疗机构执业许可证的卫生行政部门、中医药管理部门可以责令其停业整顿、吊销有关诊疗科目,直至吊销医疗机构执业许可证。

未取得医疗机构执业许可证发布医疗广告的,按非法行医处罚。

工商行政管理机关对违规的广告主、广告经营者、广告发布者依据《中华人民共和国广告法》(以下简称《广告法》)、《反不正当竞争法》予以处罚,对情节严重,造成严重后果的,可以并处一至六个月暂停发布医疗广告,直至取消广告经营者、广告发布者的医疗广告经营和发布资格的处罚。法律法规没有规定的,工商行政管理机关应当对负有责任的广告主、广告经营者、广告发布者给予警告或者处以一万元以上三万元以下的罚款;医疗广告内容涉嫌虚假的,工商行政管理机关可根据需要会同卫生行政部门、中医药管理部门作出认定。

2. 篡改医疗广告审查证明内容,发布医疗广告的　医疗机构篡改医疗广告审查证明内容,发布医疗广告的,省级卫生行政部门、中医药管理部门应当撤销其医疗广告审查证明,并在一年内不受理该医疗机构的广告审查申请。

省级卫生行政部门、中医药管理部门撤销医疗广告审查证明后,应当自作出行政处理决定之日起五个工作日内通知同级工商行政管理机关,工商行政管理机关应依法予以查处。

三、违反《处方管理办法》的法律责任

《处方管理办法》规定,医疗机构有下列情形之一的,由县级以上卫生行政部门按照《医疗机构管理条例》规定,责令限期改正,并可处以 5 000 元以下的罚款;情节严重的,吊销其医疗机构

执业许可证：①使用未取得处方权的人员、被取消处方权的医师开具处方的；②使用未取得麻醉药品和第一类精神药品处方资格的医师开具麻醉药品和第一类精神药品处方的；③使用未取得药学专业技术职务任职资格的人员从事处方调剂工作的。

对医疗机构未按照规定保管麻醉药品和精神药品处方，或者未依照规定进行专册登记的，按照《麻醉药品和精神药品管理条例》的规定，由设区的市级卫生行政部门责令限期改正，给予警告；逾期不改正的，处 5 000 元以上 1 万元以下的罚款；情节严重的，吊销其印鉴卡；对直接负责的主管人员和其他直接责任人员，依法给予降级、撤职、开除的处分。

思考题

1. 医疗机构应该如何依法开展医疗活动？
2. 你的一位朋友最近打算投资设立医疗机构，请你依据《医疗机构管理条例》的相关规定给出建议。

（罗　秀）

第四章 卫生技术人员管理法律制度

章前案例

朱某非法行医案

朱某，初中文化，个体经营户。朱某在未取得《医师资格证书》《医师执业证书》《医疗机构执业许可证》的情况下在某市某区设置诊所、从事诊疗活动，曾两次被该区卫生行政部门查获，并予以行政处罚和取缔。2018年3月，区卫生行政部门执法人员再次来到朱某经营的诊所进行检查，因朱某不能出示医疗机构执业许可证及执业医师或执业助理医师执业证书，同时现场发现朱某开具的处方笺2张，卫生行政部门执法人员于当日制作了现场笔录、询问笔录并决定将朱某开具的药物一宗作为证据进行登记保存。当日，区卫生行政部门在诊所门口张贴了公告，责令朱某停止一切诊疗活动，并将案件移交给公安机关。后朱某主动到公安机关投案。

法院审理后认为，被告人朱某在未取得医师执业资格的情况下开设诊所进行坐诊的行为系非法行医，并且其因非法行医被卫生行政部门行政处罚两次以后，再次非法行医，系情节严重，其行为已构成非法行医罪。公诉机关指控的事实和罪名成立，予以确认。鉴于朱某非法行医的行为没有造成严重后果，可依法从轻处罚。以被告人朱某犯非法行医罪，判处罚金人民币一万元。

思考：

根据我国法律规定，医师执业行医应该具备哪些准入条件？

第一节 医 师 管 理

一、概 述

医师（medical practitioner）是指依法取得医师资格，经注册在医疗卫生机构中执业的专业医务人员。医师包括执业医师和执业助理医师。医师法是指由国家制定或认可的、调整医师在执业活动中所形成的各种社会关系的法律规范总称。医师法的适用对象是各级各类医疗卫生机构中的执业医师。

新中国成立后，政府和有关部门也颁布了一些法律和法规，如1951年卫生部相继颁布的《医师暂行条例》《中医师暂行条例》《牙医暂行条例》等。党的十一届三中全会以后，国务院、原卫生部制定了一系列规范性文件，使医师管理法律、法规逐步得到了完善，如《卫生技术人员职称及晋级条例（试行）》(1979年)、《医师、中医师个体开业暂行管理办法》(1988年)、《外国医师来华短期行医暂行管理办法》(1993年)等。1998年6月26日，第九届人民代表大会常务委员会第三次会议通过了《中华人民共和国执业医师法》(以下简称《执业医师法》)，自1999年5月1日起施行。此后原卫生部发布了《医师资格考试暂行办法》《医师执业注册暂行办法》《关于医师执业注册中执业范围的暂行规定》等配套规章，使我国的医师管理进入了法制化、规范化、科学化的轨道。进入 21 世纪，随着我国经济社会发展和医疗改革不断深入推进，国家卫生和计划生育委员会颁布了《关于推进和规范医师多点执业的若干意见》(2014)、《医师执业注册管理办法》(2017)等规章文件。2021 年 8 月 20 日，第十三届全国人民代表大会常务委员会第三十次会议通过了《中华人民共和国医师法》，并于 2022 年 3 月 1 日起施行。该法的颁布对于完善医师执业管理，加强医师队伍建设，强化保障机制，更好地保障医师权益有重要的意义。

二、医师资格考试与执业注册

（一）资格考试

医师资格考试制度是评价申请医师资格者是否具备执业所必备的专业知识和技能的一种执业准入制度。根据《医师法》规定，我国的医师资格考试分为执业医师资格考试和执业助理医师资格考试两种，考试的内容和办法由国家卫生健康委员会医师资格考试委员会制定，国家统一命题，省级卫生健康主管部门组织实施。

1. 考试类别　考试类别分为临床、中医（包括中医、民族医、中西医结合）、口腔、公共卫生四类。考试方式分为实践技能考试和医学综合笔试。

2. 考试条件　具有下列条件之一的，可以参加执业医师资格考试：①具有高等学校相关医学专业本科以上学历，在执业医师指导下，在医疗卫生机构中参加医学专业工作实践满一年；②具有高等学校相关医学专业专科学历，取得执业助理医师执业证书后，在医疗卫生机构中执业满二年。

具有高等学校相关医学专业专科以上学历，在执业医师指导下，在医疗卫生机构中参加医学专业工作实践满一年的，可以参加执业助理医师资格考试。

以师承方式学习中医满三年，或者经多年实践医术确有专长的，经县级以上人民政府卫生健康主管部门委托的中医药专业组织或者医疗卫生机构考核合格并推荐，可以参加中医医师资格考试。

以师承方式学习中医或者经多年实践，医术确有专长的，由至少二名中医医师推荐，经省级人民政府中医药主管部门组织实践技能和效果考核合格后，即可取得中医医师资格及相应的资格证书。

《医师法》提高了考试条件门槛，取消了中专学历人员参加医师资格考试的规定。为了做好与《执业医师法》的衔接，《医师法》规定，国家采取措施，鼓励具有中等专业学校医学专业学历的人员通过参加更高层次学历教育等方式，提高医学技术能力和水平。在《医师法》施行前以及在《医师法》施行后一定期限内取得中等专业学校相关医学专业学历的人员，可以参加医师资格考试。具体办法由国务院卫生健康主管部门会同国务院教育、中医药等有关部门制定。

医师资格考试成绩合格，取得执业医师资格或者执业助理医师资格，发给医师资格证书。

（二）执业注册

国家实行医师执业注册制度。未注册取得医师执业证书，不得从事医师执业活动。《医师法》和《医师执业注册管理办法》对医师执业注册的条件、程序、注销与变更等均进行了明确规定。2017 年 5 月，国家卫生和计划生育委员会颁布《医疗机构、医师、护士电子化注册管理规范（试行）》，医师可以通过电子化注册系统网上办理申请、变更、查询等相关业务，目前全国已全面实施电子化注册管理。

1. 注册条件　凡取得执业医师资格或者执业助理医师资格的，均可申请医师执业注册。但有下列情形之一的，不予注册：①无民事行为能力或者限制民事行为能力；②受刑事处罚，刑罚执行完毕不满二年或者被依法禁止从事医师职业的期限未满；③被吊销医师执业证书不满二年；

④因医师定期考核不合格被注销注册不满一年；⑤法律、行政法规规定不得从事医疗卫生服务的其他情形。

2. 注册内容　医师执业注册内容包括：执业地点、执业类别、执业范围。执业地点是指执业医师执业的医疗、预防、保健机构所在地的省级行政区划和执业助理医师执业的医疗、预防、保健机构所在地的县级行政区划。执业类别是指临床、中医（包括中医、民族医和中西医结合）、口腔、公共卫生。执业范围是指医师在医疗、预防、保健活动中从事的与其执业能力相适应的专业。

医师经注册后，可以在医疗卫生机构中按照注册的执业地点、执业类别、执业范围执业，从事相应的医疗卫生服务。中医、中西医结合医师可以在医疗机构中的中医科、中西医结合科或者其他临床科室按照注册的执业类别、执业范围执业。医师经相关专业培训和考核合格，可以增加执业范围。经考试取得医师资格的中医医师按照国家有关规定，经培训和考核合格，在执业活动中可以采用与其专业相关的西医药技术方法。西医医师按照国家有关规定，经培训和考核合格，在执业活动中可以采用与其专业相关的中医药技术方法。

3. 医师多点执业　医师多点执业是指医师于有效注册期内在两个或两个以上医疗机构定期从事执业活动的行为。医师参加慈善或公益性巡回医疗、义诊、突发事件或灾害事故医疗救援工作，参与实施基本和重大公共卫生服务项目，不属于医师多点执业。允许临床、口腔和中医类别医师多点执业。多点执业的医师应当具有中级及以上专业技术职务任职资格，从事同一专业工作满5年；身体健康，能够胜任医师多点执业工作；最近连续两个周期的医师定期考核无不合格记录。

医师在二个以上医疗卫生机构定期执业的，应当以一个医疗卫生机构为主，并按照国家有关规定办理相关手续。国家鼓励医师定期定点到县级以下医疗卫生机构，包括乡镇卫生院、村卫生室、社区卫生服务中心等，提供医疗卫生服务，主执业机构应当支持并提供便利。卫生健康主管部门、医疗卫生机构应当加强对多点执业医师的监督管理，规范其执业行为，保证医疗卫生服务质量。

4. 注册程序　取得医师资格的，可以向所在地县级以上地方人民政府卫生健康主管部门申请注册。医疗卫生机构可以为本机构中的申请人集体办理注册手续。拟在医疗、保健机构中执业的人员，应当向批准该机构执业的卫生健康主管部门申请注册；拟在预防机构中执业的人员，应当向该机构的同级卫生健康主管部门申请注册。

在同一执业地点多个机构执业的医师，应当确定一个机构作为其主要执业机构，并向批准该机构执业的卫生健康主管部门申请注册；对于拟执业的其他机构，应当向批准该机构执业的卫生健康主管部门分别申请备案，注明所在执业机构的名称。医师只有一个执业机构的，视为其主要执业机构。医师跨执业地点增加执业机构，应当向批准该机构执业的卫生健康主管部门申请增加注册。执业助理医师只能注册一个执业地点。

申请人应在每年规定的受理期限内提出申请，申请时应当提交下列材料：①医师执业申请审核表；②近6个月2寸白底免冠正面半身照片；③医疗、预防、保健机构的聘用证明；④省级以上卫生健康主管部门规定的其他材料。

除有《医师法》和《医师执业注册管理办法》规定不予注册的情形外，卫生健康主管部门应当自受理申请之日起20个工作日内准予注册，将注册信息录入国家信息平台，并发给《医师执业证书》。对不符合注册条件不予注册的，注册主管部门应当自收到注册申请之日起20个工作日内书面通知聘用单位和申请人，并说明理由。申请人如有异议的，可以依法申请行政复议或者向人民法院提起行政诉讼。

5. 注销注册　医师注册后有下列情形之一的，注销注册，废止医师执业证书：①死亡的；②受刑事处罚的；③被吊销医师执业证书的；④医师定期考核不合格，暂停执业活动期满，再次考核仍不合格的；⑤中止医师执业活动满二年的；⑥连续两个考核周期未参加医师定期考核的；

⑦身体健康状况不适宜继续执业的;⑧出借、出租、抵押、转让、涂改《医师执业证书》的;⑨在医师资格考试中参与有组织作弊的;⑩本人主动申请的;⑪法律、行政法规规定不得从事医疗卫生服务或者应当办理注销手续的其他情形。有前款规定情形的,医师所在医疗卫生机构应当在30日内报告准予注册的卫生健康主管部门;卫生健康主管部门依职权发现医师有前款规定情形的,应当及时通报准予注册的卫生健康主管部门。准予注册的卫生健康主管部门应当及时注销注册,废止医师执业证书。

6.变更注册 医师变更执业地点、执业类别、执业范围等注册事项的,应当到准予注册的卫生健康主管部门办理变更注册手续。

医师从事下列活动的,可以不办理相关变更注册手续:①参加规范化培训、进修、对口支援、会诊、突发事件医疗救援、慈善或者其他公益性医疗、义诊;②承担国家任务或者参加政府组织的重要活动等;③在医疗联合体内的医疗机构中执业。

注册主管部门应当自收到变更注册申请之日起20个工作日内办理变更注册手续。对因不符合变更注册条件不予变更的,应当自收到变更注册申请之日起20个工作日内书面通知申请人,并说明理由。

7.重新注册 中止医师执业活动二年以上或者《医师法》和《医师执业注册管理办法》规定不予注册的情形消失,申请重新执业的,应当由县级以上人民政府卫生健康主管部门或者其委托的医疗卫生机构、行业组织考核合格,并依法重新注册。

(三)个体行医

医师个体行医应当依法办理审批或者备案手续。执业医师个体行医,须经注册后在医疗卫生机构中执业满五年;但是,以师承方式学习中医或者经多年实践医术确有专长,经省级中医药主管部门考核合格取得中医医师资格的人员,按照考核内容进行执业注册后,即可在注册的执业范围内个体行医。

对个体行医实施监督检查的主体是县级以上地方人民政府卫生健康主管部门。

三、医师的权利和义务

(一)医师的权利

法律上的医师权利是指医师能够作出或不作出一定行为,以及要求他人相应作出或不作出一定行为的许可和保障,并为法律所确认、设定和保护。

医师在执业活动中享有下列权利:①在注册的执业范围内,按照有关规范进行医学诊查、疾病调查、医学处置、出具相应的医学证明文件,选择合理的医疗、预防、保健方案;②获取劳动报酬,享受国家规定的福利待遇,按照规定参加社会保险并享受相应待遇;③获得符合国家规定标准的执业基本条件和职业防护装备;④从事医学教育、研究、学术交流;⑤参加专业培训,接受继续医学教育;⑥对所在医疗卫生机构和卫生健康主管部门的工作提出意见和建议,依法参与所在机构的民主管理;⑦法律、法规规定的其他权利。

此外,医师的工作是防病治病、救死扶伤的神圣劳动。为了保障医师权利的实现,《医师法》明确规定:医师依法执业,受法律保护。医师的人格尊严、人身安全不受侵犯。全社会应当尊重医师。

(二)医师的义务

法律上的医师义务,是指医师的职务性义务,即在执业活动中应当为一定行为或不为一定行为的范围和限度。在医患关系中,医师的义务对应于患者的权利。医师应当坚持人民至上、生命至上,发扬人道主义精神,弘扬敬佑生命、救死扶伤、甘于奉献、大爱无疆的崇高职业精神,恪守职业道德,遵守执业规范,提高执业水平,履行防病治病、保护人民健康的神圣职责。

医师在执业活动中履行下列义务：①树立敬业精神，恪守职业道德，履行医师职责，尽职尽责救治患者，执行疫情防控等公共卫生措施；②遵循临床诊疗指南，遵守临床技术操作规范和医学伦理规范等；③尊重、关心、爱护患者，依法保护患者隐私和个人信息；④努力钻研业务，更新知识，提高医学专业技术能力和水平，提升医疗卫生服务质量；⑤宣传推广与岗位相适应的健康科普知识，对患者及公众进行健康教育和健康指导；⑥法律、法规规定的其他义务。

四、医师的执业规则

医师的执业规则是医师在执业活动中必须严格遵守的规范，也是医师必须履行的具体义务，医师如果违反执业规则就需要承担相应的法律责任。

1. 合法出具医学证明文件　医师实施医疗、预防、保健措施，签署有关医学证明文件，必须亲自诊查、调查，并按照规定及时填写病历等医学文书，不得隐匿、伪造、篡改或者擅自销毁病历等医学文书及有关资料。医师不得出具虚假医学证明文件以及与自己执业范围无关或者与执业类别不相符的医学证明文件。

2. 知情同意规则　医师在诊疗活动中应当向患者说明病情、医疗措施和其他需要告知的事项。需要实施手术、特殊检查、特殊治疗的，医师应当及时向患者具体说明医疗风险、替代医疗方案等情况，并取得其明确同意；不能或者不宜向患者说明的，应当向患者的近亲属说明，并取得其明确同意。

3. 紧急救治规则　对需要紧急救治的患者，医师应当采取紧急措施进行诊治，不得拒绝急救处置。因抢救生命垂危的患者等紧急情况，不能取得患者或者其近亲属意见的，经医疗机构负责人或者授权的负责人批准，可以立即实施相应的医疗措施。

国家鼓励医师积极参与公共交通工具等公共场所急救服务；医师因自愿实施急救造成受助人损害的，不承担民事责任。

4. 医学科研伦理规则　医师开展药物、医疗器械临床试验和其他医学临床研究应当符合国家有关规定，遵守医学伦理规范，依法通过伦理审查，取得书面知情同意。

5. 药械使用规则

（1）科学、规范使用药械：医师应当使用经依法批准或者备案的药品、消毒药剂、医疗器械，采用合法、合规、科学的诊疗方法。除按照规范用于诊断治疗外，不得使用麻醉药品、医疗用毒性药品、精神药品、放射性药品等。

（2）临床用药原则：医师应当坚持安全有效、经济合理的用药原则，遵循药品临床应用指导原则、临床诊疗指南和药品说明书等合理用药。

（3）医师超说明书用药规则：在尚无有效或者更好治疗手段等特殊情况下，医师取得患者明确知情同意后，可以采用药品说明书中未明确但具有循证医学证据的药品用法实施治疗。医疗机构应当建立管理制度，对医师处方、用药医嘱的适宜性进行审核，严格规范医师用药行为。

6. 互联网诊疗规则　执业医师按照国家有关规定，经所在医疗卫生机构同意，可以通过互联网等信息技术提供部分常见病、慢性病复诊等适宜的医疗卫生服务。国家支持医疗卫生机构之间利用互联网等信息技术开展远程医疗合作。

7. 廉洁规则　医师不得利用职务之便，索要、非法收受财物或者牟取其他不正当利益；不得对患者实施不必要的检查、治疗。

8. 服从卫生健康主管部门调遣　遇有自然灾害、事故灾难、公共卫生事件和社会安全事件等严重威胁人民生命健康的突发事件时，县级以上人民政府卫生健康主管部门根据需要组织医师参与卫生应急处置和医疗救治，医师应当服从调遣。

9. 报告制度　在执业活动中有下列情形之一的，医师应当按照有关规定及时向所在医疗卫生机构或者有关部门、机构报告：①发现传染病、突发不明原因疾病或者异常健康事件；②发生或者发现医疗事故；③发现可能与药品、医疗器械有关的不良反应或者不良事件；④发现假药或者劣药；⑤发现患者涉嫌伤害事件或者非正常死亡；⑥法律、法规规定的其他情形。

10. 执业助理医师规范执业　执业助理医师应当在执业医师的指导下，在医疗卫生机构中按照注册的执业类别、执业范围执业。在乡、民族乡、镇和村医疗卫生机构以及艰苦边远地区县级医疗卫生机构中执业的执业助理医师，可以根据医疗卫生服务情况和本人实践经验，独立从事一般的执业活动。

11. 医学生、医学毕业生参与临床诊疗活动的规定　参加临床教学实践的医学生和尚未取得医师执业证书、在医疗卫生机构中参加医学专业工作实践的医学毕业生，应当在执业医师监督、指导下参与临床诊疗活动。医疗卫生机构应当为有关医学生、医学毕业生参与临床诊疗活动提供必要的条件。

为了进一步加强医疗卫生机构对医师的管理，规范医师执业行为，有关行业组织、医疗卫生机构、医学院校应当加强对医师的医德、医风教育。医疗卫生机构应当建立健全医师岗位责任、内部监督、投诉处理等制度，加强对医师的管理。

五、医师的培训和考核

（一）医师培训

医师培训是指为提高在职医师的思想素质和业务水平而进行的一种继续医学教育。随着医学技术的不断发展，新的医疗方法、医疗技术不断被应用，新的药品不断被研制和开发，对医师知识结构进行必要补充和更新也就成为一种必然。

1. 健全医师人才培养体系　国家制定医师培养规划，建立适应行业特点和社会需求的医师培养和供需平衡机制，统筹各类医学人才需求，加强全科、儿科、精神科、老年医学等紧缺专业人才培养。国家采取措施，加强医教协同，完善医学院校教育、毕业后教育和继续教育体系。国家通过多种途径，加强以全科医生为重点的基层医疗卫生人才培养和配备。国家采取措施，完善中医西医相互学习的教育制度，培养高层次中西医结合人才和能够提供中西医结合服务的全科医生。

2. 建立健全医师规范化培训制度

（1）住院医师规范化培训制度：国家建立健全住院医师规范化培训制度，健全临床带教激励机制，保障住院医师培训期间待遇，严格培训过程管理和结业考核。"5+3"是住院医师规范化培训的主要模式，即完成5年医学类专业本科教育的毕业生，在培训基地接受3年住院医师规范化培训，培训期满考核合格者颁发统一制式的《住院医师规范化培训合格证书》。

（2）专科医师规范化培训制度：国家建立健全专科医师规范化培训制度，不断提高临床医师专科诊疗水平。专科医师规范化培训以住院医师规范化培训为基础和前提。除具备中级及以上专业技术资格的临床医师外，专科医师规范化培训对象应先按有关规定接受住院医师规范化培训，并取得《住院医师规范化培训合格证书》。培训内容以参加本专科的临床实践能力培训为主，同时接受相关科室的轮转培训和有关临床科研与教学训练。依据各专科培训标准与要求，培训年限一般为2~4年。按要求完成培训并通过结业考核者颁发国家统一制式的《专科医师规范化培训合格证书》，并作为从事专科医师工作的重要条件。

3. 医师继续医学教育制度的计划和实施　县级以上人民政府卫生健康主管部门和其他有关部门应当制定医师培训计划，采取多种形式对医师进行分级分类培训，为医师接受继续医学教育提供条件。县级以上人民政府应当采取有力措施，优先保障基层、欠发达地区和民族地区的医疗卫生人员接受继续医学教育。

医疗卫生机构应当合理调配人力资源,按照规定和计划保证本机构医师接受继续医学教育。县级以上人民政府卫生健康主管部门应当有计划地组织协调县级以上医疗卫生机构对乡镇卫生院、村卫生室、社区卫生服务中心等基层医疗卫生机构中的医疗卫生人员开展培训,提高其医学专业技术能力和水平。有关行业组织应当为医师接受继续医学教育提供服务和创造条件,加强继续医学教育的组织、管理。

4. 加强基层和艰苦边远地区医师队伍建设　国家在每年的医学专业招生计划和教育培训计划中,核定一定比例用于定向培养、委托培训,加强基层和艰苦边远地区医师队伍建设。有关部门、医疗卫生机构与接受定向培养、委托培训的人员签订协议,约定相关待遇、服务年限、违约责任等事项,有关人员应当履行协议约定的义务。县级以上人民政府有关部门应当采取措施,加强履约管理。协议各方违反约定的,应当承担违约责任。

(二) 医师考核

医师考核是指县级以上卫生健康主管部门或者其委托的医疗卫生机构、行业组织,对医师的业务水平、工作成绩和职业道德状况进行定期考查和核实,做出与医师实际工作表现相符合的公正评价,为医师的职务聘任、工资晋升、实施奖惩、培养培训提供依据的行为。《医师法》规定,国家实行医师定期考核制度。

1. 考核工作机构　县级以上人民政府卫生健康主管部门或者其委托的医疗卫生机构、行业组织负责实施医师定期考核工作。省级以上人民政府卫生健康主管部门负责指导、检查和监督医师考核工作。

2. 考核标准和内容　医师考核标准即医师的执业标准,包括医师的执业规则以及医师的其他行业标准。考核内容则包括:①业务水平,医师从事本职工作所具备的知识和技能;②工作成绩,医师完成工作的数量和质量;③职业道德,考察医师遵守医德规范情况。对具有较长年限执业经历、无不良行为记录的医师,可以简化考核程序。

3. 考核周期　医师定期考核周期为三年。

4. 对考核不合格的处理　受委托的机构或者组织应当将医师考核结果报准予注册的卫生健康主管部门备案。对考核不合格的医师,县级以上人民政府卫生健康主管部门应当责令其暂停执业活动三个月至六个月,并接受相关专业培训。暂停执业活动期满,再次进行考核,对考核合格的,允许其继续执业。

六、保障措施

为保障医师的合法权益,促进医师队伍建设和发展,《医师法》新增了"保障措施"专章,从薪酬待遇、队伍建设、执业环境治理、职业防护、表彰和奖励等方面作出规定。该章内容与《医师法》的其他相关条款共同构成了医师合法权益的保障体系。

(一) 设立中国医师节,在全社会广泛形成尊医重卫的良好氛围

2017年11月3日,国务院通过了国家卫生和计划生育委员会关于"设立中国医师节"的申请,同意自2018年起,将每年的8月19日设立为"中国医师节"。中国医师节是经国务院同意设立的医疗卫生工作者的节日,体现了党和国家对医师群体的关怀和肯定。《医师法》也将该规定纳入立法,明确每年8月19日为中国医师节。各级人民政府应当关心爱护医师,弘扬先进事迹,加强业务培训,支持开拓创新,帮助解决困难,推动在全社会广泛形成尊医重卫的良好氛围。新闻媒体应当开展医疗卫生法律、法规和医疗卫生知识的公益宣传,弘扬医师先进事迹,引导公众尊重医师、理性对待医疗卫生风险。

(二) 建立健全体现医师职业特点和技术劳动价值的人事、薪酬、职称、奖励制度

1. 国家建立健全医师医学专业技术职称设置、评定和岗位聘任制度,将职业道德、专业实践

能力和工作业绩作为重要条件,科学设置有关评定、聘任标准。

2. 对从事传染病防治、放射医学和精神卫生工作以及其他特殊岗位工作的医师,应当按照国家有关规定给予适当的津贴。津贴标准应当定期调整。

3. 在基层和艰苦边远地区工作的医师,按照国家有关规定享受津贴、补贴政策,并在职称评定、职业发展、教育培训和表彰奖励等方面享受优惠待遇。

(三)加强医师队伍建设

1. 建立适应现代化疾病预防控制体系的医师培养和使用机制 国家加强疾病预防控制人才队伍建设,建立适应现代化疾病预防控制体系的医师培养和使用机制。为应对新发、突发传染病等公共卫生事件奠定坚实的人才基础。①配备公共卫生医师:疾病预防控制机构、二级以上医疗机构以及乡镇卫生院、社区卫生服务中心等基层医疗卫生机构应当配备一定数量的公共卫生医师,从事人群疾病及危害因素监测、风险评估研判、监测预警、流行病学调查、免疫规划管理、职业健康管理等公共卫生工作。医疗机构应当建立健全管理制度,严格执行院内感染防控措施。②完善医防结合的人才培养机制:国家建立公共卫生与临床医学相结合的人才培养机制,通过多种途径对临床医师进行疾病预防控制、突发公共卫生事件应对等方面业务培训,对公共卫生医师进行临床医学业务培训,完善医防结合和中西医协同防治的体制机制。

2. 统筹城乡资源,加强基层医疗卫生队伍和服务能力建设 国家采取措施,统筹城乡资源,加强基层医疗卫生队伍和服务能力建设,对乡村医疗卫生人员建立县乡村上下贯通的职业发展机制,通过县管乡用、乡聘村用等方式,将乡村医疗卫生人员纳入县域医疗卫生人员管理。

执业医师晋升为副高级技术职称的,应当有累计一年以上在县级以下或者对口支援的医疗卫生机构提供医疗卫生服务的经历;晋升副高级技术职称后,在县级以下或者对口支援的医疗卫生机构提供医疗卫生服务,累计一年以上的,同等条件下优先晋升正高级技术职称。

国家采取措施,鼓励取得执业医师资格或者执业助理医师资格的人员依法开办村医疗卫生机构,或者在村医疗卫生机构提供医疗卫生服务。

3. 乡村医师队伍建设 国家鼓励在村医疗卫生机构中向村民提供预防、保健和一般医疗服务的乡村医生通过医学教育取得医学专业学历;鼓励符合条件的乡村医生参加医师资格考试,依法取得医师资格。国家采取措施,通过信息化、智能化手段帮助乡村医生提高医学技术能力和水平,进一步完善对乡村医生的服务收入多渠道补助机制和养老等政策。

4. 表彰和奖励 对在医疗卫生服务工作中作出突出贡献的医师,按照国家有关规定给予表彰、奖励。表彰、奖励的条件包括:①在执业活动中,医德高尚,事迹突出;②在医学研究、教育中开拓创新,对医学专业技术有重大突破,作出显著贡献;③遇有突发事件时,在预防预警、救死扶伤等工作中表现突出;④长期在艰苦边远地区的县级以下医疗卫生机构努力工作;⑤在疾病预防控制、健康促进工作中作出突出贡献;⑥法律、法规规定的其他情形。

5. 执业环境治理 县级以上人民政府及其有关部门应当将医疗纠纷预防和处理工作纳入社会治安综合治理体系,加强医疗卫生机构及周边治安综合治理,维护医疗卫生机构良好的执业环境,有效防范和依法打击涉医违法犯罪行为,保护医患双方合法权益。医疗卫生机构应当完善安全保卫措施,维护良好的医疗秩序,及时主动化解医疗纠纷,保障医师执业安全。禁止任何组织或者个人阻碍医师依法执业,干扰医师正常工作、生活;禁止通过侮辱、诽谤、威胁、殴打等方式,侵犯医师的人格尊严、人身安全。

6. 职业防护 医疗卫生机构应当为医师提供职业安全和卫生防护用品,并采取有效的卫生防护和医疗保健措施。医师受到事故伤害或者在职业活动中因接触有毒、有害因素而引起疾病、死亡的,依照有关法律、行政法规的规定享受工伤保险待遇。医疗卫生机构应当为医师合理安排工作时间,落实带薪休假制度,定期开展健康检查。

七、法律责任

（一）行政责任

1.违反医师资格考试和注册制度规定的行政责任　在医师资格考试中有违反考试纪律等行为，情节严重的，一年至三年内禁止参加医师资格考试。以不正当手段取得医师资格证书或者医师执业证书的，由发给证书的卫生健康主管部门予以撤销，三年内不受理其相应申请。伪造、变造、买卖、出租、出借医师执业证书的，由县级以上人民政府卫生健康主管部门责令改正，没收违法所得，并处违法所得二倍以上五倍以下的罚款，违法所得不足一万元的，按一万元计算；情节严重的，吊销医师执业证书。

2.医师违法的行政责任　医师在执业活动中有下列行为之一的，由县级以上人民政府卫生健康主管部门责令改正，给予警告；情节严重的，责令暂停六个月以上一年以下执业活动直至吊销医师执业证书：①在提供医疗卫生服务或者开展医学临床研究中，未按照规定履行告知义务或者取得知情同意；②对需要紧急救治的患者，拒绝急救处置，或者由于不负责任延误诊治；③遇有自然灾害、事故灾难、公共卫生事件和社会安全事件等严重威胁人民生命健康的突发事件时，不服从卫生健康主管部门调遣；④未按照规定报告有关情形；⑤违反法律、法规、规章或者执业规范，造成医疗事故或者其他严重后果。

医师在执业活动中有下列行为之一的，由县级以上人民政府卫生健康主管部门责令改正，给予警告，没收违法所得，并处一万元以上三万元以下的罚款；情节严重的，责令暂停六个月以上一年以下执业活动直至吊销医师执业证书：①泄露患者隐私或者个人信息；②出具虚假医学证明文件，或者未经亲自诊查、调查，签署诊断、治疗、流行病学等证明文件或者有关出生、死亡等证明文件；③隐匿、伪造、篡改或者擅自销毁病历等医学文书及有关资料；④未按照规定使用麻醉药品、医疗用毒性药品、精神药品、放射性药品等；⑤利用职务之便，索要、非法收受财物或者牟取其他不正当利益，或者违反诊疗规范，对患者实施不必要的检查、治疗造成不良后果；⑥开展禁止类医疗技术临床应用。

医师未按照注册的执业地点、执业类别、执业范围执业的，由县级以上人民政府卫生健康主管部门或者中医药主管部门责令改正，给予警告，没收违法所得，并处一万元以上三万元以下的罚款；情节严重的，责令暂停六个月以上一年以下执业活动直至吊销医师执业证书。

严重违反医师职业道德、医学伦理规范，造成恶劣社会影响的，由省级以上人民政府卫生健康主管部门吊销医师执业证书或者责令停止非法执业活动，五年直至终身禁止从事医疗卫生服务或者医学临床研究。

3.医疗机构违法的行政责任　医疗卫生机构未履行报告职责，造成严重后果的，由县级以上人民政府卫生健康主管部门给予警告，对直接负责的主管人员和其他直接责任人员依法给予处分。

4.非法行医的行政责任　非医师行医的，由县级以上人民政府卫生健康主管部门责令停止非法执业活动，没收违法所得和药品、医疗器械，并处违法所得二倍以上十倍以下的罚款，违法所得不足一万元的，按一万元计算。

5.其他有关人员违法的行政责任　阻碍医师依法执业，干扰医师正常工作、生活，或者通过侮辱、诽谤、威胁、殴打等方式，侵犯医师人格尊严、人身安全，构成违反治安管理行为的，依法给予治安管理处罚。卫生健康主管部门和其他有关部门工作人员或者医疗卫生机构工作人员弄虚作假、滥用职权、玩忽职守、徇私舞弊的，依法给予处分。

（二）民事责任

违反《医师法》规定，造成人身、财产损害的，依法承担民事责任。

（三）刑事责任

违反《医师法》规定，构成犯罪的，依法追究刑事责任。

《中华人民共和国刑法》（以下简称《刑法》）第三百三十六条规定：未取得医生执业资格的人非法行医，情节严重的，处三年以下有期徒刑、拘役或者管制，并处或者单处罚金；严重损害就诊人身体健康的，处三年以上十年以下有期徒刑，并处罚金；造成就诊人死亡的，处十年以上有期徒刑，并处罚金。

将基因编辑、克隆的人类胚胎植入人体或者动物体内，或者将基因编辑、克隆的动物胚胎植入人体内，情节严重的，处三年以下有期徒刑或者拘役，并处罚金；情节特别严重的，处三年以上七年以下有期徒刑，并处罚金。

《刑法》第二百九十条规定：聚众扰乱社会秩序，情节严重，致使工作、生产、营业和教学、科研、医疗无法进行，造成严重损失的，对首要分子，处三年以上七年以下有期徒刑；对其他积极参加的，处三年以下有期徒刑、拘役、管制或者剥夺政治权利。

为依法惩处涉医违法犯罪，维护正常医疗秩序，构建和谐医患关系，五部门于 2014 年 4 月颁布《最高人民法院 最高人民检察院 公安部 司法部 国家卫生和计划生育委员会关于依法惩处涉医违法犯罪维护正常医疗秩序的意见》，规定：在医疗机构内故意杀害医务人员，或者故意伤害医务人员造成轻伤以上严重后果，或者随意殴打医务人员情节恶劣、任意损毁公私财物情节严重，构成故意杀人罪、故意伤害罪、故意毁坏财物罪、寻衅滋事罪的，依照刑法的有关规定定罪处罚。以不准离开工作场所等方式非法限制医务人员人身自由的，依照治安管理处罚法第四十条的规定处罚；构成非法拘禁罪的，依照刑法的有关规定定罪处罚。采取暴力或者其他方法公然侮辱、恐吓医务人员情节严重（恶劣），构成侮辱罪、寻衅滋事罪的，依照刑法的有关规定定罪处罚。

第二节 乡村医生从业管理

一、概 述

乡村医生（country doctor）最初出现于 20 世纪 50 年代，当时主要是指一般未经正式医疗训练，"半农半医"的农村医疗人员。乡村医生具有中国特色，植根于广大农村，长期以来在维护广大农村居民健康方面发挥着难以替代的作用。为了加强对乡村医生从业的管理，提高乡村医生的职业道德和业务素质，保护乡村医生的合法权益，保障村民获得初级卫生保健服务，2003 年，经国务院第 16 次常务会议通过了《乡村医生从业管理条例》（以下简称《条例》），于 2003 年 7 月 30 日公布，自 2004 年 1 月 1 号起施行。2011 年 1 月颁布的《国务院办公厅关于进一步加强乡村医生队伍建设的指导意见》和 2015 年 3 月颁布的《国务院办公厅关于进一步加强乡村医生队伍建设的实施意见》也对乡村医生队伍建设提出了总体规划要求和具体的实施意见。

《条例》的适用对象是尚未取得执业医师资格或者执业助理医师资格，经注册在村医疗卫生机构从事预防、保健和一般医疗服务的乡村医生。对于已经取得执业医师或者执业助理医师资格的在村医疗卫生机构中从业的，依照《医师法》的规定管理，不适用《条例》。

乡村医生（包括在乡村执业的执业医师或执业助理医师）的职责主要是为农村居民提供公共卫生和基本医疗服务，包括在专业公共卫生机构和乡镇卫生院的指导下，按照服务标准和规范开展基本公共卫生服务；协助专业公共卫生机构落实重大公共卫生服务项目，按规定及时报告传染病疫情和中毒事件，处置突发公共卫生事件等；使用适宜药物、适宜技术和中医药方法为农村居民提供常见病、多发病的一般诊治，将超出诊治能力的患者及时转诊到乡镇卫生院及县级医疗机构；受卫生行政部门委托填写统计报表，保管有关资料，开展宣传教育和协助新农合筹资等工作。

二、乡村医生执业注册

国家实行乡村医生执业注册制度，注册工作由县级卫生行政主管部门负责。乡村医生必须经过注册取得执业证书后，方可在受聘的村医疗卫生机构从事预防、保健和一般医疗服务活动。任何人未经注册取得乡村医生执业证书，都不得执业。

（一）执业注册的条件

1.《条例》公布前已经取得县级以上地方人民政府卫生行政主管部门颁发的乡村医生证书，并正在执业的乡村医生，符合下列条件之一的，可以直接向县级人民政府卫生行政主管部门申请执业注册，继续在村医疗卫生机构执业：①已经取得中等以上医学专业学历；②在村医疗卫生机构连续工作20年以上；③按照省级卫生主管部门制定的培训规划，接受培训取得合格证书。

2.《条例》公布之日起进入村医疗卫生机构从事预防、保健和医疗服务的人员，应当具备执业医师资格或者执业助理医师资格。不具备前款规定条件的地区，根据实际需要，可以允许具有中等医学专业学历的人员，或者经培训达到中等医学专业水平的其他人员申请执业注册，进入村医疗卫生机构执业。

为建立乡村全科执业助理医师制度，做好乡村医师队伍建设和全科医生队伍建设的衔接，自2016年起在执业助理医师资格考试中增设乡村全科执业助理医师资格考试。考试报名条件包括：①已在乡镇卫生院或村卫生室工作满1年且考核合格；②符合《医师资格考试报名资格规定（2014版）》中报考临床类别和中医类别医师资格学历要求。考试合格的发放乡村全科执业助理医师资格证书，限定在乡镇卫生院或村卫生室执业，依照《医师法》的规定管理。

3. 不符合注册条件的情形：①不具有完全民事行为能力的；②受刑事处罚，自刑罚执行完毕之日起至申请执行注册之日止不满2年的；③受吊销乡村医生执业证书行政处罚，自处罚决定之日起至申请注册之日止不满2年的。

（二）执业注册的程序

执业注册申请人应当向村医疗卫生机构所在地的县级卫生行政主管部门提出申请，并提交由村医疗卫生机构出具的拟聘用证明和相关学历证明或证书。

受理申请的卫生行政主管部门应当自受理申请之日起15日内完成审核工作，对符合规定条件的，准予执业注册，发给乡村医生执业证书；对不符合条件的，不予注册，并书面说明理由。

乡村医生执业证书有效期为5年。有效期满需要继续执业的，应当在有效期满前3个月申请再注册。

（三）变更注册与注销注册

乡村医生应当在聘用其执业的村医疗卫生机构执业，如更换执业的村医疗卫生机构，应当依照有关规定办理变更注册手续。

乡村医生有下列情形之一的，应当由原注册的卫生行政主管部门注销注册，收回乡村医生执业证书：①死亡或者被宣告失踪的；②受刑事处罚的；③中止执业活动满2年的；④考核不合格，逾期未提出再次考核申请或者再次考核仍不合格的。

三、乡村医生的权利义务和执业规则

（一）权利和义务

乡村医生在执业活动中享有下列权利：①有权进行一般医学处置，出具相应的医学证明；

②参加医学经验交流，参加专业学术团体；③参加业务培训和教育；④人格尊严、人身安全不受侵犯；⑤有权获取报酬；⑥有权对当地的预防、保健、医疗工作和卫生行政主管部门的工作提出意见和建议。

乡村医生在执业活动中应当履行下列义务：①遵守法律、法规、规章和诊疗技术规范、常规；②树立敬业精神，遵守职业道德；③关心、爱护、尊重患者，保护患者的隐私；④努力钻研业务，更新知识，提高专业技术水平；⑤向村民宣传卫生保健知识，对患者进行健康教育。

（二）执业规则

执业规则是乡村医生在执业活动中应当遵守的执业行为规范。具体包括：①协助有关部门做好初级卫生保健服务工作，依照规定及时报告传染病疫情和中毒事件，如实填写并上报有关卫生统计报表，妥善保管有关资料；②不得重复使用一次性医疗器械和卫生材料，用过的一次性医疗器械和卫生材料，应当按照规定处置；③如实向患者或者其家属介绍病情，对超出一般医疗服务范围或者限于医疗条件和技术水平不能诊治的患者，应当及时转诊，情况紧急不能转诊的，应当先行抢救并及时向有抢救条件的医疗卫生机构求助；④不得出具与职业范围无关或者与职业范围不相符的医学证明，不得进行试验性临床医疗活动；⑤按照省、自治区、直辖市人民政府卫生行政主管部门制定的乡村医生基本用药目录规定的范围内用药。

四、乡村医生的培训与考核

（一）乡村医生的培训

各级卫生行政主管部门要合理制定乡村医生培养培训规划，采取临床进修、集中培训、城乡对口支援等多种方式，选派乡村医生到县级医疗卫生机构或医学院校接受培训。县级卫生行政部门对在村卫生室执业的乡村医生每年免费培训不少于两次，累计培训时间不少于两周。乡、镇人民政府以及村民委员会应当为乡村医生开展工作和学习提供条件，保证乡村医生接受培训和继续教育。对承担国家规定的预防、保健等公共卫生服务的乡村医生，其培训所需经费列入县级财政预算。对边远贫困地区，设区的市级以上地方人民政府应当给予适当经费支持。

县级卫生行政主管部门要摸清并动态掌握本行政区域内乡村医生执业情况，编制乡村医生队伍建设规划，建立乡村医生后备人才库，从本地选派人员进行定向培养，及时补充到村卫生室。有条件的地方要制定优惠政策，吸引城市退休医生、执业（助理）医师和医学院校毕业生到村卫生室工作，以加强乡村医生后备力量建设。

（二）乡村医生的考核

县级人民政府卫生行政主管部门负责组织本地区乡村医生的考核工作，对乡村医生的考核，每两年组织一次。对乡村医生的考核应当客观、公正，充分听取乡村医生执业的村医疗卫生机构、乡村医生本人、所在村村民委员会和村民的意见。

乡村医生经考核合格的，可以继续执业；经考核不合格的，在6个月之内可以申请进行再次考核。逾期未提出再次考核申请或者经再次考核仍不合格的乡村医生，原注册部门应当注销其执业注册，收回乡村医生执业证书。

五、法 律 责 任

（一）行政责任

1. 乡村医生违反《条例》规定，有下列行为之一的，由县级卫生行政主管部门责令限期改正，给予警告；逾期不改正的，责令暂停3个月以上6个月以下执行活动；情节严重的，由原发证部门暂扣乡村医生执业证书：①执业活动超出规定的职业范围，或者未按照规定进行转诊的；②违反规定使用乡村医生基本用药目录以外的处方药品的;③违反规定出具医学证明,或者伪造卫生统计资料的;④发现传染疫情、中毒事件不按规定报告的。

2．乡村医生违反规定进行试验性临床医疗活动,或者重复使用一次性医疗器械和卫生材料的,由县级卫生行政主管部门责令停止违法行为,给予警告,可以并处 1 000 元以下的罚款;情节严重的,由原发证部门暂扣或者吊销乡村医生执业证书。

3．乡村医生变更执业的村医疗卫生机构,未办理变更执业注册手续的,由县级卫生行政主管部门给予警告,责令其办理变更注册手续。

(二) 民事、刑事责任

1．以不正当手段取得乡村医生执业证书的,由发证部门收缴乡村医生执业证书;造成患者人身损害的,依法承担民事赔偿责任;构成犯罪的,依法追究刑事责任。

2．未经注册在村医疗卫生机构从事医疗活动的,由县级以上卫生行政主管部门予以取缔,没收其违法所得以及药品、医疗器械,违法所得 5 000 元以上的,并处违法所得 1 倍以上 3 倍以下的罚款;没有违法所得或者违法所得不足 5 000 元的,并处 1 000 元以上 3 000 元以下的罚款;造成患者人身损害的,依法承担民事赔偿责任;构成犯罪的,依法追究刑事责任。

3．寻衅滋事、阻碍医生依法执业,侮辱、诽谤、威胁、殴打乡村医生,由公安机关依照《中华人民共和国治安管理处罚法》予以处罚;构成犯罪的,依法追究刑事责任。

第三节　执业护士管理

一、概　　述

新中国成立以来,先后发布了《医士、药剂士、助产士、护士、牙科技士暂行条例》、《卫生部关于加强护理工作的意见》(卫生部 1979 年发布)、《中华人民共和国护士管理办法》(卫生部 1993 年颁布)等法规、规章文件,但由于缺乏严格的职业准入与职业管理制度,致使一大批未经正规专业培训的人员涌入护士队伍,给护理工作带来不规范、不稳定的因素。为了维护护士的合法权益,规范护理行为,保障医疗安全和人体健康,2008 年 1 月,国务院颁布《护士条例》,并于 2008 年 5 月 12 日开始实施。此后国务院卫生健康主管部门还相继颁布了《护士执业资格考试办法》《护士执业注册管理办法》等行政规章,建立了相对完善的护士管理法律制度。

护士(nurse)是指经执业注册取得护士执业证书,依照《护士条例》规定从事护理活动,履行保护生命、减轻痛苦、增进健康职责的卫生技术人员。护士作为卫生技术人员,在医疗、预防、保健、康复等领域发挥着重要作用,承担着重要职能。

二、护士管理机构及其职责

依照《护士条例》规定,国务院卫生主管部门负责全国的护士监督管理工作。县级以上地方人民政府卫生主管部门负责本行政区域的护士监督管理工作。

医疗卫生机构在规范护理行为、保障护士合法权益等方面负有管理监督职责。主要包括以下几点。

1．按规定配备护士　医疗卫生机构配备护士的数量不得低于国务院卫生主管部门规定的护士配备标准。

2．维护护士合法权益　医疗卫生机构应当为护士提供卫生防护用品,并采取有效的卫生防护措施和医疗保健措施;医疗卫生机构应当执行国家有关工资、福利待遇等规定,按照国家有关规定为在本机构从事护理工作的护士足额缴纳社会保险费用；对在艰苦边远地区工作，或者从事直接接触有毒有害物质、有感染传染病危险工作的护士，所在医疗卫生机构应当按照国家有关规定给予津贴；医疗卫生机构应当制定、实施培训计划，保证护士接受培训，并根据需要开展对护士的专科护理培训。

3. 加强护士管理　医疗卫生机构应当设置专门机构或者配备专（兼）职人员负责护理管理工作；不得允许未取得合法护士执业证书的人员从事诊疗技术规范规定的护理活动；在教学、综合医院进行护理临床实习的人员应当在护士指导下开展有关工作；对不履行职责或者违反职业道德的护士进行调查处理。

国务院有关部门对在护理工作中作出杰出贡献的护士，应当授予全国卫生系统先进工作者荣誉称号或者颁发白求恩奖章，受到表彰、奖励的护士享受省部级劳动模范、先进工作者待遇；对长期从事护理工作的护士应当颁发荣誉证书。县级以上地方人民政府及其有关部门对本行政区域内作出突出贡献的护士，应当按照有关规定给予表彰、奖励。

三、护士资格考试与执业注册

（一）资格考试

国务院卫生主管部门负责组织实施护士执业资格考试。国家护士执业资格考试是评价申请护士执业资格者是否具备执业所必需的护理专业知识与工作能力的考试。护士执业资格考试原则上每年举行一次，包括专业实务和实践能力两个科目。一次考试通过两个科目为考试成绩合格，考试成绩合格者，才可申请护士执业注册。

在中等职业学校、高等学校完成国务院教育主管部门和国务院卫生主管部门规定的普通全日制3年以上的护理、助产专业课程学习，包括在教学、综合医院完成8个月以上护理临床实习，并取得相应学历证书的，可以申请参加护士执业资格考试。

具有护理、助产专业中专和大专学历的人员，参加护士执业资格考试并成绩合格，可取得护理初级（士）专业技术资格证书；但护理初级（师）专业技术资格需按照有关规定，通过全国卫生专业技术资格考试方可取得。

具有护理、助产专业本科以上学历的人员，参加护士执业资格考试并成绩合格，可以取得护理初级（士）专业技术资格证书；在达到《卫生技术人员职务试行条例》规定的护师专业技术职务任职资格年限后，可直接聘任护师专业技术职务。

（二）执业注册

护士执业，应当经执业注册取得护士执业证书。国家卫生健康委员会负责全国护士执业注册监督管理工作。县级以上地方卫生健康主管部门是护士执业注册的主管部门，负责本行政区域的护士执业注册监督管理工作。国家建立护士管理信息系统，实行护士电子化注册管理。

1. 注册条件和注册申请　申请护士执业注册，应当具备下列条件：①具有完全民事行为能力；②通过国家卫生健康委员会组织的护士执业资格考试；③符合国家卫生健康委员会规定的健康标准。

护士执业注册申请，应当自通过护士执业资格考试之日起3年内提出；逾期提出申请的，必须在符合国家卫生健康委员会规定条件的医疗卫生机构接受3个月临床护理培训，并考核合格。

护士执业注册应当向批准设立拟执业医疗机构或者为该医疗机构备案的卫生健康主管部门提出申请。卫生健康主管部门应当自收到申请之日起20个工作日内作出决定，对符合条件的，准予注册并发给护士执业证书。对不符合注册条件的，不予注册，并书面说明理由。

护士执业证书上应当注明护士的姓名、性别、出生日期等个人信息及证书编号、注册日期和执业地点。

护士执业注册有效期为 5 年。有效期届满需继续执业的,应当在届满前 30 日向批准设立拟执业医疗机构或者为该医疗机构备案的卫生健康主管部门申请延续注册。

2. 变更注册和注销注册　护士经执业注册取得《护士执业证书》后,按照注册的执业地点从事护理工作。护士在其执业注册有效期内变更执业地点的,应当向批准设立拟执业医疗机构或者为该医疗机构备案的卫生健康主管部门报告,申请办理变更注册。卫生健康主管部门应当自收到报告之日起 7 个工作日内为其办理变更手续。护士跨省变更执业地点的,收到报告的卫生健康主管部门还应当向其原注册部门通报。护士承担经注册执业机构批准的卫生支援、进修、学术交流、政府交办事项等任务和参加卫生健康主管部门批准的义诊,在签订帮扶或者托管协议的医疗卫生机构内执业,以及从事执业机构派出的上门护理服务等,不需办理执业地点变更等手续。

护士执业注册后有下列情形之一的,原注册部门办理注销执业注册:①注册有效期届满未延续注册;②受吊销《护士执业证书》处罚;③护士死亡或者丧失民事行为能力。

3. 重新注册　护士拟在医疗卫生机构执业时,有下列情形之一的,应当重新申请注册:①注册有效期届满未延续注册的;②受吊销《护士执业证书》处罚,自吊销之日起满 2 年的。中断护理执业活动超过 3 年的,还应当提交在省、自治区、直辖市卫生健康主管部门规定的教学、综合医院接受 3 个月临床护理培训并考核合格的证明。

四、护士的权利与义务

(一)护士的权利

为鼓励和保证护士安心工作,满足人民群众对护理服务的需求,《护士条例》充分考虑了我国护士的现状,规定护士在执业活动中享有以下权利。

1. 护士执业,有按照国家有关规定获取工资报酬、享受福利待遇,参加社会保险的权利。

2. 护士执业,有获得与其所从事的护理工作相适应的卫生防护、医疗保健服务的权利。从事直接接触有毒有害物质、有感染传染病危险工作的护士,有依照有关法律、行政法规的规定接受职业健康监护的权利;患职业病的,有依照有关法律、行政法规的规定获得赔偿的权利。

3. 护士有按照国家有关规定获得与本人业务能力和学术水平相应的专业技术职务、职称的权利。有参加专业培训、从事学术研究和交流、参加行业协会和专业学术团体的权利。

4. 护士有获得疾病诊疗、护理相关信息的权利和其他与履行护理职责相关的权利,可以对医疗卫生机构和卫生主管部门的工作提出意见和建议。

护士在履行护理职责中,还应当享有与执业相关的一些权利,如:根据患者的病情和身心状况,提出和实施护理计划,以便更好地促进患者康复;在特定情况下,如患者患有传染病或者精神疾病,护士为了保证患者自身安全和其他人员安全,有权利对患者实施隔离或者约束等限制措施,等等。

(二)护士的义务

为了规范护士执业行为,提高护理质量,改善护患关系,《护士条例》规定护士应当履行以下义务。

1. 依法执业义务　遵守法律、法规、规章和诊疗技术规范的规定,严格落实各项规章制度,正确执行临床护理实践和护理技术规范;遵守值班制度,严格执行无菌和消毒隔离技术;按照要求及时准确、完整规范书写病历,认真管理病历,不伪造、隐匿或违规涂改、销毁病历。

2. 积极救治义务　在执业活动中,发现患者病情危急,应立即通知医师;在紧急情况下为抢救垂危患者生命,应及时实施必要的紧急救护。

3. 执行医嘱义务　正确处理和严格执行医嘱,发现医嘱违反法律、法规、规章或者诊疗技术规范规定的,应当及时向开具医嘱的医师提出;必要时,应当向该医师所在科室的负责人或者医疗卫生机构负责医疗服务管理的人员报告。

4. 人文关怀义务 全面履行医学照顾、病情观察、协助诊疗、心理支持、健康教育和康复指导等护理职责，为患者提供安全优质的护理服务；不断更新知识，提高人文素养，尊重关心爱护患者；注重沟通，保护患者的隐私，体现人文关怀。

5. 服从调遣义务 护士有义务参与公共卫生和疾病预防控制工作，发生自然灾害、公共卫生事件等严重威胁公众生命健康的突发事件时，应当服从卫生健康主管部门或医疗卫生机构的安排，积极参加医疗救护。

五、法 律 责 任

（一）医疗卫生机构的责任

1. 医疗卫生机构有以下违规情形的，给予警告、核减其诊疗科目，或者暂停 6 个月以上 1 年以下执业活动：①护士的配备数量低于国务院卫生健康主管部门规定的护士配备标准；②允许未经合法取得护士执业证书的人员从事诊疗技术规范规定的护理活动。

2. 医疗卫生机构有以下违规情形的，依照有关法律、行政法规的规定处罚：①未执行国家有关工资、福利待遇等规定；②未按照国家有关规定给本机构的护士足额缴纳社会保险费用；③未为护士提供卫生防护用品，或者未采取有效的卫生防护措施、医疗保健措施；④对在艰苦边远地区工作，或者从事直接接触有毒有害物质、有感染传染病危险工作的护士，未按照国家有关规定给予津贴。

3. 医疗卫生机构有以下情形违规的，依据职责分工责令限期改正或给予警告：①未制定、实施本机构护士在职培训计划或者未保证护士接受培训的；②未依照规定履行护士管理职责的。

（二）执业护士的责任

护士在执业活动中有以下情形的，由主管部门依据职责分工责令改正，给予警告；情节严重的，暂停其 6 个月以上 1 年以下执业活动，直至吊销其护士执业证书：①发现患者病情危急未立即通知医师；②发现医嘱违反法律、法规、规章或者诊疗技术规范而未提出报告；③泄露患者隐私；④发生自然灾害、公共卫生等突发事件，不服从安排参加医疗救护。

护士被吊销执业证书的，自执业证书被吊销之日起 2 年内不得申请执业注册。

第四节　执业药师管理

一、概　　述

药师通常也称药剂师，是指具有药学专业知识，取得药学专业技术职称并从事药学工作的技术人员。执业药师（licensed pharmacist）是指经过全国统一考试取得《执业药师职业资格证书》，并经注册，在药品生产、经营、使用和其他需要提供药学服务的单位中执业的药学技术人员。我国目前的药学技术人员不都是执业药师，执业药师是药学技术人员的一部分。药学技术人员不一定是执业药师，但执业药师一定是药学技术人员。

由于药师的职责直接与人民的健康和生命安全密切相关，1994 年 3 月，人事部、国家医药管理局颁布了《执业药师资格制度暂行规定》；1995 年 7 月颁布了《执业中药师资格制度暂行规定》，建立起了我国的执业药师资格制度。为加强执业药师注册管理工作，2000 年 4 月国家药品监督管理局颁布了《执业药师注册管理暂行办法》。此后上述规章几经修改，相继出台了《执业药师继续教育管理办法》（2015）、《执业药师职业资格制度规定》（2019）、《执业药师职业资格考试实施办法》(2019)、《执业药师注册管理办法》(2021)等规章文件,使我国执业药师管理制度逐步趋于完善。

二、执业药师职业资格考试和执业注册

(一)职业资格考试

1.考试管理 职业资格考试是执业药师执业准入控制的重要手段,是执业药师职业资格认定的首要环节。执业药师职业资格实行全国统一大纲、统一命题、统一组织的考试制度。原则上每年举行一次。国家药品监督管理局负责组织拟定考试科目和考试大纲、建立试题库、组织命审题工作,提出考试合格标准建议。人力资源和社会保障部负责组织审定考试科目、考试大纲,会同国家药品监督管理局对考试工作进行监督、指导并确定合格标准。

执业药师职业资格考试合格者,由各省、自治区、直辖市人力资源和社会保障部门颁发《执业药师职业资格证书》。该证书在全国范围内有效。

2.报考条件 凡中华人民共和国公民和获准在我国境内就业的外籍人员,具备以下条件之一的,均可申请参加执业药师职业资格考试:①取得药学类、中药学类专业大专学历,在药学或中药学岗位工作满5年;②取得药学类、中药学类专业大学本科学历或学士学位,在药学或中药学岗位工作满3年;③取得药学类、中药学类专业第二学士学位、研究生班毕业或硕士学位,在药学或中药学岗位工作满1年;④取得药学类、中药学类专业博士学位;⑤取得药学类、中药学类相关专业相应学历或学位的人员,在药学或中药学岗位工作的年限相应增加1年。

3.考试科目与免试

(1)考试科目:执业药师职业资格考试分为药学、中药学两个专业类别。

药学类考试科目为:药学专业知识(一)、药学专业知识(二)、药事管理与法规、药学综合知识与技能四个科目。中药学类考试科目为:中药学专业知识(一)、中药学专业知识(二)、药事管理与法规、中药学综合知识与技能四个科目。

(2)免试:符合《执业药师职业资格制度规定》报考条件,按照国家有关规定取得药学或医学专业高级职称并在药学岗位工作的,可免试药学专业知识(一)、药学专业知识(二),只参加药事管理与法规、药学综合知识与技能两个科目的考试;取得中药学或中医学专业高级职称并在中药学岗位工作的,可免试中药学专业知识(一)、中药学专业知识(二),只参加药事管理与法规、中药学综合知识与技能两个科目的考试。

考试以四年为一个周期,参加全部科目考试的人员须在连续四个考试年度内通过全部科目的考试。免试部分科目的人员须在连续两个考试年度内通过应试科目。

(二)执业注册

1.管理机构 执业药师实行注册制度。国家药品监督管理局负责执业药师注册的政策制定和组织实施,指导全国执业药师注册管理工作。各省、自治区、直辖市药品监督管理部门负责本行政区域内的执业药师注册管理工作。

国家药品监督管理局建立完善全国执业药师注册管理信息系统;加快推进执业药师电子注册管理,实现执业药师注册、信用信息资源共享和动态更新。

2.注册条件 取得执业药师职业资格证书者,应当通过全国执业药师注册管理信息系统向所在地注册管理机构申请注册。经注册后,方可从事相应的执业活动。未经注册者,不得以执业药师身份执业。

执业药师注册申请人(以下简称申请人),必须具备下列条件:①取得执业药师职业资格证书;②遵纪守法,遵守执业药师职业道德;③身体健康,能坚持在执业药师岗位工作;④经执业单位同意;⑤按规定参加继续教育学习。

有下列情形之一的，药品监督管理部门不予注册：①不具有完全民事行为能力的；②甲类或乙类传染病传染期、精神疾病发病期等健康状况不适宜或者不能胜任相应业务工作的；③受到刑事处罚，自刑罚执行完毕之日到申请注册之日不满三年的；④未按规定完成继续教育学习的；⑤近三年有新增不良信息记录的；⑥国家规定不宜从事执业药师业务的其他情形。

3. 首次注册　申请人通过全国执业药师注册管理信息系统向执业所在地省、自治区、直辖市药品监督管理部门申请注册。

申请人应当按要求在线提交注册申请或者现场递交相关纸质材料。药品监督管理部门应当自受理注册申请之日起二十个工作日内作出注册许可决定。药品监督管理部门依法作出不予注册许可决定的，应当说明理由，并告知申请人享有依法申请行政复议或者提起行政诉讼的权利。药品监督管理部门作出注册许可决定之日起十个工作日内向申请人核发《执业药师注册证》。

执业药师注册内容包括：执业地区、执业类别、执业范围、执业单位。执业地区为省、自治区、直辖市；执业类别为药学类、中药学类、药学与中药学类；执业范围为药品生产、药品经营、药品使用；执业单位为药品生产、经营、使用及其他需要提供药学服务的单位。获得药学和中药学两类专业《执业药师职业资格证书》的人员，可申请药学与中药学类执业类别注册。执业药师只能在一个执业单位按照注册的执业类别、执业范围执业。执业药师应当按照注册的执业地区、执业类别、执业范围、执业单位，从事相应的执业活动，不得擅自变更。

申请人取得《执业药师职业资格证书》，非当年申请注册的，应当提供《执业药师职业资格证书》批准之日起第二年后的历年继续教育学分证明。申请人取得《执业药师职业资格证书》超过五年以上申请注册的，应至少提供近五年的连续继续教育学分证明。

4. 变更注册　申请人要求变更执业地区、执业类别、执业范围、执业单位的，应当向拟申请执业所在地的省、自治区、直辖市药品监督管理部门申请办理变更注册手续。药品监督管理部门应当自受理变更注册申请之日起七个工作日内作出准予变更注册的决定。

5. 延续注册　执业药师注册有效期为五年。有效期满需要延续注册的，申请人应当在注册有效期满之日三十日前，向执业所在地省、自治区、直辖市药品监督管理部门提出延续注册申请。药品监督管理部门准予延续注册的，注册有效期从期满之日次日起重新计算五年。

6. 注销注册　有下列情形之一的，《执业药师注册证》由药品监督管理部门注销，并予以公告：①注册有效期满未延续的；②执业药师注册证被依法撤销或者吊销的；③法律法规规定的应当注销注册的其他情形。

有下列情形之一的，执业药师本人或者其执业单位，应当自知晓或者应当知晓之日起三十个工作日内向药品监督管理部门申请办理注销注册，药品监督管理部门经核实后依法注销注册：①本人主动申请注销注册的；②执业药师身体健康状况不适宜继续执业的；③执业药师无正当理由不在执业单位执业，超过一个月的；④执业药师死亡或者被宣告失踪的；⑤执业药师丧失完全民事行为能力的；⑥执业药师受刑事处罚的。

三、药师的继续教育

我国执业药师继续教育制度是针对取得执业药师职业资格的人员进行的有关法律法规、职业道德和专业知识与技能的继续教育。其目的是使执业药师保持良好的职业道德与执业技能，认真履行职责，为公众提供药学服务。

中国药师协会负责全国执业药师继续教育管理；省级（执业）药师协会负责本辖区执业药师继续教育管理工作。执业药师继续教育在国家药品监督管理总局的指导和监督下进行。

（一）内容和形式

执业药师继续教育内容必须适应执业药师岗位职责的需求，注重科学性、针对性、实用性和先进性；继续教育形式体现有效、方便、经济的原则。

执业药师继续教育内容应以药学服务为核心，以提升执业能力为目标，包括以下方面的内容：①药事管理相关法律法规、部门规章和规范性文件；②职业道德准则、职业素养和执业规范；③药物合理使用的技术规范；④常见病症的诊疗指南；⑤药物治疗管理与公众健康管理；⑥与执业相关的多学科知识与进展；⑦国内外药学领域的新理论、新知识、新技术和新方法；⑧药学服务信息技术应用知识等。

执业药师继续教育可采取面授、网授、函授等多种方式进行，积极探索网络化培训方式，有效运用现代科学技术拓展培训空间，提升培训效率。

（二）学分管理

执业药师继续教育实行学分制。执业药师每年应参加不少于90学时的继续教育培训，每3个学时为1学分，每年累计不少于30学分。其中，专业科目学时一般不少于总学时的三分之二。鼓励执业药师参加实训培养。承担继续教育管理职责的机构应当将执业药师的继续教育学分记入全国执业药师注册管理信息系统。

四、执业药师的职责和权利义务

（一）执业药师的职责

执业药师依法负责药品管理、处方审核和调配、合理用药指导等工作。

药品生产、供销的最终目的是满足临床防治疾病的需要，临床药学是药师工作的核心，执业药师必须时刻意识到自己的一切工作都与患者疾苦甚至生命相关。我国执业药师应当恪守的工作职责包括以下几点。

1. 遵守执业标准和业务规范，以保障和促进公众用药安全、有效为基本准则。

2. 严格遵守《药品管理法》及国家有关药品研制、生产、经营、使用的各项法规及政策。对执业单位的药品质量和药学服务活动进行监督，保证药品管理过程持续符合法定要求，对执业单位违反有关法律、法规、部门规章和专业技术规范的行为或者决定，提出劝告、制止或者拒绝执行，并向药品监督管理部门报告。

3. 在执业范围内负责药品质量的监督和管理，参与制定和实施药品全面质量管理制度，参与单位对内部违反规定行为的处理工作。

4. 负责处方的审核及调配，提供用药咨询与信息，指导合理用药，开展治疗药物监测及药品疗效评价等临床药学工作。

（二）执业药师的权利

执业药师享有下列权利：①以执业药师的名义从事相关业务，保障公众用药安全和合法权益，保护和促进公众健康；②在执业范围内，开展药品质量管理，制定和实施药品质量管理制度，提供药学服务；③参加执业培训，接受继续教育；④在执业活动中，人格尊严、人身安全不受侵犯；⑤对执业单位的工作提出意见和建议；⑥按照有关规定获得表彰和奖励；⑦法律、法规规定的其他权利。

（三）执业药师的义务

执业药师应当履行下列义务：①严格遵守《药品管理法》及国家有关药品生产、经营、使用等各项法律、法规、部门规章及政策；②遵守执业标准和业务规范，恪守职业道德；③廉洁自律，维护执业药师职业荣誉和尊严；④维护国家、公众的利益和执业单位的合法权益；⑤按要求参加突发重大公共事件的药事管理与药学服务；⑥法律、法规规定的其他义务。

药品零售企业应当在醒目位置公示执业药师注册证，并对在岗执业的执业药师挂牌明示。执业药师不在岗时，应当以醒目方式公示，并停止销售处方药和甲类非处方药。执业药师执业时应当按照有关规定佩戴工作牌。

执业药师应当按照国家专业技术人员继续教育的有关规定接受继续教育，更新专业知识，提高业务水平。国家鼓励执业药师参加实训培养。

五、法 律 责 任

执业药师立法的根本目的是保障《药品管理法》的实施，加强药品监督管理，保证药品质量，保障用药安全，维护人民身体健康。因此执业药师在工作过程中必须明确其执业规则，如果发生违法、渎职、失职行为，就必须承担相应的法律责任。

1. 对未按规定配备执业药师的单位，由所在地县级以上负责药品监督管理的部门责令限期配备，并按照相关法律法规给予处罚。

2. 对以不正当手段取得《执业药师职业资格证书》的，按照国家专业技术人员资格考试违纪违规行为处理规定处理；构成犯罪的，依法追究刑事责任。

3. 违反执业药师注册制度的法律责任

（1）伪造《执业药师注册证》的，药品监督管理部门发现后应当场予以收缴并追究责任；构成犯罪的，移送相关部门依法追究刑事责任。

（2）执业药师以欺骗、贿赂等不正当手段取得《执业药师注册证》的，由发证部门撤销《执业药师注册证》，三年内不予注册；构成犯罪的，移送相关部门依法追究刑事责任。

（3）执业药师未按规定进行执业活动的，药品监督管理部门应当责令限期改正。

（4）严禁《执业药师注册证》挂靠，持证人注册单位与实际工作单位不符的，由发证部门撤销《执业药师注册证》，三年内不予注册；构成犯罪的，移送相关部门依法追究刑事责任。买卖、租借《执业药师注册证》的单位，按照相关法律法规给予处罚。

4. 执业药师在执业期间违反《药品管理法》及其他法律法规构成犯罪的，由司法机关依法追究责任。

5. 有下列情形之一的，应当作为个人不良信息由药品监督管理部门及时记入全国执业药师注册管理信息系统：①以欺骗、贿赂等不正当手段取得《执业药师注册证》的；②持证人注册单位与实际工作单位不一致或者无工作单位的，符合《执业药师注册证》挂靠情形的；③执业药师注册证被依法撤销或者吊销的；④执业药师受刑事处罚的；⑤其他违反执业药师资格管理相关规定的。

6. 省、自治区、直辖市药品监督管理部门有下列情形之一的，国家药品监督管理局有权责令其进行调查并依法依规给予处理：①对不符合规定条件的申请人准予注册的；②对符合规定条件的申请人不予注册或者不在法定期限内作出准予注册决定的；③履行执业药师注册、继续教育监督管理职责不力，造成不良影响的。

7. 药品监督管理部门工作人员在执业药师注册及其相关监督管理工作中，弄虚作假、玩忽职守、滥用职权、徇私舞弊的，依法依规给予处理。

思考题

在当前的医疗体制下，如何才能做一个合格的医务人员？

（王 薇）

第五章 医疗侵权法律制度

章前案例

医疗损害责任纠纷

2020 年 9 月，原告林某因左眼视力下降，自行购买眼药水治疗无效后，到被告 A 大学附属医院门诊部治疗，诊断结果为"视神经病变"并给予"激素"治疗，状况未得到好转。10月 20 日入院治疗，入院诊断为：①双眼视神经炎；②双眼视神经萎缩。住院期间使用泼尼松等糖皮质激素。12 月 31 日，林某再到 A 大学附属医院治疗，确诊为 mt-DNA14484 突变阳性。出院诊断：莱伯遗传性视神经病变。原告隐瞒曾在被告 A 大学附属医院治疗的情况，于 2021 年 2 月 22 日又到被告眼科医院住院 37 天，眼科医院使用的药物包括泼尼松等糖皮质激素。2022 年 2 月 7 日至 2022 年 2 月 15 日，林某因为髋部疼痛到其他医院就诊，被诊断为双侧股骨头坏死。

林某提起诉讼，请求法院判定二被告（A 大学附属医院和眼科医院）承担医疗损害赔偿责任。某省某人民法院委托鉴定机构进行鉴定，鉴定中心作出的鉴定意见为：医方眼科医院和 A 大学附属医院在诊疗过程中使用糖皮质激素不当，存在医疗过错，与患者双侧股骨头坏死存在因果关系，医疗过错责任比例为 70%；患者在治疗时未说明曾使用激素的情况，对医院采取治疗措施有一定的影响，且糖皮质激素引起骨质疏松、股骨头坏死也存在个体差异，医方存在部分免责。

思考：

1.《中华人民共和国民法典》对医疗损害责任的相关规定是什么？

2. 医疗损害赔偿中的免责事由是什么？

3. 本案应当如何处理？

第一节 医疗侵权法律制度概述

一、医疗损害责任的概念

《中华人民共和国民法典》（以下简称《民法典》）第一千二百一十八条明确规定："患者在诊疗活动中受到损害，医疗机构或者其医务人员有过错的，由医疗机构承担赔偿责任。"

医疗损害责任（medical damage），又可称为医疗侵权损害责任，是指医疗机构或者医务人员在医疗过程中因过失，或者在法律规定的情况下无论有无过失，造成患者人身损害或者其他损害，应当承担的以损害赔偿为主要方式的侵权责任。

二、医疗损害责任的构成要件

《民法典》第一千二百一十八条阐述的另外一个基本问题就是医疗损害责任的构成。侵权责任构成理论是医疗侵权法律制度的核心。任何民事活动，如果要认定其违法，应当承担侵权责任，就必须要符合法定的侵权责任构成的条件。本书中我们采用四要素说。医疗侵权损害责任的构成需要符合以下四方面的要素：违法行为、损害后果、因果关系、主观过错。只有在这四方面要素同时具备的情况下，医疗侵权责任才能成立。

（一）医疗机构或者医务人员在诊疗活动中存在违法行为

医疗机构或者医务人员在诊疗活动中存在违法行为是构成医疗损害责任的必备条件。这一要件包括三方面的要素，即主体必须是医疗机构或者医务人员，行为必须发生在诊疗活动中，行为过程必须存在违法行为。

1. 医疗侵权行为主体是医疗机构或者医务人员　根据 2022 年 5 月 1 日起实施的《医疗机构管理条例》及其 2017 年《医疗机构管理条例实施细则》的规定，医疗机构是指经登记取得医疗机构职业许可证，从事疾病诊断、治疗活动的医院、卫生院、疗养院、门诊部、诊所、卫生所（室）以及急救站等机构。医务人员包括医师和其他医务人员。按照 2021 年 8 月全国人民代表大会常务委员会通过的《中华人民共和国医师法》第二条规定，医师是指依法取得医师资格，经注册在医疗卫生机构中执业的专业医务人员，包括执业医师和执业助理医师。尚未取得执业医师或者执业助理医师资格，经注册在村医疗卫生机构从事预防、保健和一般医疗服务的乡村医生，也视为医务人员。2020 年 3 月修订的《护士条例》第二条规定，护士是指经执业注册取得护士执业证书，依照本条例规定从事护理活动，履行保护生命、减轻痛苦、增进健康职责的卫生技术人员。

另外，在医疗侵权行为主体中，还应当包括药师。根据 2019 年修订的《药品管理法》第六十九条规定，医疗机构应当配备依法经过资格认定的药师或者其他药学技术人员，负责本单位的药品管理、处方审核和调配、合理用药指导等工作。非药学技术人员不得直接从事药剂技术工作。《药品管理法》第七十三条规定，依法经过资格认定的药师或者其他药学技术人员调配处方，应当进行核对，对处方所列药品不得擅自更改或者代用。对有配伍禁忌或者超剂量的处方，应当拒绝调配；必要时，经处方医师更正或者重新签字，方可调配。虽然药师或者其他药学技术人员不是严格意义上的"医务人员"，但是他们的工作是医疗机构诊疗活动中不可或缺的环节，应当纳入医疗侵权的主体范围中。

2. 医疗侵权行为发生在诊疗活动中　诊疗活动可以界定为"对疾病作出判断和消除疾病、缓解病情、减轻痛苦、改善功能、延长寿命、帮助患者恢复健康的医疗行为"。患者到医疗机构就医，从而在医患之间形成医疗服务合同关系，医疗机构或者医务人员按照相关医疗卫生法律法规而实施的一系列诊断、治疗行为，具体包括门诊检查、门诊治疗、住院检查、住院治疗、康复治疗、疾病预防等方面的行为。诊疗活动是一个具体的过程。通过各种检查，对疾病作出判断是"诊"；使用药物、器械以及手术等方法缓解和消除疾病等即为"疗"。诊疗活动是医疗侵权责任发生的时空条件，限定了医疗机构或医务人员侵害患者相关权利的行为必须发生在对患者的诊疗活动中。

3. 医疗机构或者医务人员的诊疗行为须有违法性　侵权行为的违法性，是指行为在客观上与法律规定相悖。作为医疗损害责任的诊疗行为具有违法性，是指医疗机构或者医务人员在诊疗行为中存在违反法律、法规、诊疗规范的规定以及医疗质量管理相关制度、规范、标准和指南等的行为。

近年来，我国逐步健全完善医疗法制建设，在医疗法制方面取得巨大进展。在法律方面的相关规定有：《民法典》第七编"侵权责任"部分；2021 年 8 月，全国人民代表大会常务委员会通过的

《中华人民共和国医师法》；2021 年 8 月，全国人民代表大会常务委员会通过的《中华人民共和国个人信息保护法》；2018 年 12 月修订的《中华人民共和国产品质量法》。相关司法解释有：2020 年 12 月修订的《最高人民法院关于审理医疗损害责任纠纷案件适用法律若干问题的解释》；2022 年 2 月修订的《最高人民法院关于审理人身损害赔偿案件适用法律若干问题的解释》；2020 年 12 月修订的《最高人民法院关于确定民事侵权精神损害赔偿责任若干问题的解释》；2020 年 5 月 1 日开始施行的《最高人民法院关于民事诉讼证据的若干规定》。在行政法规方面的相关规定有：2018 年 10 月 1 日起施行的《医疗纠纷预防和处理条例》；2022 年 5 月开始施行的《医疗机构管理条例》；2020 年 3 月修订的《护士条例》。相关的行政规章有：2018 年 8 月，国家卫生健康委员会、国家中医药管理局印发的《互联网诊疗管理办法（试行）》《互联网医院管理办法（试行）》《远程医疗服务管理规范（试行）》等。这些法律、司法解释、行政法规和规章等对医疗机构或者医务人员的诊疗行为提出了详细的行为规范和依据，也对医疗侵权损害责任作出了具体规定。

（二）必须对患者造成了损害后果

医疗损害责任构成中的患者受到损害，是指医疗机构或者医务人员在诊疗活动中，造成患者的人身损害事实和财产损害事实以及精神损害事实。本书认为医疗侵权的损害后果包含了"精神损害"。2020 年 12 月修订的《最高人民法院关于确定民事侵权精神损害赔偿责任若干问题的解释》第一条指出："因人身权益或者具有人身意义的特定物受到侵害，自然人或者其近亲属向人民法院提起诉讼请求精神损害赔偿的，人民法院应当依法予以受理。"第三条指出："死者的姓名、肖像、名誉、荣誉、隐私、遗体、遗骨等受到侵害，其近亲属向人民法院提起诉讼请求精神损害赔偿的，人民法院应当依法予以支持。"

"无损害则无责任"，是指只有在损害后果发生的情况下，才考虑医疗机构及其医务人员是否有过错，是否要由医疗机构承担医疗侵权责任。损害后果必须是法律明确规定的后果，必须是侵害了患者受法律保护的合法权利，主要包括侵害患者的生命权、健康权、隐私权、知情权等人身权益和财产权益。如果仅仅有医务人员的违法违规行为，而无患者权利受到侵害和利益受损的损害事实，就不能发生医疗侵权损害的民事责任赔偿。

（三）医疗机构或者医务人员的违法行为和患者的损害后果之间存在因果关系

医疗侵权责任构成的因果关系要件，指的是违法诊疗行为作为原因，患者所受损害事实作为结果，在它们之间存在前者引起后者，后者被前者所引起的客观联系。医学行为的复杂性，患者个体差异性、人类认识疾病和战胜疾病的能力以及医疗技术水平的有限性导致了诊疗行为与患者损害之间的因果关系判定十分困难。目前关于医疗侵权行为因果关系判断的依据是 2020 年 12 月修订的《最高人民法院关于审理医疗损害责任纠纷案件适用法律若干问题的解释》（以下简称《医疗损害责任解释》）。该解释第四条指出："患者无法提交医疗机构或者其医务人员有过错、诊疗行为与损害之间具有因果关系的证据，依法提出医疗损害鉴定申请的，人民法院应予准许。"医疗损害鉴定是确定医疗侵权与患者损害结果之间因果关系的重要环节。

在因果关系的定量判断上，理论界存在三种不同的表述：①参与度；②责任程度；③原因力。《医疗损害责任解释》第十二条指出："鉴定意见可以按照导致患者损害的全部原因、主要原因、同等原因、次要原因、轻微原因或者与患者损害无因果关系，表述诊疗行为或者医疗产品等造成患者损害的原因力大小。""原因力"则表明因果关系的作用程度，是指在导致受害人同一损害后果的数个原因中，各原因对于该损害后果的发生或者扩大所发挥的作用力。在医疗侵权案件中，原因力大小是指医疗过失行为在人身损害全部应当赔偿数额中所应当承担的责任比例。

（四）医疗机构或者医务人员主观上存在过错

在侵权责任的构成中，过错是主观要件，是指加害人在事实行为时主观上的一种可归责的心理状态，包括故意和过失。构成医疗侵权责任，医疗机构或者医务人员必须具备医疗过错要件。医疗侵权中的主观过错，表现为医疗机构或者医务人员在诊疗活动中的过失。医务人员以故意的心态伤害患者属于刑事犯罪。

医疗过错是指医疗机构在医疗活动中,医务人员未能按照当时的医疗水平通常应当提供的医疗服务,或者按照医疗良知、医疗伦理以及医政管理规范和管理职责,给予相应的诚信、合理的医疗服务,没有尽到高度注意义务的主观心理状态,以及医疗机构存在对医务人员疏于选任、管理、教育的主观心理状态。对此,《民法典》第一千二百二十一条指出:"医务人员在诊疗活动中未尽到与当时的医疗水平相应的诊疗义务,造成患者损害的,医疗机构应当承担赔偿责任。"其中关于"医务人员在诊疗活动中未尽到与当时的医疗水平相应的诊疗义务"的规定,就是对医疗过错的明确规定。2020 年 12 月修订的《医疗损害责任解释》第十六条指出:"对医疗机构或者其医务人员的过错,应当依据法律、行政法规、规章以及其他有关诊疗规范进行认定,可以综合考虑患者病情的紧急程度、患者个体差异、当地的医疗水平、医疗机构与医务人员资质等因素。"《医疗损害责任解释》明确过错鉴定的依据是法律、行政法规、规章、诊疗规范;运用医学科学原理综合考虑患者的积极程度、患者个体差异以及导致患者损害的多因一果性,从专业角度科学判断诊疗行为造成患者损害的原因力大小;"当时的医疗水平"是指当地的医疗水平、当地的医疗机构等级和当地的医务人员资质。按照《民法典》的有关规定,医疗机构或者医务人员存在过错需要由患者一方承担举证责任,即由患者一方提供证据证明医疗机构或者医务人员的行为存在主观过错。

第二节　医疗侵权责任的类型

一、医疗技术损害责任

医疗技术损害责任,是指医疗机构或者医务人员在从事病情的检验、诊断、治疗方法的选择,治疗措施的执行,病情发展过程的追踪以及术后照护等医疗行为的过程中,做出不符合当时既存的医疗专业知识或技术水准的过失行为,医疗机构应当承担的损害赔偿责任。

(一)医疗技术过失

1. 医疗技术过失判断标准——诊疗当时的医疗水平　医疗技术过失,是指医疗机构或者医务人员在从事病情的检验诊断、治疗方法的选择、治疗措施的执行以及病情发展过程的追踪或术后照护等医疗行为中,因为懈怠或疏忽导致不符合当时既存的医疗专业知识或水准。这种医疗过失的判断标准,是医疗科学依据和医学技术标准,即"医疗水准",违反之即为有过失。

医疗水平是指学术研究范围的医学水平已经成为当时医疗实践中具有一般普遍性的临床医疗实施的目标。医疗水平应该具有两个方面的内容,一是医疗行为的安全性和有效性已经得到认可;二是该医疗行为已经推广,设备、人员培训已经完成。

2. 医疗过失的证明责任

(1)患方承担初步证明责任:医疗损害赔偿诉讼的举证责任分配问题一直是法学界争议的焦点。部分学者认为,在医疗侵权领域,"谁主张谁举证"有失公平,原因有四:①医方有强大的技术优势,作为外行的患方,很难证明医方的医疗行为存在技术过错;②医方掌握着证据材料,病历及相关资料均在医方的掌握之下,患方往往无力承担提供证据的责任;③整个医疗过程中,患方均处在弱势地位,需要法律的特别帮助;④我国在 2002 年施行的《最高人民法院关于民事诉讼证据的若干规定》中已经实施了医疗侵权举证责任倒置规则,不能轻易否定。反对医疗侵权举证责任倒置者强调:举证责任倒置加重医方的举证负担,引发医疗机构采取防御性医疗,导致过度医疗、无效医疗、冗长医疗等,最终导致医疗费用的上涨,浪费大量资源,损害患者利益。

目前司法解释对医疗侵权当事人的举证责任采用"谁主张,谁举证"的规则,要求患方对其诉讼主张承担初步举证责任。2020年12月修订的《医疗损害责任解释》第四条："患者依据民法典第一千二百一十八条规定主张医疗机构承担赔偿责任的，应当提交到该医疗机构就诊、受到损害的证据。患者无法提交医疗机构或者其医务人员有过错、诊疗行为与损害之间具有因果关系的证据，依法提出医疗损害鉴定申请的，人民法院应予准许。""医疗机构主张不承担责任的，应当就民法典第一千二百二十四条第一款规定情形等抗辩事由承担举证证明责任。"据此，该司法解释明确了患方的初步证明责任，对于举证有难度的，该司法解释也对患方的举证责任做了缓和性的规定，明确患方有权利通过申请医疗损害鉴定的辅助手段完成举证，客观上平衡了医患双方信息不对等和举证能力上的差距。

（2）医疗过错的推定：根据《民法典》第一千二百二十二条规定，患者在诊疗活动中受到损害，有下列情形之一的，推定医疗机构有过错：（一）违反法律、行政法规、规章以及其他有关诊疗规范的规定；（二）隐匿或者拒绝提供与纠纷有关的病历资料；（三）遗失、伪造、篡改或者违法销毁病历资料。2018年实施的《医疗纠纷预防与处理条例》第十五条规定，医疗机构及其医务人员应当按照国务院卫生主管部门的规定，填写并妥善保管病历资料。因紧急抢救未能及时填写病历的，医务人员应当在抢救结束后6小时内据实补记，并加以注明。任何单位和个人不得篡改、伪造、隐匿、毁灭或者抢夺病历资料。

法律推定，即法律上的事实推定，是指法律规范从基础事实的存在，推断出主要事实的存在。《民法典》第一千二百二十二条扩大了过错推定的适用情形，增加了医疗机构"遗失"病历资料这一情形，采纳了《第八次全国法院民事商事审判工作会议（民事部分）纪要》中"因当事人采取伪造、篡改、涂改等方式改变病历资料内容，或者遗失、销毁、抢夺病历，致使医疗行为与损害后果之间的因果关系或医疗机构及其医务人员的过错无法认定的，改变或者遗失、销毁、抢夺病历资料一方当事人应承担相应的不利后果"的观点。同时，《民法典》第一千二百二十二条又进一步明确了"销毁"病历必须是"违法"的，从而排除了医疗机构可能存在的因技术问题、黑客侵入、硬件故障等导致的电子病历文档损毁等情形，力求维护医患双方权利的平衡。有助于平衡医患双方的过错证明责任与举证负担。

（二）医疗技术损害责任构成要件

1. 以具有医疗过失为前提。
2. 医疗过失是一种医疗技术过失。
3. 医疗过失的认定方式主要是原告证明。
4. 损害事实只包括人身损害事实，不包括患者其他民事损害事实。

（三）医疗技术损害责任的分类

1. 诊断过失损害责任　最为典型的诊断过失损害是误诊。一般认为：医疗机构从业人员的诊断行为中，针对某种疾病没有进行相应的检查诊断程序；或者是在已经做出初始诊断，但在之后的进一步治疗过程中未对初始诊断的正确性进行审查或未发现初始诊断的错误，即可以被认定为误诊。

2. 治疗过失损害责任　治疗过失损害责任主要是指医疗机构在为患者施行的治疗行为中，违反了相关的法律、法规、规章和诊疗技术规范，并且因为此等行为导致了患者的人身损害，即构成医疗过失损害责任。

3. 护理过失损害责任　护理过失损害责任主要是指医疗机构护理从业人员在为患者施行的护理行为中，违反了相关的法律、法规、规章和诊疗技术规范，并且因此等行为导致患者的人身损害，即构成护理过失损害责任。

4. 感染传染损害责任　感染传染损害责任主要是指医疗机构从业人员在施行诊疗行为中，违反有关院内感染的法律、法规、规章和诊疗技术规范，并且因此等行为导致了患者的人身损害，即构成感染传染损害责任。

5. 孕检生产损害责任　孕检损害责任是指负责产前检查的医疗机构违反国家产前筛查、产前诊断相关法律、法规、规章和诊疗技术规范，并且因为此等行为导致产妇产下具有先天缺陷的婴儿所产生的医疗损害。

生产损害责任是指在产妇生产过程中，医疗机构及其从业人员违反相关法律、法规、规章和诊疗技术规范，并且因为此等行为导致产妇或者胎儿在生产过程中发生医疗损害，称为生产损害责任。

二、医疗伦理损害责任

医疗伦理损害责任是借鉴法国的医疗伦理过错概念提出来的。医疗伦理损害责任，是指医疗机构或者医务人员从事各种医疗行为时，未对患者充分告知或说明其病情、未提供病患及时有用的医疗建议、未维护患者与病情相关的隐私权、未取得病患同意即采取某种医疗或停止继续治疗措施等，违反了医疗职业良知或职业伦理应遵守的规则所应承担的损害赔偿责任。

（一）医疗伦理过失

医疗伦理过失，是指医疗机构或医务人员从事各种医疗行为时，未对病患充分告知或者说明其病情、未提供病患及时有用的医疗建议、未保守与病情有关的各种秘密、未取得病患同意即采取各种医疗措施或停止继续治疗等。《民法典》第一千二百一十九条规定，医务人员在诊疗活动中应当向患者说明病情和医疗措施。需要实施手术、特殊检查、特殊治疗的，医务人员应当及时向患者具体说明医疗风险、替代医疗方案等情况，并取得其明确同意；不能或者不宜向患者说明的，应当向患者的近亲属说明，并取得其明确同意。医务人员未尽到前款义务，造成患者损害的，医疗机构应当承担赔偿责任。本条阐述的是医疗侵权中的医方违反告知义务。由于医学的专业性和复杂性，《民法典》对医方的告知义务提出了更高的要求——"具体说明"，而不是格式化的或是形式主义的说明，要求必须做到使患者知情、理解从而保障其知情选择权的有效行使。但同时也为避免给医方过重的负担，法律对医方告知的要求不再限定于"书面同意"，可采用口头、录音、视频等多种形式，只要达到令医方"明确同意"的程度即可认定其尽到了说明义务。《民法典》在"不宜向患者说明的，应当向患者的近亲属说明"的条件中增加了"不能"，正是考虑到还存在客观上不具有同意能力的主体（如精神病患者、昏迷、术中无意识患者等当时不具有行为能力的患者），其属于"不能"被说明的主体。

患者知情同意权（informed consent），是指在诊疗活动中，具有独立判断与意思表示能力的患者，在非强制状态下，在医方充分告知的情况下，能够理解各种风险和后果，在此基础上对医方指定的诊疗计划自行决定取舍的一种权利。知情同意，包括知情和同意两个方面。知情是同意的前提，同意是知情的延续和目的。患者在充分知情的基础上有自我选择和决策的权利，以保护其人身权和财产权。知情同意权也称患者的"自主决定权"。

（二）医疗伦理损害责任法律特征

1. 以具有医疗过失为前提。
2. 医疗过失为医疗伦理性过失。
3. 医疗伦理过失的认定方式为"谁主张，谁举证"。
4. 不仅包括患者的人身损害，还包括其他民事权益损害。

（三）医疗伦理损害责任归责原则

目前，法学界学者认为医疗伦理损害责任适用"谁主张，谁举证"原则。2020年12月修订的《医疗损害责任解释》第五条指出："患者依据民法典第一千二百一十九条规定主张医疗机构承担赔偿责任的，应当按照前条第一款规定提交证据。""实施手术、特殊检查、特殊治疗的，医疗机构应当承担说明义务并取得患者或者患者近亲属明确同意，但属于民法典第一千二百二十条规定情形的除外。医疗机构提交患者或者患者近亲属明确同意证据的，人民法院可以认定医疗机构尽到说明义务，但患者有相反证据足以反驳的除外。"据此，患者有权利通过相反证据进行反驳，明确患者有合法进行反证的权利，以上规定也是对医疗伦理损害的举证规定。

（四）医疗伦理损害类型

1. 违反医务人员告知说明义务　违反医务人员告知说明义务是指医疗机构未对患者充分告知、说明其病情，未对患者提供及时有用的医疗建议的医疗损害责任。

2. 侵犯患者知情同意权　侵犯患者知情同意权是指医疗机构及其医务人员违反其应当尊重患者自主决定意愿的义务，未经患者同意，即积极采取某种医疗措施或消极停止继续治疗，侵害患者自我决定权的医疗损害责任。

3. 违反保密义务损害责任　《民法典》第一千二百二十六条规定，医疗机构及其医务人员应当对患者的隐私和个人信息保密。泄露患者的隐私和个人信息，或者未经患者同意公开其病历资料的，应当承担侵权责任。2018年颁布的《互联网医院管理办法（试行）》第二十三条规定，互联网医院应当严格执行信息安全和医疗数据保密的有关法律法规，妥善保管患者信息，不得非法买卖、泄露患者信息。发生患者信息和医疗数据泄露时，医疗机构应当及时向主管的卫生健康行政部门报告，并立即采取有效应对措施。2021年8月全国人民代表大会常务委员会通过的《中华人民共和国个人信息保护法》第十条规定，任何组织、个人不得非法收集、使用、加工、传输他人个人信息，不得非法买卖、提供或者公开他人个人信息；不得从事危害国家安全、公共利益的个人信息处理活动。这意味着在患者个人信息和隐私权的维护上，法律对医疗机构提出了更加严格的要求，在医疗领域更好地保护患者的个人信息以及医疗大数据安全。

三、医疗产品损害责任

医疗产品损害责任，是指医疗机构在医疗过程中使用有缺陷的药品、消毒产品、医疗器械等医疗产品以及输入不合格的血液、血液制品，因此造成患者人身损害，医疗机构或者医疗产品生产者、销售者及血液提供机构应当承担的医疗损害赔偿责任。

（一）医疗产品的范围

2020年《最高人民法院关于审理医疗损害责任纠纷案件适用法律若干问题的解释》第二十五条规定，本解释所称的"医疗产品"包括药品、消毒产品、医疗器械等。2018年《中华人民共和国产品质量法》第二条第二款规定："本法所称产品是指经过加工、制作，用于销售的物品。"按照这一规定，产品须具备两个条件，一是经过加工、制作，未经过加工制作的自然物不是产品；二是用于销售，因而是可以进入流通领域的物，未进入流通的，也不认为是产品。《民法典》第一千二百二十三条规定，因药品、消毒产品、医疗器械的缺陷，或者输入不合格的血液造成患者损害的，患者可以向药品上市许可持有人、生产者、血液提供机构请求赔偿，也可以向医疗机构请求赔偿。患者向医疗机构请求赔偿的，医疗机构赔偿后，有权向负有责任的药品上市许可持有人、生产者、血液提供机构追偿。本条将原有表述的消毒"药剂"修正为消毒"产品"，扩大了医疗产品损害责任的适用范围，更好地保障了患者的合法权益，增设了"药品上市许可持有人"作为责任承担主体，与2019年12月1日实施的《药品管理法》衔接。

在《民法典》中并没有"医疗产品"的概念，而是在药品、消毒产品、医疗器械三个概念外规定了"不合格的血液"。可见在法律法规的原意中，不合格的血液并非"产品"，但是规定了与"医疗产品"适用同等的法律责任。而在2020年12月修订的《医疗损害责任解释》第二十五条规定，本解释所称的"医疗产品"包括药品、消毒产品、医疗器械等。这个"等"包含的内容，可能包括其他医疗产品，也可能包括准医疗产品，即血液。因此本书还是将药品、消毒产品、医疗器械、血液产生的损害责任统称为"医疗产品损害责任"。

（二）医疗产品损害责任构成要件

1. 医疗产品侵权责任的构成

（1）医疗产品存有缺陷。

（2）须有患者人身损害事实。

（3）产品缺陷与人身损害之间存在因果关系。

2. 不合格血液侵权责任的构成

（1）输入不合格血液。

（2）患者受到损害。

（3）输入不合格血液与患者受到损害之间存在因果关系。

（三）医疗产品损害责任的归责原则

医疗产品侵权责任适用"无过错责任"原则。这是产品责任规则在医疗领域的运用。《医疗损害责任解释》第七条规定："患者依据民法典第一千二百二十三条规定请求赔偿的，应当提交使用医疗产品或者输入血液、受到损害的证据。患者无法提交使用医疗产品或者输入血液与损害之间具有因果关系的证据，依法申请鉴定的，人民法院应予准许。医疗机构，医疗产品的生产者、销售者、药品上市许可持有人或者血液提供机构主张不承担责任的，应当对医疗产品不存在缺陷或者血液合格等抗辩事由承担举证证明责任。"

在实践中，要求患者直接提交医疗产品或者输入血液与损害结果之间具有因果关系的证据比较困难。因此法律规定可以申请鉴定。另外医疗机构，医疗产品的生产者、销售者或者血液提供机构主张不承担责任的，应当对抗辩事由承担举证证明责任。法律和司法解释对于这个部分举证责任的分配，充分考虑到患者专业知识欠缺，获取证据不易，符合无过错责任即严格责任的要求，也充分考虑患者维权的艰难，从而实现充分保障患者权益的目的。

第三节　医疗侵权责任的法律适用

一、医疗侵权责任的归责原则

《民法典》明确了我国医疗侵权责任以过错责任为原则，推定过错责任和严格责任为补充的归责原则，这一归责原则体系既体现了切实保护患者合法权益的基本立法精神，也体现了在考虑医疗行为特殊性基础上，保护医务人员合法权益，促进医学科学进步和卫生事业发展的立法意图。

（一）过错责任原则

过错责任原则（the principle of liability for fault），是指以是否存在过错作为是否承担损害赔偿责任和责任范围的构成要件。过错责任原则要求行为尽到对他人的谨慎和注意义务，努力避免损害后果。按照该原则，无过错即无责任。《民法典》第一千二百一十八条规定："患者在诊疗活动中受到损害，医疗机构或者其医务人员有过错的，由医疗机构承担赔偿责任。"

（二）推定过错责任原则

推定过错责任原则（the principle of presumption of fault liability），也称过失推定责任原则，是指以平衡医患之间举证能力强弱为目的，在一些特殊情形下，可以直接推定医方有过错的归责原则。《民法典》第一千二百二十二条规定："患者在诊疗活动中受到损害，有下列情形之一的，推定医疗机构有过错：（一）违反法律、行政法规、规章以及其他有关诊疗规范的规定；（二）隐匿或者拒绝提供与纠纷有关的病历资料；（三）遗失、伪造、篡改或者违法销毁病历资料。"在上述三种情形下，患方不需要证明医方医疗行为中存在过错，只需要证明医方存在上述情形，医方即可被人民法院推定为有过错。

（三）严格责任原则

严格责任原则（the principle of strict liability），是指基于法律的特别规定，受害人能够证明所受损害是加害人的行为或者物件所致，加害人就应当承担民事责任。加害人能证明存在法定抗辩事由的除外。《民法典》第一千一百六十六条规定，行为人造成他人民事权益损害，不论行为人有无过错，法律规定应当承担侵权责任的，依照其规定。这一规则原则规定的情形中侵权责任的成立不以行为人的主观过错为必要条件，而是依据法律的规定应当承担侵权责任。严格责任的构成要件有四项：一是行为；二是受害人有损害；三是行为和损害之间有因果关系；四是不存在法定抗辩事由。

《民法典》第一千二百二十三条规定，因药品、消毒产品、医疗器械的缺陷，或者输入不合格的血液造成患者损害的，患者可以向药品上市许可持有人、生产者、血液提供机构请求赔偿，也可以向医疗机构请求赔偿。患者向医疗机构请求赔偿的，医疗机构赔偿后，有权向负有责任的药品上市许可持有人、生产者、血液提供机构追偿。在医疗产品侵权的情况下，要求患者举证证明医疗机构主观上存在过错非常困难，如果按照一般侵权行为的构成要件来要求受害人举证，那么证明难度极大，很可能无法举证，其结果不利于对受害人权利的保护。限于医疗产品责任的严格责任原则，有利于保护患方合法权益，而无过错医疗机构的可追偿规定又充分考虑了诉讼成本问题和医方的合法权益。

二、《民法典》规定的医疗侵权责任

（一）违反告知说明义务与侵犯患者知情同意权

医疗告知，是指作为医疗行为主体的医疗机构或者医务人员，在医疗活动中，将患者罹患疾病的病情、医疗措施、医疗风险（并发症）等有关诊疗信息向患者或者其亲属如实告知的行为过程。通常，告知义务分为一般告知义务和特殊告知义务。违反告知说明义务的侵权行为，是指医疗机构及医务人员从事各种医疗行为时，未对患者充分告知或者说明其病情、未提供对患者及时有用的医疗建议、未取得患者或其近亲属同意即采取某种医疗措施或停止继续治疗等，医疗机构所应当承担的侵权赔偿责任。

知情同意起源于 20 世纪初的自主决定权，"每一个成年且心智健全的人均具有决定如何处置其自身身体的权利"，此时的重心在患者的"同意"上，尚未涉及信息的告知。到了 20 世纪50—60 年代，西方发生了人权运动，在个人权利受到空前重视的时代大背景下，人体试验受试者的主要权利——知情同意权向普通患者扩展。20 世纪 60 年代前后，与知情同意有关的、影响巨大的一系列判决相继作出，"医生有义务告知诊断、拟采取医疗措施、该措施的益处和风险、替代治疗方案等对患者作出决定有充分影响的信息，以帮助患者作出是否接受某一医疗行为的合理决定"。自此开始，关于知情同意的纠纷不断，成为患者控告医生的主要理由之一。

我国最早涉及医疗告知、同意的法律规范是 1982 年卫生部颁布的《医院工作制度》中施行手术的几项规则中规定："实行手术前必须由病员家属、或单位签字同意（体表手术可以不签字），紧急手术来不及征求家属同意或机关同意时，可由主治医师签字，经科主任或院长、业务副院长批准执行"。目前，《民法典》、2021 年 8 月全国人民代表大会常务委员会通过的《医师法》、2022 年5 月修订实施的《医疗机构管理条例》、2018 年 10 月 1 日实施的《医疗纠纷预防与处理条例》等法律、法规，就相关知情同意问题均有明文规定。

《民法典》第一千二百一十九条规定，医务人员在诊疗活动中应当向患者说明病情和医疗措施。需要实施手术、特殊检查、特殊治疗的，医务人员应当及时向患者具体说明医疗风险、替代医疗方案等情况，并取得其明确同意；不能或者不宜向患者说明的，应当向患者的近亲属说明，并取得其明确同意。医务人员未尽到前款义务，造成患者损害的，医疗机构应当承担赔偿责任。

这标志着我国有关医疗告知、患者知情同意法律制度建设的快速发展和逐步走向完善。《民法典》第一千二百一十九条第二款规定："医务人员未尽到前款义务，造成患者损害的，医疗机构应当承担赔偿责任。"本书认为，医务人员未尽到告知义务，使患者一方未能行使选择权，以致造成患者人身损害后果的，医疗机构应当承担相应的损害赔偿责任；没有造成损害后果，患者以违反告知义务为由要求医疗机构承担赔偿责任的，医疗机构不承担赔偿责任。需要说明的是，不承担民事赔偿责任，并不意味着违反告知义务行政责任的免除。《医师法》第二十六条规定，医师开展药物、医疗器械临床试验和其他医学临床研究应当符合国家有关规定，遵守医学伦理规范，依法通过伦理审查，取得书面知情同意。随着时代的进步，医学科学迅速发展，新的医学伦理问题不断涌现，医方的告知说明义务也不断加重。法律法规对患者知情同意权也加大了保护力度。

《医疗纠纷预防与处理条例》第十三条规定，医务人员在诊疗活动中应当向患者说明病情和医疗措施。需要实施手术，或者开展临床试验等存在一定危险性、可能产生不良后果的特殊检查、特殊治疗的，医务人员应当及时向患者说明医疗风险、替代医疗方案等情况，并取得其书面同意；在患者处于昏迷等无法自主作出决定的状态或者病情不宜向患者说明等情形下，应当向患者的近亲属说明，并取得其书面同意。紧急情况下不能取得患者或者其近亲属意见的，经医疗机构负责人或者授权的负责人批准，可以立即实施相应的医疗措施。《医疗纠纷预防与处理条例》第十六条规定，患者有权查阅、复制其门诊病历、住院志、体温单、医嘱单、化验单（检验报告）、医学影像检查资料、特殊检查同意书、手术同意书、手术及麻醉记录、病理资料、护理记录、医疗费用以及国务院卫生主管部门规定的其他属于病历的全部资料。患者要求复制病历资料的，医疗机构应当提供复制服务，并在复制的病历资料上加盖证明印记。复制病历资料时，应当有患者或者其近亲属在场。医疗机构应患者的要求为其复制病历资料，可以收取工本费，收费标准应当公开。患者死亡的，其近亲属可以依照本条例的规定，查阅、复制病历资料。《医疗纠纷预防与处理条例》第四十七条规定："医疗机构及其医务人员有下列情形之一的，由县级以上人民政府卫生主管部门责令改正，给予警告，并处 1 万元以上 5 万元以下罚款；情节严重的，对直接负责的主管人员和其他直接责任人员给予或者责令给予降低岗位等级或者撤职的处分，对有关医务人员可以责令暂停 1 个月以上 6 个月以下执业活动；构成犯罪的，依法追究刑事责任：……（二）未按规定告知患者病情、医疗措施、医疗风险、替代医疗方案等……"据此，医方违反告知义务要承担行政责任，如果符合医疗过失的犯罪构成，甚至要负担刑事责任。

（二）违反诊疗义务的侵权行为

《民法典》第一千二百二十一条规定，医务人员在诊疗活动中未尽到与当时的医疗水平相应的诊疗义务，造成患者损害的，医疗机构应当承担赔偿责任。违反诊疗义务的侵权行为，是指医疗机构及医务人员在从事病情检验、诊断、治疗方法的选择，治疗措施的执行，病情发展过程的追踪，以及术后照护等医疗行为中，存在不符合当时医疗水平的过失行为，医疗机构所应当承担的侵权赔偿责任。尽到与当时医疗水平相应的诊疗医务，要求医务人员尽到最佳注意义务和危险结果回避义务。医务人员的注意义务是指医师在执行医疗行为过程中，依据法律、规章和诊疗护理常规，保持足够的小心谨慎，以预见医疗行为结果和避免损害结果发生的义务。

（三）使用缺陷、不合格医疗产品或者输入不合格血液的侵权行为

因使用有缺陷医疗产品而导致的侵权行为，是指医疗机构在医疗过程中使用有缺陷的药品、消毒产品、医疗器械等医疗产品，或者输入不合格的血液，因此造成患者人身损害的，医疗机构或者医疗产品的生产者、血液提供机构所应当承担的侵权赔偿责任。《民法典》第一千二百二十三条规定，因药品、消毒产品、医疗器械的缺陷，或者输入不合格的血液造成患者损害的，患者可以向药品上市许可持有人、生产者、血液提供机构请求赔偿，也可以向医疗机构请求赔偿。患者向医疗机构请求赔偿的，医疗机构赔偿后，有权向负有责任的药品上市许可持有人、生产者、血液提供机构追偿。

使用有缺陷的药品、消毒产品、医疗器械等医疗产品，或者输入不合格的血液，造成患者人身损害的侵权责任归责原则采取无过错责任原则。在医疗产品责任领域适用无过错责任原则侧重医疗产品生产者和医疗机构的责任，使受害人的损害赔偿请求权更容易实现。医疗产品侵权的免责事由有以下情形：①药品、消毒产品、医疗器械未投入流通的；②药品、消毒产品、医疗器械投入流通时，引起损害的缺陷尚不存在的；③药品、消毒产品、医疗器械投入流通时的科学技术尚不能发现缺陷的存在；④法律、法规规定的其他免责事由，如患者自身原因造成、第三者原因造成等。

（四）违反保密义务的侵权行为

患者的隐私权是指在医疗活动中患者拥有保护自身的隐私部位、病史、身体缺陷、特殊经历、遭遇等隐私，不受任何形式的外来侵犯的权利。由于医疗活动的特殊性，医务人员掌握着患者的疾病情况以及其他的个人信息，这些都是患者的重大隐私信息，医疗机构及医务人员依法负有保密的义务。医疗机构及其医务人员违反保密义务，泄露患者隐私或者未经同意公开其病历资料造成损害的，构成侵权行为，应当承担侵害患者隐私权的民事责任。《民法典》第一千二百二十六条规定，医疗机构及其医务人员应当对患者的隐私和个人信息保密。泄露患者的隐私和个人信息，或者未经患者同意公开其病历资料的，应当承担侵权责任。根据这一规定，侵犯患者隐私权的行为主要包括：故意泄露、公开传播或直接侵扰患者的隐私；超出必要的范围刺探患者隐私；侵犯患者身体隐私；未经同意公开病历资料及有关资料。

《中华人民共和国个人信息保护法》第十三条规定："符合下列情形之一的，个人信息处理者方可处理个人信息：……（四）为应对突发公共卫生事件，或者紧急情况下为保护自然人的生命健康和财产安全所必需；（五）为公共利益实施新闻报道、舆论监督等行为，在合理的范围内处理个人信息；……依照本法其他有关规定，处理个人信息应当取得个人同意，但是有前款第二项至第七项规定情形的，不需取得个人同意。"即为了应对突发公共卫生事件，或者在紧急情况下为了保护广大群众的生命和财产安全，医疗机构可以处理患者个人信息，公众对此也有知情权。这就化解了突发公共卫生事件期间患者隐私权与公众知情权之间的矛盾，实现个人利益服从公众利益。《中华人民共和国个人信息保护法》第二十八条规定，敏感个人信息是一旦泄露或者非法使用，容易导致自然人的人格尊严受到侵害或者人身、财产安全受到危害的个人信息，包括生物识别、宗教信仰、特定身份、医疗健康、金融账户、行踪轨迹等信息，以及不满十四周岁未成年人的个人信息。只有在具有特定的目的和充分的必要性，并采取严格保护措施的情形下，个人信息处理者方可处理敏感个人信息。据此法律规定，"医疗健康"信息属于个人敏感信息。在正常情况下，医疗机构不能随意处理患者信息。对于侵犯患者隐私权的行为，应当根据侵害后果的轻重，选择使用不同的责任承担方式。

（五）过度医疗导致的侵权行为

过度医疗是指医疗机构及其医务人员在医疗活动中，违反法定及约定义务，提供了超过患者实际需求的医疗服务，造成患者人身伤害及财产损失的行为。《民法典》第一千二百二十七条规定，医疗机构及其医务人员不得违反诊疗规范实施不必要的检查。虽然没有使用"过度医疗""过度检查"等用语，但内容实际上表述的就是"过度医疗"。过度医疗包括过度检查、过度治疗、过度康复三个方面。医疗机构实施的检查符合违反诊疗规范检查、不必要检查两个条件，就可以认为属于应当承担责任的过度检查。医疗机构实施过度医疗，不仅应当向患者退回不必要的诊疗费用，造成患者损害的，还应当承担赔偿责任。

三、医疗侵权责任的免责事由

免责事由，可以包括减免事由，是指可以免除或者减轻行为人责任的理由。医疗行为的高技术性和高风险性决定了医疗结果的不确定性。在对医疗侵权行为进行规制的同时，必须考虑到医疗活动的复杂性，同时也不应阻碍医学科学在探索和创新中进步。鉴于此，世界各国均规定了医疗侵权责任的免责事由。《民法典》第一千二百二十四条规定，患者在诊疗活动中受到损害，有下列情形之一的，医疗机构不承担赔偿责任。

（一）患者或者其近亲属不配合医疗机构进行符合诊疗规范的诊疗

包括以下情形：①患者及其家属不如实提供病史；②患者及其家属不配合检查；③患者及其家属不遵守医嘱；④患者及其家属不服从医院管理；⑤患者及其家属不同意医生建议，私自采取医疗措施。在上述情形中，如果患方对于医疗机构符合诊疗规范的诊疗不予配合，但同时医疗机构在诊疗过程中也存在过失，比如告知不充分，导致患方没有清楚理解医方拟实施的医疗行为的作用和性质，从而拒绝接受相应的诊疗，这种情况医疗机构仍然有责任。

（二）医务人员在抢救生命垂危的患者等紧急情况下已经尽到合理诊疗义务

《医师法》第二十七条规定，对需要紧急救治的患者，医师应当采取紧急措施进行诊治，不得拒绝急救处置。因抢救生命垂危的患者等紧急情况，不能取得患者或者其近亲属意见的，经医疗机构负责人或者授权的负责人批准，可以立即实施相应的医疗措施。国家鼓励医师积极参与公共交通工具等公共场所急救服务；医师因自愿实施急救造成受助人损害的，不承担民事责任。

在医疗服务中，往往会遇到患者生命垂危的紧急情况，此时对患者的救助需要争分夺秒，救治患者的措施和方法也可以超出常规，不受诊疗规范限制，以救助患者的生命为唯一目的。医务人员只要按照紧急救治措施的医疗操作规范实施诊疗行为，虽然在注意义务的履行上未达到平时水平，也属于免责范畴。这一免责需满足以下条件：①抢救生命垂危的患者等紧急情况。这些情况包括急诊急救行为、术中大出血、紧急输血、抢险救灾和战争等特殊情况下对生命垂危者的救治。②尽到合理诊疗义务。在紧急情况下，医疗机构及其医务人员仍应遵守基本的诊疗规范，在有限的条件下，尽可能地将抢救的副作用降到最低。

（三）限于当时的医疗水平难以诊疗

在司法实践中，包括以下具体情形：①在医疗活动中由于患者病情异常或者患者体质特殊而发生医疗意外的；②在现有医学科学技术条件中，发生无法预料或者不能防范不良后果的；③无过错输血感染造成不良后果的；④对罕见病、少见病的误诊误断的。

（四）其他法定理由

根据我国民事法律的规定，医疗机构还可以援引其他情形作为抗辩事由，要求免除损害赔偿责任。法定理由主要包括：不可抗力；正当防卫；紧急避险；受害人同意；受害人过错；第三人过错等免责事由。在出现这些情形时，医疗机构可以根据有关法律的规定要求免除或者减轻应当承担的赔偿责任。

第四节 医疗侵权的举证责任

一、医疗侵权诉讼中的举证责任概述

（一）举证责任的概念

举证责任（burden of proof）是指当事人对自己提出的主张有收集或提供证据的义务，并有运用该证据证明主张的案件事实成立或有利于自己的主张的责任，否则将承担其主张不能成立的危险。举证责任制度最早产生于古罗马法时代。罗马法的就举证规则在历经中世纪的寺院法的演变之后，到了德国普通法时代确立了原告就其诉讼原因的事实举证，被告就其抗辩的事件事实举证的一般原则，且采取宣誓制度作为法官解决疑难案件的配套和补充制度。2020 年 5 月 1 日

起施行的《最高人民法院关于民事诉讼证据的若干规定》(下简称《证据规定》)第三条规定,在诉讼过程中,一方当事人陈述的于己不利的事实,或者对于己不利的事实明确表示承认的,另一方当事人无须举证证明。在证据交换、询问、调查过程中,或者在起诉状、答辩状、代理词等书面材料中,当事人明确承认于己不利的事实的,适用前款规定。

(二)举证责任的分配

举证责任的分配是指按照一定的标准,将不同法律要件事实的举证责任在双方当事人之间预先进行分配,使原告对其中一部分事实负举证责任,被告对其中一部分负举证责任。举证责任分配要解决的核心问题是:按照什么标准能使举证责任的分配既符合公平正义的要求,又能使纠纷得到较为迅速的解决。举证责任分配的"规范说"是学界的通说,其含义是,凡主张权利存在的人,应当对权利发生的法律要件事实负举证责任;否认权利存在的人,应当就权利妨碍、权利消灭或权利受制的法律要件事实负举证责任。

《民法典》规定的医疗损害归责原则是在一般情况下适用过错责任原则,在特殊情形下有条件地适用过错推定归责原则。在举证责任分配制度上也相应地采用了传统的"谁主张谁举证"的规则。《民法典》第一千二百二十二条规定:"患者在诊疗活动中受到损害,有下列情形之一的,推定医疗机构有过错:(一)违反法律、行政法规、规章以及其他有关诊疗规范的规定;(二)隐匿或者拒绝提供与纠纷有关的病历资料;(三)遗失、伪造、篡改或者违法销毁病历资料。"只有在第一千二百二十二条规定适用过错推定责任原则的三种特殊情况下,举证责任分配制度才实行举证责任倒置。

二、患方的举证责任

2020 年 12 月修订的《医疗损害责任解释》第四条规定,患者依据民法典第一千二百一十八条规定主张医疗机构承担赔偿责任的,应当提交到该医疗机构就诊、受到损害的证据。患者无法提交医疗机构或者其医务人员有过错、诊疗行为与损害之间具有因果关系的证据,依法提出医疗损害鉴定申请的,人民法院应予准许。医疗机构主张不承担责任的,应当就民法典第一千二百二十四条第一款规定情形等抗辩事由承担举证证明责任。《医疗损害责任解释》第五条规定,患者依据民法典第一千二百一十九条规定主张医疗机构承担赔偿责任的,应当按照前条第一款规定提交证据。实施手术、特殊检查、特殊治疗的,医疗机构应当承担说明义务并取得患者或者患者近亲属明确同意,但属于民法典第一千二百二十条规定情形的除外。医疗机构提交患者或者患者近亲属明确同意证据的,人民法院可以认定医疗机构尽到说明义务,但患者有相反证据足以反驳的除外。

根据《民法典》和司法解释,作为原告的患方应当举证证明医疗侵权的损害事实、医疗过错和因果关系等权利产生要件事实举证。

(一)证明存在医患关系

患方需要证明的内容包括:①被告医疗机构的主体资格。如果是非法成立的所谓医疗组织,不属于医疗侵权案件,而是一般人身伤害赔偿或非法行医的相关法律责任。②医疗服务合同关系的存在。即患方曾在该医疗机构就诊并接受治疗的相关证据,包括挂号单、缴费单、病历、诊断证明书等。在患者未挂号或使用化名、他人姓名挂号就诊等特殊情形时,患方须通过证人证言、医院自认等间接证据证明与医疗机构之间存在事实上的医患关系。

另外,随着互联网诊疗的兴起,互联网领域的医患关系认定成为新的难点。2018 年 7 月,国家卫生健康委员会和国家中医药管理局联合印发《互联网诊疗管理办法(试行)》《互联网医院管理办法(试行)》《远程医疗服务管理规范(试行)》。《互联网诊疗管理办法(试行)》第二条规定,本办法所称互联网诊疗是指医疗机构利用在本机构注册的医师,通过互联网等信息技术开展部分常见病、慢性病复诊和"互联网+"家庭医生签约服务。《互联网医院管理办法（试行）》第二条规定，本办法所称互联网医院包括作为实体医疗机构第二名称的互联网医院，以及依托实体医疗机构独立设置的互联网医院。按照规定，当前互联网诊疗的范围基本限制在"部分常见病、慢性病复诊、家庭医生签约服务"等方面。

（二）证明损害事实的存在

患方需要证明自己生命或健康受损害的客观事实，一般通过死亡证明书、诊断证明书、病历记录及鉴定结论等证明。对于尚未发生但有发生可能性的损害后果，患方可以通过因果关系出现的盖然性对之加以证明，如果概率较低，不能被认为是客观损害后果。在医疗损害中，患者受到侵害的权利主要包括生命权、健康权、财产权、隐私权等。只有损害结果发生，并且具有可证明性，才会涉及医疗机构或者医务人员需要承担赔偿责任。在实践中，时常出现患者自述"头痛头晕""服药后失眠加重""月经不调未见好转""治疗无效果"，进而提出因此延误治疗时机、导致病情加重、财产损失等案由，起诉医疗机构。这些"损害结果"没有可证明性，无法得到法庭认可。

（三）证明存在因果关系

因果关系是患方最难以证明的，本书认为，根据对立法原意的理解，因果关系应当由患者举证，但这种举证是初步证明。因果关系举证难度极大，专业性要求极高，在医疗侵权案件中，须要从临床医学层面予以证明。目前患者证明因果关系的主要方式是通过医疗损害鉴定。《医疗损害责任解释》第十一条规定："下列专门性问题可以作为申请医疗损害鉴定的事项：实施诊疗行为有无过错；诊疗行为与损害后果之间是否存在因果关系以及原因力大小；医疗机构是否尽到了说明义务、取得患者或者患者近亲属明确同意的义务；医疗产品是否有缺陷、该缺陷与损害后果之间是否存在因果关系以及原因力的大小；患者损伤残疾程度；患者的护理期、休息期、营养期；其他专门性问题。"第十二条规定："鉴定意见可以按照导致患者损害的全部原因、主要原因、同等原因、次要原因、轻微原因或者与患者损害无因果关系，表述诊疗行为或者医疗产品等造成患者损害的原因力大小。"

（四）证明医方存在过错

这是医疗侵权纠纷中医患双方争议的焦点，一般来说，患方通过以下三种途径证明医方存在过错：①以专业鉴定的鉴定结论为依据；②证明医方存在违反法律、行政法规、规章以及其他有关诊疗规范的情形；③以推定方式证明医方存有过错，需要证明医方隐匿或者拒绝提供与纠纷有关的病历资料，伪造、篡改或者销毁病历资料。

"病历"是指医务人员在医疗活动中形成的文字、符号、图表、影像、切片等资料的总和，是对患者的疾病发生、发展情况和医务人员对患者的疾病诊断、检查、治疗和护理情况的客观记录，也是证明医疗过失的重要书证。"病历资料"应当是对"病历"展现形式的规定，即是医疗机构及其医务人员在医疗执业中形成的可供参考和借鉴的文字、符号、图表、影像等材料。《医疗机构病历管理规定（2013年版）》第六条规定："医疗机构及其医务人员应当严格保护患者隐私，禁止以非医疗、教学、研究目的的泄露患者的病历资料。"第十四条规定："医疗机构应当严格病历管理，任何人不得随意涂改病历，严禁伪造、隐匿、销毁、抢夺、窃取病历。"值得注意的是《医疗损害责任解释》第六条规定："民法典第一千二百二十二条规定的病历资料包括医疗机构保管的门诊病历、住院志、体温单、医嘱单、检验报告、医学影像检查资料、特殊检查（治疗）同意书、手术同意书、手术及麻醉记录、病理资料、护理记录、出院记录以及国务院卫生行政主管部门规定的其他病历资料。"该条规定将以往的"医疗费用"一项从法定的病历资料中剔除，与《民法典》的变化保持一致，也符合实际操作中由患方保存医疗费票据的习惯，这使得医疗机构在该项上的法定举证责任减轻。

医疗机构有完整记载病历和保存病历的义务。推定过错责任主要源于对上述义务的违背。为完成对医疗过错的推定，患方需要证明下列内容：①隐匿病历和拒绝提供病历。患方需要证明的是：医疗机构及其医务人员持有病历资料；医疗机构及其医务人员将病历资料予以隐藏或不提供；上述行为是出于主观上的故意。②伪造、篡改或者销毁病历。患方需要证明的是：医疗机构及其医务人员有伪造、篡改或者销毁病历的行为，如果病历出现明显错误或前后矛盾且医方无法解释的记载，可以认为属于上述行为，但仅仅在书写上存在错别字或格式上不规范，不影响对病历真实性的认定；上述行为出于主观上的故意。

三、医方的举证责任

根据《民法典》和司法解释，医方应当对下述事实承担举证责任。

（一）在推定医疗过错时承担举证责任

根据《民法典》对医疗过错推定的规定，医方需要证明的内容包括以下几点。

1. 不存在违反法律、行政法规、规章以及其他有关诊疗规范的情形。

2. 未及时提供规范病历的合理依据。包括：①病历资料不为自己所持有。如有证据证明病历资料在患方手中。②无隐匿、拒不提供病历资料等行为。如病历资料由于不可抗力等原因灭失。③无伪造、篡改或者销毁病历资料等行为。如证明病历的更改符合法定形式和格式，病历的销毁是因为超出法定的保存时间等。

（二）对侵权的免责事由承担举证责任

医方对下列免责事由承担举证责任，如果能够证明，则免除责任承担：①患者或者其近亲属不配合医疗机构进行符合诊疗规范的诊疗；②医务人员在抢救生命垂危的患者等紧急情况下已经尽到合理诊疗义务；③限于当时的医疗水平难以诊疗。

（三）在医疗产品侵权中对免责事由承担举证责任

在医疗产品侵权责任中，医方如能证明下述免责事由，即免除责任承担：①医疗产品未投入流通的；②产品投入流通时引起损害的缺陷尚不存在；③医疗产品投入流通时的科学技术水平尚不能发现缺陷的存在。

第五节　医疗损害赔偿

一、医疗损害赔偿的概念

损害赔偿是指当事人一方因侵权行为或不履行债务而对他方造成损害时应承担的补偿对方损失的民事责任。对权利人来说，损害赔偿是一种重要的保护民事权利的手段，对义务人来说，损害赔偿是一种重要的承担民事责任的方式。医疗关系是一种特殊的合同关系。医疗损害赔偿指在医疗过程中因医疗过失造成患者健康、生命的损害，患者请求赔偿义务人承担违约责任或者请求承担侵权责任，赔偿义务人给予赔偿的一种民事责任承担方式。患方可以根据案件的具体情况、证据情况时效以及赔偿要求的范围等来确定具体所要主张的权利。

二、人身损害赔偿的赔偿范围及标准

《民法典》第一千一百七十九条规定，侵害他人造成人身损害的，应当赔偿医疗费、护理费、交通费、营养费、住院伙食补助费等为治疗和康复支出的合理费用，以及因误工减少的收入。造成残疾的，还应当赔偿辅助器具费和残疾赔偿金；造成死亡的，还应当赔偿丧葬费和死亡赔偿金。

2022年5月1日起施行的《最高人民法院关于审理人身损害赔偿案件适用法律若干问题的

解释》(以下简称《人身损害赔偿解释》)第一条规定,因生命、身体、健康遭受侵害,赔偿权利人起诉请求赔偿义务人赔偿物质损害和精神损害的,人民法院应予受理。本条所称"赔偿权利人",是指因侵权行为或者其他致害原因直接遭受人身损害的受害人以及死亡受害人的近亲属。本条所称"赔偿义务人",是指因自己或者他人的侵权行为以及其他致害原因依法应当承担民事责任的自然人、法人或者非法人组织。落实到医疗损害赔偿中,赔偿权利人就是人身权益和精神权益受到侵害的患者。赔偿义务人为医疗机构或者医务人员。

《民法典》对造成人身损害的赔偿项目作了规定,但没有对各项赔偿标准作明确规定,具体标准有待相关司法解释予以确定。在不同的司法解释出台之前,可以参照适用《人身损害赔偿解释》。

(一)致人身体伤害治疗和康复支出的合理费用的赔偿

致人身体损害的治疗和康复支出的合理费用,主要包括:为治疗损伤和康复功能支出的合理费用,因误工减少的收入。

1. 医疗费 医疗费指患者遭受人身伤害后为治疗损伤和康复功能而接受医学上的检查、治疗和康复训练等必须支出的费用。医疗费主要包括6个方面:挂号费;药品及医疗用品费;治疗费;检查费;住院费;其他医疗费用,比如必要的康复费用。患方在主张医疗费赔偿时,须提交支持其医疗费的证据,《人身损害赔偿解释》第六条规定,医疗费根据医疗机构出具的医药费、住院费等收款凭证,结合病历和诊断证明等相关证据确定。赔偿义务人对治疗的必要性和合理性有异议的,应当承担相应的举证责任。医疗费的赔偿数额,按照一审法庭辩论终结前实际发生的数额确定。器官功能恢复训练所必要的康复费、适当的整容费以及其他后续治疗费,赔偿权利人可以待实际发生后另行起诉。但根据医疗证明或者鉴定结论确定必然发生的费用,可以与已经发生的医疗费一并予以赔偿。

2. 护理费 护理费是指患者在治疗期间,需要专人对患者的生活起居进行帮助,对治疗进行协助而发生的费用。正确合理地确定受害人生活能力的丧失程度和期限是确认此项费用的关键。护理费既包括患者住院期间需要陪护的费用,也包括患者疾病治愈出院后因医疗依赖或者残疾需要专人陪护的费用。《人身损害赔偿解释》第八条规定,护理费根据护理人员的收入状况和护理人数、护理期限确定。护理人员有收入的,参照误工费的规定计算;护理人员没有收入或者雇佣护工的,参照当地护工从事同等级别护理的劳务报酬标准计算。护理人员原则上为一人,但医疗机构或者鉴定机构有明确意见的,可以参照确定护理人员人数。护理期限应计算至受害人恢复生活自理能力时止。受害人因残疾不能恢复生活自理能力的,可以根据其年龄、健康状况等因素确定合理的护理期限,但最长不超过二十年。受害人定残后的护理,应当根据其护理依赖程度并结合配制残疾辅助器具的情况确定护理级别。

3. 交通费 交通费指患者及其必要的陪护人员因就医或者转院必须乘坐交通工具而实际支出的费用。交通工具一般应以当地普通交通工具为限;因病情需要使用出租车或其他交通工具而支出的高额交通费用,超出部分法院一般不予支持。交通费用的赔偿应综合考虑患者所受伤害的部位、程度、交通状况和生活情况等,将必要的交通费用纳入损害赔偿额内。《人身损害赔偿解释》第九条规定,交通费根据受害人及其必要的陪护人员因就医或者转院治疗实际发生的费用计算。交通费应当以正式票据为凭;有关凭据应当与就医地点、时间、人数、次数相符合。

4. 误工费 误工费指患者因医疗行为造成的损害后果耽误其工作而损失的收入。《人身损害赔偿解释》第七条规定,误工费根据受害人的误工时间和收入状况确定。误工时间根据受害人接受治疗的医疗机构出具的证明确定。受害人因伤致残持续误工的,误工时间可以计算至定残日前一天。受害人有固定收入的,误工费按照实际减少的收入计算。受害人无固定收入的,按照其最近三年的平均收入计算;受害人不能举证证明其最近三年的平均收入状况的,可以参照受诉法院所在地相同或者相近行业上一年度职工的平均工资计算。受害人因伤致残持续误工的,误工时间可以计算至定残日前一天,定残以后的误工费不再计算,而开始计算残疾赔偿金。患者死亡的,从死亡之日起不计算误工费。

5. 住院伙食补助费　住院伙食补助费是指患者因发生医疗事故而在医疗机构住院时,医方应支付给患者的膳食补助费用。《人身损害赔偿解释》第十条规定,住院伙食补助费可以参照当地国家机关一般工作人员的出差伙食补助标准予以确定。受害人确有必要到外地治疗,因客观原因不能住院,受害人本人及其陪护人员实际发生的住宿费和伙食费,其合理部分应予赔偿。第十一条规定,营养费根据受害人伤残情况参照医疗机构的意见确定。该项赔偿费用是对患者住院膳食的补助,如果患者不能进食、不宜进食或者处于昏迷状态,该费用不能赔偿。一般情况下,该项赔偿是指患者的膳食补助费用,而非陪护患者人员的膳食补助费用。该项赔偿是患者在住院期间的膳食补助费用,而不包括其在院外发生的膳食费用。

6. 住宿费　住宿费是指患者因发生医疗损害,在治疗过程中必须支付的住宿费用。《人身损害赔偿解释》第十条规定,受害人确有必要到外地治疗,因客观原因不能住院,受害人本人及其陪护人员实际发生的住宿费和伙食费,其合理部分应予赔偿。

7. 营养费　营养费是指患者因医疗过失造成人身损害而需要补充营养物质所产生的费用。其目的是增强患者体质,以使其尽快或者尽可能恢复至健康状态。《人身损害赔偿意见》第十一条规定,营养费根据受害人伤残情况参照医疗机构的意见确定。但在现实生活中,医疗机构很少为患者出具此类书面意见,使得患者很难向法院提供相关证据。因此,在司法实践中,法院往往根据案件及患者的实际情况,在认定被告医院存在过失的前提下,判决医院赔偿营养费。

8. 其他费用　除以上为治疗和康复支出的合理费用外,造成残疾的,因康复护理、继续治疗实际发生的必要的康复费、护理费、后续治疗费等,侵权人应当予以补偿。换句话说,只要受害人能够举证证明某一实际支出或者必然支出的费用是治疗和康复应当支出的合理费用,侵权人就应当赔偿。

（二）致人残疾的相关赔偿项目

1. 残疾赔偿金　残疾赔偿金是指患者劳动能力全部或部分丧失需要得到的相应赔偿。《人身损害赔偿解释》第十二条规定,残疾赔偿金根据受害人丧失劳动能力程度或者伤残等级,按照受诉法院所在地上一年度城镇居民人均可支配收入,自定残之日起按二十年计算。但六十周岁以上的,年龄每增加一岁减少一年;七十五周岁以上的,按五年计算。受害人因伤致残但实际收入没有减少,或者伤残等级较轻但造成职业妨害严重影响其劳动就业的,可以对残疾赔偿金作相应调整。

2. 残疾辅助器具费　残疾辅助器具费是指患者因医疗损害导致丧失部分生理功能而需配置补偿功能器具时支出的费用。如轮椅、假肢等。《人身损害赔偿解释》第十三条规定,残疾辅助器具费按照普通适用器具的合理费用标准计算。伤情有特殊需要的,可以参照辅助器具配制机构的意见确定相应的合理费用标准。辅助器具的更换周期和赔偿期限参照配制机构的意见确定。

3. 被扶养人生活费　被扶养人生活费是指当加害人非法侵害受害人的生命权、身体权、健康权致其丧失劳动能力时,由受害人扶养的第三人因此丧失生活来源而请求加害人或者其他赔偿义务人予以赔偿的费用。《人身损害赔偿解释》第十六条规定,被扶养人生活费计入残疾赔偿金或者死亡赔偿金。第十七条规定,被扶养人生活费根据扶养人丧失劳动能力程度,按照受诉法院所在地上一年度城镇居民人均消费支出标准计算。被扶养人为未成年人的,计算至十八周岁;被扶养人无劳动能力又无其他生活来源的,计算二十年。但六十周岁以上的,年龄每增加一岁减少一年;七十五周岁以上的,按五年计算。

被扶养人是指受害人依法应当承担扶养义务的未成年人或者丧失劳动能力又无其他生活来源的成年近亲属。被扶养人还有其他扶养人的,赔偿义务人只赔偿受害人依法应当负担的部分。被扶养人有数人的,年赔偿总额累计不超过上一年度城镇居民人均消费支出额。

（三）致人死亡的相关赔偿项目

1. 丧葬费 丧葬费是指患者因医疗损害死亡时，其家属因安葬患者而支出的费用。《人身损害赔偿解释》第十四条规定，丧葬费按照受诉法院所在地上一年度职工月平均工资标准，以六个月总额计算。

司法实践中，因患者在家庭及生活情况上的差异，丧葬费的支出肯定有所不同，各地的文化、经济水平、风俗习惯不同，患者个人的社会地位、境遇、职业也有很大差异，对丧葬费用的赔偿，法院一般可以根据费用的实际支出，参考当时、当地的具体情况算出大致的数额。

2. 死亡赔偿金 死亡赔偿金是指医疗过失造成患者死亡而支付的费用。死亡赔偿金不是对受害死者的赔偿，而是对受害死者有关的一些人即亲属的赔偿。也就是说，死亡赔偿金是赔偿义务人对受害人的法定继承人因受害人死亡而遭受的未来可继承的受害人收入侵害的赔偿责任。死亡赔偿金的请求权人只能是受害人的法定继承人，而非被扶养人。死亡赔偿金是物质性质的赔偿，其赔偿的是死者未来预期可得收入，而不是对于精神损害方面的赔偿，当前司法解释对死亡赔偿金采用"继承丧失说"，即死亡赔偿金的性质为收入损失的赔偿，而不是精神损害抚慰金。《人身损害赔偿解释》第十五条规定，死亡赔偿金按照受诉法院所在地上一年度城镇居民人均可支配收入标准，按二十年计算。但六十周岁以上的，年龄每增加一岁减少一年；七十五周岁以上的，按五年计算。

三、医疗侵权精神损害赔偿

（一）医疗侵权精神损害赔偿概念

《民法典》第一千一百八十三条规定，侵害自然人人身权益造成严重精神损害的，被侵权人有权请求精神损害赔偿。因故意或者重大过失侵害自然人具有人身意义的特定物造成严重精神损害的，被侵权人有权请求精神损害赔偿。

精神损害赔偿是民事主体因其人身权受到不法侵害，使其人格利益和身份利益受到损害或遭受精神痛苦等无形损害时，要求侵权人通过财产赔偿等方法进行救济和保护的民事法律制度。2020 年 12 月修订的《最高人民法院关于确定民事侵权精神损害赔偿责任若干问题的解释》（以下简称《精神损害赔偿解释》），对精神损害赔偿的范围、依法行使赔偿请求权的主体，以及确定精神损害赔偿数额的原则等做出了明确规定。医疗侵权的精神损害赔偿是指患者因医疗损害承受精神创伤而应获得的以货币方式支付的赔偿，是医疗机构承担医疗损害侵权责任的一种重要方式。

（二）精神损害赔偿原则

国外的医疗损害赔偿原则主要有：酌定赔偿原则即不制定统一的赔偿标准，而是根据案件的具体情况，由法官自由裁量精神损害赔偿金的数额；限额赔偿原则即规定精神损害赔偿的最高限额，法官可以在最高限额以下酌定具体数额。杨立新教授认为我国的医疗损害精神赔偿应当遵循"法官自由酌量原则""区别对待原则"和"适当限制原则"。法官自由酌量原则同国外的酌定赔偿原则相似，它赋予法官在处理精神损害赔偿案件时的自由裁量权。区别对待原则是指在法官自由酌量的基础上，在具体确定精神损害赔偿金时，必须对精神损害的不同利益因素的损害予以区别对待。根据不同的特点，依据不同的计算原则，分别计算应当赔偿的数额，最后酌定总的赔偿数额。适当限制原则是为了克服自由酌量的不利影响，主要表现在：一是对赔偿数额进行限制；二是对受害人及其亲属或者死者近亲属的精神损害赔偿分别规定上限和下限。

（三）精神损害赔偿范围及数额的确定

1. 精神损害赔偿适用于侵害他人人身权益的情况 《精神损害赔偿解释》第一条规定，因人身权益或者具有人身意义的特定物受到侵害，自然人或者其近亲属向人民法院提起诉讼请求精神损害赔偿的,人民法院应当依法予以受理。人格权利包括:①生命权、健康权、身体权;②姓名权、肖像权、名誉权、荣誉权;③人格尊严权、人身自由权。第三条规定,死者的姓名、肖像、名誉、荣誉、隐私、遗体、遗骨等受到侵害,其近亲属向人民法院提起诉讼请求精神损害赔偿的,人民法院应当依法予以支持。依照这些规定,在医疗损害赔偿中,对生命权、健康权、身体权和名誉权损害的行为,可以请求精神损害赔偿。在医疗侵权诉讼中,有时会涉及医方侵犯患者隐私权、未经患者同意公开某个人信息资料的案件,都可以从赔偿患者精神损失方面予以救济。另外,侵犯患方知情同意权的案件,也可以从精神损失方面予以补偿。

2. 对《民法典》精神损害赔偿规定的理解　《民法典》第一千一百八十三条规定,侵害自然人人身权益造成严重精神损害的,被侵权人有权请求精神损害赔偿。因故意或者重大过失侵害自然人具有人身意义的特定物造成严重精神损害的,被侵权人有权请求精神损害赔偿。本条文规定了侵害人身权利可以进行精神损害赔偿的原则要求,即以造成了受害人"严重精神损害"为前提。该条规定体现了我国立法机关在对待侵害人身权给予精神赔偿采取限制和谨慎的原则,即:①侵害他人人身权益可以请求精神损害赔偿;②造成了严重精神损害是提起精神损害赔偿的前提。

3. 精神损害赔偿数额的确定　关于精神损害赔偿的具体数额,可以参照《精神损害赔偿解释》的有关规定计算。《精神损害赔偿解释》第五条规定,精神损害的赔偿数额根据以下因素确定:"(一)侵权人的过错程度,但是法律另有规定的除外;(二)侵权行为的目的、方式、场合等具体情节;(三)侵权行为所造成的后果;(四)侵权人的获利情况;(五)侵权人承担责任的经济能力;(六)受理诉讼法院所在地的平均生活水平。"具体的赔偿数额,各地法院可以根据当地的经济发展情况、人们的生活等因素,综合确定一个可以参照的赔偿范围。

思考题

请结合本章所学,谈谈目前法律法规对患方举证责任的规定。

（林宇虹）

章前案例

张某某诉某县医院手术医用铁夹遗留案

张某某，女，因腹部疼痛到某医院就诊，被收住院。入院后诊断为慢性胆囊炎急性发作、胆囊结石。次日，医院在全麻下为张某某进行"腹腔镜胆囊切除术"。张某某术后出现全身皮肤黏膜黄染，张某某再次到该医院求诊，该医院在未做进一步检查的情况下，仅给予"胆石通"口服治疗，症状无明显缓解。为求进一步治疗，张某某到该省省医院就诊，省医院经检查，诊断为"梗阻性黄疸、肝外胆管缺损"。省医院为张某行"胆总管成型、胆总管空肠 Roux-en-Y 吻合术"（又称胆汁内引流术）时，发现原告胆总管存一缺损约 1cm，上端存 1 枚金属夹，下端存 2 枚金属夹，胆总管上端断端至左右肝管汇合处约 0.5cm，内径约 0.4cm，腹腔黄色积液达 400ml。省医院术后诊断：梗阻性黄疸、胆外胆总管部分缺失。罪魁祸首是初次就诊的医院夹在胆总管上的 3 枚铁夹，3 枚铁夹紧紧锁住胆总管，致使胆汁流通受阻，形成梗阻性黄疸，铁夹持续钳夹发力 25 天，造成胆总管破裂缺损。张某某以遭受的身心痛苦和精神打击以及由此产生的经济损失，向该医院提出索赔，该医院也承认张某某的损害结果是其重大过失造成的，但医院却一再推脱不愿承担后果，在多次协商无果后张某某向法院提起诉讼。

张某某本以为，该手术医院放弃传统开腹胆囊切除手术，选择"腹腔镜胆囊切除术"，能使自己少受痛苦，而且住院时间短、恢复快、节约费用、更加安全。但事实证明，仅凭手术方式的选择和术者的经验技术水平，还远远不能确保手术的完全成功。为此，张某某依据《中华人民共和国民事诉讼法》《中华人民共和国民法典》等相关法律的规定，请求人民法院判令该医院赔偿因其医疗人身损害给自己造成的经济损失 500 000 元，并承担本案全部诉讼费及鉴定费。

思考：

1. 该案例中涉及的医疗纠纷类型及发生原因是什么？
2. 为防止类似医疗纠纷事件发生应采取哪些措施？
3. 该案例中处理医疗纠纷的途径是什么？

第一节　医疗纠纷预防与处理概述

一、医疗纠纷的概念

《医疗纠纷预防与处理条例》第二条规定，医疗纠纷（medical dispute）是指医患双方因诊疗活动引发的争议。广义而言，凡患者或家属对诊疗护理过程不满，认为医务人员在诊疗护理过程中有过失，对患者出现的伤残或死亡以及诊疗延期或痛苦增多等情况，要求卫生行政部门或司法机关追究责任或赔偿损失的事件，在未查明事实真相之前，统称为医疗纠纷。

医疗纠纷表现形式是多样的，具体包括：①患方认为医院或医务人员的医疗行为构成医疗事故或有过失导致其人身发生损害而引发的医患纠纷；②患方认为医院医务人员没有履行相应的告知说明义务，对其造成损害或侵犯了其知情权、选择权而引发的医患纠纷；③患方认为医院提供的药品、医疗器械等存在产品瑕疵，对其造成损害而引发的医患纠纷；④患方认为医院违法使用病历资料或者泄露其个人疾病情况，侵犯了其名誉权、隐私权而引发的医患纠纷；⑤患方认为医院违法处理人体医疗废物，对其造成损害而引发的医患纠纷；⑥患方认为医院故意对其造成损害而引发的医患纠纷；⑦医院要求患者出院，或者要求患者偿还拖欠的医疗费而引发的纠纷；⑧患方认为医院违反相应的安全保障义务，对其造成损害而引发的损害赔偿纠纷；⑨医患双方因无过错输血而引发的损害赔偿纠纷等。从司法实践来看，医疗纠纷包括但不限于以上几种。不难看出，医疗纠纷的本质特点就是医患双方对医疗不良后果的认识有分歧，而分歧的焦点在于不良后果产生的原因。

医疗纠纷与医疗事故，既有联系又有区别。医疗事故是对医疗纠纷争议事实的认定，即认定医疗机构及其医务人员在医疗服务过程中由于过失侵害了患者的人身权利并造成了损害。医疗事故是经过法定程序认定的结果，必然产生一定的法律后果，如对责任人员的行政处罚、对受害人的赔偿等。医疗纠纷是很常见的，但是最终认定构成医疗事故的只占其中很少一部分。医疗纠纷的范围远远大于医疗事故，医疗纠纷涵盖了所有医患双方因诊疗活动引发的争议。

医疗意外（medical accident），是指医疗机构在对患者诊疗护理过程中，不是出于故意或过失，而是由于受限于当时的医学科学水平，或者在诊疗护理过程中由于病情特殊或体质特殊等不能抗拒或不能预见的原因导致患者出现难以预料和防范的不良后果的情况。所谓不能抗拒，是指医务人员遇到某种不可抗拒的力量，即医务人员自身能力、环境和条件，不能排斥和阻止损害后果的发生。所谓不能预见，是指医务人员没有预见，而且根据当时的条件、情况以及医务人员的技术能力也不能预见。

医疗过失（medical negligence），是指医务人员在诊疗、预防、保健、生育技术服务等医疗活动过程中，在具体实施医疗行为时，没有履行应尽的注意义务，表现为未能预见并避免损害结果的发生，从而导致患者人身或财产利益受损。衡量医疗过失的标准是医师是否违反注意义务，在医疗行为上可以具体表现为违反法律、法规、规章及医学技术操作规范、技术程序、处置原则等。

医患纠纷（doctor-patient dispute），指医疗机构及其医护人员与患者或者患者近亲属之间围绕诊疗护理服务而产生的纠纷。医患纠纷包括基于医疗过错争议产生的医患纠纷，也包括与医疗过错无关的其他医患纠纷（如欠付医疗费的纠纷、对疗效不满等）。医患纠纷不同于医疗事故，也不同于医疗纠纷，是不同的法律概念，医患纠纷与医疗事故、医疗纠纷有本质的区别。

二、医疗纠纷预防与处理立法

为了正确处理医疗纠纷，保障病员和医务人员的合法权益，维护医疗单位的工作秩序，保障医疗安全，国务院于1987年6月29日颁布了我国第一个处理医疗纠纷的专门法规《医疗事故处理办法》。这是我国最早的关于医疗纠纷处理的行政法规，它标志着我国医疗纠纷处理进入全国统一的法制阶段。

2002年4月1日最高人民法院发布了《关于民事诉讼证据的若干规定》，该司法解释规定："因医疗行为引起的侵权诉讼，由医疗机构就医疗行为与损害结果之间不存在因果关系及不存在医疗过错承担举证责任。"该司法解释规定了在医疗侵权案件中实行过错推定和因果关系推定，从而确定了医疗侵权诉讼的归责原则是过错推定原则。

2002 年 9 月 1 日,《医疗事故处理条例》施行。随着《医疗事故处理条例》的施行,1987 年 6 月 29 日颁布的《医疗事故处理办法》废止。

2003 年 1 月 6 日,最高人民法院下发了《关于参照〈医疗事故处理条例〉审理医疗纠纷民事案件的通知》,规定"条例施行后发生的医疗事故引起的医疗赔偿纠纷,诉到法院的,参照条例的有关规定办理;因医疗事故以外的原因引起的其他医疗赔偿纠纷,适用民法通则的规定"。

从 2002 年 4 月到 2010 年 7 月,《医疗事故处理条例》适用于医疗纠纷的处理,解决了大量的医疗事故纠纷。2009 年 12 月 26 日,《中华人民共和国侵权责任法》公布,2010 年 7 月 1 日,《中华人民共和国侵权责任法》正式实施,从内容上看,该法关于医疗纠纷的内容非常全面,具体涵盖了医疗损害责任的三大类型:医疗技术损害责任、医疗伦理损害责任、医疗产品损害责任。2021 年 1 月 1 日,《中华人民共和国民法典》正式实施,《中华人民共和国侵权责任法》同时废止。

2018 年 10 月 1 日,《医疗纠纷预防和处理条例》正式施行。《医疗纠纷预防和处理条例》明确了医疗纠纷的风险防控管理,规定了医疗纠纷解决途径,规范了诉讼前的医疗损害鉴定活动,加强了医疗质量安全的管理。

三、预防与处理医疗纠纷的主体

(一)预防医疗纠纷的主体

1. 医务人员 医务人员在诊疗活动中应当向患者说明病情和医疗措施。需要实施手术,或者开展临床试验等存在一定危险性、可能产生不良后果的特殊检查、特殊治疗的,医务人员应当及时向患者说明医疗风险、替代医疗方案等情况,并取得其书面同意;在患者处于昏迷等无法自主作出决定的状态或者病情不宜向患者说明等情形下,应当向患者的近亲属说明,并取得其书面同意。

2. 患者 患者应当遵守医疗秩序和医疗机构有关就诊、治疗、检查的规定,如实提供与病情有关的信息,配合医务人员开展诊疗活动。

3. 医疗机构 医疗机构应当建立健全医患沟通机制,对患者在诊疗过程中提出的咨询、意见和建议,应当耐心解释、说明,并按照规定进行处理;对患者就诊疗行为提出的疑问,应当及时予以核实、自查,并指定有关人员与患者或者其近亲属沟通,如实说明情况。

医疗机构应当建立健全投诉接待制度,设置统一的投诉管理部门或者配备专(兼)职人员,在医疗机构显著位置公布医疗纠纷解决途径、程序和联系方式等,方便患者投诉或者咨询。

4. 卫生主管部门 卫生主管部门应当督促医疗机构落实医疗质量安全管理制度,组织开展医疗质量安全评估,分析医疗质量安全信息,针对发现的风险制定防范措施。

5. 各级人民政府 各级人民政府应当加强健康促进与教育工作,普及健康科学知识,提高公众对疾病治疗等医学科学知识的认知水平。

(二)处理医疗纠纷的主体

1. 医疗机构 这里医疗机构的范围是指《医疗机构管理条例》第二条所界定的范围。医疗机构是指依法设立的,以救死扶伤、防病治病为宗旨,从事疾病诊断、治疗活动的卫生服务机构。

2. 患者 这里的患者通常是指患者本人。如果患者本人身故,那么参与主体就包括其法定继承人及由患者本人承担扶养义务的被扶养人。

3. 人民调解委员会 申请医疗纠纷人民调解的,由医患双方共同向医疗纠纷人民调解委员会提出申请;一方申请调解的,医疗纠纷人民调解委员会在征得另一方同意后进行调解。

4. 卫生主管部门 发生重大医疗纠纷的,医疗机构应当按照规定向所在地县级以上地方人民政府卫生主管部门报告。卫生主管部门接到报告后,应当及时了解掌握情况,引导医患双方通过合法途径解决纠纷。

5. 公安机关 医疗纠纷中发生涉嫌违反治安管理行为或者犯罪行为的,医疗机构应当立即向所在地公安机关报案。公安机关应当及时采取措施,依法处置,维护医疗秩序。

6. 人民法院 发生医疗纠纷,当事人协商、调解不成的,可以依法向人民法院提起诉讼。当事人也可以直接向人民法院提起诉讼。

第二节 医疗纠纷的预防

一、预防医疗纠纷的基本原则

《医疗纠纷预防和处理条例》明确规定了医疗纠纷预防的基本原则:医疗机构及其医务人员在诊疗活动中应当以患者为中心,加强人文关怀,严格遵守医疗卫生法律、法规、规章和诊疗相关规范、常规,恪守职业道德。

(一)坚持以患者为中心,加强人文关怀的基本原则

"以患者为中心"的理念重在强调患者不是诊疗的客体,而是主体,医师应当让患者共同参与诊疗决策,这一理念也是各国医学模式发展的趋势。以患者为中心,加强人文关怀,这不是一句口号,而是一种理念,必须落实到具体的医疗管理制度和诊疗活动当中。以患者为中心的理念,要求人们以患者的眼光,而非医疗机构或者医务人员的眼光,重新审视当前医疗机构的管理制度和诊疗活动,实行流程再造。坚持"以患者为中心,加强人文关怀",就要以高尚的医德、精湛的技术、优质的服务,实现治病救人的目的,这也是医院主动适应社会环境,坚持正确服务方向,充分履行工作职责,推进医院改革,寻求发展之路的良好举措。

(二)严格遵守法律、法规、规章

医疗机构及其医务人员严格遵守医疗卫生法律、法规、规章,目的是要求医疗机构及其医务人员必须严格依法执业。明确医疗机构及其医务人员违法的后果,既是为了保障患者的合法权益,也是希望通过对违法行为的惩罚,实现威慑,预防和减少医疗机构及其医务人员的违法行为。

(三)恪守职业道德

医务人员的职业道德,是医务人员应具备的思想品质,是医务人员与患者、社会以及医务人员之间关系的总和。医德规范是指导医务人员进行医疗活动的思想和行为的准则。《医师法》第三条第一款规定:"医师应当坚持人民至上、生命至上,发扬人道主义精神,弘扬敬佑生命、救死扶伤、甘于奉献、大爱无疆的崇高职业精神,恪守职业道德,遵守执业规范,提高执业水平,履行防病治病、保护人民健康的神圣职责。"因此,对于医师而言,恪守职业道德,已经不仅仅是一种纯粹的道德义务,也是法律的要求。

二、医疗纠纷预防制度及措施

(一)医疗纠纷预防制度

1. 医疗技术的临床应用管理制度 医疗机构应当按照国务院卫生主管部门制定的医疗技术临床应用管理规定,开展与其技术能力相适应的医疗技术服务,保障临床应用安全,降低医疗风险;采用医疗新技术的,应当开展技术评估和伦理审查,确保安全有效、符合伦理。

2. 医疗产品的进货查验、保管等制度 医疗机构应当依照有关法律、法规的规定,严格执行药品、医疗器械、消毒药剂、血液等的进货查验、保管等制度。禁止使用无合格证明文件、过期等不合格的药品、医疗器械、消毒药剂、血液等。

3. 重大医疗纠纷报告制度　发生重大医疗纠纷的,医疗机构应当按照规定向所在地县级以上地方人民政府卫生主管部门报告。卫生主管部门接到报告后,应当及时了解掌握情况,引导医患双方通过合法途径解决纠纷。

4. 建立健全医疗质量安全监管制度　医疗机构应当制定并实施医疗质量安全管理制度,设置医疗服务质量监控部门或者配备专(兼)职人员,加强对诊断、治疗、护理、药事、检查等工作的规范化管理,优化服务流程,提高服务水平。

5. 其他相关法律制度　《中华人民共和国民法典》《医疗器械监督管理条例》《中华人民共和国药品管理法》《医疗机构管理条例》《医疗机构管理条例实施细则》《最高人民法院 最高人民检察院关于办理药品、医疗器械注册申请材料造假刑事案件适用法律若干问题的解释》等也有相应的关于医疗纠纷预防的规定。

(二)医疗纠纷预防措施

1. 强化医疗质量安全管理　强化医疗质量安全管理是保障患者权益、预防医疗纠纷的重要措施。《医疗纠纷预防和处理条例》第十条规定:"医疗机构应当制定并实施医疗质量安全管理制度,设置医疗服务质量监控部门或者配备专(兼)职人员,加强对诊断、治疗、护理、药事、检查等工作的规范化管理,优化服务流程,提高服务水平。医疗机构应当加强医疗风险管理,完善医疗风险的识别、评估和防控措施,定期检查措施落实情况,及时消除隐患。"

2. 提高医疗服务风险管理水平　医疗服务风险管理主要包含医疗风险的识别、评估和防控三个重要环节。根据《医疗纠纷预防和处理条例》的规定,医疗机构应当按照国务院卫生主管部门制定的医疗技术临床应用管理规定,开展与其技术能力相适应的医疗技术服务,保障临床应用安全,降低医疗风险;采用医疗新技术的,应当开展技术评估和伦理审查,确保安全有效、符合伦理。开展手术、特殊检查、特殊治疗等具有较高医疗风险的诊疗活动,医疗机构应当提前预备应对方案,主动防范突发风险。

3. 完善医患沟通机制　医疗机构应当完善医患沟通内容,加强对医务人员医患沟通技巧的培训,提高医患沟通能力;医务人员对患者在诊疗过程中提出的咨询、意见和建议,应当耐心解释、说明,并按照规定进行处理;对患者就诊疗行为提出的疑问,应当及时予以核实、自查,并与患者沟通,如实说明情况;医务人员应当尊重患者依法享有的隐私权、知情权、选择权等权利,根据患者病情、预后不同以及患者实际需求,突出重点,采取适当方式进行沟通;医患沟通中有关诊疗情况的重要内容应当及时、完整、准确记入病历,并由患者签字确认;医疗机构可以结合实际情况,制定医疗风险告知和术前谈话制度,规范具体流程,以患者易懂的方式和语言充分告知患者,并取得其书面同意。

4. 建立健全投诉接待制度　根据《医疗纠纷预防和处理条例》的规定,医疗机构应当建立健全投诉接待制度,设置统一的投诉管理部门或者配备专(兼)职人员,在医疗机构显著位置公布医疗纠纷解决途径、程序和联系方式等,方便患者投诉或者咨询。2019 年 4 月 10 日,《医疗机构投诉管理办法》正式施行,根据该办法,医疗机构应当按照要求,规范投诉管理工作。

第三节　医疗纠纷的处理

一、处理医疗纠纷的原则

医疗纠纷发生的原因是复杂的,纠纷发生后如果不能处理及时、公平地化解,可能引发更大的矛盾冲突,甚至发生群体事件。《医疗纠纷预防和处理条例》第四条明确规定:"处理医疗纠纷,应当遵循公平、公正、及时的原则,实事求是,依法处理。"

（一）公平原则

从医患双方的角度来看，公平原则在整个诊疗服务过程中体现在三个层面。

第一，在订立医疗服务合同时，医疗机构应当避免通过格式条款不当地限制患者的基本权利。

第二，在医疗服务合同履行过程中，医疗机构应当依据诚信实用原则，重视履行自己的义务，根据医疗服务过程中的情况变化，不断地调整彼此的权利义务，从而实现双方利益的平衡。医疗活动充满不确定性，患者的病情也处于不断变化当中，事先签订的医疗服务合同很难预料事后的变化，医患双方应当尽可能依据新的情况重新调整彼此的权利义务。

第三，发生医疗纠纷后，对医疗风险的分担，必须公平合理。所谓公平，不是无论医疗机构是否有过错，只要患者有损害就要给予赔偿。公平的真实含义是要求在判断医方是否有过错时，必须考虑到医疗侵权行为不同于其他侵权行为，医疗行为的目的是治病救人，而患者损害的发生很大程度上也与其自身的疾病密切相关。只有公平合理地分配医疗风险，才能在医患双方之间产生激励相容的效果。

（二）公正原则

公正原则包括实体公正和程序公正两个方面。

1. 实体公正　实体公正包括两个方面。首先，依法处理、不偏私。依法处理既是依法行政原则的要求，也是公正原则的基本内涵。依法处理不仅要求形式合法，而且必须符合实质合法的要求。形式合法要求相关部门严格遵守法律规定，不得违反法律的明文规定，比如患者申请医疗纠纷行政调解的，卫生主管部门不得无故拒绝或者随意拖延。实质合法要求在缺乏法律明文规定，或者机械适用法律会造成明显不公的情况下，相关部门应当依据《医疗纠纷预防和处理条例》的一般原则处理医疗纠纷。其次，合理考虑相关因素、不专断。比如，同样是过错造成患者人身损害，相关部门在对医务人员行政处罚时必须考虑紧急情况与非紧急情况的因素差别。

2. 程序公正　程序公正包括三个方面。首先，自己不做自己的法官。相关部门及其工作人员处理涉及与自己有利害关系的事务时，应当回避。其次，不单方接触一方当事人。处理医疗纠纷的工作人员，比如卫生部门、医疗损害鉴定机构的工作人员，不得单方面接触医方或者患方当事人，不能与任何一方当事人吃请送往。再次，不在事先未通知和听取相对人陈述、申辩的情况下作出对相对人不利的处理决定。卫生部门在作出医疗纠纷处理决定之前，必须事先通知和听取医患双方当事人的陈述和申辩。涉及追究医务人员行政责任的，卫生部门必须事先给予医务人员陈述和申辩的机会。

（三）及时原则

处理医疗纠纷必须实事求是，以事实为依据。但是作为医疗纠纷的基础事实等证据，很容易随着时间的流逝而灭失，而且当事人的记忆也会模糊，最终很容易陷入各执一词的局面。及时原则有利于督促相关部门尽早介入，调查清楚事实，为医疗纠纷的处理提供事实依据。而且，处理医疗纠纷的过程越漫长，给医患双方造成的痛苦就越多，消耗双方当事人的时间和精力。医疗纠纷的解决牵扯多个部门，需要大量的人力、物力和时间，在医疗纠纷日益增多的今天，及时处理医疗纠纷有助于最大限度降低纠纷解决的成本，符合经济原则。

二、医疗纠纷处理的途径

（一）双方自愿协商

医患双方自愿协商，是指医疗纠纷发生后双方围绕医方是否承担赔偿责任以及财产赔偿协商的方式处理纠纷的机制。自愿协商解决的方式虽然有快速、便捷、高效的优势，但也有容易激化矛盾导致冲突升级的风险。

医患双方选择协商解决医疗纠纷的，应当在专门场所协商，不得影响正常医疗秩序。医患双方人数较多的,应当推举代表进行协商,每方代表不超过 5 人。

协商解决医疗纠纷应当坚持自愿、合法、平等的原则,尊重当事人的权利,尊重客观事实。医患双方应当文明、理性表达意见和要求,不得有违法行为。

协商确定赔付金额应当以事实为依据,防止畸高或者畸低。对于分歧较大或者索赔数额较高的医疗纠纷,鼓励医患双方通过人民调解的途径解决。

医患双方经协商达成一致的,应当签署书面和解协议书。

(二)申请人民调解

调解,通常是指在第三方的主持与劝说下,双方当事人就所争之事,在平等自愿的基础上进行协商,以解决纠纷的一种活动。根据调解主体的不同,调解可分为人民调解、仲裁调解、行政调解与法院调解等类型。与协商制度相同,调解活动同样是以当事人自愿为前提,也没有严格固定的程序,双方达成的调解协议也不具有强制执行力。与协商制度不同的是,由于有中立第三方的参与,双方之间的矛盾、冲突更容易得到缓和、化解,达成协议的可能性随之提高。

1. 人民调解委员会的产生及构成 设立医疗纠纷人民调解委员会,应当遵守《中华人民共和国人民调解法》的规定,并符合本地区实际需要。医疗纠纷人民调解委员会应当自设立之日起 30 个工作日内向所在地县级以上地方人民政府司法行政部门备案。

医疗纠纷人民调解委员会应当根据具体情况,聘任一定数量的具有医学、法学等专业知识且热心调解工作的人员担任专(兼)职医疗纠纷人民调解员。

医疗纠纷人民调解委员会调解医疗纠纷,不得收取费用。医疗纠纷人民调解工作所需经费按照国务院财政、司法行政部门的有关规定执行。

2. 申请条件 申请医疗纠纷人民调解的,由医患双方共同向医疗纠纷人民调解委员会提出申请;一方申请调解的,医疗纠纷人民调解委员会在征得另一方同意后进行调解。

3. 申请形式 申请人可以以书面或者口头形式申请调解。书面申请的,申请书应当载明申请人的基本情况、申请调解的争议事项和理由等;口头申请的,医疗纠纷人民调解员应当当场记录申请人的基本情况、申请调解的争议事项和理由等,并经申请人签字确认。

医疗纠纷人民调解委员会获悉医疗机构内发生重大医疗纠纷,可以主动开展工作,引导医患双方申请调解。

4. 中止调解情形 当事人已经向人民法院提起诉讼并且已被受理,或者已经申请卫生主管部门调解并且已被受理的,医疗纠纷人民调解委员会不予受理;已经受理的,终止调解。

5. 调解期限 医疗纠纷人民调解委员会应当自受理之日起 30 个工作日内完成调解。需要鉴定的,鉴定时间不计入调解期限。因特殊情况需要延长调解期限的,医疗纠纷人民调解委员会和医患双方可以约定延长调解期限。超过调解期限未达成调解协议的,视为调解不成。

6. 调解生效要件 医患双方经人民调解达成一致的,医疗纠纷人民调解委员会应当制作调解协议书。调解协议书经医患双方签字或者盖章,人民调解员签字并加盖医疗纠纷人民调解委员会印章后生效。

达成调解协议的,医疗纠纷人民调解委员会应当告知医患双方可以依法向人民法院申请司法确认。经司法确认的调解协议具有强制执行的效力。

(三)申请行政调解

行政调解是处理医疗纠纷的合法途径之一。一般认为,行政调解主要指行政机关在职权范围内主持的调解活动。卫生主管部门具有专业性、中立性及权威性,具备处理医疗纠纷的知识与经验,因而通过行政调解也能有效解决医疗纠纷。虽然行政调解有行政机关的介入,但仍以当事人双方自愿为调解基础,并应遵守法律法规规定的程序。行政机关以法律法规、政策等为调解依据,对双方当事人进行说服、劝导,促使其平等协商,进而达成一致,形成调解协议。医疗纠纷行政调解是在卫生主管部门主持下,对医患双方之间的医疗纠纷进行调解的活动。

　　医疗纠纷行政调解的申请、受理及调解期限等，参照适用医疗纠纷人民调解相关规定的方式，减少了与人民调解的差异，增强了调解工作的公正性、规范性，降低了信息成本、制度成本，便了当事人选择纠纷解决途径。

　　医患双方申请医疗纠纷行政调解的，应当向医疗纠纷发生地县级人民政府卫生主管部门提出申请。医患双方经卫生主管部门调解达成一致的，应当签署调解协议书。

1. 行政调解的申请

　　（1）申请的提出：医疗纠纷行政调解的启动需要经过当事人的申请，而申请的提出需要符合一定的条件。首先，行政调解的申请人应为医患双方，即与医疗纠纷直接相关的双方当事人，他人未经合法授权不得替代医患双方提出申请。其次，接受申请的单位应为具有调解管辖权的卫生主管部门，即医患双方应向具有调解管辖权的卫生主管部门提出调解申请。再次，医患双方应共同提出申请，如只有一方愿意通过行政调解处理医疗纠纷，仍不能启动调解程序。最后，医患双方中有一方向卫生主管部门提出申请的，卫生主管部门可以开展相应工作，并询问另一方是否同意进行调解，征得其同意才能作为正式申请。

　　（2）申请的形式：医患双方申请医疗纠纷行政调解有几个要求：①既可通过书面形式，也可通过口头形式提出，当事人可以视情况选择合适的形式。②当事人通过书面形式进行申请，申请书应当载明申请人的基本情况、申请调解的争议事项、争议事项的理由等内容。③当事人可以通过口头形式进行申请，在当事人向卫生主管部门表明申请意思后，该部门的工作人员应当场进行记录，即将申请书应载明的内容逐一向申请人询问，并予以记录。记录完毕后，申请人应当对所记录的内容进行确认，确认无误后签字。

　　（3）管辖权的确定：医患双方申请医疗纠纷行政调解的，应当向医疗纠纷发生地县级人民政府卫生主管部门提出。简言之，医疗纠纷行政调解为属地管理，且受理申请的卫生主管部门的行政级别为县级，这样的制度便于医患双方就近进行申请。

2. 行政调解的受理

　　（1）受理的期限：具体而言，医患双方提出行政调解申请后，卫生主管部门应在收到申请之日起5个工作日内作出是否受理的决定。《医疗纠纷预防和处理条例》中并未明确规定行政调解对调解申请的受理期限问题，可能是因为行政调解由卫生主管部门主持，其为国家行政机关，履行职责、执行工作任务时应受到更为明确、规范的限制。在这5个工作日内，卫生主管部门可以对调解申请进行审查，如对该纠纷是否具有管辖权、有无存在不予受理的情形等。

　　（2）不予受理的情形：如当事人已提起诉讼并已被受理，或已申请人民调解并已被受理，卫生主管部门则不应受理调解申请；如受理后才发现有受理在先的诉讼或人民调解的，卫生主管部门则应终止调解。因为现实中可能会出现当事人因同一医疗纠纷先后提起诉讼、申请人民调解或行政调解的情况，针对这种情况，为了避免重复处理、节约社会资源以及提高医疗纠纷的解决效率，所以行政调解不予受理。

3. 行政调解的期限　　调解期限的设置有助于提高调解效率、控制调解成本，确保当事人可及时通过民事诉讼等其他合法途径维护权益。卫生主管部门应自受理之日起30个工作日内完成调解。同时，医疗损害鉴定较为复杂、专业，耗时较长，在调解过程中需要进行鉴定的，鉴定时间不计入调解期限。

　　与医疗纠纷人民调解一样，医疗纠纷行政调解以促使医患双方达成调解协议为主要目的。医患双方并未在调解期限内达成调解协议的，视为调解不成。因此，即便医患双方已就部分问题达成共识，但最终未能在期限内形成调解协议，也属于调解不成。合法、适度的行政调解可以取得良好的社会效果，也可以节省司法资源，但并非所有的调解都可以达成协议。为了避免出现久调不解，从而妨碍当事人及时获得救济，医疗纠纷行政调解因调解不成而结束。

4. 调解生效要件　　医患双方经卫生主管部门调解达成一致的，应当签署调解协议书。

（四）向人民法院提起诉讼

发生医疗纠纷，当事人协商、调解不成的，可以依法向人民法院提起诉讼。当事人也可以直接向人民法院提起诉讼。

协商、调解等非诉讼纠纷解决机制以当事人的意愿为核心，以自愿、平等及合法等为基本原则，是当事人自己或借助社会力量以自主的方式对民事纠纷进行处理、解决，在这个过程中较为充分地体现了当事人的自由意志。和解协议书、调解协议书等通常具有合同效力，虽然对双方当事人有法律约束力，但无法强制执行。同时，在医患双方互不信任、矛盾尖锐的场合，非诉讼纠纷解决机制难以有效解决纠纷。因此，如当事人不愿意或难以通过协商、调解等解决医疗纠纷，可以到具有管辖权的人民法院提起民事诉讼。民事诉讼是一种强制性的纠纷解决机制，在当事人的参与下，人民法院凭借其审判权通过法定程序查明事实、分清是非，确认民事权利义务关系，保障当事人的合法权益。

（五）法律、法规规定的其他途径

除了上述四种医疗纠纷解决途径，医患双方还可以通过法律法规规定的其他途径解决纠纷，如仲裁等其他途径也可用于处理医疗纠纷。这是《医疗纠纷预防和处理条例》设置的兜底条款，此条规定充分展示了我国医疗纠纷处理途径的多元化、立体化，也充分尊重了医患双方对纠纷处理方式的自主选择权。仲裁具有专业性强、效率高及成本低等优点，便于当事人维护自身合法权益。与诉讼相比，仲裁的程序较为简单，周期较短，更为灵活、便捷；与协商、调解相比，仲裁的结果为仲裁庭作出的裁决，而非双方当事人达成的协议，而且一方不履行裁决的，另一方可依照法律规定向人民法院申请执行。

三、医疗机构在处理医疗纠纷中的职责

（一）为医务人员提供培训的义务

从医疗机构的角度而言，作为用人单位，为医务人员提供培训是其应尽的义务；从医务人员的角度而言，作为一线工作者，有权获得职业和教育，促进其综合素质全面提升、保证自身发展的条件和空间。培训内容包括三类：一是医疗卫生法律、法规、规章；二是诊疗相关规范、常规；三是职业道德教育。

（二）告知义务

发生医疗纠纷，医疗机构应当告知患者或者其近亲属以下事项：①解决医疗纠纷的合法途径；②有关病历资料、现场实物封存和启封的规定；③有关病历资料查阅、复制的规定。患者死亡的，还应当告知其近亲属有关尸检的规定。

医务人员在诊疗活动中应当向患者说明病情和医疗措施。需要实施手术，或者开展临床试验等存在一定危险性、可能产生不良后果的特殊检查、特殊治疗的，医务人员应当及时向患者说明医疗风险、替代医疗方案等情况，并取得其书面同意；在患者处于昏迷等无法自主作出决定的状态或者病情不宜向患者说明等情形下，应当向患者的近亲属说明，并取得其书面同意。

（三）病历书写及保管义务

医疗机构及其医务人员应当按照国务院卫生主管部门的规定，填写并妥善保管病历资料。因紧急抢救未能及时填写病历的，医务人员应当在抢救结束后 6 小时内据实补记，并加以注明。任何单位和个人不得篡改、伪造、隐匿、毁灭或者抢夺病历资料。患者要求复制病历资料的，医疗机构应当提供复制服务，并在复制的病历资料上加盖证明印记。复制病历资料时，应当有患者或者其近亲属在场。医疗机构应患者的要求为其复制病历资料，可以收取工本费，收费标准应当公开。

四、病例资料和现场实物的封存

（一）病历封存

在医疗纠纷中，病历资料是判定责任的重要依据之一。保证病历资料的客观、真实、完整，对于公正解决医疗纠纷具有重要意义。发生医疗纠纷需要封存、启封病历资料的，应当在医患双方在场的情况下进行。封存的病历资料可以是原件，也可以是复制件，由医疗机构保管。病历尚未完成的，对已完成的病历先行封存；病历按照规定完成后，再对后续完成部分进行封存。医疗机构应当对封存的病历开列封存清单，由医患双方签字或者盖章，各执一份。

病历资料封存后医疗纠纷已经解决，或者患者在病历资料封存满 3 年未再提出解决医疗纠纷要求的，医疗机构可以自行启封。

（二）实物封存

疑似输液、输血、注射、用药等引起不良后果的，医患双方应当共同对现场实物进行封存、启封，封存的现场实物由医疗机构保管。需要检验的，应当由双方共同委托依法具有检验资格的检验机构进行检验；双方无法共同委托的，由医疗机构所在地县级人民政府卫生主管部门指定。疑似输血引起不良后果，需要对血液进行封存保留的，医疗机构应当通知提供该血液的血站派员到场。

现场实物封存后医疗纠纷已经解决，或者患者在现场实物封存满 3 年未再提出解决医疗纠纷要求的，医疗机构可以自行启封。

患者死亡，医患双方对死因有异议的，应当在患者死亡后 48 小时内进行尸检；具备尸体冻存条件的，可以延长至 7 日。尸检应当经死者近亲属同意并签字，拒绝签字的，视为死者近亲属不同意进行尸检。不同意或者拖延尸检，超过规定时间，影响对死因判定的，由不同意或者拖延的一方承担责任。尸检应当由按照国家有关规定取得相应资格的机构和专业技术人员进行。医患双方可以委派代表观察尸检过程。患者在医疗机构内死亡的，尸体应当立即移放太平间或者指定的场所，死者尸体存放时间一般不得超过 14 日。逾期不处理的尸体，由医疗机构在向所在地县级人民政府卫生主管部门和公安机关报告后，按照规定处理。

第四节 医 疗 事 故

一、医疗事故的概念与分级

（一）医疗事故的概念

医疗事故（malpractice）是指医疗机构及其医务人员在医疗活动中，违反医疗卫生管理法律、行政法规、部门规章和诊疗护理规范、常规，过失造成患者人身损害的事故。

对于医疗事故的概念应该从三方面理解：医疗机构及其医务人员的医疗行为要遵守《医疗事故处理条例》明确规定的所有相关法律、法规和诊疗护理规范、常规，否则就是违法行为；医务人员要有"过失"才能构成医疗事故；要有后果才能构成事故，即"造成患者人身损害"。

1. 医疗事故的构成要件

（1）主体是医疗机构及其医务人员，即构成的主体是合法的医疗机构及其医务人员。

（2）行为违法性，即医疗机构及其医务人员违反了医疗卫生管理法规、行政规章和诊疗护理规范、常规。

（3）主观方面有过失，即医疗事故的直接行为人在诊疗护理中存在过失过错。

（4）造成患者人身损害的后果，即患者要有人身伤害的后果。

（5）损害行为和后果之间存在因果关系。

有下列情形之一的，不属于医疗事故：在紧急情况下为抢救垂危患者生命而采取紧急医学措施造成不良后果的；在医疗活动中由于患者病情异常或者患者体质特殊而发生医疗意外的；在现有医学科学技术条件下，发生无法预料或者不能防范的不良后果的；无过错输血感染造成不良后果的；因患方原因延误诊疗导致不良后果的；因不可抗力造成不良后果的。

2. 处理医疗事故的原则　《医疗事故处理条例》确立了处理医疗事故的五大原则：①公开原则；②公平原则；③公正原则；④及时原则；⑤便民原则。在处理医疗事故时要坚持实事求是的科学态度，做到事实清楚、定性准确、责任明确、处理恰当。

（二）医疗事故的分级

《医疗事故处理条例》根据对患者人身造成的损害程度，将医疗事故分为四级：一级医疗事故是造成患者死亡、重度残疾的；二级医疗事故是造成患者中度残疾、器官组织损伤导致严重功能障碍的；三级医疗事故是造成患者轻度残疾、器官组织损伤导致一般功能障碍的；四级医疗事故是造成患者明显人身损害的其他后果的。

《医疗事故分级标准（试行）》规定了医疗事故各级的等次，一级医疗事故分两等，包括一级甲等医疗事故（死亡）和一级乙等医疗事故（重要器官缺失或功能完全丧失，其他器官不能代偿，存在特殊医疗依赖，生活完全不能自理）；二级医疗事故划分为四个等级，即二级甲等医疗事故、二级乙等医疗事故、二级丙等医疗事故和二级丁等医疗事故；三级医疗事故划分为五个等级，即三级甲等医疗事故、三级乙等医疗事故、三级丙等医疗事故、三级丁等医疗事故和三级戊等医疗事故。

一级乙等医疗事故至三级戊等医疗事故对应的伤残等级为一至十级。

二、医疗事故的鉴定

（一）医疗事故技术鉴定

医疗事故技术鉴定，是指符合《医疗事故处理条例》规定的鉴定机构及其人员，按照法定的程序，对医疗行为给患者造成的人身损害是否构成医疗事故及其等级所作出的权威性结论的活动。医疗事故技术鉴定的目的，是对医疗损害作出鉴别和判定，即以事实和法律为根据，以医学科学为指导，通过调查研究和技术性处理，分析事故产生的原因与损害后果之间的关系，最终判明是否构成医疗事故，从而为医疗事故纠纷的处理提供客观依据。医疗事故技术鉴定主要包括医疗事故鉴定机构、鉴定原则与制度、鉴定程序、鉴定结论等内容。

1. 鉴定主体　卫生行政部门接到医疗机构关于重大医疗过失行为的报告或者医疗事故争议当事人要求处理医疗事故争议的申请后，对需要进行医疗事故技术鉴定的，应当交由负责医疗事故技术鉴定工作的医学会组织鉴定；医患双方协商解决医疗事故争议，需要进行医疗事故技术鉴定的，由双方当事人共同委托负责医疗事故技术鉴定工作的医学会组织鉴定。

设区的市级地方医学会和省、自治区、直辖市直接管辖的县（市）地方医学会负责组织首次医疗事故技术鉴定工作。省、自治区、直辖市地方医学会负责组织再次鉴定工作。必要时，中华医学会可以组织疑难、复杂并在全国有重大影响的医疗事故争议的技术鉴定工作。

医疗事故技术鉴定，由负责组织医疗事故技术鉴定工作的医学会组织专家鉴定组进行。

2. 专家鉴定人员　专家鉴定组进行医疗事故技术鉴定，实行合议制。专家鉴定组人数为单数，涉及的主要学科的专家一般不得少于鉴定组成员的 1/2；涉及死因、伤残等级鉴定的，并应当从专家库中随机抽取法医参加专家鉴定组。

医学会对当事人准备抽取的专家进行随机编号,并主持双方当事人随机抽取相同数量的专家编号,最后一个专家由医学会随机抽取。双方当事人还应当按照上款规定的方法各自随机抽取一个专家作为候补。随机抽取结束后,医学会当场向双方当事人公布所抽取的专家鉴定组成员和候补成员的编号并记录在案。

3.回避制度 《医疗事故处理条例》明确规定了鉴定人员的回避问题,即专家鉴定组成员有下列情形之一的,应当回避,当事人也可以以口头或者书面的方式申请其回避:①是医疗事故争议当事人或者当事人的近亲属的;②与医疗事故争议有利害关系的;③与医疗事故争议当事人有其他关系,可能影响公正鉴定的。

4.鉴定申请时限与费用 患者或其家属应当自知道或应当知道其身体健康受到损害之日起一年内提出医疗事故技术鉴定的申请。

医疗事故技术鉴定,可以收取鉴定费用。经鉴定,属于医疗事故的,鉴定费用由医疗机构支付;不属于医疗事故的,鉴定费用由提出医疗事故处理申请的一方支付。鉴定费用标准由省、自治区、直辖市人民政府价格主管部门会同同级财政部门、卫生行政部门规定。

5.鉴定的性质 医疗事故技术鉴定可作为医患双方协商解决医疗纠纷的依据,是卫生行政部门处理医疗纠纷案件的法定依据,是卫生行政部门作出行政处罚的法定依据。医疗事故技术鉴定意见在医疗损害赔偿的诉讼中是证据的一种。尽管按照《中华人民共和国民事诉讼法》的规定,鉴定意见并不当然是诉讼的证据,需要经过质证才能作为证据使用,但是,由于医学的复杂性和专业性,较多的医疗纠纷案件直接以鉴定意见作为定案的依据。《中华人民共和国侵权责任法》出台以后,医疗事故技术鉴定的结论更多地用于医疗纠纷的行政处理,较少作为民事赔偿的依据。

6.鉴定结论及书写规范 专家鉴定组应当在事实清楚、证据确凿的基础上,综合分析患者的病情和个体差异,实事求是地作出鉴定结论,并制作医疗事故技术鉴定书。鉴定结论以专家鉴定组成员的过半数通过为准,鉴定过程应当如实记载。

负责组织医疗事故技术鉴定工作的医学会应当自接到当事人提交的有关医疗事故技术鉴定的材料、书面陈述及答辩之日起45日内组织鉴定并出具医疗事故技术鉴定书,鉴定书除应载明裁定的时间、地点、鉴定组成员外,还应包括下列主要内容:①双方当事人的基本情况及要求;②当事人提交的材料和医学会的调查材料;③对鉴定过程的说明;④医疗法律行为是否违反医疗卫生管理法律、行政法规、部门规章和诊疗护理技术操作规范、常规;⑤是否存在医疗过失,医疗过失与患者人身损害后果之间是否存在因果关系;⑥医疗过失在损害后果中的责任程度;⑦医疗事故等级;⑧对认定为医疗事故的患者的诊疗护理医学建议等。

经鉴定为医疗事故的,鉴定结论应当包括上款四至八项内容;经鉴定不属于医疗事故的,应当在鉴定结论中说明理由。医疗事故技术鉴定书格式由中华医学会统一制定。

(二)医疗损害司法鉴定

医疗损害也可以进行司法鉴定。医疗损害司法鉴定是涉及法医学、赔偿医学和临床医学等多学科内容的综合性鉴定。医疗损害司法鉴定的主体是独立从事司法鉴定的机构。医疗纠纷的调解与诉讼需要进行医疗损害鉴定以明确责任的,由医患双方共同委托医学会或者司法鉴定机构进行鉴定,也可以经医患双方同意,由医疗纠纷人民调解委员会委托鉴定。司法鉴定机构及专门鉴定人员以第三方地位,坚持公开、平等原则,在充分组织临床医学相关学科专家进行分析、讨论、判断的基础上,结合法医学检查、分析的结果和赔偿医学的要求进行综合性鉴定。实行鉴定人负责制、鉴定人出庭制和错鉴责任追究制。

司法鉴定机构接受委托从事医疗损害鉴定,应当由鉴定事项所涉专业的临床医学、法医学等专业人员进行鉴定;司法鉴定机构没有相关专业人员的,应当从医疗损害鉴定专家库中抽取相关专业专家进行鉴定。医疗损害鉴定专家库由设区的市级以上人民政府卫生、司法行政部门共同设立。专家库应当包含医学、法学、法医学等领域的专家。聘请专家进入专家库,不受行政区域的限制。

医疗损害鉴定意见应当载明并详细论述以下内容:①是否存在医疗损害以及损害程度;②是否存在医疗过错;③医疗过错与医疗损害是否存在因果关系;④医疗过错在医疗损害中的责任程度。医疗损害鉴定的具体管理办法由国务院卫生、司法行政部门共同制定。

三、医疗事故的处理

(一)原则

卫生行政部门应当依照有关法律、行政法规、部门规章的规定,对发生医疗事故的医疗机构和医务人员作出行政处理。

(二)损害鉴定

卫生行政部门接到医疗机构关于重大医疗过失行为的报告后,除责令医疗机构及时采取必要的医疗救治措施,防止损害后果扩大外,应当组织调查,判定是否属于医疗事故;对不能判定是否属于医疗事故的,应交由负责医疗事故技术鉴定工作的医学会组织鉴定。

(三)行政主体

发生医疗事故争议,当事人申请卫生行政部门处理的,由医疗机构所在地的县级人民政府卫生行政部门受理。医疗机构所在地是直辖市的,由医疗机构所在地的区、县人民政府卫生行政部门受理。

有下列情形之一的,县级人民政府卫生行政部门应当自接到医疗机构的报告或者当事人提出医疗事故争议处理申请之日起 7 日内移送上一级人民政府卫生行政部门处理:患者死亡;可能为二级以上的医疗事故;国务院卫生行政部门和省、自治区、直辖市人民政府卫生行政部门规定的其他情形。

(四)终止处理情形

当事人既向卫生行政部门提出医疗事故争议处理申请,又向人民法院提起诉讼的,卫生行政部门不予受理;卫生行政部门已经受理的,应当终止处理。

(五)处理形式

医疗事故争议由双方当事人自行协商解决的,医疗机构应当自协商解决之日起 7 日内向所在地卫生行政部门作出书面报告,并附具协议书。

医疗事故争议经人民法院调解或者判决解决的,医疗机构应当自收到生效的人民法院的调解书或者判决书之日起 7 日内向所在地卫生行政部门作出书面报告,并附具调解书或者判决书。

县级以上地方人民政府卫生行政部门应当按照规定逐级将当地发生的医疗事故以及依法对发生医疗事故的医疗机构和医务人员作出行政处理的情况,上报国务院卫生行政部门。

四、医疗事故赔偿标准

构成医疗事故的,由医疗机构对患者进行赔偿。

医疗事故赔偿应考虑以下因素,确定具体的赔偿数额:①医疗事故等级;②医疗过失行为在医疗事故损害后果中的责任程度;③医疗事故损害后果与患者原有疾病状况之间的关系。

医疗事故赔偿,按照下列项目和标准计算。

1. 医疗费 按照医疗事故对患者造成的人身损害进行治疗所发生的医疗费用计算,凭据支付,但不包括原发病医疗费用。结案后确实需要继续治疗的,按照基本医疗费用支付。

2. 误工费 患者有固定收入的,按照本人因误工减少的固定收入计算,对收入高于医疗事故发生地上一年度职工年平均工资 3 倍以上的,按照 3 倍计算;无固定收入的,按照医疗事故发生地上一年度职工年平均工资计算。

3．住院伙食补助费 按照医疗事故发生地国家机关一般工作人员的出差伙食补助标准计算。

4．陪护费 患者住院期间需要专人陪护的,按照医疗事故发生地上一年度职工年平均工资计算。

5．残疾生活补助费 根据伤残等级,按照医疗事故发生地居民年平均生活费计算,自定残之月起最长赔偿 30 年;60 周岁以上的,不超过 15 年;70 周岁以上的,不超过 5 年。

6．残疾用具费 因残疾需要配置补偿功能器具的,凭医疗机构证明,按照普及型器具的费用计算。

7．丧葬费 按照医疗事故发生地规定的丧葬费补助标准计算。

8．被扶养人生活费 以死者生前或者残疾者丧失劳动能力前实际扶养且没有劳动能力的人为限,按照其户籍所在地或者居所地居民最低生活保障标准计算。对不满 16 周岁的,扶养到 16 周岁。对年满 16 周岁但无劳动能力的,扶养 20 年;60 周岁以上的,不超过 15 年;70 周岁以上的,不超过 5 年。

9．交通费 按照患者实际必需的交通费用计算,凭据支付。

10．住宿费 按照医疗事故发生地国家机关一般工作人员的出差住宿补助标准计算,凭据支付。

11．精神损害抚慰金 按照医疗事故发生地居民年平均生活费计算。造成患者死亡的,赔偿年限最长不超过 6 年;造成患者残疾的,赔偿年限最长不超过 3 年。

参加医疗事故处理的患者近亲属,以及医疗事故造成患者死亡参加丧葬活动的患者配偶和直系亲属所需交通费、误工费、住宿费,计算费用的人数不超过 2 人。

医疗事故赔偿费用,由承担医疗事故责任的医疗机构一次性结算支付。

第五节 法 律 责 任

一、医疗机构及其医务人员的法律责任

（一）医疗机构篡改、伪造、隐匿、毁灭病历资料的法律责任

医疗机构篡改、伪造、隐匿、毁灭病历资料的,对直接负责的主管人员和其他直接责任人员,由县级以上人民政府卫生主管部门给予或者责令给予降低岗位等级或者撤职的处分,对有关医务人员责令暂停 6 个月以上 1 年以下执业活动;造成严重后果的,对直接负责的主管人员和其他直接责任人员给予或者责令给予开除的处分,对有关医务人员由原发证部门吊销执业证书;构成犯罪的,依法追究刑事责任。

（二）使用未经评估和审查的医疗新技术的法律责任

医疗机构将未通过技术评估和伦理审查的医疗新技术应用于临床的,由县级以上人民政府卫生主管部门没收违法所得,并处 5 万元以上 10 万元以下罚款,对直接负责的主管人员和其他直接责任人员给予或者责令给予降低岗位等级或者撤职的处分,对有关医务人员责令暂停 6 个月以上 1 年以下执业活动;情节严重的,对直接负责的主管人员和其他直接责任人员给予或者责令给予开除的处分,对有关医务人员由原发证部门吊销执业证书;构成犯罪的,依法追究刑事责任。

（三）医疗机构及其医务人员违反相关义务的法律责任

医疗机构及其医务人员有下列情形之一的,由县级以上人民政府卫生主管部门责令改正,给

予警告，并处 1 万元以上 5 万元以下罚款；情节严重的，对直接负责的主管人员和其他直接责任人员给予或者责令给予降低岗位等级或者撤职的处分，对有关医务人员可以责令暂停 1 个月以上 6 个月以下执业活动；构成犯罪的，依法追究刑事责任：①未按规定制定和实施医疗质量安全管理制度；②未按规定告知患者病情、医疗措施、医疗风险、替代医疗方案等；③开展具有较高医疗风险的诊疗活动，未提前预备应对方案防范突发风险；④未按规定填写、保管病历资料，或者未按规定补记抢救病历；⑤拒绝为患者提供查阅、复制病历资料服务；⑥未建立投诉接待制度、设置统一投诉管理部门或者配备专（兼）职人员；⑦未按规定封存、保管、启封病历资料和现场实物；⑧未按规定向卫生主管部门报告重大医疗纠纷；⑨其他未履行规定义务的情形。

二、相关部门的法律责任

（一）医学会、司法鉴定机构的法律责任

医学会、司法鉴定机构出具虚假医疗损害鉴定意见的，由县级以上人民政府卫生、司法行政部门依据职责没收违法所得，并处 5 万元以上 10 万元以下罚款，对该医学会、司法鉴定机构和有关鉴定人员责令暂停 3 个月以上 1 年以下医疗损害鉴定业务，对直接负责的主管人员和其他直接责任人员给予或者责令给予降低岗位等级或者撤职的处分；情节严重的，该医学会、司法鉴定机构和有关鉴定人员 5 年内不得从事医疗损害鉴定业务或者撤销登记，对直接负责的主管人员和其他直接责任人员给予或者责令给予开除的处分；构成犯罪的，依法追究刑事责任。

（二）尸检机构及有关人员的法律责任

尸检机构出具虚假尸检报告的，由县级以上人民政府卫生、司法行政部门依据职责没收违法所得，并处 5 万元以上 10 万元以下罚款，对该尸检机构和有关尸检专业技术人员责令暂停 3 个月以上 1 年以下尸检业务，对直接负责的主管人员和其他直接责任人员给予或者责令给予降低岗位等级或者撤职的处分；情节严重的，撤销该尸检机构和有关尸检专业技术人员的尸检资格，对直接负责的主管人员和其他直接责任人员给予或者责令给予开除的处分；构成犯罪的，依法追究刑事责任。

（三）人民调解员的法律责任

医疗纠纷人民调解员有下列行为之一的，由医疗纠纷人民调解委员会给予批评教育、责令改正；情节严重的，依法予以解聘：①偏袒一方当事人；②侮辱当事人；③索取、收受财物或者牟取其他不正当利益；④泄露医患双方个人隐私等事项。

（四）新闻媒体的法律责任

新闻媒体编造、散布虚假医疗纠纷信息的，由有关主管部门依法给予处罚；给公民、法人或者其他组织的合法权益造成损害的，依法承担消除影响、恢复名誉、赔偿损失、赔礼道歉等民事责任。

（五）卫生主管部门及其工作人员的法律责任

县级以上人民政府卫生主管部门和其他有关部门及其工作人员在医疗纠纷预防和处理工作中，不履行职责或者滥用职权、玩忽职守、徇私舞弊的，由上级人民政府卫生等有关部门或者监察机关责令改正；依法对直接负责的主管人员和其他直接责任人员给予处分；构成犯罪的，依法追究刑事责任。

（六）医患双方的责任

医患双方在医疗纠纷处理中，造成人身、财产或者其他损害的，依法承担民事责任；构成违反治安管理行为的，由公安机关依法给予治安管理处罚；构成犯罪的，依法追究刑事责任。

思考题

结合本章所学知识，谈谈假如你是医院的一名管理者，应采取哪些措施预防医疗纠纷的发生。

（王大红）

第七章　药品管理法律制度

第一节　概　　述

一、药品和药品管理

（一）我国药品的定义

《中华人民共和国药品管理法》（以下简称《药品管理法》）第二条对药品（drug）作出如下定义：药品，是指用于预防、治疗、诊断人的疾病，有目的地调节人的生理功能并规定有适应证或者功能主治、用法和用量的物质，包括中药、化学药和生物制品等。从使用对象上说，药品是以人为使用对象，预防、治疗、诊断人的疾病，有目的地调节人的生理功能，有规定的适应证、用法和用量要求；从使用方法上说，患者无法辨认除外观以外的药品内在质量，许多药品需要在医生的指导下使用，患者无法选择、决定。

在我国，药品的定义有以下基本特点：①药品仅指人用药，不包括兽用药。而美国、英国、日本等国家的药品定义则包含了人用药和兽用药。②药品不同于保健品、食品，药品有适应证或者功能主治、用法和用量。③药品包括中药材、化学原料药，虽然它们不可以直接使用，但也作为药品进行管理。

（二）药品的特性

药品作为一种商品，具有一般商品的共同属性。但是由于药品以治病救人为目的，直接关系到每一个人的生命健康和社会共同利益，它又是一种特殊的商品。主要表现为以下几个方面。

1. 药品作用的双重性　药品的作用和功能在于预防和诊疗疾病，维护人体健康，使病体恢复到圆满状态，并进一步提高人体抵抗疾病的能力。但是，多数药品在不同程度上具有毒副作用，因而对人体具有一定的侵袭性。加之人体生理功能的复杂性和差异性，同一药品用于不同人体，其治疗效果可能出现差异，甚至在特异质人体中出现正常情况下不会出现的副作用。因此，药品用之得当，方能发挥治病救人、维护健康的功能。反之，则可能危害人体健康和生命安全。

2. 药品使用的专属性　药品使用的专属性表现为对症治疗，患什么病用什么药，不像一般商品可以互相替代。药品与医学紧密结合，相辅相成。处方药品只能通过医师的检查诊断，并在医生的指导下合理使用药品，有的甚至要在医护人员的监护下服用，才能达到防病治病和维护健康的目的。非处方药品则可以根据病情，按照药品说明书、标签的说明使用或在药师指导下购买和使用。

3. 药品质量的严格性　由于药品直接关系到疾病防治的效果，关系到患者的身体健康和生命安危，确保药品质量尤为重要。药品必须符合国家药品标准，只有符合国家药品标准的药品才是合格药品，方可销售、使用。因此，国家加强对药品质量的监督管理，进入流通渠道的药品，只允许是合格品，绝对不允许是次品或等外品。

4. 药品保存的时效性　药品的时效性有两种含义，一是药品存在有效期，在规定期限内，质量可以得到保证，超过有效期即行报废销毁；二是药品一旦需要，必须及时供应。药品生产、经营企业平时应有适当数量的生产和储备，只能"药等病"，不能"病等药"；有的药品有效期很短，且用量少无利可图，也要保证生产、供应、适当储备，以防急用。

（三）药品管理

药品管理应当遵循以人民健康为中心，坚持风险管理、全程管控、社会共治的原则，建立科学、严格的监督管理制度，全面提升药品质量，保障药品的安全、有效、可及。国务院药品监督管理部门主管全国药品监督管理工作。省、自治区、直辖市人民政府药品监督管理部门负责本行政区域内的药品监督管理工作。设区的市级、县级人民政府承担药品监督管理职责的部门负责本行政区域内的药品监督管理工作。县级以上地方人民政府对本行政区域内的药品监督管理工作负责，统一领导、组织、协调本行政区域内的药品监督管理工作以及药品安全突发事件应对工作，建立健全药品监督管理工作机制和信息共享机制。县级以上人民政府应当将药品安全工作纳入本级国民经济和社会发展规划，将药品安全工作经费列入本级政府预算，加强药品监督管理能力建设，为药品安全工作提供保障。

我国实行国家药品标准制度。药品标准，是指国家对药品质量规格和检验方法所做的技术性规范，由一系列反映药品的特征的参数和技术指标组成，是药品生产、经营、供应、使用、检验和管理部门必须共同遵循的法定依据。药品标准属于保障人体健康的强制标准。

《药品管理法》规定，药品必须符合国家的药品标准，只有符合国家药品标准的药品才是合格药品，方可销售、使用。国家药品标准包括国务院药品监督管理部门颁布的《中华人民共和国药典》（以下简称《中国药典》）和药品标准，以及经国务院药品监督管理部门批准的药品注册标准。中药饮片必须按照国家药品标准炮制；国家药品标准没有规定的，必须按照省、自治区、直辖市人民政府药品监督管理部门制定的炮制规范炮制。

1.《中国药典》　《中国药典》是由国家药典委员会主持制定和修改、由政府颁布实施、具有法律约束力的药品质量规格标准的法典，是药品标准的最高法定形式。《中国药典》每5年编纂1次，现行药典是2020年版《中国药典》。

2.局颁药品标准 局颁药品标准是指未列入《中国药典》而由国务院药品监督管理部门颁布的药品标准,以及与药品质量指标、生产工艺和检验方法相关的技术指导原则和规范。

3.药品注册标准 是指国务院药品监督管理部门批准给申请人特定药品的标准,生产该药品的生产企业必须执行该注册标准。药品注册标准是针对某一个企业的标准。药品注册标准不得低于《中国药典》的规定。

二、药品管理法的概念、宗旨和适用范围

(一)药品管理法的概念

药品管理法是调整国家药品监督管理机关、药品生产企业、药品经营企业、医疗单位和公民个人在药品管理活动中产生的法律关系的法律规范的总称。即国家卫生行政机关、市场监督机关、司法机关和药品生产企业、药品经营企业、医疗单位以及公民个人必须共同遵守和执行的法律,它是衡量国家药品管理活动合法与违法的唯一标准,是制定各项具体药品法规的依据。

狭义的药品管理法仅指国家制定和颁布实施的药品管理法典,即《药品管理法》;广义的药品管理法则是指国家制定和颁布的一切有关药品管理的法律规范,不仅包括《药品管理法》,还包括宪法、刑法等法律中有关医药发展及医药管理的条文,各级主管部门制定和颁布的各种医药管理的法规、条例及规章。此外,也包括我国参加或承认的国际公约中有关国际药事法规或条款。

(二)药品管理法的宗旨和适用范围

《药品管理法》的立法宗旨在于加强药品管理,保证药品质量,保障公众用药安全和合法权益,保护和促进公众健康,适用范围是在中华人民共和国境内从事药品研制、生产、经营、使用和监督管理活动。

三、药品管理立法概况

中华人民共和国成立后,为配合禁止鸦片烟毒工作和解决遗留的假冒伪劣药品充斥市场的情况,1950年11月,经政务院批准,卫生部颁布了《麻醉药品管理暂行条例》,这是我国药品管理的第一个行政法规。1963年,经国务院批准,卫生部、化工部、商业部联合发布了我国药品管理的第一个综合性规章《关于加强药政管理的若干规定》,对药品的生产、经营、使用和进出口管理等起到了重要作用。党的十一届三中全会以后,药品管理立法工作迈上了新台阶,1978—1983年国家先后颁布了《药政管理条例(试行)》以及有关剧毒药品、麻醉药品、生物制品、血液制品、医院制剂的管理办法。同时,还对新药管理办法、国外厂商申请在我国进行新药试验研究和禁止制售伪劣药品等作了规定。这些法规的颁布对我国药品管理走上法制化道路起了重要作用。

为加强药品监督管理,保证药品质量,保障人体用药安全,维护人体健康和公众用药的合法权益,1984年9月20日,第六届全国人民代表大会常务委员会第七次会议通过了《药品管理法》,自1985年7月1日起施行。这是我国第一部全面的、综合性的药品管理法律,标志着我国药品管理进入法制化管理阶段。此后,《药品管理法》进行了多次修订,现有法律于2019年12月1日起施行。

为了保证《药品管理法》的有效实施,2002年8月4日,国务院发布了《中华人民共和国药品管理法实施条例》(以下简称《药品管理法实施条例》),并于2016年2月6日进行了修订;先后制定了《医疗用毒性药品管理办法》《放射性药品管理办法》《麻醉药品和精神药品管理条例》等行政法规。国务院卫生行政部门、药品监督管理部门、国家中医药管理部门先后发布了《药品生产监督管理办法》《药品经营许可证管理办法》《医疗机构制剂配制监督管理办法(试行)》《药品注册管理办法》《药品说明书和标签管理规定》《药品流通监督管理办法》《药品广告审查发布标准》

《药品广告审查办法》《药品召回管理办法》《中药注册管理补充规定》《药品生产质量管理规范》《药品不良反应报告和监测管理办法》《药品经营质量管理规范》等规章。同时，各省、自治区、直辖市也相应制定了一系列有关药品管理的地方性法规和规章，形成了较为完备的药品监督管理法律体系。

第二节　药品研制、注册、药品上市许可持有人

一、药品研制

《药品管理法》第五条规定："国家鼓励研究和创制新药，保护公民、法人和其他组织研究、开发新药的合法权益。"这是对药品研制（drug development）的总规定。具体规定为：国家支持以临床价值为导向、对人的疾病具有明确或者特殊疗效的药物创新，鼓励具有新的治疗机制、治疗严重危及生命的疾病或者罕见病、对人体具有多靶向系统性调节干预功能等的新药研制；国家鼓励运用现代科学技术和传统中药研究方法开展中药科学技术研究和药物开发，促进中药传承创新；国家鼓励儿童用药品的研制和创新，支持开发符合儿童生理特征的儿童用药品新品种、剂型和规格，对儿童用药品予以优先审评审批。

药品研制活动，应当遵守药物非临床研究质量管理规范、药物临床试验质量管理规范，保证药品研制全过程持续符合法定要求。药物非临床研究质量管理规范、药物临床试验质量管理规范由国务院药品监督管理部门会同国务院有关部门制定。

1. 开展药物非临床研究，应当符合国家有关规定，有与研究项目相适应的人员、场地、设备、仪器和管理制度，保证有关数据、资料和样品的真实性。

2. 开展药物临床试验，应当按照国务院药品监督管理部门的规定如实报送研制方法、质量指标、药理及毒理试验结果等有关数据、资料和样品，经国务院药品监督管理部门批准。国务院药品监督管理部门应当自受理临床试验申请之日起六十个工作日内决定是否同意并通知临床试验申办者，逾期未通知的，视为同意。其中，开展生物等效性试验的，报国务院药品监督管理部门备案。开展药物临床试验，应当在具备相应条件、备案的临床试验机构进行。开展药物临床试验，应当制定符合伦理原则的临床试验方案，经伦理委员会审查同意。实施药物临床试验，应当向受试者或者其监护人如实说明和解释临床试验的目的和风险等详细情况，取得受试者或者其监护人自愿签署的知情同意书，并采取有效措施保护受试者合法权益。

药物临床试验期间，发现存在安全性问题或者其他风险的，临床试验申办者应及时调整临床试验方案、暂停或者终止临床试验，并向国务院药品监督管理部门报告。必要时，国务院药品监督管理部门可以责令调整临床试验方案、暂停或者终止临床试验。对正在开展临床试验的用于治疗严重危及生命且尚无有效治疗手段的疾病的药物，经医学观察可能获益，并且符合伦理原则的，经审查、知情同意后可以在开展临床试验的机构内用于其他病情相同的患者。

二、药品注册

药品注册（drug registration），是指国务院药品监督管理部门根据药品注册申请人的申请，依照法定程序，对拟上市销售的药品的安全性、有效性、质量可控性等进行审查，并决定是否同意其申请的审批过程。在中国境内上市的药品，应当经国务院药品监督管理部门批准，取得药品注册证书；但是，未实施审批管理的中药材和中药饮片除外。实施审批管理的中药材、中药饮片品种目录由国务院药品监督管理部门会同国务院中医药主管部门制定。国家药品监督管理局主管

全国药品注册工作,对药品注册实行主审集体负责制,负责对药物临床试验、药品生产和进口进行审批。

药品注册申请人,是指提出药品注册申请并承担相应法律责任的机构。境内申请人应当是在中国境内合法登记并能独立承担民事责任的机构,境外申请人应当是境外合法制药厂商。境外申请人办理进口药品注册,应当由其驻中国境内的办事机构或者由其委托的中国境内代理机构办理。办理药品注册申请事务的人员应当具有相应的专业知识,熟悉药品注册的法律、法规及技术要求。

(一)药品注册申请的内容

根据《药品注册管理办法》,药品注册申请包括新药申请、仿制药申请、进口药品申请、补充申请和再注册申请。境内申请人申请药品注册按照新药申请、仿制药申请的程序和要求办理,境外申请人申请药品注册按照进口药品申请的程序和要求办理。

1. 新药申请 是指未曾在中国境内外上市销售的药品的注册申请。已上市药品改变剂型、改变给药途径、增加新适应证的药品按照新药申请程序申报。

2. 仿制药申请 是指生产国务院药品监督管理部门已批准上市的与原研药品质量和疗效一致的药品的注册申请,但是生物制品按照新药申请的程序申报。

3. 进口药品申请 是指在境外生产的药品在中国境内上市销售的注册申请。

4. 补充申请 是指新药申请、仿制药申请或者进口药品申请经批准后,改变、增加或取消原批准事项或内容的注册申请。

5. 再注册申请 是指药品批准证明文件有效期满后,申请人拟继续生产或进口该药品的注册申请。

申请药品注册必须进行临床前研究和临床研究:①药物的临床前研究,应当执行有关规定,其中安全性评价研究必须执行《药物非临床研究质量管理规范》;②药物的临床研究,包括临床试验和生物等效性试验。

(二)药品注册申请的审批

1. 新药注册审批 新药注册申报与审批分为临床试验申报审批和生产上市申报审批两个阶段。两次申报与审批均由省级药品监督管理部门受理,最终由国务院药品监督管理部门审批。国务院药品监督管理部门对完成的新药临床试验,经审查符合规定的,发给药物临床试验批件;对新药生产申请,经审查符合规定的,发给新药证书,申请人已持有药品生产许可证并具备生产条件的,同时发给药品批准文号。

2. 仿制药注册审批 对仿制药的审批程序,与新药申报程序相似。国务院药品监督管理部门对申报资料进行全面审查,合乎要求的批准进行临床研究,或者生产;批准临床研究的按新药审批程序进行,批准生产的发给药品生产批准文号。

三、药品上市许可持有人

《药品管理法》第三十条规定,药品上市许可持有人是指取得药品注册证书的企业或者药品研制机构等。

1. 药品上市许可持有人应当建立药品质量保证体系,配备专门人员独立负责药品质量管理。药品上市许可持有人可以自行生产药品,也可以委托药品生产企业生产。药品上市许可持有人自行生产药品的,应当依法取得药品生产许可证;委托生产的,应当委托符合条件的药品生产企业。血液制品、麻醉药品、精神药品、医疗用毒性药品、药品类易制毒化学品不得委托生产;但是,国务院药品监督管理部门另有规定的除外。药品上市许可持有人和受托生产企业应当签订委托协议和质量协议,并严格履行协议约定的义务,药品上市许可持有人应当对受托药品生产企业、药品经营企业的质量管理体系进行定期审核，监督其持续具备质量保证和控制能力。

2. 药品上市许可持有人应当建立药品上市放行规程，对药品生产企业出厂放行的药品进行审核，经质量受权人签字后方可放行。不符合国家药品标准的，不得放行。药品上市许可持有人可以自行销售其取得药品注册证书的药品，也可以委托药品经营企业销售。药品上市许可持有人从事药品零售活动的，应当取得药品经营许可证。药品上市许可持有人自行销售药品的，应当具备药品经营的条件；委托销售的，应当委托符合条件的药品经营企业。

3. 药品上市许可持有人、药品生产企业、药品经营企业委托储存、运输药品的，应当对受托方的质量保证能力和风险管理能力进行评估，与其签订委托协议，约定药品质量责任、操作规程等内容，并对受托方进行监督。

4. 药品上市许可持有人、药品生产企业、药品经营企业和医疗机构应当建立并实施药品追溯制度，按照规定提供追溯信息，保证药品可追溯。药品上市许可持有人应当建立年度报告制度，每年将药品生产销售、上市后研究、风险管理等情况按照规定向省、自治区、直辖市人民政府药品监督管理部门报告。

5. 药品上市许可持有人应当对药品的非临床研究、临床试验、生产经营、上市后研究、不良反应监测及报告与处理等承担责任。药品上市许可持有人的法定代表人、主要负责人对药品质量全面负责。药品上市许可持有人为境外企业的，应当由其指定的在中国境内的企业法人履行药品上市许可持有人义务，与药品上市许可持有人承担连带责任。中药饮片生产企业履行药品上市许可持有人的相关义务，对中药饮片生产、销售实行全过程管理，建立中药饮片追溯体系，保证中药饮片安全、有效、可追溯。

6. 经国务院药品监督管理部门批准，药品上市许可持有人可以转让药品上市许可。受让方应当具备保障药品安全性、有效性和质量可控性的质量管理、风险防控和责任赔偿等能力，履行药品上市许可持有人义务。

第三节　药品生产和经营管理规定

一、药品生产管理规定

药品生产企业（drug manufacturer）是指生产药品的专营企业或者兼营企业。

《药品管理法》规定，从事药品生产活动，应当经所在地省、自治区、直辖市人民政府药品监督管理部门批准，取得药品生产许可证。无药品生产许可证的，不得生产药品。

为了加强药品生产企业的监督管理，2020年1月15日经国家市场监督管理总局2020年第1次局务会议审议通过了《药品生产监督管理办法》，并自2020年7月1日起施行。

（一）开办药品生产企业的条件

药品监督管理部门批准开办药品生产企业，除符合国家制定的药品行业发展规划和产业政策，防止重复建设外，还必须具备以下条件：①具有依法经过资格认定的药学技术人员、工程技术人员及相应的技术工人；②具有与其药品生产相适应的厂房、设施和卫生环境；③具有能对所生产药品进行质量管理和质量检验的机构、人员及必要的仪器设备；④具有保证药品质量的规章制度。

药品生产许可证有效期为5年。有效期届满，需要继续生产药品的，持证企业应当在许可证有效期届满前6个月，按照国务院药品监督管理部门的规定申请换发《药品生产许可证》。药品生产企业终止生产药品或者关闭的，《药品生产许可证》由原发证部门缴销。

药品生产企业生产新药或者已有国家标准的药品的，须经国务院药品监督管理部门批准，并发给药品批准文号；但是，生产没有实施批准文号管理的中药材和中药饮片除外。实施批准文号管理的中药材、中药饮片品种目录由国务院药品监督管理部门会同国务院中医药管理部门制定。药品生产企业在取得药品批准文号后，方可生产该药品。

（二）药品生产的质量管理

《药品生产质量管理规范》（good manufacture practice of medical products，GMP），是指"良好作业规范"或"优良制造标准"，是药品生产和质量管理的基本准则。GMP 是 20 世纪 70 年代中期发达国家为保证药品生产质量而制定的保证药质量和用药安全有效的可靠措施，是世界各国对药品生产全过程监督管理普遍采用的法定技术规范。我国在 20 世纪 80 年代初引进了 GMP，并于 1988 年颁布了第一部《药品生产质量管理规范》。《药品生产质量管理规范（2010 年修订）》指出，企业应当建立药品质量管理体系。该体系应当涵盖影响药品质量的所有因素，包括确保药品质量符合预定用途的有组织、有计划的全部活动。《药品生产质量管理规范》作为质量管理体系的一部分，是药品生产管理和质量控制的基本要求，旨在最大限度地降低药品生产过程中污染、交叉污染以及混淆、差错等风险，确保持续稳定地生产出符合预定用途和注册要求的药品。企业应当严格执行本规范，坚持诚实守信，禁止任何虚假、欺骗行为。

药品生产企业必须按照国务院药品监督管理部门制定的《药品生产质量管理规范》组织生产。药品监督管理部门按照规定对药品生产企业是否符合《药品生产质量管理规范》的要求进行认证，对认证合格的，发给认证证书，否则不能组织生产药品。其中，生产注射剂、放射性药品和国务院药品监督管理部门规定的生物制品的药品生产企业的认证工作，由国务院药品监督管理部门负责。新开办药品生产企业、药品生产企业新建药品生产车间或者新增生产剂型的，应当自取得药品生产证明文件或者经批准正式生产之日起 30 日内，按照规定向药品监督管理部门申请《药品生产质量管理规范》认证。

除此之外，药品生产企业必须对其生产的药品进行质量检验，不符合国家药品标准或者不按照省、自治区、直辖市人民政府药品监督管理部门制定的中药饮片炮制规范炮制的，不得出厂。

药品原料，广义上是指形成药品的主要有效成分和制剂处方中包含的包括辅料在内的各种初始物料。辅料，是指生产药品和调配处方时所用的赋形剂和附加剂。生产药品所需的原料、辅料都是直接组成药品的物料部分。它们经过加工、处理等一系列的生产过程，成为药品成品，对药品本身的治疗作用以及药品质量均起着决定性的作用。因此，生产药品所需的原料和辅料，必须符合药用要求。

（三）药品的委托生产管理

根据《药品委托生产监督管理规定》，委托生产药品，是指药品生产企业因技术改造暂不具备生产条件和能力或产能不足暂不能保障市场供应的情况下，将其持有药品批准文号的药品委托其他药品生产企业全部生产的行为，不包括部分工序的委托加工行为。国务院药品监督管理部门负责对全国药品委托生产审批和监督管理进行指导和监督检查。《药品管理法》规定，药品生产企业接受委托生产药品，必须经省、自治区、直辖市人民政府药品监督管理部门批准。麻醉药品、精神药品、药品类易制毒化学品及其复方制剂、医疗用毒性药品、生物制品、多组分生化药品、中药注射剂和原料药不得委托生产。

（四）药品包装管理

《药品管理法》规定：①直接接触药品的包装材料和容器，应当符合药用要求，符合保障人体健康、安全的标准，并由药品监督管理部门在审批药品时一并审批。②药品包装应当适合药品质量的要求，方便储存、运输和医疗使用。发运中药材应当有包装。在每件包装上，应当注明品名、产地、日期、供货单位，并附有质量合格的标志。③药品包装应当按照规定印有或者贴有标签并附有说明书。标签或者说明书应当注明药品的通用名称、成分、规格、上市许可持有人及其地址、生产企业及其地址、批准文号、产品批号、生产日期、有效期、适应证或者功能主治、用法、用量、禁忌、不良反应和注意事项。麻醉药品、精神药品、医疗用毒性药品、放射性药品、外用药品和非处方药的标签、说明书，应当印有规定的标志。

药品生产企业不得使用未经批准的直接接触药品的包装材料和容器。对不合格的直接接触药品的包装材料和容器，由药品监督管理部门责令停止使用。

二、药品经营管理规定

药品经营企业（drug handling enterprise）是指经营药品的专营企业或者兼营企业。

《药品管理法》规定，开办药品批发企业，须经企业所在地省级药品监督管理部门批准并发给《药品经营许可证》。开办药品零售企业，须经企业所在地县级以上药品监督管理部门批准并发给《药品营业许可证》。无《药品经营许可证》的，不得经营药品。

为加强药品经营许可工作的监督管理，2004年2月4日，国家食品药品监督管理局发布了《药品经营许可证管理办法》，并于2017年11月7日进行了修订。《药品经营许可证管理办法》对开办药品批发企业和药品零售企业作了具体规定。

（一）开办药品经营企业的条件

《药品管理法》规定，药品监督管理部门批准开办药品经营企业，必须具备以下条件：①具有依法经过资格认定的药学技术人员；②具有与所经营药品相适应的营业场所、设备、仓储设施、卫生环境；③具有与所经营药品相适应的质量管理机构或者人员；④具有保证所经营药品质量的规章制度。开办药品批发企业，除应遵循合理布局的要求外，还须经企业所在地省、自治区、直辖市人民政府药品监督管理部门批准并发给《药品经营许可证》。开办药品零售企业，除应符合当地常住人口数量、地域、交通状况和实际需要的要求，符合方便群众购药的原则外，还须经企业所在地县级以上地方药品监督管理部门批准并发给《药品经营许可证》。无《药品经营许可证》的，不得经营药品。

《药品经营许可证》有效期为5年。有效期届满，需要继续经营药品的，持证企业应当在许可证有效期届满前6个月，按照国务院药品监督管理部门的规定申请换发《药品经营许可证》。药品经营企业终止经营药品或者关闭的，《药品经营许可证》由原发证机关缴销。《药品经营许可证》是企业从事药品经营活动的法定凭证，任何单位和个人不得伪造、变造、买卖、出租和出借。

（二）药品经营的质量管理

为加强药品经营质量管理，规范药品经营行为，保障人体用药安全、药品有效，2000年4月30日，国家药品监督管理局发布了《药品经营质量管理规范》（good supply practice of medical products，GSP），并于2012年11月、2015年5月、2016年6月进行了修订。《药品经营质量管理规范》是指"良好的供应规范"，包含了控制药品在流通环节所有可能发生质量事故的因素从而防止质量事故发生的一整套管理程序，是药品经营管理和质量控制的基本准则，要求企业在药品采购、储存、销售、运输等环节采取有效的质量控制措施，确保药品质量，并按照国家有关要求建立药品追溯系统，实现药品可追溯。药品经营企业应当坚持诚实守信，依法经管。禁止任何虚假、欺骗行为。

（三）药品的流通管理

《药品流通监督管理办法》规定，药品生产企业只能销售本企业生产的药品，不得销售本企业受委托生产的或者他人生产的药品。药品购进记录必须注明药品的通用名称、生产厂商（中药材标明产地）、剂型、规格、批号、生产日期、有效期、批准文号、供货单位、数量、价格、购进日期。药品购进记录必须保存至超过药品有效期1年，但不得少于3年。

根据《药品管理法》的规定，药品经营企业购进药品，应当建立并执行进货检查验收制度，验明药品合格证明和其他标识，不符合规定要求的，不得购进和销售。药品经营企业购销药品，应当有真实、完整的购销记录。购销记录应当注明药品的通用名称、剂型、规格、产品批号、有效期、上市许可持有人、生产企业、购销单位、购销数量、购销价格、购销日期及国务院药品监督管理部门规定的其他内容。药品经营企业销售药品应当准确无误，并正确说明用法、用量和注意事项；调配处方应当经过核对，对处方所列药品不得擅自更改或者代用。

药品经营企业应当制定和执行药品保管制度，采取必要的冷藏、防冻、防潮、防虫、防鼠等措施，保证药品质量。药品入库和出库应当执行检查制度。

城乡集市贸易市场不得出售中药材以外的药品，但持有《药品经营许可证》的药品零售企业在规定的范围内可以在城乡集市贸易市场设点出售中药材以外的药品。

三、药品上市后管理

为了提升药品质量、保障药品安全，《药品管理法》加强了药品上市后的管理。

（一）药品上市后的风险管理

药品上市许可持有人应当制定药品上市后风险管理计划，主动开展药品上市后研究，对药品的安全性、有效性和质量可控性进行进一步确证，加强对已上市药品的持续管理。

1. 对附条件批准的药品，药品上市许可持有人应当采取相应风险管理措施，并在规定期限内按照要求完成相关研究；逾期未按照要求完成研究或者不能证明其获益大于风险的，国务院药品监督管理部门应当依法处理，直至注销药品注册证书。

2. 对药品生产过程中的变更，按照其对药品安全性、有效性和质量可控性的风险和产生影响的程度，实行分类管理。属于重大变更的，应当经国务院药品监督管理部门批准，其他变更应当按照国务院药品监督管理部门的规定备案或者报告。药品上市许可持有人应当按照国务院药品监督管理部门的规定，全面评估、验证变更事项对药品安全性、有效性和质量可控性的影响。

（二）药品上市后不良反应管理

药品不良反应是指合格药品在正常用法用量下出现与用药目的无关的或意外的有害反应。

药品上市许可持有人应当开展药品上市后不良反应监测，主动收集、跟踪分析疑似药品不良反应信息，对已识别风险的药品及时采取风险控制措施。

药品上市许可持有人、药品生产企业、药品经营企业和医疗机构应当经常考察本单位所生产、经营、使用的药品质量、疗效和不良反应。发现疑似不良反应的，应当及时向药品监督管理部门和卫生健康主管部门报告。具体办法由国务院药品监督管理部门会同国务院卫生健康主管部门制定。

对已确认发生严重不良反应的药品，由国务院药品监督管理部门或者省、自治区、直辖市人民政府药品监督管理部门根据实际情况采取停止生产、销售、使用等紧急控制措施，并应当在五日内组织鉴定，自鉴定结论作出之日起十五日内依法作出行政处理决定。

（三）药品上市后召回管理

药品召回，是指药品生产企业（包括进口药品的境外制药厂商）按照规定的程序收回已上市销售的存在安全隐患的药品。其中，安全隐患，是指由于研发、生产等原因可能使药品具有的危及人体健康和生命安全的不合理危险。

为加强药品安全监管，保障公众用药安全，2007 年 12 月 6 日国家食品药品监督管理局发布了《药品召回管理办法》。

1. 建立和完善药品召回制度 药品生产企业应当按照规定建立和完善药品召回制度，收集药品安全的相关信息，对可能具有安全隐患的药品进行调查、评估，召回存在安全隐患的药品。药品经营企业、使用单位应当协助药品生产企业履行召回义务，按照召回计划的要求及时传达、反馈药品召回信息，控制和收回存在安全隐患的药品。

药品经营企业、使用单位发现其经营、使用的药品存在安全隐患的，应当立即停止销售或者使用该药品，通知药品生产企业或者供货商，并向药品监督管理部门报告。药品生产企业、经营企业和使用单位应当建立和保存完整的购销记录，保证销售药品的可溯源性。

2. 药品召回分级和主体　根据药品安全隐患的严重程度，药品召回分为：①一级召回。使用该药品可能引起严重健康危害的。②二级召回。使用该药品可能引起暂时的或者可逆的健康危害的。③三级召回。使用该药品一般不会引起健康危害，但由于其他原因需要收回的。

根据召回主体不同，药品召回分为：①主动召回。药品存在质量问题或者其他安全隐患的，药品上市许可持有人应当立即停止销售，告知相关药品经营企业和医疗机构停止销售和使用，召回已销售的药品，及时公开召回信息，必要时应当立即停止生产，并将药品召回和处理情况向省、自治区、直辖市人民政府药品监督管理部门和卫生健康主管部门报告。药品生产企业、药品经营企业和医疗机构应当配合。②责令召回。药品上市许可持有人依法应当召回药品而未召回的，省、自治区、直辖市人民政府药品监督管理部门应当责令其召回。

3. 药品召回信息公开　国务院药品监督管理部门和省、自治区、直辖市药品监督管理部门应当建立药品召回信息公开制度，采用有效途径向社会公布存在安全隐患的药品信息和药品召回的情况。

（四）药品上市后评价管理

药品上市许可持有人应当对已上市药品的安全性、有效性和质量可控性定期开展上市后评价。必要时，国务院药品监督管理部门可以责令药品上市许可持有人开展上市后评价或者直接组织开展上市后评价。

经评价，对疗效不确切、不良反应大或者因其他原因危害人体健康的药品，应当注销药品注册证书。已被注销药品注册证书的药品，不得生产或者进口、销售和使用。已被注销药品注册证书、超过有效期等的药品，应当由药品监督管理部门监督销毁或者依法采取其他无害化处理等措施。

四、药品价格

国家对药品价格（drug price）实行政府定价、政府指导价或者市场调节价。列入国家基本医疗保险药品目录的药品以及国家基本医疗保险药品目录以外具有垄断性生产、经营的药品，实行政府定价或者政府指导价；其他药品，实行市场调节价。

药品的生产企业、经营企业和医疗机构必须执行政府定价、政府指导价，不得以任何形式擅自提高价格。药品生产企业应当依法向政府价格主管部门如实提供药品的生产经营成本，不得拒报、虚报、瞒报。

依法实行市场调节价的药品，药品的生产企业、经营企业和医疗机构应当按照公平、合理、诚实信用、质价相符的原则制定价格，为用药者提供价格合理的药品。应当遵守国务院价格主管部门关于药价管理的规定，制定和标明药品零售价格，禁止暴利和损害用药者利益的价格欺诈行为。应当依法向政府价格主管部门提供其药品的实际购销价格和购销数量等资料。医疗机构应当向患者提供所用药品的价格清单；医疗保险定点医疗机构还应当按照规定的办法如实公布其常用药品的价格，加强合理用药的管理。具体的办法由国务院卫生行政部门制定。

禁止药品的生产企业、经营企业和医疗机构在药品购销中账外暗中给予、收受回扣或者其他利益。禁止药品的生产企业、经营企业或者其代理人以任何名义给予使用其药品的医疗机构的负责人、药品采购人员、医师等有关人员财物或者其他利益。禁止医疗机构的负责人、药品采购人员、医师等有关人员以任何名义收受药品的生产企业、经营企业或者其代理人给予的财物或者其他利益。

五、药品广告管理规定

药品广告（drug advertisement）是指凡利用各种媒介或者形式发布的含有药品名称、药品适应证（功能主治）或者与药品有关的其他内容的广告。

（一）药品广告的审批

药品广告须经省、自治区、直辖市人民政府药品监督管理部门批准，并发给药品广告批准文号，未取得药品广告批准文号的，不得发布。《药品广告审查发布标准》规定，下列药品不得发布广告：①麻醉药品、精神药品、医疗用毒性药品、放射性药品；②医疗机构配制的制剂；③军队特需药品；④国务院药品监督管理部门依法明令停止或者禁止生产、销售和使用的药品；⑤批准试生产的药品。

（二）药品广告内容的管理

药品广告的内容必须真实、合法，以国务院药品监督管理部门批准的说明书为准，不得含有虚假的内容，不得含有不科学的表示功效的断言或者保证，也不得利用国家机关、医药科研单位、学术机构或者专家、学者、医师、患者的名义和形象作证明。非药品广告不得有涉及药品的宣传。处方药可以在国务院卫生行政部门和国务院药品监督管理部门共同指定的医学、药学专业刊物上介绍，但不得在大众传播媒介发布广告或者以其他方式进行以公众为对象的广告宣传。

（三）药品广告的监督

省、自治区、直辖市人民政府药品监督管理部门应当对其批准的药品广告进行检查，对于违反《药品管理法》和《广告法》的广告，应当向广告监督管理机关通报并提出处理建议，广告监督管理机关应当依法作出处理。

第四节　医疗机构药事管理规定

医疗机构药事管理（hospital pharmacy administration）是指医疗机构以患者为中心，以临床药学为基础，对临床用药全过程进行有效的组织实施与管理，促进临床科学、合理用药的药学技术服务和相关的药品管理工作。2011年1月，卫生部、国家中医药管理局和总后勤部、卫生部联合颁布了《医疗机构药事管理规定》；2011年10月11日，国家食品药品监督管理局发布了《医疗机构药品监督管理办法（试行）》，对医疗机构药事管理的内容作了详细规定，主要包括以下几个方面。

一、医疗机构药事管理组织和药学部门

《医疗机构药事管理规定》明确规定："医疗机构药事管理和药学工作是医疗工作的重要组成部分。医疗机构应当根据本规定设置药事管理组织和药学部门。"

（一）药事管理与药物治疗学委员会

二级以上医院应当设立药事管理与药物治疗学委员会；其他医疗机构应当成立药事管理与药物治疗学组。医院药事管理与药物治疗学委员会委员由具有高级技术职务任职资格的药学、临床医学、护理和医院感染管理、医疗行政管理等人员组成。医疗机构负责人任药事管理与药物治疗学委员会（组）主任委员，药学和医务部门负责人任药事管理与药物治疗学委员会（组）副主任委员。药事管理与药物治疗学委员会（组）应当建立健全相应工作制度，日常工作由药学部门负责。

（二）药学部门

《医疗机构药事管理规定》要求，医疗机构应当根据本机构功能、任务、规模设置相应的药学部门，配备和提供与药学部门工作任务相适应的专业技术人员、设备和设施。

1.药学部门的组成　三级医院设置药学部，并可根据实际情况设置二级科室；二级医院设置药剂科；其他医疗机构设置药房。

2.药学部门的任务　药学部门属医院专业技术科室，具体负责药品管理、药学专业技术服务和药事管理工作，开展以患者为中心，以合理用药为核心的临床药学工作，组织药师参与临床药物治疗，提供药学专业技术服务。

同时药学部门应当建立健全相应的工作制度、操作规程和工作记录，并组织实施。

二、医疗机构药物临床应用管理

医疗机构应当坚持安全有效、经济合理的用药原则，遵循药品临床应用指导原则、临床诊疗指南和药品说明书等合理用药，对医师处方、用药医嘱的适宜性进行审核。

三、医疗机构药品采购与储存养护管理

医疗机构购进药品，应当建立并执行进货检查验收制度，验明药品合格证明和其他标识；不符合规定要求的，不得购进和使用。

医疗机构应当有与所使用药品相适应的场所、设备、仓储设施和卫生环境，制定和执行药品保管制度，采取必要的冷藏、防冻、防潮、防虫、防鼠等措施，保证药品质量。

四、医疗机构药品调剂业务与处方管理

依法经过资格认定的药师或者其他药学技术人员调配处方，应当进行核对，对处方所列药品不得擅自更改或者代用。对有配伍禁忌或者超剂量的处方，应当拒绝调配；必要时，经处方医师更正或者重新签字，方可调配。

五、医疗机构制剂管理

医疗机构制剂，是指医疗机构根据本单位临床需要经批准而配制、自用的固定处方制剂。医疗机构配制的制剂，应当是市场上没有供应的品种。

（一）医疗机构配制制剂的条件

医疗机构配制制剂必须具备以下条件：①配备依法经过资格认定的药学技术人员；②具有能够保证制剂质量的设施、管理制度、检验仪器和卫生条件。医疗机构配制制剂，须经所在地省、自治区、直辖市人民政府卫生行政部门审核同意，由省、自治区、直辖市人民政府药品监督管理部门批准，发给医疗机构制剂许可证。无医疗机构制剂许可证的，不得配制制剂。

医疗机构制剂许可证应当标明有效期，许可证有效期为5年，到期重新审查发证。

（二）医疗机构制剂的使用

《药品管理法》及其实施条例规定，配制的制剂必须按照规定进行质量检验；合格的，凭医师处方在本医疗机构使用。医疗机构制剂一般不得调剂使用，但是，在特殊情况下，经国务院或者省、自治区、直辖市人民政府药品监督管理部门批准，医疗机构配制的制剂可以在指定的医疗机构之间调剂使用。《医疗机构制剂注册管理办法（试行）》规定，发生灾情、疫情、突发事件或者临

床急需而市场没有供应时，需要调剂使用的，属省级辖区内医疗机构制剂调剂的，必须经所在地省、自治区、直辖市（食品）药品监督管理部门批准；属国务院药品监督管理部门规定的特殊制剂以及省、自治区、直辖市之间医疗机构制剂调剂的，必须经国务院药品监督管理部门批准。

医疗机构配制的制剂不得在市场上销售或变相销售。

第五节　药品储备和供应

一、药品储备

《药品管理法》规定，国家实行药品储备制度，建立中央和地方两级药品储备。

发生重大灾情、疫情或者其他突发事件时，依照《中华人民共和国突发事件应对法》的规定，可以紧急调用药品。我国自 1997 年起，在中央统一策划、统一规划、统一组织实施的原则下，改革现行的国家药品储备体制，建立中央和地方两级医药储备制度，实行动态储备、有偿调用的体制。中央医药储备主要负责重大灾情、疫情及重大突发事故和战略储备所需的特种、专项药品；地方医药储备主要负责储备地区性或一般灾情、疫情及突发事件和地方常见病、多发病防治所需的药品。

二、药品供应

国家建立药品供求监测体系，及时收集和汇总分析短缺药品供求信息，对短缺药品实行预警，采取应对措施。国家实行短缺药品清单管理制度。药品上市许可持有人停止生产短缺药品的，应当按照规定向国务院药品监督管理部门或者省、自治区、直辖市人民政府药品监督管理部门报告。

国家鼓励短缺药品的研制和生产，对临床急需的短缺药品、防治重大传染病和罕见病等疾病的新药予以优先审评审批。对短缺药品，国务院可以限制或者禁止出口。必要时，国务院有关部门可以采取组织生产、价格干预和扩大进口等措施，保障药品供应。药品上市许可持有人、药品生产企业、药品经营企业应当按照规定保障药品的生产和供应。

第六节　监督管理

一、禁止生产、销售、使用假药、劣药

《药品管理法》规定，禁止生产（包括配制）、销售、使用假药，禁止生产、销售、使用劣药。

（一）假药

假药，是指药品所含成分与国家药品标准规定的成分不符，以及以非药品冒充药品或者以他种药品冒充此种药品的。《药品管理法》规定的假药包括：①药品所含成分与国家药品标准规定的成分不符；②以非药品冒充药品或者以他种药品冒充此种药品；③变质的药品；④药品所标明的适应证或者功能主治超出规定范围。

（二）劣药

劣药，是指药品成分含量不符合国家药品标准规定的药品。《药品管理法》规定的劣药包括：①药品成分的含量不符合国家药品标准；②被污染的药品；③未标明或者更改有效期的药

品；④未注明或者更改产品批号的药品；⑤超过有效期的药品；⑥擅自添加防腐剂、辅料的药品；⑦其他不符合药品标准规定的药品。

二、药品监督管理部门的管理

（一）药品监督管理机构

国务院药品监督管理部门主管全国药品监督管理工作，国务院有关部门在各自的职责范围内负责与药品有关的监督管理工作。省、自治区、直辖市人民政府药品监督管理部门负责本行政区域内的药品监督管理工作。省、自治区、直辖市人民政府有关部门在各自的职责范围内负责与药品有关的监督管理工作。

（二）药品监督管理机构的职责

药品监督管理部门的主要职责是：①对药品质量进行抽查检验。抽查检验应当按照规定抽样，并不得收取任何费用。对有证据证明可能危害人体健康的药品及其有关材料可以采取查封、扣押的行政强制措施，并在七日内作出行政处理决定；药品需要检验的，必须自检验报告书发出之日起十五日内作出行政处理决定。②定期公告药品质量抽查检验结果。公告不当的，必须在原公告范围内予以更正。当事人对药品检验机构的检验结果有异议的，可以自收到药品检验结果之日起七日内向原药品检验机构或者上一级药品监督管理部门设置或者确定的药品检验机构申请复验，也可以直接向国务院药品监督管理部门设置或者确定的药品检验机构申请复验。受理复验的药品检验机构必须在国务院药品监督管理部门规定的时间内作出复验结论。③依据《药品生产质量管理规范》《药品经营质量管理规范》，对经其认证合格的药品生产企业、药品经营企业进行认证后的跟踪检查。④对药品不良反应采取紧急控制措施。对已确认发生严重不良反应的药品，国务院或者省、自治区、直辖市人民政府的药品监督管理部门可以采取停止生产、销售、使用的紧急控制措施，并应当在五日内组织鉴定，自鉴定结论作出之日起十五日内依法作出行政处理决定。

三、药品安全事件应急预案

县级以上人民政府应当制定药品安全事件应急预案。药品上市许可持有人、药品生产企业、药品经营企业和医疗机构等应当制定本单位的药品安全事件处置方案，并组织开展培训和应急演练。发生药品安全事件，县级以上人民政府应当按照应急预案立即组织开展应对工作；有关单位应当立即采取有效措施进行处置，防止危害扩大。

四、特殊药品管理

特殊药品，是指国家制定法律制度，实行比其他药品更加严格管制的药品。《药品管理法》规定，国家对麻醉药品、精神药品、医疗用毒性药品、放射性药品实行特殊管理。

（一）麻醉药品和精神药品

1. 麻醉药品和精神药品的概念及其临床使用原则　麻醉药品和精神药品，是指列入麻醉药品目录、精神药品目录的药品和其他物质。麻醉药品，是指对中枢神经有麻醉作用，连续使用、滥用或者不合理使用，易产生身体依赖性，能成瘾的药品。精神药品，是指对中枢神经系统具有抑制作用的镇静催眠药或具有兴奋作用的中枢兴奋药物。依据人体对精神药品产生的依赖性和危害人体健康的程度，精神药品分为第一类精神药品和第二类精神药品。麻醉药品目录、精神药品目录由国务院药品监督管理部门会同国务院公安部门、国务院卫生行政部门制定、调整并公布。

为加强麻醉药品和精神药品的管理，保证麻醉药品和精神药品的合法、安全、合理使用，防止其流入非法渠道，国家对麻醉药品药用原植物以及麻醉药品和精神药品实行管制。国务院药品监督管理部门负责全国麻醉药品和精神药品的监督管理工作，并会同国务院农业主管部门对麻醉药品药用原植物实施监督管理。

2005年8月3日、2013年12月7日、2016年2月6日，国务院颁布和两次修订了《麻醉药品和精神药品管理条例》，自2005年11月1日起施行。原卫生部发布了《麻醉药品、第一类精神药品购用印鉴卡管理规定》《麻醉药品、精神药品处方管理规定》《医疗机构麻醉药品、第一类精神药品管理规定》；原国家食品药品监督管理局制定了《麻醉品和精神药品生产管理办法（试行）》《麻醉药品和精神药品经营管理办法（试行）》《麻醉药品和精神药品运输管理办法》等规章。

2. 麻醉药品和精神药品的使用

（1）麻醉药品、第一类精神药品购用印鉴卡：医疗机构麻醉药品和精神药品的使用管理医疗机构需要使用麻醉药品和第一类精神药品的，应当经所在地设区的市级人民政府卫生主管部门批准，取得麻醉药品、第一类精神药品购用印鉴卡。设区的市级人民政府卫生主管部门发给医疗机构印鉴卡时，应当将取得印鉴卡的医疗机构情况抄送所在地设区的市级药品监督管理部门，并报省、自治区、直辖市人民政府卫生主管部门备案。省、自治区、直辖市人民政府卫生主管部门应当将取得印鉴卡的医疗机构名单向本行政区域内的定点批发企业通报。

医疗机构取得印鉴卡应当具备下列条件：①有专职的麻醉药品和第一类精神药品管理人员；②有获得麻醉药品和第一类精神药品处方资格的执业医师；③有保证麻醉药品和第一类精神药品安全储存的设施和管理制度。

（2）麻醉药品和精神药品处方权：医疗机构应当按照国务院卫生主管部门的规定，对本单位执业医师进行有关麻醉药品和精神药品使用知识的培训、考核，经考核合格的，授予麻醉药品和第一类精神药品处方资格。执业医师取得麻醉药品和第一类精神药品的处方资格后，方可在本医疗机构开具麻醉药品和第一类精神药品处方，但不得为自己开具该种处方。

医疗机构应当将具有麻醉药品和第一类精神药品处方资格的执业医师名单及其变更情况，定期报送所在地设区的市级人民政府卫生主管部门，并抄送同级药品监督管理部门。医务人员应当根据国务院卫生主管部门制定的临床应用指导原则，使用麻醉药品和精神药品。

执业医师应当使用专用处方开具麻醉药品和精神药品，单张处方的最大用量应当符合国务院卫生主管部门的规定。根据《处方管理办法》规定，为门（急）诊癌症疼痛患者和中、重度慢性疼痛患者开具的麻醉药品、第一类精神药品注射剂，每张处方不得超过3日常用量；控缓释制剂，每张处方不得超过15日常用量；其他剂型，每张处方不得超过7日常用量。为住院患者开具的麻醉药品和第一类精神药品处方应当逐日开具，每张处方为1日常用量。对于需要特别加强管制的麻醉药品，盐酸二氢埃托啡处方为一次常用量，仅限于二级以上医院内使用；盐酸哌替啶处方为一次常用量，仅限于医疗机构内使用。

对麻醉药品和第一类精神药品处方，处方的调配人、核对人应当仔细核对，签署姓名，并予以登记；对不符合规定的，处方的调配人、核对人应当拒绝发药。麻醉药品和精神药品专用处方的格式由国务院卫生主管部门规定。医疗机构应当对麻醉药品和精神药品处方进行专册登记，加强管理。麻醉药品处方至少保存3年，精神药品处方至少保存2年。

（3）麻醉药品、第一类精神药品的使用：具有麻醉药品和第一类精神药品处方资格的执业医师，根据临床应用指导原则，对确需使用麻醉药品或者第一类精神药品的患者，应当满足其合理用药需求。在医疗机构就诊的癌症疼痛患者和其他危重患者得不到麻醉药品或者第一类精神药品时，患者或者其亲属可以向执业医师提出申请。具有麻醉药品和第一类精神药品处方资格的执业医师认为要求合理的，应当及时为患者提供所需麻醉药品或者第一类精神药品。

医疗机构购买的麻醉药品、第一类精神药品只限于在本机构内临床使用。医疗机构抢救患者急需麻醉药品和第一类精神药品而本医疗机构无法提供时,可以从其他医疗机构或者定点批发企业紧急借用;抢救工作结束后,应当及时将借用情况报所在地设区的市级药品监督管理部门和卫生主管部门备案。对临床需要而市场无供应的麻醉药品和精神药品,持有医疗机构制剂许可证和印鉴卡的医疗机构需要配制制剂的,应当经所在地省、自治区、直辖市人民政府药品监督管理部门批准。医疗机构配制的麻醉药品和精神药品制剂只能在本医疗机构使用,不得对外销售。因治疗疾病需要,个人凭医疗机构出具的医疗诊断书、本人身份证明,可以携带单张处方最大用量以内的麻醉药品和第一类精神药品;携带麻醉药品和第一类精神药品出入境的,由海关根据自用、合理的原则放行。医务人员为了医疗需要携带少量麻醉药品和精神药品出入境的,应当持有省级以上人民政府药品监督管理部门发放的携带麻醉药品和精神药品证明。海关凭携带麻醉药品和精神药品证明放行。

（二）医疗用毒性药品

医疗用毒性药品,是指毒性剧烈、治疗剂量与中毒剂量相近,使用不当会致人中毒或死亡的药品。为加强医疗用毒性药品的管理,防止中毒或死亡事故的发生,1988年12月27日国务院发布了《医疗用毒性药品管理办法》。

特殊管理的毒性药品分为中、西药品两大类。西药品种是指原料药,中药品种是指原药材和饮片。根据《医疗用毒性药品管理办法》的规定,毒性药品年度生产、收购、供应和配制计划,由省、自治区、直辖市医药管理部门根据医疗需要制定,经省、自治区、直辖市卫生行政部门审核后,由医药管理部门下达给指定的毒性药品生产、收购、供应单位,并抄报国家卫生行政主管部门。生产单位不得擅自改变生产计划,自行销售。药厂必须由医药专业人员负责生产、配制和质量检验,并建立严格的管理制度,严防与其他药品混杂。每次配料,必须经二人以上复核无误,并详细记录每次生产所用原料和成品数,经手人要签字备查。所有工具、容器要处理干净,以防污染其他药品。标示量要准确无误,包装容器要有毒药标志。毒性药品的收购、经营,由各级医药管理部门指定的药品经营单位负责。配方用药由国营药店、医疗单位负责。其他任何单位或者个人均不得从事毒性药品的收购、经营和配方业务。

（三）放射性药品

放射性药品,是指用于临床诊断或者治疗的放射性核素制剂或者其标记药物。为了加强放射性药品的管理,1989年1月13日国务院发布了《放射性药品管理办法》,并于2011年1月8日、2017年3月1日进行了修订。凡在中华人民共和国领域内进行放射性药品的研究、生产、经营、运输、使用、检验、监督管理的单位和个人都必须遵守《放射性药品管理办法》。根据《放射性药品管理办法》,放射性新药的研制、临床研究和审批,放射性药品的生产、经营和进出口、包装和运输、使用、标准和检验都必须依该办法的规定进行。

第七节　法　律　责　任

一、医药企业或个人违法行为的法律责任

1. 未取得药品生产许可证、药品经营许可证或者医疗机构制剂许可证生产、销售药品的法律责任　《药品管理法》规定,未取得药品生产许可证、药品经营许可证或者医疗机构制剂许可证生产、销售药品的,责令关闭,没收违法生产、销售的药品和违法所得,并处违法生产、销售的药品(包括已售出和未售出的药品,下同)货值金额十五倍以上三十倍以下的罚款;货值金额不足十万元的,按十万元计算。

2. 生产、销售假药的法律责任　生产、销售假药的,没收违法生产、销售的药品和违法所得,

责令停产停业整顿,吊销药品批准证明文件,并处违法生产、销售的药品货值金额十五倍以上三十倍以下的罚款;货值金额不足十万元的,按十万元计算;情节严重的,吊销药品生产许可证、药品经营许可证或者医疗机构制剂许可证,十年内不受理其相应申请;药品上市许可持有人为境外企业的,十年内禁止其药品进口。

3. 生产、销售劣药的法律责任 生产、销售劣药的,没收违法生产、销售的药品和违法所得,并处违法生产、销售的药品货值金额十倍以上二十倍以下的罚款;违法生产、批发的药品货值金额不足十万元的,按十万元计算,违法零售的药品货值金额不足一万元的,按一万元计算;情节严重的,责令停产停业整顿直至吊销药品批准证明文件、药品生产许可证、药品经营许可证或者医疗机构制剂许可证。

生产、销售假药,或者生产、销售劣药且情节严重的,对法定代表人、主要负责人、直接负责的主管人员和其他责任人员,没收违法行为发生期间自本单位所获收入,并处所获收入百分之三十以上三倍以下的罚款,终身禁止从事药品生产经营活动,并可以由公安机关处五日以上十五日以下的拘留。

对生产者专门用于生产假药、劣药的原料、辅料、包装材料、生产设备予以没收。

生产假药、劣药或者明知是假药、劣药仍然销售、使用的,受害人或者其近亲属除请求赔偿损失外,还可以请求支付价款十倍或者损失三倍的赔偿金;增加赔偿的金额不足一千元的,为一千元。

4. 药品使用单位使用假药、劣药的法律责任 药品使用单位使用假药、劣药的,按照销售假药、零售劣药的规定处罚;情节严重的,法定代表人、主要负责人、直接负责的主管人员和其他责任人员有医疗卫生人员执业证书的,还应当吊销执业证书。知道或者应当知道属于假药、劣药而为其提供储存、运输等便利条件的,没收全部储存、运输收入,并处违法收入一倍以上五倍以下的罚款;情节严重的,并处违法收入五倍以上十五倍以下的罚款;违法收入不足五万元的,按五万元计算。对假药、劣药的处罚决定,应当依法载明药品检验机构的质量检验结论。

5. 伪造、变造、出租、出借、非法买卖许可证或者药品批准证明文件的法律责任 伪造、变造、出租、出借、非法买卖许可证或者药品批准证明文件的,没收违法所得,并处违法所得一倍以上五倍以下的罚款;情节严重的,并处违法所得五倍以上十五倍以下的罚款,吊销药品生产许可证、药品经营许可证、医疗机构制剂许可证或者药品批准证明文件,对法定代表人、主要负责人、直接负责的主管人员和其他责任人员,处二万元以上二十万元以下的罚款,十年内禁止从事药品生产经营活动,并可以由公安机关处五日以上十五日以下的拘留;违法所得不足十万元的,按十万元计算。

6. 提供虚假的证明、数据、资料、样品或者采取其他手段骗取临床试验许可、药品生产许可、药品经营许可、医疗机构制剂许可或者药品注册等许可的法律责任 提供虚假的证明、数据、资料、样品或者采取其他手段骗取临床试验许可、药品生产许可、药品经营许可、医疗机构制剂许可或者药品注册等许可的,撤销相关许可,十年内不受理其相应申请,并处五十万元以上五百万元以下的罚款;情节严重的,对法定代表人、主要负责人、直接负责的主管人员和其他责任人员,处二万元以上二十万元以下的罚款,十年内禁止从事药品生产经营活动,并可以由公安机关处五日以上十五日以下的拘留。

7. 其他违法行为的法律责任 生产、销售的中药饮片不符合药品标准,尚不影响安全性、有效性的,责令限期改正,给予警告;可以处十万元以上五十万元以下的罚款。

提供虚假的证明、数据、资料、样品或者采取其他手段骗取临床试验许可、药品生产许可、药品经营许可、医疗机构制剂许可或者药品注册等许可的,撤销相关许可,十年内不受理其相应申请,并处五十万元以上五百万元以下的罚款;情节严重的,对法定代表人、主要负责人、直接负责的主管人员和其他责任人员,处二万元以上二十万元以下的罚款,十年内禁止从事药品生产经营活动,并可以由公安机关处五日以上十五日以下的拘留。

药品上市许可持有人、药品生产企业、药品经营企业、药物非临床安全性评价研究机构、药物临床试验机构等未遵守药品生产质量管理规范、药品经营质量管理规范、药物非临床研究质量管理规范、药物临床试验质量管理规范等的,责令限期改正,给予警告;逾期不改正的,处十万元以上五十万元以下的罚款;情节严重的,处五十万元以上二百万元以下的罚款,责令停产停业整顿直至吊销药品批准证明文件、药品生产许可证、药品经营许可证等,药物非临床安全性评价研究机构、药物临床试验机构等五年内不得开展药物非临床安全性评价研究、药物临床试验,对法定代表人、主要负责人、直接负责的主管人员和其他责任人员,没收违法行为发生期间自本单位所获收入,并处所获收入百分之十以上百分之五十以下的罚款,十年直至终身禁止从事药品生产经营等活动。

药品包装未按照规定印有、贴有标签或者附有说明书,标签、说明书未按照规定注明相关信息或者印有规定标志的,责令改正,给予警告;情节严重的,吊销药品注册证书。

药品上市许可持有人、药品生产企业、药品经营企业或者医疗机构未从药品上市许可持有人或者具有药品生产、经营资格的企业购进药品的,责令改正,没收违法购进的药品和违法所得,并处违法购进药品货值金额二倍以上十倍以下的罚款;情节严重的,并处货值金额十倍以上三十倍以下的罚款,吊销药品批准证明文件、药品生产许可证、药品经营许可证或者医疗机构执业许可证;货值金额不足五万元的,按五万元计算。

药品经营企业购销药品未按照规定进行记录,零售药品未正确说明用法、用量等事项,或者未按照规定调配处方的,责令改正,给予警告;情节严重的,吊销药品经营许可证。

药品网络交易第三方平台提供者未履行资质审核、报告、停止提供网络交易平台服务等义务的,责令改正,没收违法所得,并处二十万元以上二百万元以下的罚款;情节严重的,责令停业整顿,并处二百万元以上五百万元以下的罚款。

进口已获得药品注册证书的药品,未按照规定向允许药品进口的口岸所在地药品监督管理部门备案的,责令限期改正,给予警告;逾期不改正的,吊销药品注册证书。

医疗机构将其配制的制剂在市场上销售的,责令改正,没收违法销售的制剂和违法所得,并处违法销售制剂货值金额二倍以上五倍以下的罚款;情节严重的,并处货值金额五倍以上十五倍以下的罚款;货值金额不足五万元的,按五万元计算。

药品上市许可持有人未按照规定开展药品不良反应监测或者报告疑似药品不良反应的,责令限期改正,给予警告;逾期不改正的,责令停产停业整顿,并处十万元以上一百万元以下的罚款。

药品经营企业未按照规定报告疑似药品不良反应的,责令限期改正,给予警告;逾期不改正的,责令停产停业整顿,并处五万元以上五十万元以下的罚款。

医疗机构未按照规定报告疑似药品不良反应的,责令限期改正,给予警告;逾期不改正的,处五万元以上五十万元以下的罚款。

药品上市许可持有人在省、自治区、直辖市人民政府药品监督管理部门责令其召回后,拒不召回的,处应召回药品货值金额五倍以上十倍以下的罚款;货值金额不足十万元的,按十万元计算;情节严重的,吊销药品批准证明文件、药品生产许可证、药品经营许可证,对法定代表人、主要负责人、直接负责的主管人员和其他责任人员,处二万元以上二十万元以下的罚款。药品生产企业、药品经营企业、医疗机构拒不配合召回的,处十万元以上五十万元以下的罚款。

药品上市许可持有人为境外企业的,其指定的在中国境内的企业法人未依照规定履行相关义务的,适用《药品管理法》有关药品上市许可持有人法律责任的规定。

药品检验机构出具虚假检验报告的,责令改正,给予警告,对单位并处二十万元以上一百万元以下的罚款;对直接负责的主管人员和其他直接责任人员依法给予降级、撤职、开除处分,没收违法所得,并处五万元以下的罚款;情节严重的,撤销其检验资格。药品检验机构出具的检验结果不实,造成损失的,应当承担相应的赔偿责任。

药品上市许可持有人、药品生产企业、药品经营企业或者医疗机构违反规定聘用人员的,由药品监督管理部门或者卫生健康主管部门责令解聘,处五万元以上二十万元以下的罚款。

药品上市许可持有人、药品生产企业、药品经营企业或者医疗机构在药品购销中给予、收受回扣或者其他不正当利益的,药品上市许可持有人、药品生产企业、药品经营企业或者代理人给予使用其药品的医疗机构的负责人、药品采购人员、医师、药师等有关人员财物或者其他不正当利益的,由市场监督管理部门没收违法所得,并处三十万元以上三百万元以下的罚款;情节严重的,吊销药品上市许可持有人、药品生产企业、药品经营企业营业执照,并由药品监督管理部门吊销药品批准证明文件、药品生产许可证、药品经营许可证。

药品上市许可持有人、药品生产企业、药品经营企业在药品研制、生产、经营中向国家工作人员行贿的,对法定代表人、主要负责人、直接负责的主管人员和其他责任人员终身禁止从事药品生产经营活动。

药品上市许可持有人、药品生产企业、药品经营企业的负责人、采购人员等有关人员在药品购销中收受其他药品上市许可持有人、药品生产企业、药品经营企业或者代理人给予的财物或者其他不正当利益的,没收违法所得,依法给予处罚;情节严重的,五年内禁止从事药品生产经营活动。

医疗机构的负责人、药品采购人员、医师、药师等有关人员收受药品上市许可持有人、药品生产企业、药品经营企业或者代理人给予的财物或者其他不正当利益的,由卫生健康主管部门或者本单位给予处分,没收违法所得;情节严重的,还应当吊销其执业证书。

编造、散布虚假药品安全信息,构成违反治安管理行为的,由公安机关依法给予治安管理处罚。

药品上市许可持有人、药品生产企业、药品经营企业或者医疗机构违反规定,给用药者造成损害的,依法承担赔偿责任。

因药品质量问题受到损害的,受害人可以向药品上市许可持有人、药品生产企业请求赔偿损失,也可以向药品经营企业、医疗机构请求赔偿损失。接到受害人赔偿请求的,应当实行首负责任制,先行赔付;先行赔付后,可以依法追偿。

县级以上地方人民政府有下列行为之一的,对直接负责的主管人员和其他直接责任人员给予记过或者记大过处分;情节严重的,给予降级、撤职或者开除处分:①瞒报、谎报、缓报、漏报药品安全事件;②未及时消除区域性重大药品安全隐患,造成本行政区域内发生特别重大药品安全事件,或者连续发生重大药品安全事件;③履行职责不力,造成严重不良影响或者重大损失。

二、药品监督管理部门及其人员违法行为的法律责任

药品监督管理部门或者其设置、指定的药品专业技术机构参与药品生产经营活动的,由其上级主管机关责令改正,没收违法收入;情节严重的,对直接负责的主管人员和其他直接责任人员依法给予处分。药品监督管理部门或者其设置、指定的药品专业技术机构的工作人员参与药品生产经营活动的,依法给予处分。

药品监督管理部门或者其设置、指定的药品检验机构在药品监督检验中违法收取检验费用的,由政府有关部门责令退还,对直接负责的主管人员和其他直接责任人员依法给予处分;情节严重的,撤销其检验资格。

药品监督管理部门有下列行为之一的,应当撤销相关许可,对直接负责的主管人员和其他直接责任人员依法给予处分:①不符合条件而批准进行药物临床试验;②对不符合条件的药品颁发药品注册证书;③对不符合条件的单位颁发药品生产许可证、药品经营许可证或者医疗机构制剂许可证。

药品监督管理等部门有下列行为之一的，对直接负责的主管人员和其他直接责任人员给予记过或者记大过处分；情节较重的，给予降级或者撤职处分；情节严重的，给予开除处分：①瞒报、谎报、缓报、漏报药品安全事件；②对发现的药品安全违法行为未及时查处；③未及时发现药品安全系统性风险，或者未及时消除监督管理区域内药品安全隐患，造成严重影响；④其他不履行药品监督管理职责，造成严重不良影响或者重大损失。

药品监督管理人员滥用职权、徇私舞弊、玩忽职守的，依法给予处分。

查处假药、劣药违法行为有失职、渎职行为的，对药品监督管理部门直接负责的主管人员和其他直接责任人员依法从重给予处分。

思考题

假药、劣药如何认定？

（郭福娥）

第八章　疫苗管理法律制度

假疫苗生产销售案

　　孔某、乔某为了牟利产生制造假疫苗想法，为此二人通过互联网查找、了解了"A疫苗"的针剂样式和包装样式。随后，二人购买预灌封注射器，在租住房内用生理盐水制造假疫苗。为扩大制假规模，乔某从老家找来亲属帮助制造。制假后期因生理盐水不足，乔某以矿泉水代替。同时孔某还委托殷某等人设计制作了"A疫苗"标签和包装盒。假疫苗被制作完成后，孔某对外谎称是"从内部渠道拿到的正品疫苗"，将其销售给王某等人，以致假疫苗流入社会。公安机关发现孔某等人的犯罪线索后，决定立案侦查，孔某、乔某、殷某、王某等人相继被公安机关抓获。

　　思考：

　　加强疫苗管理立法的重要性。

第一节　概　　述

一、疫苗的概念和特点

（一）疫苗的概念

　　1. 医学意义上疫苗概念　医学意义上疫苗（vaccine）是指将病原微生物（如细菌、立克次体、病毒等）及其代谢产物，经过人工减毒、灭活或利用转基因等方法制成的用于预防传染病的自动免疫制剂。根据其生产技术和工艺可分为传统疫苗和新型疫苗。传统疫苗采用的是巴斯德等最初研制的方法，疫苗成分包含整个细菌或病毒等病原微生物，或病原微生物的某些亚单位成分，包括灭活疫苗、减毒活疫苗等。新型疫苗主要是指使用基因工程技术生产的疫苗，包括基因工程亚单位疫苗、基因工程载体疫苗、核酸疫苗、基因缺失疫苗等。

　　2. 法律意义上疫苗概念　法律意义上疫苗是一种特殊药品，是指为预防、控制疾病的发生、流行，用于人体免疫接种的预防性生物制品，包括免疫规划疫苗和非免疫规划疫苗。免疫规划疫苗，是指居民应当按照政府的规定接种的疫苗，包括国家免疫规划确定的疫苗，省、自治区、直辖市人民政府在执行国家免疫规划时增加的疫苗，以及县级以上人民政府或者其卫生健康主管部门组织的应急接种或者群体性预防接种所使用的疫苗。非免疫规划疫苗，是指由居民自愿接种的其他疫苗。

（二）疫苗的特点

　　疫苗不同于一般药品，具有如下特点：第一，疫苗关系国家公共卫生安全和国家安全，是国家战略性、公益性产品；第二，疫苗是预防性产品，主要供健康人群使用，且以婴幼儿使用为主；第三，疫苗作为生物制品，生产工艺更为复杂，对安全、有效、质量可控的要求更高。

二、立法目的与适用范围

（一）立法目的

疫苗作为一种特殊药品，其安全性关系到每个公民的生命健康，也关系到国家公共卫生安全、社会稳定和公众健康。2019 年 6 月 29 日第十三届全国人民代表大会常务委员会第十一次会议表决通过了《中华人民共和国疫苗管理法》（以下简称《疫苗管理法》），自 2019 年 12 月 1 日开始施行。作为我国首部疫苗管理的专门立法，《疫苗管理法》的立法目的是加强疫苗管理、保证疫苗质量和供应、规范预防接种、促进疫苗行业发展、保障公众健康、维护公共卫生安全。

（二）适用范围

《疫苗管理法》第二条明确规定：在中华人民共和国境内从事疫苗研制、生产、流通和预防接种及其监督管理活动，适用本法。本法未作规定的，适用《药品管理法》《传染病防治法》等法律、行政法规的规定。《疫苗管理法》所称的疫苗是指人用疫苗，不包括其他动物疫苗。动物疫苗由《中华人民共和国动物防疫法》《兽药管理条例》《兽用生物制品经营管理办法》等法律、法规、规章调整。

三、《疫苗管理法》基本原则

1. 安全第一　疫苗安全主要是指通过对疫苗研制到预防接种的全过程进行监督管理，将外界可能存在的风险以及内在的潜在的不安全因素进行消除的一种综合状态，并为了达到此状态所必需的供应保障与信息反馈。疫苗作为涉及全体国民健康的公共产品，安全性是第一位的，也是最基础的。为了保障疫苗安全，我国《疫苗管理法》在疫苗研制、注册、生产、批签发和流通等方面建立了系统的疫苗安全保障管理制度。

2. 风险管理　疫苗风险管理是指在疫苗全生命周期中识别已有或潜在的风险并选择最有效的方法预防、减少、控制或分散这些风险的过程。疫苗是一种高风险的公共物品，疫苗风险有时会造成巨大的乃至不可逆的损害后果，为此，《疫苗管理法》通过疫苗风险评估和风险警示等风险管理制度将可能产生的风险降至最低甚至杜绝。

3. 全程管控　疫苗管理链条长、环节多，有必要建立从疫苗研制注册、疫苗生产、疫苗流通、预防接种到上市后管理的全过程监管制度。全程管控原则主要体现在疫苗上市许可持有人应当加强疫苗全生命周期质量管理，国家实行疫苗全程电子追溯制度，建立全国疫苗电子追溯协同平台。疫苗上市许可持有人应当建立疫苗电子追溯系统，与全国疫苗电子追溯协同平台相衔接，实现生产、流通和预防接种全过程最小包装单位疫苗可追溯、可核查。疾病预防控制机构、接种单位建立疫苗定期检查制度。

4. 科学监管　为了更好地保障广大人民群众生命健康，实现对疫苗的科学管理，我国政府不断进行疫苗监管机构改革，努力使监管部门适应疫苗公共安全治理的需求。由于疫苗属于药品范畴，我国疫苗监管体系在很长时间内从属于药品监管体系，并未进行单独管理。为加强疫苗质量安全保障、更好地推进疫苗公共安全监管工作，2011 年，国家食品药品监督管理局专门设立了疫苗监管质量管理体系办公室。2013 年，国家食品药品监督管理总局（CFDA）成立，按照"四个最严"的要求，追求包括疫苗在内的药品安全、有效、质量可控的治理目标。2019 年，我国《疫苗管理法》对疫苗监管机构及部门进行制度分工，明确要求药品监督管理部门依法负责疫苗全过程的质量监管，卫生健康主管部门负责监督检查预防接种活动以及免疫规划的实施情况，行业协会应秉持行业自律原则，加强行业规范的制定；同时明确了各疫苗监督管理机构的职责分工。

5. 社会共治　长期以来，政府在疫苗风险治理领域扮演着主导的角色。然而，在当前多元利益共存的"风险国"时代,仅凭政府的一己之力无法将所有的风险、问题、突发状况掌握在可控范围内,这迫切需要政府吸纳市场和社会力量,构建完善的治理体系。在这种情况下,各种民间组织甚至公民个人作为政府和市场之外的第三种角色,开始越来越积极地参与到世界各国的疫苗监管改革发展进程中。一些发达国家的疫苗监管改革经验表明,许多非核心的监管职能完全可以通过授权、委托等方式由消费者协会、疫苗行业协会等第三方民间机构完成。为此,政府应当大力支持和培育民间组织在推动疫苗监管体制改革过程中发挥更大的作用,构建多方协同的社会共治体系。

四、管 理 机 制

(一)政府统一领导

县级以上人民政府应当将疫苗安全工作和预防接种工作纳入本级国民经济和社会发展规划,加强疫苗监督管理能力建设,建立健全疫苗监督管理工作机制。县级以上地方人民政府对本行政区域疫苗监督管理工作负责,统一领导、组织、协调本行政区域疫苗监督管理工作。县级以上人民政府及其有关部门应当保障适龄儿童接种免疫规划疫苗。

国务院和省、自治区、直辖市人民政府建立部门协调机制,统筹协调疫苗监督管理有关工作,定期分析疫苗安全形势,加强疫苗监督管理,保障疫苗供应。

(二)药品监督管理部门和卫生健康行政部门监督管理

国务院药品监督管理部门负责全国疫苗监督管理工作。国务院卫生健康主管部门负责全国预防接种监督管理工作。国务院其他有关部门在各自职责范围内负责与疫苗有关的监督管理工作。省、自治区、直辖市人民政府药品监督管理部门负责本行政区域疫苗监督管理工作。设区的市级、县级人民政府承担药品监督管理职责的部门负责本行政区域疫苗监督管理工作。县级以上地方人民政府卫生健康主管部门负责本行政区域预防接种监督管理工作。县级以上地方人民政府其他有关部门在各自职责范围内负责与疫苗有关的监督管理工作。

国务院药品监督管理部门会同国务院卫生健康主管部门制定统一的疫苗追溯标准和规范,建立全国疫苗电子追溯协同平台,整合疫苗生产、流通和预防接种全过程追溯信息,实现疫苗可追溯。

(三)疾病预防控制机构、预防接种单位实施

疾病预防控制机构、接种单位应当依法如实记录疫苗流通、预防接种等情况,并按照规定向全国疫苗电子追溯协同平台提供追溯信息。

(四)疫苗行业协会自律引导

疫苗行业协会应当加强行业自律,建立健全行业规范,推动行业诚信体系建设,引导和督促会员依法开展生产经营等活动。

(五)新闻媒体宣传报道

新闻媒体应当开展疫苗安全法律、法规以及预防接种知识等的公益宣传,并对疫苗违法行为进行舆论监督。有关疫苗的宣传报道应当全面、科学、客观、公正。

第二节　疫苗研制和注册制度

一、疫苗研制制度

疫苗研制(vaccine development)是通过将病原微生物(如细菌、立克次体、病毒等)及其代谢

产物，经过人工减毒、灭活、转基因或突变病毒基因的遗传密码等方法，制成用于预防传染病的或者变成具有治疗性作用的疫苗。疫苗研制是疫苗管理的源头，是疫苗生产、上市和预防接种的前提，加强疫苗研制管理对国家公共安全具有重要战略意义。

（一）国家鼓励支持疫苗研制

党和国家高度重视疫苗研制工作。新中国成立后，中央政府组建了卫生部六大生物制品研究所分区负责流行性传染病的预防和控制、负责疫苗的研究和生产。1959年，在昆明成立了中国医学科学院医学生物学研究所，主要研究生产脊髓灰质炎疫苗。随着我国综合国力增强，疫苗研制取得较大进步，国产疫苗逐步成为预防接种的主导。2009年，甲型H1N1流行性感冒在全球广泛流行，为有效应对疫情，我国在全球率先研制成功甲型H1N1流行性感冒疫苗，并成为第一个应用该疫苗的国家。

为了保障疫苗研制事业安全、科学和有序发展，国家根据疾病流行情况、人群免疫状况等因素，制定相关研制规划，安排必要资金，支持多联多价等新型疫苗的研制。国家组织疫苗上市许可持有人、科研单位、医疗卫生机构联合攻关，研制疾病预防、控制急需的疫苗。国家鼓励疫苗上市许可持有人加大研制和创新资金投入，优化生产工艺，提升质量控制水平，推动疫苗技术进步。目前，我国疫苗研制技术和能力已经走在世界前列。

（二）疫苗临床试验管理

临床试验是指任何在人体（患者或健康志愿者）进行的药物系统性研究，以证实或揭示试验药物的作用、不良反应和/或试验药物的吸收、分布、代谢和排泄，目的是确定试验药物的疗效与安全性。疫苗临床试验的全过程应严格按照《药品临床试验管理规范》（GCP）进行。但是疫苗临床试验与药品临床试验有一定区别，主要是疫苗自身及应用有其特殊性，如疫苗来源于活生物体、其组成复杂，用于健康人群且以儿童为主要接种对象，因此在安全性和有效性方面有其特殊的要求，需要有特殊的检测方法以保证其批间质量的稳定和一致性。

1.疫苗临床试验审批　开展疫苗临床试验，应当经国务院药品监督管理部门依法批准。疫苗临床试验应当由符合国务院药品监督管理部门和国务院卫生健康主管部门规定条件的三级医疗机构或者省级以上疾病预防控制机构实施或者组织实施。国家鼓励符合条件的医疗机构、疾病预防控制机构等依法开展疫苗临床试验。

2.疫苗临床试验基本要求　疫苗临床试验申办者应当制定临床试验方案，建立临床试验安全监测与评价制度，审慎选择受试者，合理设置受试者群体和年龄组，并根据风险程度采取有效措施，保护受试者合法权益。开展疫苗临床试验，应当取得受试者的书面知情同意；受试者为无民事行为能力人的，应当取得其监护人的书面知情同意；受试者为限制民事行为能力人的，应当取得本人及其监护人的书面知情同意。

3.疫苗临床试验四个阶段　疫苗临床试验分为Ⅰ期、Ⅱ期、Ⅲ期和Ⅳ期。Ⅰ期重点观察安全性，观察对象应健康，一般为成人。Ⅱ期试验的目的是观察或者评价疫苗在目标人群中是否能获得预期效果（通常指免疫原性）和一般安全性信息。Ⅲ期试验的目的为全面评价疫苗的保护效果和安全性，该期是获得注册批准的基础。Ⅳ期临床试验是疫苗注册上市后，对疫苗实际应用人群的安全性和有效性进行综合评价。

二、疫苗注册制度

（一）疫苗注册一般规定

国家对上市疫苗实行注册制度。在中国境内上市的疫苗应当经国务院药品监督管理部门批准，取得药品注册证书。疫苗注册（vaccine registration）是药品注册的重要内容之一，只有经过注册程序，取得疫苗注册证书，疫苗才能进行生产、进入流通领域。2020年1月22日，国家市场监督管理总局颁发新修改的《药品注册管理办法》,该办法对包括疫苗在内的药品注册制度进行了详细规定。

申请疫苗注册,应当遵守有关法律、法规、规章、标准和规范;参照相关技术指导原则,采用其他评价方法和技术的,应当证明其科学性、适用性;应当保证全过程信息真实、准确、完整和可追溯。申请疫苗注册,应当提供真实、充分、可靠的数据、资料和样品。

国务院药品监督管理部门在批准疫苗注册申请时,对疫苗的生产工艺、质量控制标准和说明书、标签予以核准。国务院药品监督管理部门应当在其网站上及时公布疫苗说明书、标签内容。

(二)疫苗注册的特殊规定

1. 优先审评审批　对疾病预防、控制急需的疫苗和创新疫苗,国务院药品监督管理部门应当予以优先审评审批。对纳入优先审评审批程序的疫苗上市许可申请,给予相关政策支持。

2. 附条件审批和紧急使用　应对重大突发公共卫生事件急需的疫苗或者国务院卫生健康主管部门认定急需的其他疫苗,经评估获益大于风险的,国务院药品监督管理部门可以附条件批准疫苗注册申请。出现特别重大突发公共卫生事件或者其他严重威胁公众健康的紧急事件,国务院卫生健康主管部门根据传染病预防、控制需要提出紧急使用疫苗的建议,经国务院药品监督管理部门组织论证同意后可以在一定范围和期限内紧急使用。

第三节　疫苗生产、批签发和流通制度

一、疫苗生产制度

疫苗直接用于健康人群,尤其是婴幼儿,与人民群众的健康联系紧密,属于高风险的特殊药品。疫苗生产(vaccine production)和检验应严格按照经核准的生产工艺和质量控制标准进行,生产全过程应当符合药品生产质量管理规范的要求,保障疫苗的安全性和有效性。

(一)严格生产准入

《疫苗管理法》明确规定,国家对疫苗生产实行严格准入制度,从事疫苗生产活动要符合相应条件并经省级以上人民政府药品监督管理部门批准,取得药品生产许可证。疫苗属于药品,从事疫苗生产活动应符合《药品管理法》规定的从事药品生产活动的条件。例如,有依法经过资格认定的药学技术人员、与药品生产相适应的厂房等设施。同时,疫苗作为特殊药品,从事疫苗生产活动还要符合下列条件:具备适度规模和足够的产能储备;具有保证生物安全的制度和设施、设备;符合疾病预防、控制需要。

党和国家高度重视疫苗生产。作为全球最大的人用疫苗生产国,除一些新型疫苗、多联多价疫苗外,我国大部分疫苗品种可以实现自产自足,是世界上为数不多的能够依靠自身能力解决全部计划免疫疫苗的国家之一。

(二)严格生产全过程管控

疫苗作为特殊药品,其组成和性质复杂,与一般药品相比,疫苗生产全过程管控要求更高、更严。首先,疫苗要按经核准的生产工艺和质量控制标准进行生产和检验。疫苗上市许可持有人应按规定对疫苗生产全过程和疫苗质量进行审核、检验。疫苗生产工艺和质量控制标准是保证疫苗质量的重要文件和疫苗生产、检验的重要依据。国家药品监督管理部门在批准疫苗注册申请时,对疫苗的生产工艺、质量控制标准予以核准。生产工艺等发生变更的,应进行评估、验证,按《药品上市后变更管理办法(试行)》等国家药品监督管理部门有关变更管理的规定备案或者报告;变更可能影响疫苗安全性、有效性和质量可控性的,应经国家药品监督管理部门批准。其次,疫苗生产全过程应符合药品生产质量管理规范的要求。药品生产质量管理规范作为质量管理体系的一部分，是药品生产管理和质量控制的基本要求，旨在最大限度地降低药品生产过程中污染、交叉污染以及混淆、差错等风险，确保持续稳定地生产出符合预定用途和注册要求的药品。最后，疫苗上市许可持有人应建立完整的生产质量管理体系，持续加强偏差管理，采用信息化手段如实记录生产、检验过程中形成的所有数据。

二、疫苗批签发制度

（一）疫苗批签发的概念

疫苗批签发（vaccine batch issuance）是国家药品监督管理部门对获得上市许可的疫苗，在每批产品上市销售前或者进口时，经指定的批签发机构进行审核、检验，对符合要求的发给批签发证明的活动。疫苗批签发是疫苗销售前的最后一道检验关口，是防止存在质量问题的疫苗进入流通环节的最后防线。疫苗检验不合格或审核不被批准的，不允许上市或者进口。作为一项科学有效的疫苗监管制度，疫苗批签发制度是世界卫生组织（WHO）要求国家疫苗监管的六项职能之一，广泛应用于世界多个国家。从 2002 年生物制品批签发制度实施以来，国家药品监督管理部门逐步对疫苗实施批签发，并于 2006 年 1 月 1 日起对全部上市疫苗实施批签发。2020 年 12月 11 日，国家市场监督管理总局发布《生物制品批签发管理办法》，该办法对包括疫苗类制品在内生物制品上市批签发制度进行了详细规定。

（二）我国疫苗批签发制度

《疫苗管理法》第二十六条明确规定，国家实行疫苗批签发制度，即疫苗在上市使用前要执行严格的批签发制度。除极特殊情况外，每批疫苗销售前或者进口时，都应取得批签发证明；不予批签发的疫苗不得销售，并应按规定处理。

国家药品监督管理局主管疫苗批签发工作，负责指定批签发机构，明确批签发工作要求，指导批签发工作的实施。国家药品监督管理局指定中国食品药品检定研究院和部分省级药品检验机构共同负责疫苗批签发。省、自治区、直辖市药品监督管理部门负责本行政区域批签发申请人的监督管理，负责组织对本行政区域内批签发产品的现场检查。

申请疫苗批签发应当按照规定向批签发机构提供批生产及检验记录摘要等资料和同批号产品等样品。进口疫苗还应当提供原产地证明、批签发证明。

疫苗免批签发是疫苗管理的一项特殊制度，主要包括两种情形：第一，进口疫苗在原产地免予批签发的，应当提供免予批签发证明。第二，预防、控制传染病疫情或者应对突发事件急需的疫苗，经国务院药品监督管理部门批准，免予批签发。

三、疫苗流通制度

疫苗作为特殊药品，其特殊性的重要表现之一就是疫苗流通（vaccine circulation）不同于一般药品，其对储存、运输条件等有特殊性要求。疫苗流通主要包括：严密闭环供应链和严格疫苗配送。

（一）严密闭环供应链

疫苗由疫苗上市许可持有人向疾控机构供应，再由疾控机构向接种单位供应，这一供应链单向不可逆。只有疾控机构可以向接种单位供应疫苗，疾控机构以外的单位和个人不得向接种单位供应疫苗；接种单位只能接收疾控机构供应的疫苗，不得接收疾控机构以外的单位和个人供应的疫苗。

（二）严格疫苗配送

疾病预防控制机构、接种单位、疫苗上市许可持有人、疫苗配送单位应当遵守疫苗储存、运输管理规范,保证疫苗质量。疫苗在储存、运输全过程中应当处于规定的温度环境,冷链储存、运输应当符合要求,并定时监测、记录温度。疫苗储存、运输管理规范由国务院药品监督管理部门、国务院卫生健康主管部门共同制定。

第四节　预防接种、异常反应监测和处理

一、预防接种

疫苗接种(vaccination)是预防疾病最经济最有效的手段。1950 年,政务院发出《关于发动秋季种痘运动的指示》,要求在全国实施免费接种天花疫苗。1963 年,卫生部首次颁发《预防接种工作实施办法》,各地逐步将预防接种工作纳入有计划接种的轨道。目前,我国预防接种工作取得重大成绩,免疫规划疫苗接种率高,为建立免疫屏障、保护公众健康发挥了重要作用。

(一)国家对儿童实行预防接种证制度

国家对儿童实行预防接种证制度。在儿童出生后一个月内,其监护人应当到儿童居住地承担预防接种工作的接种单位或者出生医院为其办理预防接种证。预防接种实行居住地管理,儿童离开原居住地期间,由现居住地承担预防接种工作的接种单位负责对其实施接种。

儿童入托、入学时,托幼机构、学校应当查验预防接种证,发现未按照规定接种免疫规划疫苗的,应当向儿童居住地或者托幼机构、学校所在地承担预防接种工作的接种单位报告,并配合接种单位督促其监护人按照规定补种。疾病预防控制机构应当为托幼机构、学校查验预防接种证等提供技术指导。

(二)疫苗接种管理制度

1. 强化免疫规划制度　免疫规划即"计划免疫",是指根据某些特定传染病的疫情监测和人群免疫状况分析,按照规定的免疫程序,有计划、有组织地利用疫苗进行免疫接种,以提高人群的免疫水平,预防、控制乃至最终消灭相应传染病。国务院卫生健康主管部门制定国家免疫规划。国家免疫规划疫苗种类由国务院卫生健康主管部门会同国务院财政部门拟订,报国务院批准后公布。国务院卫生健康主管部门建立国家免疫规划专家咨询委员会,并会同国务院财政部门建立国家免疫规划疫苗种类动态调整机制。省、自治区、直辖市人民政府在执行国家免疫规划时,可以根据本行政区域疾病预防、控制需要,增加免疫规划疫苗种类,报国务院卫生健康主管部门备案并公布。

2. 明确接种单位条件　接种单位是指承担预防接种工作任务的机构(包括城镇医疗机构、乡镇卫生院、社区卫生服务中心等)。接种单位应当具备下列条件:①取得医疗机构执业许可证;②具有经过县级人民政府卫生健康主管部门组织的预防接种专业培训并考核合格的医师、护士或者乡村医生;③具有符合疫苗储存、运输管理规范的冷藏设施、设备和冷藏保管制度。

县级以上地方人民政府卫生健康主管部门指定符合条件的医疗机构承担责任区域内免疫规划疫苗接种工作。符合条件的医疗机构可以承担非免疫规划疫苗接种工作,并应当报颁发其医疗机构执业许可证的卫生健康主管部门备案。

3. 规范预防接种行为　接种单位开展预防接种工作应遵守国务院卫生健康主管部门制定的预防接种工作规范、免疫程序、疫苗使用指导原则和省级卫生健康部门制定的接种方案。各级疾控机构要加强对接种单位预防接种工作的技术指导和疫苗使用的管理。

(1)告知:医疗卫生人员实施接种,应当告知受种者或者其监护人所接种疫苗的品种、作用、禁忌、不良反应以及现场留观等注意事项,询问受种者的健康状况以及是否有接种禁忌等情况,并如实记录告知和询问情况。受种者或者其监护人应当如实提供受种者的健康状况和接种禁忌

等情况。有接种禁忌不能接种的，医疗卫生人员应当向受种者或者其监护人提出医学建议，并如实记录提出医学建议情况。

（2）检查、核对接种信息：医疗卫生人员在实施接种前，应当按照预防接种工作规范的要求，检查受种者健康状况、核查接种禁忌，查对预防接种证，检查疫苗、注射器的外观、批号、有效期，核对受种者的姓名、年龄和疫苗的品名、规格、剂量、接种部位、接种途径，做到受种者、预防接种证和疫苗信息相一致，确认无误后方可实施接种。

（3）接种和留观：医疗卫生人员应当对符合接种条件的受种者实施接种。受种者在现场留观期间出现不良反应的，医疗卫生人员应当按照预防接种工作规范的要求，及时采取救治等措施。

（4）保存接种信息：医疗卫生人员应当按照国务院卫生健康主管部门的规定，真实、准确、完整记录疫苗的品种、上市许可持有人、最小包装单位的识别信息、有效期、接种时间、实施接种的医疗卫生人员、受种者等接种信息，确保接种信息可追溯、可查询。接种记录应当保存至疫苗有效期满后不少于五年备查。

二、异常反应监测和处理

（一）疫苗接种异常反应的概念

由于疫苗本身特性和受种者个体差异，任何疫苗都不可避免地会产生预防接种异常反应。疫苗预防接种异常反应，是指合格的疫苗在实施规范接种过程中或者实施规范接种后造成受种者机体组织器官、功能损害，相关各方均无过错的药品不良反应。疫苗预防接种异常反应属于相关各方均无过错的药品不良反应。

（二）疫苗接种异常反应的排除性规定

预防接种异常反应是由疫苗的生物特性决定的，与受种者自身免疫情况有关。下列情形不属于预防接种异常反应：①因疫苗本身特性引起的接种后一般反应；②因疫苗质量问题给受种者造成的损害；③因接种单位违反预防接种工作规范、免疫程序、疫苗使用指导原则、接种方案给受种者造成的损害；④受种者在接种时正处于某种疾病的潜伏期或者前驱期，接种后偶合发病；⑤受种者有疫苗说明书规定的接种禁忌，在接种前受种者或者其监护人未如实提供受种者的健康状况和接种禁忌等情况，接种后受种者原有疾病急性复发或者病情加重；⑥因心理因素发生的个体或者群体的心因性反应。

（三）预防接种异常反应监测与报告主体

疾病预防控制机构、接种单位、医疗机构、疫苗上市许可持有人等发现疑似预防接种异常反应，应按预防接种工作规范、全国疑似预防接种异常反应监测方案等规定报告。

疫苗上市许可持有人应当设立专门机构，配备专职人员，主动收集、跟踪分析疑似预防接种异常反应，及时采取风险控制措施，将疑似预防接种异常反应向疾病预防控制机构报告，将质量分析报告提交省、自治区、直辖市人民政府药品监督管理部门。

（四）预防接种异常反应处理

1. 预防接种异常反应处理一般程序　规范预防接种异常反应调查、诊断和鉴定。对疑似预防接种异常反应，疾控机构应按规定组织调查、诊断，并将结论告知受种者或者其监护人；对调查、诊断结论有争议的，可以根据国务院卫生健康主管部门制定的鉴定办法申请鉴定；因预防接种导致受种者死亡、严重残疾，或者群体性疑似预防接种异常反应等对社会有重大影响的疑似预防接种异常反应，由设区的市级以上人民政府卫生健康主管部门、药品监督管理部门按照各自职责组织调查、处理。

2. 预防接种异常反应补偿制度　预防接种异常反应补偿是指实施接种过程中或者实施接种后出现受种者死亡、严重残疾、器官组织损伤等损害，属于预防接种异常反应或者不能排除的情形的,对其人身损害给予经济补偿。接种免疫规划疫苗所需的补偿费用,由省、自治区、直辖市人民政府财政部门在预防接种经费中安排;接种非免疫规划疫苗所需的补偿费用,由相关疫苗上市许可持有人承担。国家鼓励通过商业保险等多种形式对预防接种异常反应受种者予以补偿。预防接种异常反应补偿应当及时、便民、合理。预防接种异常反应补偿范围、标准、程序由国务院规定,省、自治区、直辖市制定具体实施办法。目前,浙江、江苏、广东、四川等省已经出台了预防接种异常反应补偿办法。

第五节　疫苗上市后管理

一、疫苗全生命周期质量管理体系

疫苗上市许可持有人应当建立健全疫苗全生命周期质量管理体系,制定并实施疫苗上市后风险管理计划,开展疫苗上市后研究,对疫苗的安全性、有效性和质量可控性进行进一步确证。

对批准疫苗注册申请时提出进一步研究要求的疫苗,疫苗上市许可持有人应当在规定期限内完成研究;逾期未完成研究或者不能证明其获益大于风险的,国务院药品监督管理部门应当依法处理,直至注销该疫苗的药品注册证书。

疫苗上市许可持有人应当对疫苗进行质量跟踪分析,持续提升质量控制标准,改进生产工艺,提高生产工艺稳定性。生产工艺、生产场地、关键设备等发生变更的,应当进行评估、验证,按照国务院药品监督管理部门有关变更管理的规定备案或者报告;变更可能影响疫苗安全性、有效性和质量可控性的,应当经国务院药品监督管理部门批准。

疫苗上市许可持有人应当根据疫苗上市后研究、预防接种异常反应等情况持续更新说明书、标签,并按照规定申请核准或者备案。国务院药品监督管理部门应当在其网站上及时公布更新后的疫苗说明书、标签内容。

二、疫苗质量回顾分析和风险报告制度

疫苗上市许可持有人应当建立疫苗质量回顾分析和风险报告制度,每年将疫苗生产流通、上市后研究、风险管理等情况按照规定如实向国务院药品监督管理部门报告。疫苗质量回顾分析目的是确认工艺稳定可靠,以及原辅料、成品现行质量标准的适用性,及时发现不良趋势,确定产品及工艺改进的方向。

三、疫苗上市后评价制度

(一)疫苗上市后评价原因

疫苗在上市前,通过Ⅰ、Ⅱ、Ⅲ期临床试验评估疫苗的安全性和有效性,尤其是Ⅲ期临床试验最终为药物注册申请的审查提供充分的依据。但由于临床试验样本量较少,罕见的严重预防接种异常反应不易发现。加之上市前临床试验中存在观察时间短、观察对象少、疫苗可预防传染病保护效果一般用免疫学指标替代等因素的限制,疫苗的流行病学保护效果、免疫持久性及卫生经济学等方面都难以作出确切评价。另外,上市前临床试验用的疫苗是小批量生产的,上市后大规模生产应用的疫苗,其安全性和有效性也需通过评价得到验证。基于疫苗上市前临床试验的局限性,开展疫苗上市后评价显得非常重要。

（二）疫苗上市后评价内容

国务院药品监督管理部门可以根据实际情况，责令疫苗上市许可持有人开展上市后评价或者直接组织开展上市后评价。疫苗上市后评价主要内容包括安全性、有效性、经济效益性等。

（三）疫苗上市后评价结果应用

对预防接种异常反应严重或者其他原因危害人体健康的疫苗，国务院药品监督管理部门应当注销该疫苗的药品注册证书。开展上市后评价，发现该疫苗品种的产品设计、生产工艺、安全性、有效性或者质量可控性明显劣于预防、控制同种疾病的其他疫苗品种的，应当注销该品种所有疫苗的药品注册证书并废止相应的国家药品标准。

第六节　保障措施与监督管理

一、保障措施

（一）经费保障

县级以上人民政府应当将疫苗安全工作、购买免疫规划疫苗和预防接种工作以及信息化建设等所需经费纳入本级政府预算，保证免疫规划制度的实施。县级人民政府按照国家有关规定对从事预防接种工作的乡村医生和其他基层医疗卫生人员给予补助。国家根据需要对经济欠发达地区的预防接种工作给予支持。省、自治区、直辖市人民政府和设区的市级人民政府应当对经济欠发达地区的县级人民政府开展与预防接种相关的工作给予必要的经费补助。

各级财政安排用于预防接种的经费应当专款专用，任何单位和个人不得挪用、挤占。有关单位和个人使用预防接种的经费应当依法接受审计机关的审计监督。

（二）预防接种项目保障

省、自治区、直辖市人民政府根据本行政区域传染病流行趋势，在国务院卫生健康主管部门确定的传染病预防、控制项目范围内，确定本行政区域与预防接种相关的项目，并保证项目的实施。

国务院卫生健康主管部门根据各省、自治区、直辖市国家免疫规划疫苗使用计划，向疫苗上市许可持有人提供国家免疫规划疫苗需求信息，疫苗上市许可持有人根据疫苗需求信息合理安排生产。疫苗存在供应短缺风险时，国务院卫生健康主管部门、国务院药品监督管理部门提出建议，国务院工业和信息化主管部门、国务院财政部门应当采取有效措施，保障疫苗生产、供应。

疫苗上市许可持有人应当依法组织生产，保障疫苗供应；疫苗上市许可持有人停止疫苗生产的，应当及时向国务院药品监督管理部门或者省、自治区、直辖市人民政府药品监督管理部门报告。

（三）国家疫苗储备制度

国家将疫苗纳入战略物资储备，实行中央和省级两级储备。国务院工业和信息化主管部门、财政部门会同国务院卫生健康主管部门、公安部门、市场监督管理部门和药品监督管理部门，根据疾病预防、控制和公共卫生应急准备的需要，加强储备疫苗的产能、产品管理，建立动态调整机制。

疫苗储备包括疫苗实物储备、疫苗原型毒株储备、疫苗技术储备、应急研发机制与平台准备、应急评审审批法律准备、产能准备、大规模分配和接种计划等。

（四）国家实行疫苗责任强制保险制度

疫苗上市许可持有人应当按照规定投保疫苗责任强制保险。因疫苗质量问题造成受种者损害的，保险公司在承保的责任限额内予以赔付。疫苗责任强制保险制度的具体实施办法，由国务院药品监督管理部门会同国务院卫生健康主管部门、保险监督管理机构等制定。

二、疫苗监管主体及职责

药品监督管理部门、卫生健康主管部门按照各自职责对疫苗研制、生产、流通和预防接种全过程进行监督管理。

（一）药品监督管理部门

药品监督管理部门依法对疫苗研制、生产、储存、运输以及预防接种中的疫苗质量进行监督检查。药品监督管理部门应当加强对疫苗上市许可持有人的现场检查；必要时，可以对为疫苗研制、生产、流通等活动提供产品或者服务的单位和个人进行延伸检查；有关单位和个人应当予以配合，不得拒绝和隐瞒。

药品监督管理部门应当建立疫苗上市许可持有人及其相关人员信用记录制度，纳入全国信用信息共享平台，按照规定公示其严重失信信息，实施联合惩戒。

（二）卫生健康主管部门

卫生健康主管部门依法对免疫规划制度的实施、预防接种活动进行监督检查。

三、疫苗上市许可持有人

疫苗上市许可持有人应当建立信息公开制度，按照规定在其网站上及时公开疫苗产品信息、说明书和标签、药品相关质量管理规范执行情况、批签发情况、召回情况、接受检查和处罚情况以及投保疫苗责任强制保险情况等信息。

四、问题疫苗处置

问题疫苗是指疫苗质量管理存在隐患、疫苗存在或者疑似存在质量问题。问题疫苗的最大风险是失效或无效，即人接种后没有产生免疫。

（一）疫苗质量管理存在安全隐患的处置

疫苗质量管理存在安全隐患，疫苗上市许可持有人等未及时采取措施消除的，药品监督管理部门可以采取责任约谈、限期整改等措施。严重违反药品相关质量管理规范的，药品监督管理部门应当责令暂停疫苗生产、销售、配送，立即整改；整改完成后，经药品监督管理部门检查符合要求的，方可恢复生产、销售、配送。

（二）疫苗存在或者疑似存在质量问题的处置

疫苗存在或者疑似存在质量问题的，疫苗上市许可持有人、疾病预防控制机构、接种单位应当立即停止销售、配送、使用，必要时立即停止生产，按照规定向县级以上人民政府药品监督管理部门、卫生健康主管部门报告。卫生健康主管部门应当立即组织疾病预防控制机构和接种单位采取必要的应急处置措施，同时向上级人民政府卫生健康主管部门报告。药品监督管理部门应当依法采取查封、扣押等措施。对已经销售的疫苗，疫苗上市许可持有人应当及时通知相关疾病预防控制机构、疫苗配送单位、接种单位，按照规定召回，如实记录召回和通知情况，疾病预防控制机构、疫苗配送单位、接种单位应当予以配合。

未依照前款规定停止生产、销售、配送、使用或者召回疫苗的，县级以上人民政府药品监督管理部门、卫生健康主管部门应当按照各自职责责令停止生产、销售、配送、使用或者召回疫苗。

疫苗上市许可持有人、疾病预防控制机构、接种单位发现存在或者疑似存在质量问题的疫苗，不得瞒报、谎报、缓报、漏报，不得隐匿、伪造、毁灭有关证据。

五、国家实行疫苗信息共享机制和疫苗安全信息统一公布制度

国务院药品监督管理部门会同国务院卫生健康主管部门等建立疫苗质量、预防接种等信息共享机制。省级以上人民政府药品监督管理部门、卫生健康主管部门等应当按照科学、客观、及时、公开的原则，组织疫苗上市许可持有人、疾病预防控制机构、接种单位、新闻媒体、科研单位等，就疫苗质量和预防接种等信息进行交流沟通。

国家实行疫苗安全信息统一公布制度。疫苗安全风险警示信息、重大疫苗安全事故及其调查处理信息和国务院确定需要统一公布的其他疫苗安全信息，由国务院药品监督管理部门会同有关部门公布。全国预防接种异常反应报告情况，由国务院卫生健康主管部门会同国务院药品监督管理部门统一公布。未经授权不得发布上述信息。公布重大疫苗安全信息，应当及时、准确、全面，并按照规定进行科学评估，作出必要的解释说明。

第七节　法　律　责　任

疫苗管理法律责任包括民事责任、行政责任和刑事责任。疫苗管理的民事责任、刑事责任由《民法典》《刑法》等法律具体规定，本节主要介绍行政责任。

一、生产、销售的疫苗属于假药或劣药的法律责任

疫苗属于特殊药品，生产、销售的疫苗符合《药品管理法》第九十八条规定的假药规定情形的，由省级以上人民政府药品监督管理部门没收违法所得和违法生产、销售的疫苗以及专门用于违法生产疫苗的原料、辅料、包装材料、设备等物品，责令停产停业整顿，吊销药品注册证书，直至吊销药品生产许可证等，并处违法生产、销售疫苗货值金额十五倍以上五十倍以下的罚款，货值金额不足五十万元的，按五十万元计算。

生产、销售的疫苗符合《药品管理法》第九十八条规定的劣药规定情形的，由省级以上人民政府药品监督管理部门没收违法所得和违法生产、销售的疫苗以及专门用于违法生产疫苗的原料、辅料、包装材料、设备等物品，责令停产停业整顿，并处违法生产、销售疫苗货值金额十倍以上三十倍以下的罚款，货值金额不足五十万元的，按五十万元计算；情节严重的，吊销药品注册证书，直至吊销药品生产许可证等。

生产、销售的疫苗属于假药，或者生产、销售的疫苗属于劣药且情节严重的，由省级以上人民政府药品监督管理部门对法定代表人、主要负责人、直接负责的主管人员和关键岗位人员以及其他责任人员，没收违法行为发生期间自本单位所获收入，并处所获收入一倍以上十倍以下的罚款，终身禁止从事药品生产经营活动，由公安机关处五日以上十五日以下拘留。

二、违法生产、销售疫苗的其他违法行为的法律责任

有下列情形之一的，由省级以上人民政府药品监督管理部门没收违法所得和违法生产、销售的疫苗以及专门用于违法生产疫苗的原料、辅料、包装材料、设备等物品，责令停产停业整顿，并处违法生产、销售疫苗货值金额十五倍以上五十倍以下的罚款，货值金额不足五十万元的，按五十万元计算；情节严重的，吊销药品相关批准证明文件，直至吊销药品生产许可证等，对法定代表人、主要负责人、直接负责的主管人员和关键岗位人员以及其他责任人员，没收违法行为发

生期间自本单位所获收入,并处所获收入百分之五十以上十倍以下的罚款,十年内直至终身禁止从事药品生产经营活动,由公安机关处五日以上十五日以下拘留:①申请疫苗临床试验、注册、批签发提供虚假数据、资料、样品或者有其他欺骗行为;②编造生产、检验记录或者更改产品批号;③疾病预防控制机构以外的单位或者个人向接种单位供应疫苗;④委托生产疫苗未经批准;⑤生产工艺、生产场地、关键设备等发生变更按照规定应当经批准而未经批准;⑥更新疫苗说明书、标签按照规定应当经核准而未经核准。

三、疫苗上市许可持有人或者其他单位违法行为的法律责任

除《疫苗管理法》另有规定的情形外,疫苗上市许可持有人或者其他单位违反药品相关质量管理规范的,由县级以上人民政府药品监督管理部门责令改正,给予警告;拒不改正的,处二十万元以上五十万元以下的罚款;情节严重的,处五十万元以上三百万元以下的罚款,责令停产停业整顿,直至吊销药品相关批准证明文件、药品生产许可证等,对法定代表人、主要负责人、直接负责的主管人员和关键岗位人员以及其他责任人员,没收违法行为发生期间自本单位所获收入,并处所获收入百分之五十以上五倍以下的罚款,十年内直至终身禁止从事药品生产经营活动。

疫苗上市许可持有人违反《疫苗管理法》规定,有下列情形之一的,由省级以上人民政府药品监督管理部门责令改正,给予警告;拒不改正的,处二十万元以上五十万元以下的罚款;情节严重的,责令停产停业整顿,并处五十万元以上二百万元以下的罚款:①未按照规定建立疫苗电子追溯系统;②法定代表人、主要负责人和生产管理负责人、质量管理负责人、质量受权人等关键岗位人员不符合规定条件或者未按照规定对其进行培训、考核;③未按照规定报告或者备案;④未按照规定开展上市后研究,或者未按照规定设立机构、配备人员主动收集、跟踪分析疑似预防接种异常反应;⑤未按照规定投保疫苗责任强制保险;⑥未按照规定建立信息公开制度。

四、批签发机构违法行为的法律责任

批签发机构违反《疫苗管理法》规定,有下列情形之一的,由国务院药品监督管理部门责令改正,给予警告,对主要负责人、直接负责的主管人员和其他直接责任人员依法给予警告直至降级处分:①未按照规定进行审核和检验;②未及时公布上市疫苗批签发结果;③未按照规定进行核实;④发现疫苗存在重大质量风险未按照规定报告。

批签发机构违反《疫苗管理法》规定,未按照规定发给批签发证明或者不予批签发通知书的,由国务院药品监督管理部门责令改正,给予警告,对主要负责人、直接负责的主管人员和其他直接责任人员依法给予降级或者撤职处分;情节严重的,对主要负责人、直接负责的主管人员和其他直接责任人员依法给予开除处分。

五、疾病预防控制机构、接种单位等违法行为的法律责任

疾病预防控制机构、接种单位、疫苗上市许可持有人、疫苗配送单位违反疫苗储存、运输管理规范有关冷链储存、运输要求的,由县级以上人民政府药品监督管理部门责令改正,给予警告,对违法储存、运输的疫苗予以销毁,没收违法所得;拒不改正的,对接种单位、疫苗上市许可持有人、疫苗配送单位处二十万元以上一百万元以下的罚款;情节严重的,对接种单位、疫苗上市许可持有人、疫苗配送单位处违法储存、运输疫苗货值金额十倍以上三十倍以下的罚款,货值金额不足十万元的,按十万元计算,责令疫苗上市许可持有人、疫苗配送单位停产停业整顿,直

至吊销药品相关批准证明文件、药品生产许可证等，对疫苗上市许可持有人、疫苗配送单位的法定代表人、主要负责人、直接负责的主管人员和关键岗位人员以及其他责任人员依照《疫苗管理法》第八十二条规定给予处罚。

疾病预防控制机构、接种单位有前款规定违法行为的，由县级以上人民政府卫生健康主管部门对主要负责人、直接负责的主管人员和其他直接责任人员依法给予警告直至撤职处分，责令负有责任的医疗卫生人员暂停一年以上十八个月以下执业活动；造成严重后果的，对主要负责人、直接负责的主管人员和其他直接责任人员依法给予开除处分，并可以吊销接种单位的接种资格，由原发证部门吊销负有责任的医疗卫生人员的执业证书。

疾病预防控制机构、接种单位、疫苗上市许可持有人、疫苗配送单位有《疫苗管理法》第八十五条规定以外的违反疫苗储存、运输管理规范行为的，由县级以上人民政府药品监督管理部门责令改正，给予警告，没收违法所得；拒不改正的，对接种单位、疫苗上市许可持有人、疫苗配送单位处十万元以上三十万元以下的罚款；情节严重的，对接种单位、疫苗上市许可持有人、疫苗配送单位处违法储存、运输疫苗货值金额三倍以上十倍以下的罚款，货值金额不足十万元的，按十万元计算。

疾病预防控制机构、接种单位有前款规定违法行为的，县级以上人民政府卫生健康主管部门可以对主要负责人、直接负责的主管人员和其他直接责任人员依法给予警告直至撤职处分，责令负有责任的医疗卫生人员暂停六个月以上一年以下执业活动；造成严重后果的，对主要负责人、直接负责的主管人员和其他直接责任人员依法给予开除处分，由原发证部门吊销负有责任的医疗卫生人员的执业证书。

疾病预防控制机构、接种单位违反《疫苗管理法》规定，有下列情形之一的，由县级以上人民政府卫生健康主管部门责令改正，给予警告，没收违法所得；情节严重的，对主要负责人、直接负责的主管人员和其他直接责任人员依法给予警告直至撤职处分，责令负有责任的医疗卫生人员暂停一年以上十八个月以下执业活动；造成严重后果的，对主要负责人、直接负责的主管人员和其他直接责任人员依法给予开除处分，由原发证部门吊销负有责任的医疗卫生人员的执业证书：①未按照规定供应、接收、采购疫苗；②接种疫苗未遵守预防接种工作规范、免疫程序、疫苗使用指导原则、接种方案；③擅自进行群体性预防接种。

疾病预防控制机构、接种单位违反《疫苗管理法》规定，有下列情形之一的，由县级以上人民政府卫生健康主管部门责令改正，给予警告；情节严重的，对主要负责人、直接负责的主管人员和其他直接责任人员依法给予警告直至撤职处分，责令负有责任的医疗卫生人员暂停六个月以上一年以下执业活动；造成严重后果的，对主要负责人、直接负责的主管人员和其他直接责任人员依法给予开除处分，由原发证部门吊销负有责任的医疗卫生人员的执业证书：①未按照规定提供追溯信息；②接收或者购进疫苗时未按照规定索取并保存相关证明文件、温度监测记录；③未按照规定建立并保存疫苗接收、购进、储存、配送、供应、接种、处置记录；④未按照规定告知、询问受种者或者其监护人有关情况。

疾病预防控制机构、接种单位、医疗机构未按照规定报告疑似预防接种异常反应、疫苗安全事件等，或者未按照规定对疑似预防接种异常反应组织调查、诊断等的，由县级以上人民政府卫生健康主管部门责令改正，给予警告；情节严重的，对接种单位、医疗机构处五万元以上五十万元以下的罚款，对疾病预防控制机构、接种单位、医疗机构的主要负责人、直接负责的主管人员和其他直接责任人员依法给予警告直至撤职处分；造成严重后果的，对主要负责人、直接负责的主管人员和其他直接责任人员依法给予开除处分，由原发证部门吊销负有责任的医疗卫生人员的执业证书。

疾病预防控制机构、接种单位违反《疫苗管理法》规定收取费用的，由县级以上人民政府卫生健康主管部门监督其将违法收取的费用退还给原缴费的单位或者个人，并由县级以上人民政府市场监督管理部门依法给予处罚。

违反《疫苗管理法》规定，未经县级以上地方人民政府卫生健康主管部门指定擅自从事免疫规划疫苗接种工作、从事非免疫规划疫苗接种工作不符合条件或者未备案的，由县级以上人民政府卫生健康主管部门责令改正，给予警告，没收违法所得和违法持有的疫苗，责令停业整顿，并处十万元以上一百万元以下的罚款，对主要负责人、直接负责的主管人员和其他直接责任人员依法给予处分。

疾病预防控制机构、接种单位以外的单位或者个人违反《疫苗管理法》规定，擅自进行群体性预防接种的，由县级以上人民政府卫生健康主管部门责令改正，没收违法所得和违法持有的疫苗，并处违法持有的疫苗货值金额十倍以上三十倍以下的罚款，货值金额不足五万元的，按五万元计算。

六、监护人未依法保证适龄儿童按时接种免疫规划疫苗的法律责任

监护人未依法保证适龄儿童按时接种免疫规划疫苗的，由县级人民政府卫生健康主管部门批评教育，责令改正。

托幼机构、学校在儿童入托、入学时未按照规定查验预防接种证，或者发现未按照规定接种的儿童后未向接种单位报告的，由县级以上地方人民政府教育行政部门责令改正，给予警告，对主要负责人、直接负责的主管人员和其他直接责任人员依法给予处分。

七、县级以上地方人民政府在疫苗监督管理工作中违法行为的法律责任

县级以上地方人民政府在疫苗监督管理工作中有下列情形之一的，对直接负责的主管人员和其他直接责任人员依法给予降级或者撤职处分；情节严重的，依法给予开除处分；造成严重后果的，其主要负责人应当引咎辞职：①履行职责不力，造成严重不良影响或者重大损失；②瞒报、谎报、缓报、漏报疫苗安全事件；③干扰、阻碍对疫苗违法行为或者疫苗安全事件的调查；④本行政区域发生特别重大疫苗安全事故，或者连续发生重大疫苗安全事故。

八、药品监督管理部门、卫生健康主管部门在疫苗监督管理工作中违法行为的法律责任

药品监督管理部门、卫生健康主管部门等部门在疫苗监督管理工作中有下列情形之一的，对直接负责的主管人员和其他直接责任人员依法给予降级或者撤职处分；情节严重的，依法给予开除处分；造成严重后果的，其主要负责人应当引咎辞职：①未履行监督检查职责，或者发现违法行为不及时查处；②擅自进行群体性预防接种；③瞒报、谎报、缓报、漏报疫苗安全事件；④干扰、阻碍对疫苗违法行为或者疫苗安全事件的调查；⑤泄露举报人的信息；⑥接到疑似预防接种异常反应相关报告，未按照规定组织调查、处理；⑦其他未履行疫苗监督管理职责的行为，造成严重不良影响或者重大损失。

思考题

请结合本章所学，谈谈《疫苗管理法》立法如何贯彻"四个最严的要求"。

（李海军）

第九章 血液及血液制品管理法律制度

章前案例

妊娠流产死亡与医院、血液中心医疗损害纠纷案

李某怀孕 4 个多月，出现阴道流血 5 小时，于 20 时 30 分入住某县中医院。经检查，诊断为孕 16 周，难免流产，中度贫血。次日晨 4 时许给予口服药物引产，7 时 30 分胎儿娩出，胎盘滞留不下。8 时 25 分行清宫手术，手术过程中出现大出血，医生准备输血。经查，李某为 Rh 阴性 O 型血，该院没有备用的 Rh 阴性 O 型血。9 时 20 分，该院随即将李某紧急转往上级医院。10 时 30 分李某转入上级医院，上级医院产科、ICU、呼吸科、神经内科医师共同给予李某实施了一系列抢救措施。因血型稀有，上级医院没有可用的同型血源。经联系，省血液中心无新鲜的 Rh 阴性 O 型血，只有冰冻的 Rh 阴性 O 型红细胞 4U，解冻时间需 6 小时，最快需 4 小时。16 时 50 分临床宣布李某死亡。死亡原因：重度失血性休克，多器官功能衰竭，弥散性血管内凝血。

纵观对李某的医疗救治过程，结合司法鉴定中心出具的鉴定结论，法院有以下几点认识。

1. 关于某县中医院　第一，引产术前未按常规进行治疗。第二，对产后大出血可以避免而没能有效避免。第三，转院措施不当。第四，没有采取配合型输血原则积极抢救患者。某县中医院的医疗过错行为，与李某死亡后果之间存在直接因果关系，系主要过错，承担 80% 的责任。

2. 关于上级医院　上级医院采取各种措施积极抢救李某的过程及产科在处理大出血救治方面没有医疗过错。但是，为了抢救患者生命，应采用配合型输血原则，而上级医院没有对李某尽到科学、安全输血以抢救其生命的高度注意义务，存在医疗过错，与其死亡后果之间存在一定的因果关系，属次要过错，承担 10% 的责任。

3. 关于省血液中心　《血站管理办法》规定，指导临床医疗用血是省血液中心的重要职责。同时，血液中心有向医院及时提供各种型别血液的责任，由于没有准备足够的 Rh（D）阴性血液，也没有完善的应对紧急措施的预案，使李某失去了获救机会，存在过错，与其死亡后果之间存在一定的因果关系，为次要过错，承担 10% 的责任。

思考：

如何从法律的角度加强我国采供血及临床用血的管理？

第一节　概　　述

一、血液及血液制品的概念

血液（blood）是流动在心脏和血管内的不透明红色液体，占人体重的 7%～8%，主要成分为血浆、血细胞。血液是人体正常生命活动不可缺少的重要物质，目前而言，血液在医学临床中的

作用特别重要，而且这种重要作用无法替代。血液管理法律法规所称的血液是指用于临床的全血或成分血。

血液制品（blood product）特指各种人血浆蛋白制品，是一种宝贵的人源性生物制品。血液制品的原料是血浆。我国的采供血机构分为血站和单采血浆站。血站是采集、提供临床用血的公益性卫生机构。单采血浆站是采集、供应血液制品生产用原料血浆的单位。血液及血液制品在救死扶伤和防病治病中发挥着重要作用，但本身又可以成为致病物质的载体，成为传播传染病的高危因素，直接关系到人民群众的身体健康和生命安全，因此制定血液及血液制品管理法律制度，对保障临床用血安全和血液制品安全至关重要。

二、血液及血液制品管理相关立法

为规范公民献血及血站采供血活动，保证医疗临床用血和血液制品安全，保护公民的身体健康，我国制定了一系列血液及血液制品管理的相关规范性法律文件。1978 年，国务院批转了卫生行政部门《关于加强输血工作的请示报告》；1996 年，国务院发布了《血液制品管理条例》（2016 年 2 月修订）；1997 年，全国人民代表大会常务委员会通过了《中华人民共和国献血法》（以下简称《献血法》）。为贯彻《献血法》，国务院卫生行政部门先后制定发布了《脐带血造血干细胞库管理办法（试行）》（1999 年）、《临床输血技术规范》（2000 年）、《采供血机构设置规划指导原则》（2005 年）、《血站管理办法》（2006 年 3 月施行，2009 年 3 月、2016 年 1 月和 2017 年 12 月修订）及《血站质量管理规范》和《血站实验室质量管理规范》（2006 年）、《单采血浆站管理办法》（2008 年）、《医疗机构临床用血管理办法》（2012 年）等配套规章。国务院卫生行政部门还制定了《血站基本标准》（2000 年修订）、《单采血浆站基本标准》（2021 年版）、《献血者健康检查要求》（GB 18467—2011）等血液管理相关的卫生标准。2012—2019 年，在《中国输血技术操作规程血站部分》基础上，国家卫生行政部门组织专家修订印发 2012 版、2015 版、2019 版《血站技术操作规程》。这一系列配套法规的颁布实施，基本形成了保障血液安全的法制体系，为促进血液及血液制品管理体系建设与法治建设，提高采供血工作规范化、科学化管理水平，保障我国临床用血供应和安全，维护献血者和用血者合法权益发挥了重要作用。

第二节　献血法律制度

一、无偿献血制度及其意义

献血活动经历从有偿到无偿的过程。人道主义无偿献血是由国际红十字组织首先提出的。1946 年，在英国牛津召开的第十九次国际红十字会与红新月会协会理事会第 40 号决议中，第一次以正式文件形式提出了"对供血者提供的血液不应支付报酬"的无偿献血原则。1948 年，红十字会国际委员提出了医疗用血应来自无偿献血者，患者也应无偿使用血液，即无偿献血、免费输血的原则。1991 年，在布达佩斯召开的国际红十字会与红新月会联合会第八届大会上，明确将自愿无偿献血定义为：无偿献血是志愿提供自身的血液、血浆或其他血液成分而不获取任何报酬的行为。无论是金钱或礼品都可视为金钱的替代，包括休假和旅游等，而小型纪念品、茶点以及支付交通费则是合理的。2001 年，在南非举行的第八届国际志愿无偿献血者招募大会上，世界卫生组织、红十字会与红新月会国际联合会、国际献血组织联合会、国际输血协会联合倡导，将发现 ABO 血型系统的诺贝尔生理学或医学奖获奖者——卡尔·兰德施泰纳的生日（6 月 14 日）定为"世界献血日"，希望各地在每年的 6 月 14 日举办相关活动。通过这一特殊的日子，感谢那些为挽救伤病患者生命而志愿无偿献血的人；同时希望无偿献血的重要意义和血液安全的意识，能够得到全社会更广泛的认同，进而唤起更多的人自觉加入无偿献血者行列，为医学临床救助生命提供更充足、更安全的血液。

同大多数国家一样，我国的血液管理也经历了个体献血、义务献血和无偿献血三个大的阶段，从有偿献血逐步向无偿献血过渡，最终实现了公民无偿献血。1978年11月国务院批转卫生行政部门《关于加强输血工作的请示报告》，正式提出实行公民义务献血制度。随后，各省、自治区、直辖市相继开展了公民义务献血活动。义务献血（voluntary blood donation）是指通过政府献血领导小组或献血委员会向机关、企事业单位、农村社区分配献血指标，下达献血任务，献血后给予献血者一定营养补助费的一种献血方式。1984年，国务院卫生行政部门和中国红十字会总会在全国鼓励和倡导公民自愿无偿献血，逐步使公民义务献血从有偿献血向无偿志愿献血过渡。随后，中国红十字会总会会同国务院卫生行政部门设计并制作了全国统一的第一代无偿志愿献血证，由各地红十字会和采供血机构颁发给无偿志愿献血者。1987年，国家颁布了《无偿志愿献血奖励办法（试行）》；1999年，颁布了《全国无偿献血表彰奖励办法》，2009年、2014年、2022年进行了修订。1998年施行的《献血法》总结了我国多年来推行个体献血、义务献血和无偿献血的经验，首次以法律形式确立了无偿献血制度，同时明确了在献血工作中各级政府和有关部门的职责，适龄健康公民在献血工作中的权利和义务，以及血站和医疗机构在采供血及临床用血工作中的责任，并且对相关违法行为的处罚等问题作出了较为明确的规定，标志着我国血液管理进入无偿献血法律制度的新阶段。无偿献血（blood donation without payment）是公民不图财物，自愿无偿地捐献自身血液或其中某种成分的一种献血方式。无偿献血是一种"我为人人，人人为我"的社会共济行为，不仅能保障临床用血的需要和安全，还是人道主义精神和社会文明的重要体现。《献血法》奠定了我国无偿献血事业的基础，快速推进了我国无偿献血的发展，对保障血液安全、加强血液管理，发挥了至关重要的作用。

二、无偿献血的规定

1. 无偿献血的主体　根据我国公民的身体素质和满足用血需要等因素，《献血法》规定，国家提倡18周岁至55周岁的健康公民自愿献血。18周岁是我国法定的完全民事行为能力人的年龄界限，无偿献血是公民自愿的行为，18周岁为无偿献血的最低年龄。考虑我国公民的体质状况，法律规定55周岁为无偿献血的终止年龄，但这只是法律的一般规定，并不是超过终止年龄的就不允许献血。根据《献血者健康检查要求》（GB 18467—2011）规定，对既往无献血反应、符合健康检查要求的多次献血者主动要求再次献血的，年龄可延长至60周岁。《献血法》还规定，国家鼓励国家工作人员、现役军人和高等学校在校学生率先献血，为树立社会新风尚作表率。国家对无偿献血者，发给国务院卫生行政部门制作的无偿献血证书，有关单位可以给予适当补贴。

2. 无偿献血的献血量、时间及血液用途　无偿献血的献血量和献血间隔直接影响献血者的健康和血液质量，因此《献血法》规定，献血者每次采集血液量一般为200ml，最多不超过400ml，两次采集间隔不少于6个月。血站每次采集血液量的规定，主要参照我国长期以来的实际情况，在不影响人体健康的前提下一个健康公民所能献出的血液量，同时参考了国际上多数国家的采血数量。根据我国的情况，法律还规定了两次采集血液间隔期，这是根据人体的生理规律确定的。红细胞的寿命有一定时限，也有不断衰老和死亡的过程。一般情况下，每天可有40ml血液中的红细胞衰老和死亡，而同时又有相应数量的红细胞得到新生。红细胞的平均寿命为120天，因此，两次献血间隔期在3个月以上是可以的。规定献血间隔期不得少于6个月完全是从保护献血公民的健康和保证血液质量考虑的。为了保护献血者的健康安全，保证血液事业的蓬勃发展,血站如果违反有关操作规程和制度采集血液便构成违法,应承担相应的法律责任。法律规定,无偿献血的血液必须用于临床,不得买卖,血站、医疗机构不得将无偿献血的血液出售给单采血浆站或者血液制品生产单位。

3. 无偿献血的领导和组织 无偿献血最初由国际红十字会组织倡导。因此,国外的无偿献血工作主要由各国红十字会组织负责。但由于红十字会只是民间团体,在开展献血活动中遇到了一定的困难,需要政府的支持。《献血法》规定,地方各级人民政府领导本行政区域内的献血工作,统一规划并负责组织、协调有关部门共同做好献血工作。县级以上各级人民政府卫生行政部门监督管理献血工作。各级红十字会依法参与、推动献血工作。各级人民政府采取措施广泛宣传献血的意义,普及献血的科学知识,开展预防和控制经血液途径传播疾病的教育。新闻媒介应当开展献血的社会公益性宣传。国家机关、军队、社会团体、企事业组织、居民委员会、村民委员会,应当动员和组织本单位或者本居住区的适龄公民参加献血。现役军人献血的动员和组织办法,由中国人民解放军卫生主管部门制定。由此可见,我国已确立了政府领导、部门配合、社会动员、宣教开路、先进带头的献血工作机制。

三、无偿献血者的权利

1. 知情同意权 无偿献血者对献血相关内容有知情权利。血站工作人员应在无偿献血者献血前对其履行规定的告知义务,并取得献血者签字的知情同意书。告知内容包括:献血动机、安全献血者的重要性、具有高危行为者故意献血的责任、实名制献血、献血反应等内容。

2. 健康检查权 无偿献血者献血时可享受免费一般体格检查和血液检测等健康检查,但是献血者不要为健康检查而献血。根据相关规定,献血前血站应进行健康状况征询和一般检查,献血者填写健康状况征询表。对身体状况不符合献血条件的,血站应向其说明情况,不得采集血液。

3. 表彰奖励权 无偿献血者有获得各级人民政府和红十字会表彰奖励的权利。为发扬人道主义精神,推动我国无偿献血事业的进一步发展,对积极参加献血和献血工作中作出显著成绩的单位和个人,国家给予表彰奖励。根据《全国无偿献血表彰奖励办法》,各级人民政府和红十字会给予献血者"无偿献血奉献奖",用以奖励多次自愿无偿献血者。

4. 免费用血权 无偿献血者本人及其直系亲属医疗用血时,可免费使用其无偿献血等量或几倍的血液。无偿献血者临床需要用血时,免交血液的采集、储存、分离、检验等费用;无偿献血者的配偶和直系亲属临床需要用血时,可以按照省、自治区、直辖市人民政府规定免交或者减交血液的采集、储存、分离、检验等费用。如果无偿献血者因病在外地用血,临床用血的费用先垫付然后向献血所在地献血办公室结算。

5. 人格隐私权 献血者的人格应当受到尊重,其个人信息、血液检测结果等个人隐私应当受到保护,采供血机构应确保献血者的相关信息不被泄露。

第三节 血站管理法律制度

一、血站的概念

血站(blood station)是指不以营利为目的,采集、提供临床用血的公益性卫生机构。血站分为一般血站和特殊血站。一般血站包括血液中心、中心血站和中心血库。特殊血站包括脐带血造血干细胞库和国务院卫生行政部门根据医学发展需要批准、设置的其他类型血库。国务院卫生行政部门先后制定了《血站管理办法》《采供血机构设置规划指导原则》《血站质量管理规范》《血站实验室质量管理规范》《脐带血造血干细胞库管理办法（试行）》等血站管理规范性法律文件。

二、血站的设置和职责

国务院卫生行政部门根据全国医疗资源配置、临床用血需求，制定全国采供血机构设置规划指导原则，并负责全国血站建设规划的指导。省、自治区、直辖市人民政府卫生行政部门根据国务院卫生行政部门制定的全国采供血机构设置规划指导原则，结合本行政区域人口、医疗资源、临床用血需求等实际情况和当地区域卫生发展规划，制定本行政区域血站设置规划，报同级人民政府批准，并报国务院卫生行政部门备案。省、自治区、直辖市人民政府卫生行政部门依据采供血机构设置规划批准设置血站，并报国务院卫生行政部门备案。

（一）一般血站的设置和职责

1. 血液中心设置和职责　血液中心应当设置在直辖市、省会市、自治区首府市。其主要职责是：①按照省级人民政府卫生行政部门的要求，在规定范围内开展无偿献血者的招募、血液的采集与制备、临床用血供应以及医疗用血的业务指导等工作；②承担所在省、自治区、直辖市血站的质量控制与评价；③承担所在省、自治区、直辖市血站的业务培训与技术指导；④承担所在省、自治区、直辖市血液的集中化检测任务；⑤开展血液相关的科研工作；⑥承担卫生行政部门交办的任务。血液中心应当具有较高综合质量评价的技术能力。

2. 中心血站设置和职责　中心血站应当设置在设区的市。其主要职责是：①按照省级人民政府卫生行政部门的要求，在规定范围内开展无偿献血者的招募、血液的采集与制备、临床用血供应以及医疗用血的业务指导等工作；②承担供血区域范围内血液储存的质量控制；③对所在行政区域内的中心血库进行质量控制；④承担卫生行政部门交办的任务。直辖市、省会市、自治区首府市已经设置血液中心的，不再设置中心血站；尚未设置血液中心的，可以在已经设置的中心血站基础上加强能力建设，履行血液中心的职责。

3. 中心血库设置和职责　中心血库应当设置在中心血站服务覆盖不到的县级综合医院内。其主要职责是：按照省级人民政府卫生行政部门的要求，在规定范围内开展无偿献血者的招募、血液的采集与制备、临床用血供应以及医疗用血业务指导等工作。

（二）特殊血站的设置和职责

1. 特殊血站的设置　特殊血站设置批准更为严格。国务院卫生行政部门根据全国人口分布、卫生资源、临床造血干细胞移植需要等实际情况，统一制定我国脐带血造血干细胞库等特殊血站的设置规划和原则。国家不批准设置以营利为目的的脐带血造血干细胞库等特殊血站。申请设置脐带血造血干细胞库等特殊血站的，应当按照国务院卫生行政部门规定的条件向所在地省级人民政府卫生行政部门申请。省级人民政府卫生行政部门组织初审后报国务院卫生行政部门。

2. 特殊血站的职责　脐带血造血干细胞库等特殊血站执业除应当遵守一般血站的执业要求外，还应该遵守以下规定：①按照国务院卫生行政部门规定的脐带血造血干细胞库等特殊血站的基本标准、技术规范等执业。②脐带血等特殊血液成分的采集必须符合医学伦理的有关要求，并遵循自愿和知情同意的原则。脐带血造血干细胞库必须与捐献者签署经执业登记机关审核的知情同意书。③脐带血造血干细胞库等特殊血站只能向有造血干细胞移植经验和基础，并装备有造血干细胞移植所需的无菌病房和其他必需设施的医疗机构提供脐带血造血干细胞。④脐带血等特殊血液成分必须用于临床。

三、血站的执业登记

1. 登记机关 血站开展采供血活动,应当向所在省、自治区、直辖市人民政府卫生行政部门申请办理执业登记,取得《血站执业许可证》。没有取得《血站执业许可证》的,不得开展采供血活动。

2. 登记程序 血站执业登记必须履行以下程序:①血站申请办理执业登记必须填写《血站执业登记申请书》。②省级人民政府卫生行政部门在受理血站执业登记申请后,应当组织有关专家或者委托技术部门,根据《血站质量管理规范》和《血站实验室质量管理规范》,对申请单位进行技术审查,并提交技术审查报告。③省级人民政府卫生行政部门应当在接到专家或者技术部门的技术审查报告后20日内对申请事项进行审核。审核合格的,予以执业登记,发给国务院卫生行政部门统一样式的《血站执业许可证》及其副本。《血站执业许可证》有效期为3年。

3. 不予执业登记 有下列情形之一的,不予执业登记:①《血站质量管理规范》技术审查不合格的;②《血站实验室质量管理规范》技术审查不合格的;③血液质量检测结果不合格的。执业登记机关对审核不合格、不予执业登记的,将结果和理由以书面形式通知申请人。

4. 再次执业登记 《血站执业许可证》有效期满前3个月,血站应当办理再次执业登记,并提交《血站再次执业登记申请书》及《血站执业许可证》。省级人民政府卫生行政部门应当根据血站业务开展和监督检查情况进行审核,审核合格的,予以继续执业。未通过审核的,责令其限期整改;经整改仍审核不合格的,注销其《血站执业许可证》。未办理再次执业登记手续或者被注销《血站执业许可证》的血站,不得继续执业。

5. 注销执业登记 血站有下列情形之一的,由省级人民政府卫生行政部门注销其《血站执业许可证》:①《血站执业许可证》有效期届满未办理再次执业登记的;②取得《血站执业许可证》后一年内未开展采供血工作的。根据采供血机构设置规划予以撤销的血站,应当在撤销后15日内向执业登记机关申请办理注销执业登记。逾期不办理的,由执业登记机关依程序予以注销,并收回《血站执业许可证》及其副本和全套印章。

四、血站采供血要求

血站应当根据医疗机构临床用血需求,制定血液采集、制备、供应计划,保障临床用血安全、及时、有效。血站开展献血者招募,应当为献血者提供安全、卫生、便利的条件和良好的服务。

1. 采血要求 血站应当按照国务院卫生行政部门制定的《献血者健康检查标准》和《献血者健康检查要求》对献血者进行免费健康检查和血液采集。血站采血前应当对献血者身份进行核对并进行登记,严禁采集冒名顶替者的血液,严禁超量、频繁采集血液。血站不得采集血液制品生产用原料血浆。血站采集血液应当遵循自愿和知情同意的原则,并对献血者履行规定的告知义务。血站应当建立献血者信息保密制度。

血站开展采供血业务应当实行全面质量管理,严格遵守《中国输血技术操作规程》《血站质量管理规范》和《血站实验室质量管理规范》等技术规范和标准。血站应当建立对有易感染经血液传播疾病危险行为的献血者献血后的报告工作程序、献血屏蔽和淘汰制度;应当建立人员岗位责任制度和采供血管理相关工作制度,并定期检查、考核各项规章制度和各级各类人员岗位责任制的执行和落实情况;应当对血站工作人员进行岗位培训与考核,血站工作人员应当符合岗位执业资格的规定,并经岗位培训与考核合格后方可上岗。

血站使用的药品、体外诊断试剂、一次性卫生器材应当符合国家有关规定。血站应当保证所采集的血液由具有血液检测实验室资格的实验室进行检测。对检测不合格或者报废的血液,血站应当严格按照有关规定处理。血液标本的保存期为全血或成分血使用后2年。献血、检测和供血的原始记录应当至少保存10年。

2.供血要求 血液的包装、储存、运输应当符合《血站质量管理规范》的要求。血液包装袋上应当标明：①血站的名称及其许可证号；②献血编号或者条形码；③血型；④血液品种；⑤采血日期及时间或者制备日期及时间；⑥有效日期及时间；⑦储存条件。血站应当保证发出的血液质量符合国家有关标准，其品种、规格、数量、活性、血型无差错；未经检测或者检测不合格的血液，不得向医疗机构提供。

无偿献血的血液必须用于临床，不得买卖。血站剩余成分血浆由省、自治区、直辖市人民政府卫生行政部门协调血液制品生产单位解决。血站剩余成分血浆以及因科研或者特殊需要用血而进行的调配所得的收入，全部用于无偿献血者用血返还费用，血站不得挪作他用。禁止临床医疗用途的人体血液、血浆进出口。

第四节 临床用血管理

临床用血（blood transfusion in clinics）是指医疗机构将依法采集的供血者的全血或成分血输注给患者的一种重要医疗措施。国家卫生健康委员会发布的《关于印发医疗质量安全核心制度要点的通知》，将临床用血审核制度列为18项医疗质量安全核心制度之一，既强调了临床用血管理的重要性，又从全国层面对医疗机构核心制度的定义、内容、要求、操作流程和执行效果进行了统一；2018年，《全血和成分血使用》（WS/T 623—2018）标准的颁布标志着我国临床用血水平跨入标准化的阶段，进一步规范了血液的临床应用。十多个省级卫生健康行政部门根据《医疗机构临床用血管理办法》《临床输血技术规范》等文件，制定或修改了本行政区域的医疗机构临床用血的管理办法、临床输血指南、质量安全手册、质量评价标准、管理指南、考核细则的管理制度，从制度建设上有效规范了辖区的临床用血管理，推动临床用血管理工作不断与时俱进，适应新时代发展需求。

一、临床用血的组织与职责

（一）卫生行政部门

1.临床用血专家委员会 国务院卫生行政部门成立临床用血专家委员会，建立协调机制，做好临床用血管理工作，提高临床合理用血水平，保证输血治疗质量。其主要职责是：①协助制定国家临床用血相关制度、技术规范和标准；②协助指导全国临床用血管理和质量评价工作，提高临床合理用血水平；③协助临床用血重大安全事件的调查分析，提出处理意见；④承担国务院卫生行政部门交办的有关临床用血管理的其他任务。

2.临床用血质量控制中心 各省、自治区、直辖市人民政府卫生行政部门成立省级临床用血质量控制中心，负责辖区内医疗机构临床用血管理的指导、评价和培训等工作。各省、自治区、直辖市人民政府卫生行政部门应当制定临床用血保障措施和应急预案，保证自然灾害、突发事件等大量伤员和特殊病例、稀缺血型等应急用血的供应和安全；应当加强边远地区医疗机构临床用血保障工作，科学规划和建设中心血库与储血点。

县级以上地方人民政府卫生行政部门应当加强对本行政区域内医疗机构临床用血情况的督导检查；应当建立医疗机构临床用血评价制度，定期对医疗机构临床用血工作进行评价；应当建立临床合理用血情况排名、公布制度；应当将医疗机构临床用血情况纳入医疗机构考核指标体系，作为医疗机构评审、评价重要指标。

（二）医疗机构

1.临床用血管理委员会 医疗机构应当加强组织管理，明确岗位职责，健全管理制度。医疗机构法定代表人为临床用血管理第一责任人。二级以上医院和妇幼保健院应当设立临床用血管理委员会，负责本机构临床合理用血管理工作。主任委员由院长或者分管医疗的副院长担任，成员由医务部门、输血科、麻醉科、开展输血治疗的主要临床科室、护理部门、手术室等部门负责人组成。医务、输血部门共同负责临床合理用血日常管理工作。其他医疗机构应当设立临床用血管理工作组，并指定专（兼）职人员负责日常管理工作。

临床用血管理委员会或者临床用血管理工作组应当履行以下职责：①认真贯彻临床用血管理相关法律、法规、规章、技术规范和标准，制订本机构临床用血管理的规章制度并监督实施；②评估确定临床用血的重点科室、关键环节和流程；③定期监测、分析和评估临床用血情况，开展临床用血质量评价工作，提高临床合理用血水平；④分析临床用血不良事件，提出处理和改进措施；⑤指导并推动开展自体输血等血液保护及输血新技术；⑥承担医疗机构交办的有关临床用血的其他任务。

2.输血科或者血库 医疗机构应当根据有关规定和临床用血需求设置输血科或者血库，并根据自身功能、任务、规模，配备与输血工作相适应的专业技术人员、设施、设备。不具备条件设置输血科或者血库的医疗机构，应当安排专（兼）职人员负责临床用血工作。

输血科及血库的主要职责是：①建立临床用血质量管理体系，推动临床合理用血；②负责制订临床用血储备计划，根据血站供血的预警信息和医院的血液库存情况协调临床用血；③负责血液预订、入库、储存、发放工作；④负责输血相关免疫血液学检测；⑤参与推动自体输血等血液保护及输血新技术；⑥参与特殊输血治疗病例的会诊，为临床合理用血提供咨询；⑦参与临床用血不良事件的调查；⑧根据临床治疗需要，参与开展血液治疗相关技术；⑨承担医疗机构交办的有关临床用血的其他任务。

二、临床用血的管理

医疗机构应当加强临床用血管理，建立并完善管理制度和工作规范，并保证落实；科学制订临床用血计划，建立临床合理用血的评价制度，提高临床合理用血水平；配合血站建立血液库存动态预警机制，保障临床用血需求和正常医疗秩序。

1.血液的接收和储存 医疗机构应当使用卫生行政部门指定血站提供的血液，对血液预订、接收、入库、储存、出库及库存预警等进行管理，保证血液储存、运送符合国家有关标准和要求。医疗机构接收血站发送的血液后，应当对血袋标签进行核对。符合国家有关标准和要求的血液入库，做好登记；并按不同品种、血型和采血日期（或有效期），分别有序存放于专用储藏设施内。血袋标签核对的主要内容有：①血站的名称；②献血编号或者条形码、血型；③血液品种；④采血日期及时间或者制备日期及时间；⑤有效期及时间；⑥储存条件。禁止将血袋标签不合格的血液入库。

医疗机构的储血设施应当保证运行有效，全血、红细胞的储藏温度应当控制在 $2\sim6^{\circ}\text{C}$，血小板的储藏温度应当控制在 $20\sim24^{\circ}\text{C}$。储血保管人员应当做好血液储藏温度的 24 小时监测记录。储血环境应当符合卫生标准和要求。

2.临床用血申请 医疗机构应当建立临床用血申请管理制度。①同一患者一天申请备血量少于 800 毫升的，由具有中级以上专业技术职务任职资格的医师提出申请，上级医师核准签发后，方可备血。②同一患者一天申请备血量在 800 毫升至 1 600 毫升的，由具有中级以上专业技术职务任职资格的医师提出申请，经上级医师审核，科室主任核准签发后，方可备血。③同一患者一天申请备血量达到或超过 1 600 毫升的，由具有中级以上专业技术职务任职资格的医师提出申请,科室主任核准签发后,报医务部门批准,方可备血。以上情况不适用于急救用血。

3.患者自身储血　《献血法》规定,为保障公民临床急救用血的需要,国家提倡并指导择期手术的患者自身储血。《医疗机构临床用血管理办法》规定,医疗机构应当积极推行节约用血的新型医疗技术。三级医院、有条件的二级医院和妇幼保健院应当开展自体输血技术,建立并完善管理制度和技术规范,提高合理用血水平,保证医疗质量和安全。医疗机构应当动员符合条件的患者接受自体输血技术,提高输血治疗效果和安全性。

4.应急用血　因应急用血或者避免血液浪费,在保证血液安全的前提下,经省、自治区、直辖市人民政府卫生行政部门核准,医疗机构之间可以调剂血液。具体方案由省级卫生行政部门制订。

《献血法》规定,为保证应急用血,医疗机构可以临时采集血液,但应当依照法律规定,确保采血用血安全。《医疗机构临床用血管理办法》规定,医疗机构应当制订应急用血工作预案。为保证应急用血,医疗机构可以临时采集血液,但必须同时符合以下条件:①危及患者生命,急需输血;②所在地血站无法及时提供血液,且无法及时从其他医疗机构调剂血液,而其他医疗措施不能替代输血治疗;③具备开展交叉配血及乙型肝炎病毒表面抗原、丙型肝炎病毒抗体、艾滋病病毒抗体和梅毒螺旋体抗体的检测能力;④遵守采供血相关操作规程和技术标准。医疗机构应当在临时采集血液后10日内将情况报告县级以上人民政府卫生行政部门。

5.输血不良反应报告　医疗机构应当根据国家有关法律法规和规范建立临床用血不良事件监测报告制度。临床发现输血不良反应后,应当积极救治患者,及时向有关部门报告,并做好观察和记录。

6.临床用血医学文书管理　医疗机构应当建立临床用血医学文书管理制度,确保临床用血信息客观真实、完整、可追溯。医师应当将患者输血适应证的评估、输血过程和输血后疗效评价情况记入病历;临床输血治疗知情同意书、输血记录单等随病历保存。

三、临床用血的程序

1.告知义务　《医疗机构临床用血管理办法》规定,在输血治疗前,医师应当向患者或者其近亲属说明输血目的、方式和风险,并签署临床输血治疗知情同意书。因抢救生命垂危的患者需要紧急输血,且不能取得患者或者其近亲属意见的,经医疗机构负责人或者授权的负责人批准后,可以立即实施输血治疗。

2.输血申请与备血　患者或家属在输血治疗同意书上签字后,由经治医师填写临床输血申请单,主治医师核准签字,连同受血者血样于预定输血日期前送交输血科(血库)备血。

术前自身贮血的,由输血科(血库)负责采血和贮血,经治医师负责输血过程的医疗监护。需要亲友互相献血的,由经治医师等对患者家属进行动员,在输血科(血库)填写登记表,到血站或卫生行政部门批准的采血点(室)无偿献血,由血站进行初、复检,并负责调配合格血液。对于Rh(D)阴性和其他稀有血型患者,应采用自身输血、同型输血或配合型输血。

3.血样采集与送检　确定输血后,医护人员持输血申请单和贴好标签的试管,当面核对患者姓名、性别、年龄、病案号、病室/门诊、床号、血型和诊断,采集血样。医护人员将受血者血样与输血申请单送交输血科(血库),进行逐项核对。

4.交叉配血　交叉配血是确定能否输血的重要依据,将献血者的红细胞和血清分别与受血者的血清和红细胞混合,观察有无凝集反应,两侧均不凝集可输血。输血科(血库)核对输血申请单、受血者和供血者血样,复查受血者和供血者ABO血型,并检查患者Rh(D)血型[急诊抢救患者紧急输血时Rh(D)检查可除外],正确无误时可进行交叉配血。凡遇有交叉配血不合或有输血史、妊娠史或短期内需要接收多次输血者,按《全国临床检验操作规程》有关规定做抗体筛选试验。交叉配血试验由两人互相核对；一人值班时，操作完毕后自己复核，并填写配血试验结果。

5.发血与输血 配血合格后，由医护人员到输血科（血库）取血。取血与发血的双方必须共同查对患者信息、配血试验结果、保存血的外观等，准确无误，双方共同签字后方可发出。血液发出后，受血者和供血者的血样在 2～6℃冰箱，至少保存 7 天，以便对输血不良反应追查原因。

输血前，由两名医护人员核对交叉配血报告单及血袋标签各项内容，检查血袋有无破损渗漏，血液颜色是否正常，准确无误方可输血。输血时，由两名医护人员带病历共同到患者床旁核对患者信息，确认与配血报告相符后进行输血。输血过程中应严密观察受血者有无输血不良反应，如出现异常情况应及时处理。

输血完毕，医护人员对有输血反应的，应逐项填写患者输血反应回报单，并返还输血科（血库）保存。

第五节　血液制品管理

血液制品是一种宝贵的人源性生物制品，属于药品的范围。原料血浆（raw plasma），是指由单采血浆站采集的专用于血液制品生产原料的血浆。1996 年 12 月 30 日，国务院发布了《血液制品管理条例》，并于 2016 年 2 月 6 日修订。2006 年 9 月 18 日，国务院卫生行政部门印发了《单采血浆站质量管理规范》，并于 2022 年 2 月修订。2008 年 3 月 1 日，施行《单采血浆站管理办法》，并于 2015 年 5 月、2016 年 1 月修订。2011 年 3 月 28 日，国务院卫生行政部门公布《单采血浆站技术操作规程（2011 版）》，2022 年 6 月 28 日国家卫生健康委员会修订为《单采血浆站技术操作规程（2022 版）》，为规范采供血浆行为，预防和控制经血液途径传播的疾病，保障供浆员身体健康和血液制品的安全提供了法律依据和技术规范。

国务院卫生行政部门对全国的原料血浆的采集、供应和血液制品的生产、经营活动实施监督管理。县级以上地方人民政府卫生行政部门对本行政区域内的原料血浆的采集、供应和血液制品的生产、经营活动，依照法律规定的职责实施监督管理。

一、单采血浆站的管理

单采血浆站（plasma collection station），是指根据地区血源资源，按照有关标准和要求并经严格审批设立，采集、供应血液制品生产用原料血浆的单位。供血浆者是指提供血液制品生产用原料血浆的人员。

2018 年，我国共有 25 个地区设置了单采血浆站，其中，辽宁、云南、福建三个地区首次审批设置单采血浆站，并开始执业。四川、广东和广西等地区的单采血浆站数量超过 20 家。国务院卫生行政部门负责全国单采血浆站的监督管理工作。县级以上地方人民政府卫生行政部门负责本行政区域内单采血浆站的监督管理工作。

（一）单采血浆站设置规划

《血液制品管理条例》规定，国家实行单采血浆站统一规划、设置的制度。国务院卫生行政部门根据核准的全国生产用原料血浆的需求，对单采血浆站的布局、数量和规模制定总体规划。省、自治区、直辖市人民政府卫生行政部门根据总体规划制定本行政区域内单采血浆站设置规划和采集血浆的区域规划，并报国务院卫生行政部门备案。

国务院卫生行政部门根据全国生产用原料血浆的需求、经济发展状况、疾病流行情况等，制定全国采供血机构设置规划指导原则。省、自治区、直辖市人民政府卫生行政部门根据国务院卫生行政部门《采供血机构设置规划指导原则》，结合本行政区域疾病流行、供血浆能力等实际情况和当地区域卫生发展规划，制定本地区的单采血浆站设置规划，并组织实施。单采血浆站设置规划应当报国务院卫生行政部门备案。

（二）单采血浆站的设置

单采血浆站由血液制品生产单位设置或者由县级人民政府卫生行政部门设置，专门从事单采血浆活动，具有独立法人资格。其他任何单位和个人不得从事单采血浆活动。

设置单采血浆站必须具备下列条件：①符合采供血机构设置规划、单采血浆站设置规划以及《单采血浆站基本标准（2021 年版）》要求的条件；②具有与所采集原料血浆相适应的卫生专业技术人员；③具有与所采集原料血浆相适应的场所及卫生环境；④具有识别供血浆者的身份识别系统；⑤具有与所采集原料血浆相适应的单采血浆机械及其他设施；⑥具有对所采集原料血浆进行质量检验的技术人员以及必要的仪器设备；⑦符合国家生物安全管理相关规定。

申请设置单采血浆站的程序：①血液制品生产单位应当向单采血浆站设置地的县级人民政府卫生行政部门提交设置单采血浆站申请书，并提交相关材料。②县级人民政府卫生行政部门在收到全部申请材料后进行初审，经设区的市、自治州人民政府卫生行政部门审查同意后，报省级人民政府卫生行政部门审批。③省级人民政府卫生行政部门在收到单采血浆站申请材料后，可以组织有关专家或者委托技术机构，根据《单采血浆站质量管理规范（2022 年版）》进行技术审查。

经审查符合条件的，由省级人民政府卫生行政部门核发单采血浆许可证，并在设置审批后 10 日内报国务院卫生行政部门备案；经审查不符合条件的，应当将不予批准的理由书面通知申请人。单采血浆许可证有效期为 2 年，有效期届满前 3 个月，单采血浆站应当向原发证部门申请延续。

（三）单采血浆站的执业

单采血浆站执业，应当遵守有关法律、法规、规章和技术规范。单采血浆站的法定代表人或者主要负责人应当对采集的原料血浆质量安全负责。单采血浆站应当在规定的采浆区域内组织、动员供血浆者，并对供血浆者进行相应的健康教育，为供血浆者提供安全、卫生、便利的条件和良好的服务。

1. 原料血浆的采集　单采血浆站应当对血浆采集工作实行全面质量管理，严格遵守《中华人民共和国药典》血液制品原料血浆规程、《单采血浆站质量管理规范（2022 年版）》等技术规范和标准。

单采血浆站应当按照《中华人民共和国药典》血液制品原料血浆规程对申请供血浆者进行健康状况征询、健康检查和血样化验，并按照国务院卫生行政部门发布的供血浆者须知对供血浆者履行告知义务。对健康检查合格的申请供血浆者，核对身份证后，填写供血浆者名册，报所在地县级人民政府卫生行政部门。对符合条件的申请供血浆者，由县级人民政府卫生行政部门发给供血浆证。

单采血浆站在每次采集血浆前，必须将供血浆者持有的身份证或者其他有效身份证明、供血浆证与计算机档案管理内容进行核实，确认无误的，方可按照规定程序进行健康检查和血样化验；对检查、化验合格的，按照有关技术操作标准和程序采集血浆，并详细记录。

单采血浆站必须使用单采血浆机械采集血浆，严禁手工操作采集血浆。每次采集供血浆者的血浆量不得超过 580 毫升（含抗凝剂溶液，以容积比换算质量比不超过 600 克）。严禁超量采集血浆。两次供血浆时间间隔不得少于 14 天。严禁频繁采集血浆。严禁采集血液。严禁采集非划定采浆区域内供血浆者的血浆。严禁采集冒名顶替者及无供血浆证者的血浆。单采血浆站必须使用有产品批准文号并经国家药品生物制品检定机构逐批检定合格的体外诊断试剂以及合格的一次性采血浆器材。采血浆器材等一次性消耗品使用后,必须按照国家有关规定予以销毁,并作记录。

2. 原料血浆的检测、包装和供应 单采血浆站应当保证所采集的血浆均进行严格的检测。血浆采集、检测和供浆的原始记录应当至少保存 10 年。单采血浆站所采集的每袋血浆必须留存血浆标本,保存期应不少于血液制品生产投料后 2 年。原料血浆的采集、包装、储存、运输应当符合《单采血浆站质量管理规范(2022 年版)》的要求。原料血浆包装袋标签上必须标明:①单采血浆站的名称;②供血浆者姓名、编号或者条形码;③血浆重量、血浆类型、采集日期、血浆编号、有效期;④储存条件。原料血浆储存、运输装箱时,每箱内均应有装箱单,并附有化验合格单以及血浆复检标本。单采血浆站应当保证发出的原料血浆质量符合国家有关标准,其品种、规格、数量无差错,血浆的生物活性保存完好。单采血浆站只能向一个与其签订质量责任书的血液制品生产单位供应原料血浆。严禁将采集的原料血浆用于临床。

二、血液制品生产经营单位管理

1. 血液制品生产单位 血液制品生产单位必须达到国务院卫生行政部门制定的《药品生产质量管理规范(2010 年修订)》规定的标准,经国务院卫生行政部门审查合格,并依法向工商行政管理部门申领营业执照后,方可从事血液制品的生产活动。

严禁血液制品生产单位出让、出租、出借以及与他人共用《药品生产企业许可证》和产品批准文号。血液制品生产单位不得向无《单采血浆许可证》的单采血浆站或者未与其签订质量责任书的单采血浆站及其他任何单位收集原料血浆;不得向其他任何单位供应原料血浆。

血液制品生产单位在原料血浆投料生产前,必须使用有产品批准文号并经国家药品生物制品检定机构逐批检定合格的体外诊断试剂,对每一人份血浆进行全面复检,并作检测记录。原料血浆经复检不合格的,不得投料生产,并必须在省级药品监督员监督下按照规定程序和方法予以销毁,并作记录。原料血浆经复检发现有经血液途径传播的疾病的,必须通知供应血浆的单采血浆站,并及时上报所在地省、自治区、直辖市人民政府卫生行政部门。血液制品出厂前,必须经过质量检验;经检验不符合国家标准的,严禁出厂。

2. 血液制品经营单位 开办血液制品经营单位,由省、自治区、直辖市人民政府卫生行政部门审核批准。血液制品经营单位应当具备与所经营的产品相适应的冷藏条件和熟悉所经营品种的业务人员。血液制品生产经营单位生产、包装、储存、运输、经营血液制品,应当符合国家规定的卫生标准和要求。

第六节 法 律 责 任

一、行政法律责任

(一)非法从事组织、采集、供应、倒卖血液、原料血浆的行政法律责任

《献血法》和《血站管理办法》规定,有下列行为之一的,由县级以上地方人民政府卫生行政部门予以取缔,没收违法所得,可以并处十万元以下的罚款。

1. 非法采集血液的 包括:①未经批准,擅自设置血站,开展采供血活动的;②已被注销的血站,仍开展采供血活动的;③已取得设置批准但尚未取得《血站执业许可证》即开展采供血活动,或者《血站执业许可证》有效期满未再次登记仍开展采供血活动的;④租用、借用、出租、出借、变造、伪造《血站执业许可证》开展采供血活动的。

2. 非法组织他人出卖血液的 《血液制品管理条例》和《单采血浆站管理办法》规定,非法从事组织、采集、供应、倒卖原料血浆活动,有下列行为之一的,由县级以上地方人民政府卫生行政部门予以取缔,没收违法所得和从事违法活动的器材、设备,并处违法所得5倍以上10倍以下的罚款,没有违法所得的,并处5万元以上10万元以下的罚款:①未取得《单采血浆许可证》开展采供血浆活动的;②《单采血浆许可证》已被注销或者吊销仍开展采供血浆活动的;③租用、借用、出租、出借、变造、伪造《单采血浆许可证》开展采供血浆活动的。

(二)血站的行政法律责任

《献血法》规定,血站出售无偿献血的血液的,由县级以上地方人民政府卫生行政部门予以取缔,没收违法所得,可以并处十万元以下的罚款。

血站违反有关操作规程和制度采集血液,由县级以上地方人民政府卫生行政部门责令改正;给献血者健康造成损害的,应当依法赔偿,对直接负责的主管人员和其他直接责任人员,依法给予行政处分。

临床用血的包装、储存、运输,不符合国家规定的卫生标准和要求的,由县级以上地方人民政府卫生行政部门责令改正,给予警告,可以并处一万元以下的罚款。

血站违反《献血法》规定,向医疗机构提供不符合国家规定标准的血液的,由县级以上人民政府卫生行政部门责令改正;情节严重,造成经血液途径传播的疾病传播或者有传播严重危险的,限期整顿,对直接负责的主管人员和其他直接责任人员,依法给予行政处分。

《血站管理办法》规定,血站有下列行为之一的,由县级以上地方人民政府卫生行政部门予以警告、责令改正;逾期不改正,或者造成经血液传播疾病发生,或者其他严重后果的,对负有责任的主管人员和其他直接负责人员,依法给予行政处分:①超出执业登记的项目、内容、范围开展业务活动的;②工作人员未取得相关岗位执业资格或者未经执业注册而从事采供血工作的;③血液检测实验室未取得相应资格即进行检测的;④擅自采集原料血浆、买卖血液的;⑤采集血液前,未按照国家颁布的献血者健康检查要求对献血者进行健康检查、检测的;⑥采集冒名顶替者、健康检查不合格者血液以及超量、频繁采集血液的;⑦违反输血技术操作规程、有关质量规范和标准的;⑧采血前未向献血者、特殊血液成分捐赠者履行规定的告知义务的;⑨擅自涂改、毁损或者不按规定保存工作记录的;⑩使用的药品、体外诊断试剂、一次性卫生器材不符合国家有关规定的;⑪重复使用一次性卫生器材的;⑫对检测不合格或者报废的血液,未按有关规定处理的;⑬未经批准擅自与外省、自治区、直辖市调配血液的;⑭未经批准向境外医疗机构提供血液或者特殊血液成分的;⑮未按规定保存血液标本的;⑯脐带血造血干细胞库等特殊血站违反有关技术规范的。血站造成经血液传播疾病发生或者其他严重后果的,卫生行政部门在行政处罚的同时,可以注销其血站执业许可证。

(三)医疗机构的行政法律责任

《献血法》规定,医疗机构出售无偿献血的血液的,由县级以上地方人民政府卫生行政部门予以取缔,没收违法所得,可以并处十万元以下的罚款。

《医疗机构临床用血管理办法》规定,医疗机构有下列情形之一的,由县级以上人民政府卫生行政部门责令限期改正;逾期不改的,进行通报批评,并予以警告;情节严重或者造成严重后果的,可处3万元以下的罚款,对负有责任的主管人员和其他直接责任人员依法给予处分:①未设立临床用血管理委员会或者工作组的;②未拟定临床用血计划或者一年内未对计划实施情况进行评估和考核的;③未建立血液发放和输血核对制度的;④未建立临床用血申请管理制度的;⑤未建立医务人员临床用血和无偿献血知识培训制度的;⑥未建立科室和医师临床用血评价及公示制度的;⑦将经济收入作为对输血科或者血库工作的考核指标的;⑧违反《医疗机构临床用血管理办法》的其他行为。

医疗机构使用未经卫生行政部门指定的血站供应的血液的,由县级以上地方人民政府卫生行政部门给予警告，并处 3 万元以下罚款；情节严重或者造成严重后果的，对负有责任的主管人员和其他直接责任人员依法给予处分。

医疗机构及其医务人员违反法律规定，将不符合国家规定标准的血液用于患者的，由县级以上地方人民政府卫生行政部门责令改正；给患者健康造成损害的，应当依据国家有关法律法规进行处理，并对负有责任的主管人员和其他直接责任人员依法给予处分。

医疗机构违反关于应急用血采血规定的，由县级以上人民政府卫生行政部门责令限期改正，给予警告；情节严重或者造成严重后果的，处 3 万元以下罚款，对负有责任的主管人员和其他直接责任人员依法给予处分。

（四）单采血浆站的行政法律责任

《单采血浆站管理办法》规定，单采血浆站有下列行为之一的，由县级以上地方人民政府卫生行政部门予以警告，并处 3 万元以下的罚款：①隐瞒、阻碍、拒绝卫生行政部门监督检查或者不如实提供有关资料的；②对供血浆者未履行事先告知义务，未经供血浆者同意开展特殊免疫的；③未按照规定建立供血浆者档案管理及屏蔽、淘汰制度的；④未按照规定制订各项工作制度或者不落实的；⑤工作人员未取得相关岗位执业资格或者未经执业注册从事采供血浆工作的；⑥不按照规定记录或者保存工作记录的；⑦未按照规定保存血浆标本的。

《血液制品管理条例》规定，单采血浆站有下列行为之一的，由县级以上地方人民政府卫生行政部门责令限期改正，处 5 万元以上 10 万元以下的罚款；有第八项所列行为的，或者有下列其他行为并且情节严重的，由省、自治区、直辖市人民政府卫生行政部门吊销《单采血浆许可证》：①采集血浆前，未按照国务院卫生行政部门颁布的健康检查标准对供血浆者进行健康检查和血液化验的；②采集非划定区域内的供血浆者或者其他人员的血浆的，或者不对供血浆者进行身份识别，采集冒名顶替者、健康检查不合格者或者无《供血浆证》者的血浆的；③违反国务院卫生行政部门制定的血浆采集技术操作标准和程序，过频过量采集血浆的；④向医疗机构直接供应原料血浆或者擅自采集血液的；⑤未使用单采血浆机械进行血浆采集的；⑥未使用有产品批准文号并经国家药品生物制品检定机构逐批检定合格的体外诊断试剂以及合格的一次性采血浆器材的；⑦未按照国家规定的卫生标准和要求包装、储存、运输原料血浆的；⑧对国家规定检测项目检测结果呈阳性的血浆不清除、不及时上报的；⑨对污染的注射器、采血浆器材及不合格血浆等不经消毒处理，擅自倾倒，污染环境，造成社会危害的；⑩重复使用一次性采血浆器材的；⑪向与其签订质量责任书的血液制品生产单位以外的其他单位供应原料血浆的。

单采血浆站已知其采集的血浆检测结果呈阳性，仍向血液制品生产单位供应的，由省、自治区、直辖市人民政府卫生行政部门吊销《单采血浆许可证》，由县级以上地方人民政府卫生行政部门没收违法所得，并处 10 万元以上 30 万元以下的罚款。

涂改、伪造、转让《供血浆证》的，由县级人民政府卫生行政部门收缴《供血浆证》，没收违法所得，并处所得 3 倍以上 5 倍以下的罚款，没有违法所得的，并处 1 万元以下的罚款。

（五）血液制品生产单位的行政法律责任

《血液制品管理条例》规定，血液制品生产单位有下列行为之一的，由省级以上人民政府卫生行政部门依照药品管理法及其实施办法等有关规定，按照生产假药、劣药予以处罚：①使用无《单采血浆许可证》的单采血浆站或者未与其签订质量责任书的单采血浆站及其他任何单位供应的原材料血浆的，或者非法采集原料血浆的；②投料生产前未对原料血浆进行复检的，或者使用没有产品批准文号或者未经国家药品生物制品检定机构逐批检定合格的体外诊断试剂进行复检的，或者将检测不合格的原料血浆投入生产的；③擅自更改生产工艺和质量标准的，或者将检验不合格的产品出厂的；④与他人共用产品批准文号的。

血液制品生产单位违反规定，擅自向其他单位出让、出租、出借以及与他人共用《药品生产企业许可证》、产品批准文号或者供应原料血浆的，由省级以上人民政府卫生行政部门没收违法所得，并处违法所得 5 倍以上 10 倍以下的罚款，没有违法所得的，并处 5 万元以上 10 万元以下的罚款。

血液制品生产经营单位生产、包装、储运、运输、经营血液制品不符合国家规定的卫生标准和要求的，由省、自治区、直辖市人民政府卫生行政部门责令改正，可以处 1 万元以下的罚款。

在血液制品生产单位成品库待出厂的产品中，经抽检有一批次达不到国家规定的指标，经复检仍不合格的，由国务院卫生行政部门撤销该血液制品批准文号。

擅自进出口血液制品或者出口原料血浆的，由省级以上人民政府卫生行政部门没收所进出口的血液制品或者所出口的原料血浆和违法所得，并处所进出口的血液制品或者所出口的原料血浆总值 3 倍以上 5 倍以下的罚款。

血液制品检验人员虚报、瞒报、涂改、伪造检验报告及有关资料的，依法给予行政处分。

（六）卫生行政部门及其工作人员的行政法律责任

根据《献血法》《血液制品管理条例》《血站管理办法》《医疗机构临床用血管理办法》等规定，卫生行政部门及其工作人员在献血、用血的监督管理工作中，有滥用职权，玩忽职守，徇私舞弊，索贿受贿等行为的，造成严重后果，尚不构成犯罪的，对直接负责的主管人和直接责任人依法给予记大过、降级、撤职、开除等行政处分。

二、民事法律责任

1. 损害献血者健康的民事法律责任　采血单位违反有关操作规程和制度采集血液、提供血液制品，给献血者健康造成损害的，应当依法赔偿。献血者在献血之前必须进行必要的健康检查，身体状况符合献血条件，血液采集单位才对献血者实施血液采集。因此，损害献血者的身体健康，血液采集机构必须承担相应民事责任。

2. 损害受血者健康的民事法律责任　《献血法》规定，医疗机构的医务人员违反规定，将不符合国家规定标准的血液用于患者，给患者健康造成损害的，应当依法赔偿。《民法典》第一千二百二十三条规定，因输入不合格的血液造成患者损害的，患者可以向血液提供机构请求赔偿，也可以向医疗机构请求赔偿。患者向医疗机构请求赔偿的，医疗机构赔偿后，有权向负有责任的血液提供机构追偿。

三、刑事法律责任

1. 非法组织卖血罪　《刑法》第三百三十三条规定，非法组织他人出卖血液的，处五年以下有期徒刑，并处罚金；有前款行为，对他人造成伤害的，依照《刑法》第三百三十四条的规定定罪处罚。

2. 强迫卖血罪　《刑法》第三百三十三条规定，以暴力、威胁方法强迫他人出卖血液的，处五年以上十年以下有期徒刑，并处罚金；有前款行为，对他人造成伤害的，依照《刑法》第三百三十四条的规定定罪处罚。

3. 非法采集、供应血液，制作、供应血液制品罪　《刑法》第三百三十四条第一款规定，非法采集、供应血液或者制作、供应血液制品，不符合国家规定的标准，足以危害人体健康的，处五年以下有期徒刑或者拘役，并处罚金；对人体健康造成严重危害的，处五年以上十年以下有期徒刑，并处罚金；造成特别严重后果的，处十年以上有期徒刑或者无期徒刑，并处罚金或者没收财产。

4. 采集、供应血液，制作、供应血液制品事故罪　《刑法》第三百三十四条第二款规定，经国家主管部门批准采集、供应血液或者制作、供应血液制品的部门，不依照规定进行检测或者违背其他操作规定,造成危害他人身体健康后果的,对单位判处罚金,并对其直接负责的主管人员和其他直接责任人员,处五年以下有期徒刑或者拘役。

思考题

请结合本章所学,谈谈采供血和输血管理中的伦理道德。

(胡　姝)

第十章 医疗器械管理法律制度

无证经营未经注册医疗器械被处罚

2020年2月2日，某市某区市场监督管理局接到群众匿名举报，反映某市某区某小区某人售卖假冒伪劣口罩，请求予以查处。接到举报后，该区市场监督管理局执法人员于当日立案调查。该区市场监督管理局执法人员会同区公安局警务人员经依法出示执法证件，说明情况并经售卖口罩者同意后，对黄某住所进行检查。检查过程中，执法人员制作了现场笔录，黄某全程参与并在现场笔录上签名确认。检查现场发现5袋一次性医用口罩，口罩外包装袋标明一次性使用医用口罩为某卫材有限公司生产的某品牌产品，并标明了生产许可证编号和产品注册证编号。袋内产品合格证标注了品名、规格型号、数量、生产批号、生产日期和有效期。该批口罩系黄某2020年2月1日从何某处获得，共400只，合计1 100元。黄某通过某社交平台联系买家，以3.5元/只或4元/只的价格进行销售，剩余99只，违法所得265元。黄某未办理相关营业执照，未向所在地市级人民政府药品监督管理部门备案，经营的一次性使用医用口罩未取得医疗器械注册证。2020年2月2日，该区市场监督管理局经其负责人审批同意，作出《实施行政强制措施决定书》，对99只伪劣一次性使用医用口罩实施扣押措施，并向当事人送达。2020年6月29日，该区市场监督管理局作出《行政处罚决定书》，处罚如下：

1. 没收本局扣押的当事人违法经营的未经依法注册的第二类医疗器械一次性使用医用口罩99个。

2. 没收违法所得265元。

3. 罚款50 500元；以上罚没款合计50 765元。

思考：

医疗器械生产、经营应遵守哪些规定？

第一节 概 述

一、立法目的和适用范围

《医疗器械监督管理条例》于2000年1月4日中华人民共和国国务院令第276号公布，后分别于2014年和2017年两次修订。2020年12月21日，国务院第119次常务会议修订通过《医疗器械监督管理条例》，自2021年6月1日起施行。根据新修订的《医疗器械监督管理条例》，国家市场监督管理总局在2021、2022年修订发布了《医疗器械注册与备案管理办法》《医疗器械生产监督管理办法》《医疗器械经营监督管理办法》《体外诊断试剂注册与备案管理办法》等规章，2022年国家药品监督管理局发布了《医疗器械临床试验质量管理规范》，2021年国家卫生健康委员会发布了《医疗器械临床使用管理办法》。此外,《医疗器械标准管理办法》《医疗器械召回管理办法》《医疗器械通用名称命名规则》《医疗器械使用质量监督管理办法》《医疗器械分类规则》《医疗器械说明书和标签管理规定》《药品、医疗器械、保健食品、特殊医学用途配方食品广告审查管理暂行办法》等规章均为医疗器械监督管理的法律依据。

1. 立法目的 为了保证医疗器械的安全、有效,保障人体健康和生命安全,促进医疗器械产业发展。

2. 适用范围 在中华人民共和国境内从事医疗器械的研制、生产、经营、使用活动及其监督管理,适用《医疗器械监督管理条例》。

二、监督管理体系

在医疗器械(medical instrument)监督管理体制方面,新中国成立初期主要由地方卫生、商业部门或医药公司负责医疗器械的部门管理。从1953年开始全国统一归口管理,曾先后由轻工业部、化学工业部、第一机械工业部、卫生部、国家医药管理局管理。1998年,国务院机构改革后,医疗器械由国家药品监督管理局管理。2003年3月,根据第十届全国人民代表大会第一次会议审议批准的《国务院机构改革方案》和经国务院第一次常务会议审议通过的国务院直属特设机构、直属机构、办事机构、直属事业单位设置方案,国务院设置国家食品药品监督管理局,医疗器械由国家食品药品监督管理局监督管理。2018年3月,根据第十三届全国人民代表大会第一次会议审议批准的《国务院机构改革方案》,组建国家药品监督管理局,国家药品监督管理局负责全国医疗器械监督管理工作。

第二节 医疗器械产品注册与备案

一、医疗器械分类管理

国家对医疗器械按照风险程度实行分类管理。第一类是风险程度低,实行常规管理可以保证其安全、有效的医疗器械。第二类是具有中度风险,需要严格控制管理以保证其安全、有效的医疗器械。第三类是具有较高风险,需要采取特别措施严格控制管理以保证其安全、有效的医疗器械。

医疗器械风险程度,应当根据医疗器械的预期目的,通过结构特征、使用形式、使用状态、是否接触人体等因素综合判定。

(一)医疗器械分类判定的依据

1. 根据结构特征的不同,分为无源医疗器械和有源医疗器械。

无源医疗器械:不依靠电能或者其他能源,但是可以通过由人体或者重力产生的能量,发挥其功能的医疗器械。

有源医疗器械:任何依靠电能或者其他能源,而不是直接由人体或者重力产生的能量,发挥其功能的医疗器械。

2. 根据是否接触人体,分为接触人体器械和非接触人体器械。接触人体器械指直接或间接接触患者或者能够进入患者体内的医疗器械。

3. 根据不同的结构特征和是否接触人体,医疗器械的使用形式包括以下几种。

(1)无源接触人体器械:液体输送器械、改变血液体液器械、医用敷料、侵入器械、重复使用手术器械、植入器械、避孕器械、其他无源接触人体器械。

（2）无源非接触人体器械：护理器械、医疗器械清洗消毒器械、其他无源非接触人体器械。

（3）有源接触人体器械：能量治疗器械、诊断监护器械、液体输送器械、电离辐射器械、植入器械、其他有源接触人体器械。

（4）有源非接触人体器械：临床检验仪器设备、独立软件、医疗器械消毒灭菌设备、其他有源非接触人体器械。

4．根据不同的结构特征、是否接触人体以及使用形式，医疗器械的使用状态或者其产生的影响包括以下情形。

（1）无源接触人体器械：根据使用时限分为暂时使用、短期使用、长期使用；根据接触人体的部位分为皮肤或腔道（口）、创伤或组织、血液循环系统或中枢神经系统。

（2）无源非接触人体器械：根据对医疗效果的影响程度分为基本不影响、轻微影响、重要影响。

（3）有源接触人体器械：根据失控后可能造成的损伤程度分为轻微损伤、中度损伤、严重损伤。

（4）有源非接触人体器械：根据对医疗效果的影响程度分为基本不影响、轻微影响、重要影响。

（二）医疗器械的分类应遵循的原则

医疗器械的分类应当根据医疗器械分类判定表进行分类判定。有以下情形的，还应当结合下述原则进行分类：①如果同一医疗器械适用两个或者两个以上的分类，应当采取风险程度最高的分类；由多个医疗器械组成的医疗器械包，其分类应当与包内风险程度最高的医疗器械一致。②可作为附件的医疗器械，其分类应当综合考虑该附件对配套主体医疗器械安全性、有效性的影响；如果附件对配套主体医疗器械有重要影响，附件的分类应不低于配套主体医疗器械的分类。③监控或者影响医疗器械主要功能的医疗器械，其分类应当与被监控、影响的医疗器械的分类一致。④以医疗器械作用为主的药械组合产品，按照第三类医疗器械管理。⑤可被人体吸收的医疗器械，按照第三类医疗器械管理。⑥对医疗效果有重要影响的有源接触人体器械，按照第三类医疗器械管理。⑦医用敷料如果有以下情形，按照第三类医疗器械管理，包括预期具有防组织或器官粘连功能、作为人工皮肤、接触真皮深层或其以下组织受损的创面、用于慢性创面、可被人体全部或部分吸收的。⑧以无菌形式提供的医疗器械，其分类应不低于第二类。⑨通过牵拉、撑开、扭转、压握、弯曲等作用方式，主动施加持续作用力于人体、可动态调整肢体固定位置的矫形器械（不包括仅具有固定、支撑作用的医疗器械，也不包括配合外科手术中进行临时矫形的医疗器械或者外科手术后或其他治疗中进行四肢矫形的医疗器械），其分类应不低于第二类。⑩具有计量测试功能的医疗器械，其分类应不低于第二类。⑪如果医疗器械的预期目的是明确用于某种疾病的治疗，其分类应不低于第二类。⑫用于在内镜下完成夹取、切割组织或者取石等手术操作的无源重复使用手术器械，按照第二类医疗器械管理。

二、医疗器械注册与备案

（一）医疗器械注册与备案的概念

医疗器械注册（medical instrument registration）是指医疗器械注册申请人依照法定程序和要求提出医疗器械注册申请，药品监督管理部门依据法律法规，基于科学认知，进行安全性、有效性和质量可控性等审查，决定是否同意其申请的活动。

医疗器械备案是指医疗器械备案人依照法定程序和要求向药品监督管理部门提交备案资料，药品监督管理部门对提交的备案资料存档备查的活动。

《医疗器械监督管理条例》规定，第一类医疗器械实行产品备案管理，第二类、第三类医疗器械实行产品注册管理。2021年7月22日，国家市场监督管理总局第11次局务会议通过了《医疗器械注册与备案管理办法》，自2021年10月1日起施行。《医疗器械注册与备案管理办法》规定，国家药品监督管理局主管全国医疗器械注册与备案管理工作，依法组织境内第三类和进口第二类、第三类医疗器械审评审批,进口第一类医疗器械备案以及相关监督管理工作。省、自治区、直辖市药品监督管理部门负责本行政区域内境内第二类医疗器械注册审评审批。设区的市级负责药品监督管理的部门负责境内第一类医疗器械产品备案管理工作。医疗器械注册与备案管理遵循依法、科学、公开、公平、公正的原则。

(二)医疗器械注册与备案的资料

第一类医疗器械产品备案和申请第二类、第三类医疗器械产品注册,应当提交下列资料:①产品风险分析资料;②产品技术要求;③产品检验报告(产品检验报告应当符合国务院药品监督管理部门的要求,可以是医疗器械注册申请人、备案人的自检报告,也可以是委托有资质的医疗器械检验机构出具的检验报告);④临床评价资料;⑤产品说明书以及标签样稿;⑥与产品研制、生产有关的质量管理体系文件;⑦证明产品安全、有效所需的其他资料。

(三)医疗器械注册程序

1. 申请 申请第二类医疗器械产品注册,注册申请人应当向所在地省、自治区、直辖市人民政府药品监督管理部门提交注册申请资料。申请第三类医疗器械产品注册,注册申请人应当向国务院药品监督管理部门提交注册申请资料。向我国境内出口第二类、第三类医疗器械的境外注册申请人,由其指定的我国境内企业法人向国务院药品监督管理部门提交注册申请资料和注册申请人所在国(地区)主管部门准许该医疗器械上市销售的证明文件。未在境外上市的创新医疗器械,可以不提交注册申请人所在国(地区)主管部门准许该医疗器械上市销售的证明文件。

2. 受理 药品监督管理部门收到申请后对申请资料进行审核,并根据下列情况分别作出处理:①申请事项属于本行政机关职权范围,申请资料齐全、符合形式审核要求的,予以受理;②申请资料存在可以当场更正的错误的,应当允许申请人当场更正;③申请资料不齐全或者不符合法定形式的,应当当场或者在5日内一次告知申请人需要补正的全部内容,逾期不告知的,自收到申请资料之日起即为受理;④申请事项依法不属于本行政机关职权范围的,应当即时作出不予受理的决定,并告知申请人向有关行政机关申请。

3. 技术评审 受理注册申请的药品监督管理部门应当自受理注册申请之日起3个工作日内将注册申请资料转交技术审评机构。技术审评机构应当在完成技术审评后,将审评意见提交受理注册申请的药品监督管理部门作为审批的依据。

4. 决定 受理注册申请的药品监督管理部门应当自收到审评意见之日起20个工作日内作出决定。对符合安全、有效、质量可控要求的,准予注册,发给医疗器械注册证。对不予注册的,应当书面说明理由,并同时告知申请人享有依法申请行政复议或者提起行政诉讼的权利。

受理注册申请的药品监督管理部门应当自医疗器械准予注册之日起5个工作日内,通过国务院药品监督管理部门在线政务服务平台向社会公布注册有关信息。

对用于治疗罕见疾病、严重危及生命且尚无有效治疗手段的疾病和应对公共卫生事件等急需的医疗器械,受理注册申请的药品监督管理部门可以作出附条件批准决定,并在医疗器械注册证中载明相关事项。

出现特别重大突发公共卫生事件或者其他严重威胁公众健康的紧急事件,国务院卫生主管部门根据预防、控制事件的需要提出紧急使用医疗器械的建议,经国务院药品监督管理部门组织论证同意后可以在一定范围和期限内紧急使用。

医疗器械注册证有效期为5年。有效期届满需要延续注册的,应当在有效期届满6个月前向原注册部门提出延续注册的申请。

(四)医疗器械备案程序

第一类医疗器械产品备案,由备案人向所在地设区的市级人民政府负责药品监督管理的部门提交备案资料。向我国境内出口第一类医疗器械的境外备案人,由其指定的我国境内企业法人向国务院药品监督管理部门提交备案资料和备案人所在国(地区)主管部门准许该医疗器械上市销售的证明文件。未在境外上市的创新医疗器械，可以不提交备案人所在国（地区）主管部门准许该医疗器械上市销售的证明文件。

备案人向负责药品监督管理的部门提交符合规定的备案资料后即完成备案。负责药品监督管理的部门应当自收到备案资料之日起 5 个工作日内，通过国务院药品监督管理部门在线政务服务平台向社会公布备案有关信息。

备案资料载明的事项发生变化的，应当向原备案部门变更备案。

三、医疗器械注册人、备案人的义务

医疗器械注册人、备案人，是指取得医疗器械注册证或者办理医疗器械备案的企业或者研制机构。《医疗器械监督管理条例》规定，医疗器械注册人、备案人应当加强医疗器械全生命周期质量管理，对研制、生产、经营、使用全过程中医疗器械的安全性、有效性依法承担责任。医疗器械注册申请人、备案人应当确保提交的资料合法、真实、准确、完整和可追溯。医疗器械注册人、备案人应当履行下列义务：①建立与产品相适应的质量管理体系并保持有效运行；②制订上市后研究和风险管控计划并保证有效实施；③依法开展不良事件监测和再评价；④建立并执行产品追溯和召回制度；⑤国务院药品监督管理部门规定的其他义务。境外医疗器械注册人、备案人指定的我国境内企业法人应当协助注册人、备案人履行以上义务。

四、医疗器械临床评价与临床试验

（一）医疗器械临床评价与临床试验的概念

医疗器械注册、备案，应当进行临床评价。

医疗器械临床评价是指采用科学合理的方法对临床数据进行分析、评价，以确认医疗器械在其适用范围内的安全性、有效性的活动。临床评价可通过开展临床试验或者通过对同品种医疗器械临床文献资料、临床数据进行分析评价证明医疗器械安全、有效两种方式进行。符合下列情形之一，可以免予进行临床评价：①工作机制明确、设计定型，生产工艺成熟，已上市的同品种医疗器械临床应用多年且无严重不良事件记录，不改变常规用途的；②其他通过非临床评价能够证明该医疗器械安全、有效的。

进行医疗器械临床评价时，已有临床文献资料、临床数据不足以确认产品安全、有效的医疗器械，应当开展临床试验。医疗器械临床试验，是指在符合条件的医疗器械临床试验机构中，对拟申请注册的医疗器械（含体外诊断试剂）在正常使用条件下的安全性和有效性进行确认的过程。通过临床试验开展临床评价的，临床评价资料包括临床试验方案、伦理委员会意见、知情同意书、临床试验报告等。

（二）医疗器械临床试验机构条件

医疗器械临床试验机构，是指具备相应条件，按照《医疗器械临床试验质量管理规范》和相关法律法规实施医疗器械临床试验的机构，包括承担体外诊断试剂临床试验的血液中心和中心血站、设区的市级以上疾病预防控制机构、戒毒中心等非医疗机构。

医疗器械临床试验机构应具备开展医疗器械临床试验相应的专业技术水平、组织管理能力、伦理审查能力等以下条件：①具有医疗机构执业资格；②具有二级甲等以上资质；③承担需进行临床试验审批的第三类医疗器械临床试验的，应为三级甲等医疗机构；④具有医疗器械临床试验管理部门，配备适宜的管理人员、办公条件，并具有对医疗器械临床试验的组织管理和质量控制能力；⑤具有符合医疗器械临床试验质量管理规范要求的伦理委员会；⑥具有医疗器械临床试验管理制度和标准操作规程；⑦具有与开展相关医疗器械临床试验相适应的诊疗科目，且应与医疗机构执业许可诊疗科目一致；⑧具有能够承担医疗器械临床试验的人员，医疗器械临床试验主要研究者应当具有高级职称，其中开展创新医疗器械产品或需进行临床试验审批的第三类医疗器械产品临床试验的主要研究者应参加过3个以上医疗器械或药物临床试验；⑨已开展相关医疗业务，能够满足医疗器械临床试验所需的受试人群要求等；⑩具有防范和处理医疗器械临床试验中突发事件和严重不良事件的应急机制和处置能力；⑪国家药品监督管理部门、国家卫生健康主管部门规定的其他条件。

（三）医疗器械临床试验机构备案管理

医疗器械临床试验机构实行备案管理。医疗器械临床试验机构应当按照要求，在医疗器械临床试验机构备案管理信息系统中如实填写以下内容：①机构名称、机构性质、地址、联系方式；②机构级别、规模概况，包括床位、人员配备、建筑面积、医疗设备等；③拟开展医疗器械临床试验的专业及主要研究者概况；④医疗器械临床试验管理部门负责人和联系方式；⑤自查报告。医疗器械临床试验机构还应上传医疗机构执业资格许可证照、医疗机构级别证明文件、其他机构资质证明文件和资料符合性声明等材料。医疗器械临床试验机构办理备案，获得备案号后可以承担医疗器械临床试验。

（四）医疗器械临床试验程序

申办者发起医疗器械临床试验前应当：①确保产品设计已定型，完成试验医疗器械的临床前研究；②根据试验医疗器械的特性，选择已备案的医疗器械临床试验机构、专业和主要研究者，并与医疗器械临床试验机构和主要研究者签订合同；③组织制定研究者手册、临床试验方案、知情同意书、病例报告表、标准操作规程以及其他相关文件；④组织医疗器械临床试验相关的培训，如试验医疗器械的原理、适用范围、产品性能、操作方法、安装要求、技术指标以及临床试验方案、标准操作规程等。

医疗器械临床试验应进行伦理审查，向受试者告知试验目的、用途和可能产生的风险等详细情况，获得受试者的书面知情同意；受试者为无民事行为能力人或者限制民事行为能力人的，应当依法获得其监护人的书面知情同意。伦理审查通过后向申办者所在地省、自治区、直辖市药品监督管理部门进行临床试验项目备案。第三类医疗器械临床试验对人体具有较高风险的，还应当获得国家药品监督管理局的批准，并且在符合要求的三级甲等医疗机构实施临床试验。

医疗器械临床试验备案或批准完成后，申办者、主要研究者按照临床试验方案实施医疗器械临床试验，记录医疗器械临床试验数据并完成临床试验报告。医疗器械临床试验数据应当真实、准确、完整、具有可追溯性。医疗器械临床试验的源数据应当清晰可辨识，不得随意更改；确需更改时应当说明理由，签名并注明日期。临床试验报告应当全面、完整、准确反映临床试验结果，临床试验报告安全性、有效性数据应当与临床试验源数据一致。

第三节　医疗器械生产、经营和使用的管理

一、医疗器械生产

根据医疗器械风险程度，医疗器械生产实施分类管理。从事第二类、第三类医疗器械生产活动，应当经所在地省、自治区、直辖市药品监督管理部门批准，依法取得医疗器械生产许可证；从事第一类医疗器械生产活动，应当向所在地设区的市级负责药品监督管理的部门办理医疗器械生产备案。

国家药品监督管理局负责全国医疗器械生产监督管理工作。省、自治区、直辖市药品监督管理部门负责本行政区域第二类、第三类医疗器械生产监督管理，依法按照职责负责本行政区域

第一类医疗器械生产监督管理，并加强对本行政区域第一类医疗器械生产监督管理工作的指导。设区的市级负责药品监督管理的部门依法按照职责监督管理本行政区域第一类医疗器械生产活动。

（一）医疗器械生产企业开办的条件

从事医疗器械生产活动，应当具备下列条件：①有与生产的医疗器械相适应的生产场地、环境条件、生产设备以及专业技术人员；②有能对生产的医疗器械进行质量检验的机构或者专职检验人员以及检验设备；③有保证医疗器械质量的管理制度；④有与生产的医疗器械相适应的售后服务能力；⑤符合产品研制、生产工艺文件规定的要求。

（二）医疗器械生产许可与备案管理

1. 医疗器械生产许可

（1）申请：在境内从事第二类、第三类医疗器械生产的，应当向所在地省、自治区、直辖市药品监督管理部门申请生产许可，并提交规定的材料。

（2）受理：省、自治区、直辖市药品监督管理部门收到申请后，应当根据情况作出受理或不予受理的决定。省、自治区、直辖市药品监督管理部门受理或者不予受理医疗器械生产许可申请的，应当出具加盖本行政机关专用印章和注明日期的受理或者不予受理通知书。

（3）资料审核：省、自治区、直辖市药品监督管理部门应当对申请人提供的申请资料进行审核，按照医疗器械生产质量管理规范的要求进行核查。

（4）决定：省、自治区、直辖市药品监督管理部门应当自受理申请之日起20个工作日内作出决定。符合规定条件的，依法作出准予许可的书面决定，并于10个工作日内发给医疗器械生产许可证；不符合规定条件的，作出不予许可的书面决定，并说明理由，同时告知申请人享有依法申请行政复议或者提起行政诉讼的权利。

医疗器械生产许可证有效期为5年，电子证书与纸质证书具有同等法律效力。任何单位或者个人不得伪造、变造、买卖、出租、出借医疗器械生产许可证。

生产地址变更或者生产范围增加的，应当向原发证部门申请医疗器械生产许可变更，并提交涉及变更内容的有关材料，原发证部门应当依照规定进行审核并开展现场核查。属于许可事项变化的，应当按照规定办理相关许可变更手续。

医疗器械生产许可证有效期届满，需要延续的，应当在有效期届满前90个工作日至30个工作日期间提出延续申请。原发证部门应当结合企业遵守医疗器械管理法律法规、医疗器械生产质量管理规范情况和企业质量管理体系运行情况进行审查，必要时开展现场核查，在医疗器械生产许可证有效期届满前作出是否准予延续的决定。经审查符合规定条件的，准予延续，延续的医疗器械生产许可证编号不变。不符合规定条件的，责令限期改正；整改后仍不符合规定条件的，不予延续，并书面说明理由。

有下列情形之一的，由原发证部门依法注销医疗器械生产许可证，并予以公告：①主动申请注销的；②有效期届满未延续的；③市场主体资格依法终止的；④医疗器械生产许可证依法被吊销或者撤销的；⑤法律、法规规定应当注销行政许可的其他情形。

2. 医疗器械生产备案 从事第一类医疗器械生产的，应当向所在地设区的市级负责药品监督管理的部门备案，在提交医疗器械生产企业开办条件所涉及的相关材料后，即完成生产备案，获取备案编号。医疗器械备案人自行生产第一类医疗器械的，可以在办理产品备案时一并办理生产备案。

药品监督管理部门应当在生产备案之日起3个月内，对提交的资料以及执行医疗器械生产质量管理规范情况开展现场检查。对不符合医疗器械生产质量管理规范要求的，依法处理并责令限期改正；不能保证产品安全、有效的，取消备案并向社会公告。第一类医疗器械生产备案内容发生变化的，应当在10个工作日内向原备案部门提交与变化有关的材料，药品监督管理部门必要时可以依照规定开展现场核查。

（三）委托生产

医疗器械注册人、备案人可以自行生产医疗器械，也可以委托符合规定、具备相应条件的企业生产医疗器械。

委托生产医疗器械的，医疗器械注册人、备案人应当对所委托生产的医疗器械质量负责，并加强对受托生产企业生产行为的管理，保证其按照法定要求进行生产。医疗器械注册人、备案人应当与受托生产企业签订委托协议，明确双方权利、义务和责任。受托生产企业应当依照法律法规、医疗器械生产质量管理规范、强制性标准、产品技术要求和委托协议组织生产，对生产行为负责，并接受委托方的监督。

具有高风险的植入性医疗器械不得委托生产，具体目录由国务院药品监督管理部门制定、调整并公布。

（四）生产质量管理

医疗器械注册人、备案人的法定代表人、主要负责人对其生产的医疗器械质量安全全面负责。

医疗器械注册人、备案人、受托生产企业应当按照医疗器械生产质量管理规范的要求，建立健全与所生产医疗器械相适应的质量管理体系并保持其有效运行，并严格按照经注册或者备案的产品技术要求组织生产，保证出厂的医疗器械符合强制性标准以及经注册或者备案的产品技术要求。

医疗器械注册人、备案人、受托生产企业应当建立记录管理制度，确保记录真实、准确、完整和可追溯。

医疗器械注册人、备案人应当负责产品上市放行，建立产品上市放行规程，明确放行标准、条件，并对医疗器械生产过程记录和质量检验结果进行审核，符合标准和条件的，经授权的放行人员签字后方可上市。委托生产的，医疗器械注册人、备案人还应当对受托生产企业的生产放行文件进行审核。受托生产企业应当建立生产放行规程，明确生产放行的标准、条件，确认符合标准、条件的，方可出厂。不符合法律、法规、规章、强制性标准以及经注册或者备案的产品技术要求的，不得放行出厂和上市。

医疗器械注册人、备案人应当建立并实施产品追溯制度，保证产品可追溯。受托生产企业应当协助注册人、备案人实施产品追溯。医疗器械注册人、备案人、受托生产企业应当按照国家实施医疗器械唯一标识的有关要求，开展赋码、数据上传和维护更新，保证信息真实、准确、完整和可追溯。

医疗器械注册人、备案人发现生产的医疗器械不符合强制性标准、经注册或者备案的产品技术要求，或者存在其他缺陷的，应当立即停止生产，通知相关经营企业、使用单位和消费者停止经营和使用，召回已经上市销售的医疗器械，采取补救、销毁等措施，记录相关情况，发布相关信息，并将医疗器械召回和处理情况向药品监督管理部门和卫生主管部门报告。受托生产企业应当按照医疗器械召回的相关规定履行责任，并协助医疗器械注册人、备案人对所生产的医疗器械实施召回。

二、医疗器械经营

按照医疗器械风险程度，医疗器械经营实施分类管理。经营第三类医疗器械实行许可管理，经营第二类医疗器械实行备案管理，经营第一类医疗器械不需要许可和备案。

国家药品监督管理局主管全国医疗器械经营监督管理工作。省、自治区、直辖市药品监督管理部门负责本行政区域的医疗器械经营监督管理工作。设区的市级、县级负责药品监督管理的部门负责本行政区域的医疗器械经营监督管理工作。

（一）从事医疗器械经营活动应具备的条件

从事医疗器械经营活动，应当具备下列条件：①与经营范围和经营规模相适应的质量管理机构或者质量管理人员，质量管理人员应当具有相关专业学历或者职称；②与经营范围和经营规模相适应的经营场所；③与经营范围和经营规模相适应的贮存条件；④与经营的医疗器械相适应的质量管理制度；⑤与经营的医疗器械相适应的专业指导、技术培训和售后服务的质量管理机构或者人员。

从事第三类医疗器械经营的企业还应当具有符合医疗器械经营质量管理制度要求的计算机信息管理系统，保证经营的产品可追溯。鼓励从事第一类、第二类医疗器械经营的企业建立符合医疗器械经营质量管理制度要求的计算机信息管理系统。

（二）医疗器械经营许可与备案管理

1. 医疗器械经营许可

（1）申请：从事第三类医疗器械经营的，经营企业应当向所在地设区的市级负责药品监督管理的部门提出申请，并提交规定的资料。

（2）受理：设区的市级负责药品监督管理的部门收到申请后，应当根据情况作出受理或不予受理的决定。受理或者不予受理医疗器械经营许可申请，应当出具加盖本行政机关专用印章和注明日期的受理或者不予受理通知书。

（3）资料审查：设区的市级负责药品监督管理的部门受理经营许可申请后，应当对申请资料进行审查，必要时按照《医疗器械经营质量管理规范》的要求开展现场核查，并自受理之日起20个工作日内作出决定。需要整改的，整改时间不计入审核时限。

（4）决定：经审查，符合规定条件的，作出准予许可的书面决定，并于10个工作日内发给医疗器械经营许可证；不符合规定条件的，作出不予许可的书面决定，并说明理由。

医疗器械经营许可证有效期为5年，电子证书与纸质证书具有同等法律效力。

任何单位和个人不得伪造、变造、买卖、出租、出借医疗器械经营许可证。

医疗器械经营许可证变更的，应当向原发证部门提出医疗器械经营许可证变更申请，并提交涉及变更内容的有关材料。经营场所、经营方式、经营范围、库房地址变更的，药品监督管理部门自受理之日起20个工作日内作出准予变更或者不予变更的决定。必要时按照《医疗器械经营质量管理规范》的要求开展现场核查。变更后的医疗器械经营许可证编号和有效期限不变。

医疗器械经营许可证有效期届满，需要延续的，医疗器械经营企业应当在有效期届满前90个工作日至30个工作日期间提出延续申请。逾期未提出延续申请的，不再受理其延续申请。原发证部门应当按照规定对延续申请进行审查，必要时开展现场核查，在医疗器械经营许可证有效期届满前作出是否准予延续的决定。经审查符合规定条件的，准予延续，延续后的医疗器械经营许可证编号不变。不符合规定条件的，责令限期整改；整改后仍不符合规定条件的，不予延续，并书面说明理由。逾期未作出决定的，视为准予延续。延续许可的批准时间在原许可证有效期内的，延续起始日为原许可证到期日的次日；批准时间不在原许可证有效期内的，延续起始日为批准延续许可的日期。

有下列情形之一的，由原发证部门依法注销医疗器械经营许可证，并予以公告：①主动申请注销的；②有效期届满未延续的；③市场主体资格依法终止的；④医疗器械经营许可证依法被吊销或者撤销的；⑤法律、法规规定应当注销行政许可的其他情形。

2. 医疗器械经营备案

从事第二类医疗器械经营的，经营企业应当向所在地设区的市级负责药品监督管理的部门备案，并提交规定的资料，即完成经营备案，获取经营备案编号。

必要时，设区的市级负责药品监督管理的部门在完成备案之日起3个月内，对提交的资料以及经营企业执行《医疗器械经营质量管理规范》情况开展现场检查。现场检查发现与提交的资料不一致或者不符合《医疗器械经营质量管理规范》要求的，责令其限期改正；不能保证产品安全、有效的,取消其备案并向社会公告。

第二类医疗器械经营企业的经营场所、经营方式、经营范围、库房地址等发生变化的,应当及时进行备案变更。必要时,设区的市级负责药品监督管理的部门开展现场检查。现场检查发现其不符合《医疗器械经营质量管理规范》要求的,责令其限期改正;不能保证产品安全、有效的,取消其备案并向社会公告。

对产品安全性、有效性不受流通过程影响的第二类医疗器械,可以免予经营备案。具体产品名录由国家药品监督管理局制定、调整并公布。

医疗器械注册人、备案人在其住所或者生产地址销售其注册、备案的医疗器械,无须办理医疗器械经营许可或者备案,但应当符合规定的经营条件;在其他场所贮存并销售医疗器械的,应当按照规定办理医疗器械经营许可或者备案。

医疗器械经营许可证有效期为 5 年,电子证书与纸质证书具有同等法律效力。任何单位和个人不得伪造、变造、买卖、出租、出借医疗器械经营许可证。

(三)经营质量管理

从事医疗器械经营,应当按照法律法规和《医疗器械经营质量管理规范》的要求,建立覆盖采购、验收、贮存、销售、运输、售后服务等全过程的质量管理制度和质量控制措施,并做好相关记录,保证经营条件和经营活动持续符合要求。

医疗器械经营企业应当建立并实施产品追溯制度,保证产品可追溯。

医疗器械经营企业应当从具有合法资质的医疗器械注册人、备案人、经营企业购进医疗器械。医疗器械经营企业应当建立进货查验记录制度,购进医疗器械时应当查验供货企业的资质,以及医疗器械注册证和备案信息、合格证明文件。进货查验记录应当真实、准确、完整和可追溯。进货查验记录应当保存至医疗器械有效期满后 2 年;没有有效期的,不得少于 5 年。植入类医疗器械进货查验记录应当永久保存。

从事第二类、第三类医疗器械批发业务以及第三类医疗器械零售业务的经营企业应当建立销售记录制度。销售记录信息应当真实、准确、完整和可追溯。销售记录应当保存至医疗器械有效期满后 2 年;没有有效期的,不得少于 5 年。植入类医疗器械销售记录应当永久保存。

从事医疗器械网络销售的,应当是医疗器械注册人、备案人或者医疗器械经营企业。从事医疗器械网络销售的经营者,应当将从事医疗器械网络销售的相关信息告知所在地设区的市级人民政府负责药品监督管理的部门。经营第一类医疗器械和产品安全性、有效性不受流通过程影响的第二类医疗器械,可以免予经营备案。为医疗器械网络交易提供服务的电子商务平台经营者应当对入网医疗器械经营者进行实名登记,审查其经营许可、备案情况和所经营医疗器械产品注册、备案情况,并对其经营行为进行管理。

医疗器械经营企业应当建立质量管理自查制度,按照《医疗器械经营质量管理规范》要求进行自查,每年 3 月 31 日前向所在地县级负责药品监督管理的部门提交上一年度的自查报告。

三、医疗器械使用

医疗器械使用单位,是指使用医疗器械为他人提供医疗等技术服务的机构,包括医疗机构、生育技术服务机构、血站、单采血浆站、康复辅助器具适配机构等。

医疗器械使用单位应当有与在用医疗器械品种、数量相适应的贮存场所和条件。医疗器械使用单位应当加强对工作人员的技术培训,按照产品说明书、技术操作规范等要求使用医疗器械。

医疗器械使用单位配置大型医用设备,应当符合国务院卫生主管部门制定的大型医用设备配置规划,与其功能定位、临床服务需求相适应,具有相应的技术条件、配套设施,具备相应资质、能力的专业技术人员,并经省级以上人民政府卫生主管部门批准,取得大型医用设备配置许可证。

医疗器械使用单位对重复使用的医疗器械,应当按照国务院卫生主管部门制定的消毒和管理规定进行处理。

一次性使用的医疗器械不得重复使用,对使用过的医疗器械应当按照国家有关规定销毁并记录。一次性使用的医疗器械目录由国务院药品监督管理部门会同国务院卫生主管部门制定、调整并公布。

医疗器械使用单位对需要定期检查、检验、校准、保养、维护的医疗器械,应当按照产品说明书的要求进行检查、检验、校准、保养、维护并予以记录,及时进行分析、评估,确保医疗器械处于良好状态,保障使用质量;对使用期限长的大型医疗器械,应当逐台建立使用档案,记录其使用、维护、转让、实际使用时间等事项。记录保存期限不得少于医疗器械规定使用期限终止后5年。

使用大型医疗器械以及植入和介入类医疗器械的,应当将医疗器械的名称、关键性技术参数等信息以及与使用质量安全密切相关的必要信息记载到病历等相关记录中。

第四节　医疗器械的监督检查

一、监督检查制度和内容

国家建立职业化专业化检查员制度,加强对医疗器械的监督检查。

负责药品监督管理的部门应当对医疗器械的研制、生产、经营活动以及使用环节的医疗器械质量加强监督检查,并对下列事项进行重点监督检查:①是否按照经注册或者备案的产品技术要求组织生产;②质量管理体系是否保持有效运行;③生产经营条件是否持续符合法定要求。必要时,负责药品监督管理的部门可以对为医疗器械研制、生产、经营、使用等活动提供产品或者服务的其他相关单位和个人进行延伸检查。

卫生主管部门应当对医疗机构的医疗器械使用行为加强监督检查。实施监督检查时,可以进入医疗机构,查阅、复制有关档案,记录其他有关资料。卫生主管部门应当对大型医用设备的使用状况进行监督和评估,发现违规使用以及与大型医用设备相关的过度检查、过度治疗等情形的,应当立即纠正,依法予以处理。

市场监督管理部门应当依照有关广告管理的法律、行政法规的规定,对医疗器械广告进行监督检查,查处违法行为。

二、药品监督管理部门的职权

负责药品监督管理的部门在监督检查中有下列职权:①进入现场实施检查、抽取样品;②查阅、复制、查封、扣押有关合同、票据、账簿以及其他有关资料;③查封、扣押不符合法定要求的医疗器械,违法使用的零配件、原材料以及用于违法生产经营医疗器械的工具、设备;④查封违反规定从事医疗器械生产经营活动的场所。

进行监督检查,应当出示执法证件,保守被检查单位的商业秘密。有关单位和个人应当对监督检查予以配合,提供相关文件和资料,不得隐瞒、拒绝、阻挠。

三、监督检查的方法和措施

可通过企业自查、查阅资料、不良事件监测、现场检查、抽查检验、飞行检查等方式在医疗器械研制、生产、经营活动以及使用环节进行监督检查。

医疗器械生产经营过程中存在产品质量安全隐患，未及时采取措施消除的，负责药品监督管理的部门可以采取告诫、责任约谈、责令限期整改等措施。对人体造成伤害或者有证据证明可能危害人体健康的医疗器械，负责药品监督管理的部门可以采取责令暂停生产、进口、经营、使用的紧急控制措施，并发布安全警示信息。

第五节　法律责任

一、行政责任

医疗器械生产经营者，有下列情形之一的，由负责药品监督管理的部门没收违法所得、违法生产经营的医疗器械和用于违法生产经营的工具、设备、原材料等物品；违法生产经营的医疗器械货值金额不足 1 万元的，并处 5 万元以上 15 万元以下罚款；货值金额 1 万元以上的，并处货值金额 15 倍以上 30 倍以下罚款；情节严重的，责令停产停业，10 年内不受理相关责任人以及单位提出的医疗器械许可申请，对违法单位的法定代表人、主要负责人、直接负责的主管人员和其他责任人员，没收违法行为发生期间自本单位所获收入，并处所获收入 30% 以上 3 倍以下罚款，终身禁止其从事医疗器械生产经营活动：①生产、经营未取得医疗器械注册证的第二类、第三类医疗器械；②未经许可从事第二类、第三类医疗器械生产活动；③未经许可从事第三类医疗器械经营活动。生产、经营未取得医疗器械注册证的第二类、第三类医疗器械，情节严重的，由原发证部门吊销医疗器械生产许可证或者医疗器械经营许可证。

有下列情形之一的，由负责药品监督管理的部门向社会公告单位和产品名称，责令限期改正；逾期不改正的，没收违法所得、违法生产经营的医疗器械；违法生产经营的医疗器械货值金额不足 1 万元的，并处 1 万元以上 5 万元以下罚款；货值金额 1 万元以上的，并处货值金额 5 倍以上 20 倍以下罚款；情节严重的，对违法单位的法定代表人、主要负责人、直接负责的主管人员和其他责任人员，没收违法行为发生期间自本单位所获收入，并处所获收入 30% 以上 2 倍以下罚款，5 年内禁止其从事医疗器械生产经营活动：①生产、经营未经备案的第一类医疗器械；②未经备案从事第一类医疗器械生产；③经营第二类医疗器械，应当备案但未备案；④已经备案的资料不符合要求。

有下列情形之一的，由负责药品监督管理的部门责令改正，没收违法生产经营使用的医疗器械；违法生产经营使用的医疗器械货值金额不足 1 万元的，并处 2 万元以上 5 万元以下罚款；货值金额 1 万元以上的，并处货值金额 5 倍以上 20 倍以下罚款；情节严重的，责令停产停业，直至由原发证部门吊销医疗器械注册证、医疗器械生产许可证、医疗器械经营许可证，对违法单位的法定代表人、主要负责人、直接负责的主管人员和其他责任人员，没收违法行为发生期间自本单位所获收入，并处所获收入 30% 以上 3 倍以下罚款，10 年内禁止其从事医疗器械生产经营活动：①生产、经营、使用不符合强制性标准或者不符合经注册或者备案的产品技术要求的医疗器械；②未按照经注册或者备案的产品技术要求组织生产，或者未依照规定建立质量管理体系并保持有效运行，影响产品安全、有效；③经营、使用无合格证明文件、过期、失效、淘汰的医疗器械，或者使用未依法注册的医疗器械；④在负责药品监督管理的部门责令召回后仍拒不召回，或者在负责药品监督管理的部门责令停止或者暂停生产、进口、经营后，仍拒不停止生产、进口、经营医疗器械；⑤委托不具备规定条件的企业生产医疗器械，或者未对受托生产企业的生产行为进行管理；⑥进口过期、失效、淘汰等已使用过的医疗器械。

有下列情形之一的，由负责药品监督管理的部门和卫生主管部门依据各自职责责令改正，给予警告；拒不改正的，处 1 万元以上 10 万元以下罚款；情节严重的，责令停产停业，直至由原发证部门吊销医疗器械注册证、医疗器械生产许可证、医疗器械经营许可证，对违法单位的法定代表人、主要负责人、直接负责的主管人员和其他责任人员处 1 万元以上 3 万元以下罚款：①未按照要求提交质量管理体系自查报告；②从不具备合法资质的供货者购进医疗器械；③医疗器械经营企业、使用单位未依照规定建立并执行医疗器械进货查验记录制度；④从事第二类、第三类医疗器械批发业务以及第三类医疗器械零售业务的经营企业未依照规定建立并执行销售记录制度；⑤医疗器械注册人、备案人、生产经营企业、使用单位未依照规定开展医疗器械不良事件监测，未按照要求报告不良事件，或者对医疗器械不良事件监测技术机构、负责药品监督管理的部门、卫生主管部门开展的不良事件调查不予配合；⑥医疗器械注册人、备案人未按照规定制定上市后研究和风险管控计划并保证有效实施；⑦医疗器械注册人、备案人未按照规定建立并执行产品追溯制度；⑧医疗器械注册人、备案人、经营企业从事医疗器械网络销售未按照规定告知负责药品监督管理的部门；⑨对需要定期检查、检验、校准、保养、维护的医疗器械，医疗器械使用单位未按照产品说明书要求进行检查、检验、校准、保养、维护并予以记录，及时进行分析、评估，确保医疗器械处于良好状态；⑩医疗器械使用单位未妥善保存购入第三类医疗器械的原始资料。

未经许可擅自配置使用大型医用设备的，由县级以上人民政府卫生主管部门责令停止使用，给予警告，没收违法所得；违法所得不足 1 万元的，并处 5 万元以上 10 万元以下罚款；违法所得 1 万元以上的，并处违法所得 10 倍以上 30 倍以下罚款；情节严重的，5 年内不受理相关责任人以及单位提出的大型医用设备配置许可申请，对违法单位的法定代表人、主要负责人、直接负责的主管人员和其他责任人员，没收违法行为发生期间自本单位所获收入，并处所获收入 30% 以上 3 倍以下罚款，依法给予处分。

未进行医疗器械临床试验机构备案开展临床试验的，由负责药品监督管理的部门责令停止临床试验并改正；拒不改正的，该临床试验数据不得用于产品注册、备案，处 5 万元以上 10 万元以下罚款，并向社会公告；造成严重后果的，5 年内禁止其开展相关专业医疗器械临床试验，并处 10 万元以上 30 万元以下罚款，由卫生主管部门对违法单位的法定代表人、主要负责人、直接负责的主管人员和其他责任人员，没收违法行为发生期间自本单位所获收入，并处所获收入 30% 以上 3 倍以下罚款，依法给予处分。

临床试验申办者开展临床试验未经备案的，由负责药品监督管理的部门责令停止临床试验，对临床试验申办者处 5 万元以上 10 万元以下罚款，并向社会公告；造成严重后果的，处 10 万元以上 30 万元以下罚款。该临床试验数据不得用于产品注册、备案，5 年内不受理相关责任人以及单位提出的医疗器械注册申请。

临床试验申办者未经批准开展对人体具有较高风险的第三类医疗器械临床试验的，由负责药品监督管理的部门责令立即停止临床试验，对临床试验申办者处 10 万元以上 30 万元以下罚款，并向社会公告；造成严重后果的，处 30 万元以上 100 万元以下罚款。该临床试验数据不得用于产品注册，10 年内不受理相关责任人以及单位提出的医疗器械临床试验和注册申请，对违法单位的法定代表人、主要负责人、直接负责的主管人员和其他责任人员，没收违法行为发生期间自本单位所获收入，并处所获收入 30% 以上 3 倍以下罚款。

医疗器械临床试验机构出具虚假报告的，由负责药品监督管理的部门处 10 万元以上 30 万元以下罚款；有违法所得的，没收违法所得；10 年内禁止其开展相关专业医疗器械临床试验；由卫生主管部门对违法单位的法定代表人、主要负责人、直接负责的主管人员和其他责任人员，没收违法行为发生期间自本单位所获收入，并处所获收入 30% 以上 3 倍以下罚款，依法给予处分。

医疗器械检验机构出具虚假检验报告的，由授予其资质的主管部门撤销检验资质，10 年内不受理相关责任人以及单位提出的资质认定申请，并处 10 万元以上 30 万元以下罚款；有违法所得的，没收违法所得；对违法单位的法定代表人、主要负责人、直接负责的主管人员和其他责任人员,没收违法行为发生期间自本单位所获收入,并处所获收入 30% 以上 3 倍以下罚款,依法给予处分;受到开除处分的,10 年内禁止其从事医疗器械检验工作。

二、刑事责任

违反《医疗器械监督管理条例》规定,构成犯罪的,依法追究刑事责任。《刑法》第一百四十五条规定:生产不符合保障人体健康的国家标准、行业标准的医疗器械,或者销售明知是不符合保障人体健康的国家标准、行业标准的医疗器械,足以严重危害人体健康的,处三年以下有期徒刑或者拘役,并处销售金额百分之五十以上二倍以下罚金;对人体健康造成严重危害的,处三年以上十年以下有期徒刑,并处销售金额百分之五十以上二倍以下罚金;后果特别严重的,处十年以上有期徒刑或者无期徒刑,并处销售金额百分之五十以上二倍以下罚金或者没收财产。

三、民事责任

违反《医疗器械监督管理条例》规定,造成人身、财产或者其他损害的,依法承担赔偿责任。《民法典》规定,因医疗器械缺陷,造成患者损害的,患者可以向医疗器械生产者,也可以向医疗机构请求赔偿。患者向医疗机构请求赔偿的,医疗机构赔偿后,有权向负有责任的医疗器械生产者追偿。

思考题

1. 某流行病疫情暴发初期,防疫物资供不应求,一企业欲从事一次性医用口罩的生产活动,该企业应该具备哪些条件?如何办理相关手续?
2. 《医疗器械监督管理条例》修订前后有哪些主要变化?请分析改变的原因。

(韩冬梅)

第十一章　传染病防治法律制度

章前案例

医方对艾滋病检测阳性者的妻子有告知义务吗?

吴某结婚前体检发现艾滋病病毒检测阳性,但目前身体状况良好,没有发病症状。医生对其进行了相关健康指导和预防提示。但吴某担心被拒婚,故未告诉未婚妻。两人结婚后很快女方怀孕,因担心孩子健康,吴某才告知本人艾滋病病毒检测阳性的情况。女方坚决终止妊娠并提出离婚。女方认为医院及医生未尽告知义务,对本人健康造成危险,幸好检测显示女方未被感染,于是放弃对医方的投诉。

思考:

对艾滋病检测阳性者,医方应该如何履行告知义务?

第一节　概　　述

一、传染病防治法的概念

传染病防治法是指调整预防、控制和消除传染病发生和流行,保障人体健康和公共卫生活动中产生的各种社会关系的法律法规规范的总和。传染病(infectious disease,ID)是由各种病原体引起的能在人与人、动物与动物或人与动物之间相互传播的一类疾病。病原体中大部分是微生物,小部分为寄生虫,寄生虫引起发病又称寄生虫病。传染病具有流行性和反复性,发病率高,对人体健康危害极大;不仅会使人体健康受到某种损害,还可能危及不特定的多数人生命健康甚至整个社会的公共健康。传染病防治是公共卫生事业的重要组成部分,它以保障公民的生命健康为根本目标,直接涉及每一个人的切身利益,关系到每一个人的安全。各国政府和世界卫生组织等国际性组织对此非常重视,纷纷制定了有关传染病防治的法律、法规。

新中国成立后,党和政府非常重视对传染病的防治和管理工作,颁布了一系列传染病管理的规范性文件。1989年2月,第七届全国人民代表大会常务委员会第六次会议通过并颁布了《中华人民共和国传染病防治法》(以下简称《传染病防治法》),于1989年9月1日起施行。该法律系统地确立了我国对传染病的预防、疫情报告与公布、控制和监督的法律制度,对于预防、控制和消除传染病的发生和流行,发挥了重要作用。我国传染病的总发病率明显下降,传染病防治工作取得了巨大的成绩。但因为传染病传播迅速、波及面广以及反复性、突发性等特点,常给人类带来巨大的生命财产的损失,严重影响一个国家或地区的经济、文化的发展。现在全世界都面临的问题是:传统的、古老的传染病尚没有被消灭,比如狂犬病、流行性脑脊髓膜炎、麻疹等;而新的传染病又层出不穷,比如获得性免疫缺陷综合征、严重急性呼吸综合征(SARS)、埃博拉出血热;另外原已被控制的传染病又卷土重来、死灰复燃,比如结核病、性病。2003年,SARS的流行再次给我们敲响了防治传染病的警钟,使政府和人民群众对传染病法制管理的重要性有了新的认识。为适应形势的发展,加强传染病防治的管理,2004 年 8 月 28 日,第十届全国人民代表大会常务委员会第十一次会议对《传染病防治法》进行了修订,并于 2004 年 12 月 1 日起施行。修订后的《传染病防治法》强化了政府在传染病防控领导和财政支持等方面的责任,明确了卫生行政部门、政府其他相关部门、疾病预防控制机构、医疗机构、基层组织、学校等不同主体在传染病防治工作中的法律地位与职责,建立了传染病监测与预警制度,完善了医疗救治体系;有效地贯彻了预防为主、防治结合的传染病防控工作方针。2013 年,第十二届全国人民代表大会常务委员会第三次会议对《传染病防治法》再次进行了修订。

现在,我国已经建成由法律、法规、部门规章,以及相关的卫生标准等一系列文件构成的传染病防治法律体系。主要包括《传染病防治法》《国境卫生检疫法》及相关的《基本医疗卫生与健康促进法》《疫苗管理法》《食品安全法》《献血法》等法律;《国内交通卫生检疫条例》《突发公共卫生事件应急条例》《病原微生物实验室生物安全管理条例》《医疗废物管理条例》《艾滋病防治条例》《血吸虫病防治条例》等行政法规;《性病防治管理办法》《结核病防治管理办法》《消毒管理办法》《传染性非典型肺炎防治管理办法》《突发公共卫生事件与传染病疫情监测信息报告管理办法》《传染病病人或疑似传染病病人尸体解剖查验规定》《医疗机构传染病预检分诊管理办法》等部门规章,以及配套的卫生标准。

为进一步推进传染病防治法的完善,国家卫生健康委员会于 2020 年 10 月 2 日将《传染病防治法》(修订草案征求意见稿)向社会公开征求意见。征求意见稿从国家战略高度评价传染病防控工作的重要性,将立法目的进一步扩展为预防、控制传染病的发生与流行,保障人民群众生命安全和身体健康,防范公共卫生风险,维护社会稳定和国家安全。

二、传染病防治法的适用范围

(一)对单位和人的适用范围

《传染病防治法》明确规定:在中华人民共和国领域内的一切单位和个人,必须接受疾病预防控制机构、医疗机构有关传染病的调查、检验、采集样本、隔离治疗等预防、控制措施,如实提供有关情况。这表明传染病防治法适用于我国全部领域,包括领空、领水、领海和延伸意义上的领域。一切单位包括我国的一切机关、企事业单位、社会团体,也包括在我国领域内的一切外资、中外合资、合作企业等。一切个人即在我国领域内的一切自然人,包括中国人、外国人和无国籍人,外交人员也不例外。

(二)对病种的适用范围

根据传染病的危害程度和我国的实际情况,《传染病防治法》将发病率较高、流行面积大、危害较严重的传染病纳入法定管理.并根据其对人类的危害程度及传播方式和速度的不同,分为甲、乙、丙三类,实行分类管理。目前,法定报告传染病病种包括 40 种。

甲类传染病为强制管理类传染病,是指对人体健康和生命安全危害特别严重,可能造成重大经济损失和社会影响,需要采取强制管理、强制隔离治疗、强制卫生检疫,控制疫情蔓延的传染病,包括鼠疫、霍乱。对这类传染病病人、病原携带者的隔离、治疗方式,对可疑染疫人的留验以及对疫点、疫区的处理,均可强制执行。

乙类为严格管理类传染病,是指对人体健康和生命安全危害严重,可能造成较大经济损失和社会影响,需要采取严格管理,落实各项防控措施,降低发病率,减少危害的传染病,包括传染性非典型肺炎、艾滋病、病毒性肝炎、脊髓灰质炎、人感染高致病性禽流感、麻疹、流行性出血热、狂犬病、流行性乙型脑炎、登革热、炭疽、细菌性和阿米巴性痢疾、肺结核、伤寒和副伤寒、流行性脑脊髓膜炎、百日咳、白喉、新生儿破伤风、猩红热、布鲁氏菌病、淋病、梅毒、钩端螺旋体病、血吸虫病、疟疾、人感染 H7N9 禽流感、新型冠状病毒感染。其中传染性非典型肺炎、炭疽中的肺炭疽，采取甲类传染病的预防、控制措施；需要解除其甲类传染病预防、控制措施的，由国务院卫生行政部门报经国务院批准后予以公布。

丙类传染病为监测管理类传染病，是指常见多发、对人体健康和生命安全造成危害，可能造成一定程度的经济损失和社会影响，需要监测管理，关注流行趋势，控制暴发流行的传染病，包括流行性感冒、流行性腮腺炎、风疹、急性出血性结膜炎、麻风病、流行性和地方性斑疹伤寒、黑热病、包虫病、丝虫病，除霍乱、细菌性和阿米巴性痢疾、伤寒和副伤寒以外的感染性腹泻病、手足口病。

为了在保证法律的稳定性和权威性的同时又能够应对今后现实状况的变化，《传染病防治法》还规定，国务院卫生行政部门根据传染病暴发、流行情况和危害程度，可以决定增加、减少或者调整乙类、丙类传染病病种并予以公布。其他乙类传染病和突发原因不明的传染病需要采取甲类传染病的预防、控制措施的，由国务院卫生行政部门及时报经国务院批准后予以公布、实施。省、自治区、直辖市人民政府对本行政区域内常见、多发的其他地方性传染病，可以根据情况决定按照乙类或者丙类传染病管理并予以公布，报国务院卫生行政部门备案。

三、传染病防治的基本原则

为了预防、控制和消除传染病的发生与流行，保障人体健康和公共卫生，国家对传染病防治实行预防为主、防治结合、分类管理、依靠科学、依靠群众的基本原则。

（一）预防为主

预防为主是指传染病防治要把预防工作放在首位。从预防传染病发生入手，通过采取各种防治措施，使传染病不发生、不流行。预防为主是我国卫生健康工作的基本方针，是人类在与传染病长期斗争中总结出来的经验。一直以来，我国在传染病防治工作中始终坚持贯彻预防为主的方针，在预防、控制传染病发生与流行上取得了巨大成功。

（二）防治结合

防治结合要求在贯彻预防为主方针的前提下，实行预防措施和治疗措施相结合。由于传染病本身的特点，传染病病人同时也是传染源。及时、积极地治疗传染病病人，同时就是对其他人和社会群体进行防护。因此，防与治本身是相辅相成的，要使两者有机地结合起来。

（三）分类管理

分类管理是根据传染病不同病种的传播方式、传播速度、流行强度以及对人类健康危害程度的不同，参照国际统一分类标准所确定的一种科学管理原则；对不同传染病采取适当的预防、控制、监测、报告及救治措施，以达到理想的防治效果。分类管理既有利于把有限的卫生资源合理配置、有效投入，也有利于突出重点，争取最大效益。

（四）依靠科学

虽然传染病的传播与流行是不会以人们的意志为转移的，但在与传染病的斗争中，医学家们也归结出了引起传染病流行的客观规律以及相应的科学防治对策和措施，成为人类共同的精神财富。在传染病防治工作中，要用科学的态度和方法，做好传染病的预防、控制、诊治、科研工作。要发扬科学精神，坚持科学决策；普及科学知识，加强科学引导；做好科学预防，实行科学治疗；依靠科学技术，组织科学攻关。

（五）依靠群众

依靠群众是党和国家的一贯方针。国家支持和鼓励公民个人参与传染病防治工作。法律要求各级人民政府应当完善有关制度，方便单位和个人参与防治传染病的宣传教育、疫情报告、志愿服务和捐赠活动。要争取群众的自觉参与和积极配合，形成全社会关注、群防群控的局面。《基本医疗卫生与健康促进法》规定："国家建立传染病防控制度，制定传染病防治规划并组织实施,加强传染病监测预警,坚持预防为主、防治结合,联防联控、群防群控、源头防控、综合治理,阻断传播途径,保护易感人群,降低传染病的危害。"

四、传染病防治的管理体系

传染病防治需要建立"大卫生观",需要全社会参与。法律明确规定了各级政府及其相关部门、疾病预防控制机构、医疗卫生保健机构、学校、新闻媒体、社会基层组织等各方面的职责。

各级人民政府承担传染病防治的领导工作。县级以上人民政府应制定传染病防治规划并组织实施,建立健全传染病防治的疾病预防控制、医疗救治和监督管理体系。

卫生行政部门承担着具体监管工作。国务院卫生行政部门主管全国传染病防治及其监督管理工作。县级以上地方人民政府卫生行政部门负责本行政区域内的传染病防治及其监督管理工作。

县级以上人民政府其他部门在各自的职责范围内负责传染病防治工作。各级人民政府农业、水利、林业、铁路、交通、民用航空以及其他有关部门按照职责分工负责指导和组织消除传播传染病的动物和病媒生物的危害,负责与人畜共患传染病有关的动物传染病的防治管理工作。

卫生机构承担具体的防治工作。各级疾病预防控制机构承担传染病监测、预测、流行病学调查、疫情报告以及其他预防、控制工作。医疗机构承担与医疗救治有关的传染病防治工作和责任区域内的传染病预防工作。城市社区和农村基层医疗机构在疾病预防控制机构的指导下,承担城市社区、农村基层相应的传染病防治工作。

其他社会组织也应当积极参加传染病防治工作。如居民委员会、村民委员会应当组织居民、村民参与社区、农村的传染病预防与控制活动。新闻媒体应当无偿开展传染病防治和公共卫生教育的公益宣传。各级各类学校应当对学生进行健康知识和传染病预防知识的教育。国家支持和鼓励单位和个人参与传染病防治工作。

第二节 传染病的预防

一、预防接种制度

为有效预防和控制传染病的传播,国家实行有计划的预防接种制度。国务院卫生行政部门和省、自治区、直辖市人民政府卫生行政部门,根据传染病预防、控制的需要,制定传染病预防接种规划并组织实施。国家对儿童实行预防接种证制度。国家免疫规划项目实行免费预防接种。医疗机构、疾病预防控制机构与儿童的监护人应当相互配合,保证儿童及时接受预防接种。为进一步规范预防接种制度,2005年制定并实施了《疫苗流通和预防接种管理条例》,2019年在该条例的基础上颁布实施了《中华人民共和国疫苗管理法》。

二、传染病监测预警制度

《传染病防治法》规定,国家建立传染病监测制度。国务院卫生行政部门制定国家传染病监测规划和方案。省、自治区、直辖市人民政府卫生行政部门根据国家传染病监测规划和方案,制定本行政区域的传染病监测计划和工作方案。各级疾病预防控制机构对传染病的发生、流行以及影响其发生、流行的因素,进行监测;对国外发生、国内尚未发生的传染病或者国内新发生的传染病,进行监测。

国家建立传染病预警制度。国务院卫生行政部门和省、自治区、直辖市人民政府根据传染病发生、流行趋势的预测，及时发出传染病预警，根据情况予以公布。地方人民政府和疾病预防控制机构接到国务院卫生行政部门或者省、自治区、直辖市人民政府发出的传染病预警后，应当按照传染病预防、控制预案，采取相应的预防、控制措施。

县级以上地方人民政府应当制定传染病预防、控制预案，报上一级人民政府备案。传染病预防、控制预案应当包括以下主要内容：①传染病预防控制指挥部的组成和相关部门的职责；②传染病的监测、信息收集、分析、报告、通报制度；③疾病预防控制机构、医疗机构在发生传染病疫情时的任务与职责；④传染病暴发、流行情况的分级以及相应的应急工作方案；⑤传染病预防、疫点疫区现场控制，应急设施、设备、救治药品和医疗器械以及其他物资和技术的储备与调用。

三、社会综合预防制度

传染病的预防需要全社会的共同参与。要建立社会综合性的预防制度。各级人民政府组织应开展群众性卫生活动，进行预防传染病的健康教育，倡导文明健康的生活方式，提高公众对传染病的防治意识和应对能力，加强环境卫生建设，消除鼠害和蚊、蝇等病媒生物的危害。

地方各级人民政府应当有计划地建设和改造公共卫生设施，改善饮用水卫生条件，对污水、污物、粪便进行无害化处置。农业、水利、林业、铁路、交通、民用航空等各部门应按照职责分工，负责指导和组织消除相关场所的鼠害和蚊、蝇等病媒生物的危害。

医疗机构必须严格执行国务院卫生行政部门规定的管理制度、操作规范，防止传染病的医源性感染和医院感染。采供血机构、生物制品生产单位必须严格执行国家有关规定，保证血液、血液制品的质量。

对被传染病病原体污染的污水、污物、场所和物品，有关单位和个人必须在疾病预防控制机构的指导下或者按照其提出的卫生要求，进行严格消毒处理；拒绝消毒处理的，由当地卫生行政部门或者疾病预防控制机构进行强制消毒处理。

从事病原微生物研究的实验室，应当符合国家规定的条件和技术标准，建立严格的监督管理制度，对传染病病原体样本按照规定的措施实行严格监督管理，对传染病菌种、毒种和传染病检测样本的采集、保藏、携带、运输和使用实行分类管理，严防传染病病原体的实验室感染和病原微生物的扩散。国务院卫生主管部门或者兽医主管部门指定的菌（毒）种保藏中心或者专业实验室，承担集中储存病原微生物菌（毒）种和样本的任务。对传染病菌种、毒种和传染病检测样本的采集、保藏、携带、运输和使用实行分类管理，建立健全严格的管理制度。对可能导致甲类传染病传播的以及国务院卫生行政部门规定的菌种、毒种和传染病检测样本，确需采集、保藏、携带、运输和使用的，须经省级以上人民政府卫生行政部门批准。

第三节　传染病疫情的报告、通报和公布

一、传染病疫情的报告

（一）疫情报告人

《传染病防治法》规定，任何单位和个人发现传染病病人或者疑似传染病病人时，应当及时向附近的疾病预防控制机构或者医疗机构报告。

疾病预防控制机构、医疗机构和采供血机构及其执行职务的人员为责任疫情报告人，在发现传染病疫情或者发现其他传染病暴发、流行以及突发原因不明的传染病时，应当遵循疫情报告属

地管理原则,按照国务院规定的或者国务院卫生行政部门规定的内容、程序、方式和时限报告。军队医疗机构向社会公众提供医疗服务,发现传染病疫情时,应当按照国务院卫生行政部门的规定报告。

依法负有传染病疫情报告职责的人民政府有关部门、疾病预防控制机构、医疗机构、采供血机构及其工作人员,不得隐瞒、谎报、缓报传染病疫情。

(二)传染病疫情信息的收集与分析

疾病预防控制机构应当主动收集、分析、调查、核实传染病疫情信息;接到甲类、乙类传染病疫情报告或者发现传染病暴发、流行时,应当立即报告当地卫生行政部门,由当地卫生行政部门立即报告当地人民政府,同时报告上级卫生行政部门和国务院卫生行政部门。

疾病预防控制机构应当设立或者指定专门的部门、人员负责传染病疫情信息管理工作,及时对疫情报告进行核实、分析。

(三)疫情报告的方式及时限

根据《传染病信息报告管理规范(2015 年版)》的规定,传染病疫情信息实行网络直报或直接数据交换。

责任报告单位和责任疫情报告人发现甲类传染病和乙类传染病中的肺炭疽、传染性非典型肺炎等按照甲类管理的传染病病人或疑似病人时,或发现其他传染病和不明原因疾病暴发时,应于 2 小时内将传染病报告卡通过网络报告。对其他乙、丙类传染病病人、疑似病人和规定报告的传染病病原携带者在诊断后,应于 24 小时内进行网络报告。

不具备网络直报条件的医疗机构及时向属地乡镇卫生院、城市社区卫生服务中心或县级疾病预防控制机构报告,并于 24 小时内寄送出传染病报告卡至代报单位。

其他符合突发公共卫生事件报告标准的传染病暴发疫情,还应按《突发公共卫生事件信息报告管理规范》要求报告。

二、传染病疫情的通报

(一)行政部门间的通报

由于管理部门与地域的分割,检疫传染病、传染病及人畜共患传染病疫情等信息的第一手资料掌握在不同管理机构中,为了使传染病防治相关机构能够及时掌握全面信息,各部门必须建立起通畅与及时的通报制度。

县级以上地方人民政府卫生行政部门应当及时向本行政区域内的疾病预防控制机构和医疗机构通报传染病疫情以及监测、预警的相关信息。接到通报的疾病预防控制机构和医疗机构应当及时告知本单位的有关人员。

国务院卫生行政部门应当及时向国务院其他有关部门和各省、自治区、直辖市人民政府卫生行政部门通报全国传染病疫情以及监测、预警的相关信息。毗邻的以及相关的地方人民政府卫生行政部门,应当及时互相通报本行政区域的传染病疫情以及监测、预警的相关信息。县级以上人民政府有关部门发现传染病疫情时,应当及时向同级人民政府卫生行政部门通报。中国人民解放军卫生主管部门发现传染病疫情时,应当向国务院卫生行政部门通报。

(二)相关防疫机构间的通报

动物防疫机构和疾病预防控制机构,应当及时互相通报动物间和人间发生的人畜共患传染病疫情以及相关信息。国境口岸所在地卫生行政部门指定的疾病预防控制机构和港口、机场、铁路等疾病预防控制机构及国境卫生检疫机构,发现《国境卫生检疫法》规定的检疫传染病时,应当互相通报疫情。

港口、机场、铁路疾病预防控制机构以及国境卫生检疫机关发现甲类传染病病人、病原携带者、疑似传染病病人时,应当按照国家有关规定立即向国境口岸所在地的疾病预防控制机构或者所在地县级以上地方人民政府卫生行政部门报告并互相通报。

三、传染病疫情信息的公布

及时、如实公布疫情是防控传染病的一项积极的措施,这有利于动员社会各部门协同防控传染病,有利于广大人民群众参与传染病防治工作,也有利于国际间的疫情信息交流,防止国际间传染病疫情的蔓延。

为了做好传染病疫情信息的公布工作,国家建立传染病疫情信息公布制度。同时,为了保证信息的一致性和可靠性,国家设立了统一的公布机构;授权给国务院卫生行政部门和省级卫生行政部门。

在一般情况下,国务院卫生行政部门定期公布全国传染病疫情信息。省、自治区、直辖市人民政府卫生行政部门定期公布本行政区域的传染病疫情信息。

传染病暴发、流行时,国务院卫生行政部门负责向社会公布传染病疫情信息,并可以授权省、自治区、直辖市人民政府卫生行政部门向社会公布本行政区域的传染病疫情信息。

公布传染病疫情信息必须及时、真实、科学、可靠,这样才有利于传染病疫情的控制工作。虚假、错误、延迟的信息只会增大公众的疑虑和恐慌心理。

第四节　传染病疫情的控制

传染病控制措施是为了及时有效地控制疫情,针对构成传染病流行的三个环节(包括隔离治疗传染源、切断传播途径、保护易感人群),采取的以针对其中一个环节为主或者同时控制几个环节综合性的,消除传染病在人群中继续传播和流行危险所采取的防治措施。在一般情况下,医疗卫生机构应采取相应措施;在传染病发生或暴发、流行时,政府和有关部门应组织调集力量,采取必要的控制措施。

一、一般控制措施

(一)隔离治疗

隔离治疗是指将传染病病人和病原携带者置于不可能传染给他人的控制治疗状态,以防止病原体的扩散。实行隔离治疗既有利于病人和病原携带者及早治愈和恢复,也有利于保护其他公民身体健康,免受传染病的危害,并迅速控制疫情。充分体现了防治结合的原则。

由于隔离治疗会导致人身自由的限制,国家明确规定只针对危害性大的甲类及依照甲类管理的法定传染病病种。目前包括鼠疫、霍乱、传染性非典型肺炎和肺炭疽。

对以上病人和病原携带者,医疗机构应予以隔离治疗;对疑似病人,确诊前在指定场所单独隔离治疗;隔离期限根据医学检查结果确定。对于拒绝隔离治疗或者隔离期未满擅自脱离隔离治疗的,可以请公安机关协助采取强制隔离治疗措施。

(二)医学观察与治疗

对甲类和按甲类管理的法定传染病病人、病原携带者、疑似病人的密切接触者,应在指定场所进行医学观察,并采取其他必要的预防措施。

对乙类或者丙类传染病病人,医疗机构应当根据病情采取必要的治疗和控制传播措施。对密切接触者,在指定场所进行医学观察和/或采取其他必要的预防措施。

（三）尸检与卫生处理

为了查找传染病病因，医疗机构在必要时可以按照国务院卫生行政部门的规定，对传染病病人尸体或者疑似传染病病人尸体进行解剖查验，并应当告知死者家属。

对甲类传染病、炭疽死亡者，应当将尸体立即进行卫生处理，就近火化。患其他传染病死亡的，必要时，应当将尸体进行卫生处理后火化或者按照规定深埋。

（四）消毒和无害化处置

对被传染病病原体污染的场所（主要指家庭、学校、托幼机构、工作单位的宿舍等）和物品等应进行消毒和卫生处理。

医疗机构对本单位内被传染病病原体污染的场所、物品以及医疗废物，必须依照法律、法规的规定实施消毒和无害化处置。

传染病暴发、流行时，应对疫点、疫区进行卫生处理。

（五）流行病学调查

疾病预防控制机构发现传染病疫情或者接到传染病疫情报告时，应当及时对传染病疫情进行流行病学调查，根据调查情况提出划定疫点、疫区的建议；向卫生行政部门提出疫情控制方案；按照卫生行政部门的要求采取措施；指导下级疾病预防控制机构实施传染病预防、控制措施，组织、指导有关单位对传染病疫情的处理。

二、紧 急 措 施

当传染病暴发、流行时，县级以上地方人民政府应当立即组织力量，按照预防、控制预案进行防治，切断传染病的传播途径。必要时，为了尽快控制疫情，政府可采取一些临时性的紧急控制措施。

1. 紧急措施的实施条件　当传染病暴发、流行时，如果控制疫情需要采取紧急措施的，必须报上一级地方政府决定，并予以公告。

2. 紧急措施的决定机关　县级以上地方人民政府报经上一级人民政府决定，并予以公告。上级人民政府接到下级人民政府关于采取上述紧急措施的报告时，应当及时作出决定。当疫情得到控制，需要解除紧急措施的，由原决定机关决定并宣布。

3. 紧急措施的方式　紧急措施的方式包括：①限制或者停止集市、影剧院演出或者其他人群聚集的活动；②停工、停业、停课；③封闭或者封存被传染病病原体污染的公共饮用水源、食品以及相关物品；④控制或者扑杀染疫野生动物、家畜家禽；⑤封闭可能造成传染病扩散的场所。具体情况下根据需要和决定机关的规定具体实施。

三、隔离与疫区管理

（一）隔离

对已经发生甲类传染病病例的场所或者该场所内的特定区域的人员，所在地的县级以上地方人民政府可以实施隔离措施，并同时向上一级人民政府报告；接到报告的上级人民政府应当即时作出是否批准的决定。上级人民政府作出不予批准决定的，实施隔离措施的人民政府应当立即解除隔离措施。隔离措施的解除，由原决定机关决定并宣布。

在隔离期间，实施隔离措施的人民政府应当对被隔离人员提供生活保障；被隔离人员有工作单位的，所在单位不得停止支付其隔离期间的工作报酬。

（二）疫区管理

疫区，指发生传染病流行或者可能是传染病聚集发生的地区。宣布疫区的目的在于明确疫区与非疫区的区别。

宣布疫区的条件：在甲、乙类传染病暴发、流行并有发展趋势时；必须在疾病控制机构对染疫区域进行调查的基础上。

宣布疫区的机构：由县级以上地方政府提出，经上一级地方政府决定后，由提出报告的机关宣布执行。疫区及疫区封锁的解除，由原决定机关决定并宣布。

宣布疫区的权限管辖：县级以上地方人民政府报经上一级人民政府决定，可以宣布本行政区域部分或者全部为疫区；国务院可以决定并宣布跨省、自治区、直辖市的疫区。省、自治区、直辖市人民政府可以决定对本行政区域内的甲类传染病疫区实施封锁；但是，封锁大、中城市的疫区或者封锁跨省、自治区、直辖市的疫区，以及封锁疫区导致中断干线交通或者封锁国境的，由国务院决定。

疫区的防疫管理：可以在疫区内采取相应的紧急措施；可以对进出疫区的人员进行医学观察、检查，限制不必要人群的进入。还可以对出入疫区的人员、物资和交通工具实施卫生检疫。发生甲类传染病时，为了防止该传染病通过交通工具及其乘运的人员、物资传播，可以实施交通卫生检疫。疫区中被传染病病原体污染或者可能被传染病病原体污染的物品，经消毒可以使用的，应当在当地疾病预防控制机构的指导下，进行消毒处理后，方可使用、出售和运输。发生传染病疫情时，疾病预防控制机构和省级以上人民政府卫生行政部门指派的其他与传染病有关的专业技术机构，可以进入传染病疫点、疫区进行调查、采集样本、技术分析和检验。

四、物资与人员的调用和运输

传染病暴发、流行时，根据传染病疫情控制的需要，国务院有权在全国范围或者跨省、自治区、直辖市范围内，县级以上地方人民政府有权在本行政区域内紧急调集人员或者调用储备物资，临时征用房屋、交通工具以及相关设施、设备。紧急调集人员的，应当按照规定给予合理报酬。临时征用房屋、交通工具以及相关设施、设备的，应当依法给予补偿；能返还的，应当及时返还。

传染病暴发、流行时，药品和医疗器械生产、供应单位应当及时生产、供应防治传染病的药品和医疗器械。铁路、交通、民用航空经营单位必须优先运送处理传染病疫情的人员以及防治传染病的药品和医疗器械。县级以上人民政府有关部门应当做好组织协调工作。

第五节　传染病的医疗救治

一、传染病医疗救治机构

《传染病防治法》规定，县级以上人民政府应当加强和完善传染病医疗救治服务网络的建设，指定具备传染病救治条件和能力的医疗机构承担传染病救治任务，或者根据传染病救治需要设置传染病医院。为预防和控制传染病在医院的传播，以及造成医源性感染，医疗机构的基本标准、建筑设计和服务流程，设备器械、医疗器具使用等，都应当符合预防传染病医院感染的要求。

二、预防和控制医院感染

为进一步规范医院感染管理工作，卫生部颁布了《医院感染管理办法》并于 2006 年 9 月 1 日起施行，明确规定，国家卫生行政部门负责全国医院感染管理的监督管理工作，县级以上地方人民政府卫生行政部门负责本行政区域内医院感染管理的监督管理工作。各级各类医疗机构应当建立医院感染管理责任制，制定并落实医院感染管理的规章制度和工作规范，严格执行有关技术操作规范和工作标准,培训相关人员,加强监督管理。省级人民政府卫生行政部门成立医院感染预防与控制专家组,负责指导本地区医院感染预防与控制的技术性工作。

三、医疗救治实施

医疗机构应当对传染病病人或者疑似传染病病人提供医疗救护、现场救援和接诊治疗,书写病历记录以及其他有关资料,并妥善保管。应当按照国务院卫生行政部门规定的传染病诊断标准和治疗要求,采取相应措施,提高传染病医疗救治能力。应当实行传染病预检、分诊制度;对传染病病人、疑似传染病病人,引导至相对隔离的分诊点进行初诊。根据《医疗机构传染病预检分诊管理办法》要求,二级以上综合医院应当设立感染性疾病科,没有设立感染性疾病科的医疗机构应当设立传染病分诊点。如果医疗机构确实不具备相应救治能力的,应当在做好防护的同时,及时将病人及其病历记录复印件一并转至具备相应救治能力的医疗机构。

第六节　传染病防治保障措施

一、经费与物资保障

国家将传染病防治工作纳入国民经济和社会发展计划。国务院卫生行政部门会同国务院有关部门,根据传染病流行趋势,确定全国传染病预防、控制、救治、监测、预测、预警、监督检查等项目。中央财政对困难地区实施重大传染病防治项目给予补助。如《艾滋病防治条例》规定:中央财政对在艾滋病流行严重地区和贫困地区实施的艾滋病防治重大项目给予补助。《血吸虫病防治条例》规定:国家对经济困难地区的血吸虫病防治经费、血吸虫病重大疫情应急处理经费给予适当补助,对承担血吸虫病防治任务的机构的基本建设和跨地区的血吸虫病防治重大工程项目给予必要支持。

省、自治区、直辖市人民政府根据本行政区域内传染病流行趋势,在国务院卫生行政部门确定的项目范围内,确定传染病预防、控制、监督等项目,并保障项目的实施经费。

县级以上地方人民政府应将传染病防治工作纳入本行政区域的国民经济和社会发展计划。县级以上地方人民政府按照本级政府职责负责本行政区域内传染病预防、控制、监督工作的日常经费。地方各级人民政府应当保障城市社区、农村基层传染病预防工作的经费。县级以上人民政府负责储备防治传染病的药品、医疗器械和其他物资,以备调用。

二、传染病防治体系建设

城乡基层传染病防治体系是传染病防治工作的基础。国家要加强基层传染病防治体系建设,扶持贫困地区和少数民族地区的传染病防治工作。

基层传染病防治体系包括疾病预防控制和应急救治体系。县级应建立疾病预防控制中心,改善疾病控制措施和手段,完善监测和预警机制。要重点解决农村基础卫生设施,改善条件,配备相应的医疗救治药品、技术、设备和人员,提高医疗卫生机构应对突发事件的救治能力。

三、特定人群的医疗救助

国家对患有特定传染病的困难人群实行医疗救助,减免医疗费用。对从事传染病预防、医疗、科研、教学、现场处理疫情的人员，以及在生产、工作中接触传染病病原体的其他人员，有关单位应当按照国家规定，采取有效的卫生防护措施和医疗保健措施，并给予适当的津贴。

《血吸虫病防治条例》规定：国家对农民免费提供抗血吸虫基本预防药物，对经济困难农民的血吸虫病治疗费用予以减免。血吸虫病防治地区县级以上地方人民政府民政部门对符合救助条件的血吸虫病病人进行救助。

《艾滋病防治条例》规定：县级以上人民政府应当采取下列艾滋病防治关怀、救助措施：①向农村艾滋病病人和城镇经济困难的艾滋病病人免费提供抗艾滋病病毒治疗药品；②对农村和城镇经济困难的艾滋病病毒感染者、艾滋病病人适当减免抗机会性感染治疗药品的费用；③向接受艾滋病咨询、检测的人员免费提供咨询和初筛检测；④向感染艾滋病病毒的孕产妇免费提供预防艾滋病母婴传播的治疗和咨询。

《传染性非典型肺炎防治管理办法》规定：医疗机构收治病人或者疑似病人，实行先收治、后结算的办法，任何医疗机构不得以费用为由拒收病人。对农民（含进城务工农民）和城镇困难群众中的传染性非典型肺炎病人实行免费医疗，所发生救治费用由政府负担，具体办法按国家有关部门规定执行。

第七节　传染病防治监督管理

一、卫生行政机构的职责与权限

各级卫生行政机构承担传染病防治监督管理职责。县级以上人民政府卫生行政部门对传染病防治工作履行下列监督检查职责：①对下级人民政府卫生行政部门履行规定的传染病防治职责进行监督检查；②对疾病预防控制机构、医疗机构的传染病防治工作进行监督检查；③对采供血机构的采供血活动进行监督检查；④对用于传染病防治的消毒产品及其生产单位进行监督检查，并对饮用水供水单位从事生产或者供应活动以及涉及饮用水卫生安全的产品进行监督检查；⑤对传染病菌种、毒种和传染病检测样本的采集、保藏、携带、运输、使用进行监督检查；⑥对公共场所和有关单位的卫生条件和传染病预防、控制措施进行监督检查。

省级以上人民政府卫生行政部门负责组织对传染病防治重大事项的处理。

县级以上地方人民政府卫生行政部门在履行监督检查职责时，发现被传染病病原体污染的公共饮用水源、食品以及相关物品，如不及时采取控制措施可能导致传染病传播、流行的，可以采取封闭公共饮用水源、封存食品以及相关物品或者暂停销售的临时控制措施，并予以检验或者进行消毒。经检验，属于被污染的食品，应当予以销毁；对未被污染的食品或者经消毒后可以使用的物品，应当解除控制措施。

卫生行政部门应当依法建立健全内部监督制度，对其工作人员依据法定职权和程序履行职责的情况进行监督。上级卫生行政部门发现下级卫生行政部门不及时处理职责范围内的事项或者不履行职责的，应当责令纠正或者直接予以处理。应当自觉接受社会和公民的监督。单位和个人有权向上级人民政府及其卫生行政部门举报违法行为。接到举报的有关人民政府或者其卫生行政部门，应当及时调查处理。

二、卫生执法人员的职责

县级以上人民政府卫生行政部门工作人员在履行监督检查职责时，有权进入被检查单位和传染病疫情发生现场调查取证，查阅或者复制有关的资料和采集样本。被检查单位应当予以配合,不得拒绝、阻挠。

卫生行政部门工作人员依法执行职务时,应当不少于两人,并出示执法证件,填写卫生执法文书。卫生执法文书经核对无误后,应当由卫生执法人员和当事人签名。当事人拒绝签名的,卫生执法人员应当注明情况。

第八节 法律责任

一、行政责任

传染病防治相关单位和人员在执行传染病防治公务时,如果违法,就可能要承担相应的法律责任。根据法律规定,可能因违法而承担行政责任的单位和人员主要有以下情况。

(一)地方各级人民政府及其有关部门和人员的违法责任

1. 地方各级人民政府未依照规定履行报告职责,或者隐瞒、谎报、缓报传染病疫情,或者在传染病暴发、流行时,未及时组织救治、采取控制措施的,由上级人民政府责令改正,通报批评;造成传染病传播、流行或者其他严重后果的,对负有责任的主管人员,依法给予行政处分。

2. 县级以上人民政府卫生行政部门违反规定,有下列情形之一的,由本级人民政府、上级人民政府卫生行政部门责令改正,通报批评;造成传染病传播、流行或者其他严重后果的,对负有责任的主管人员和其他直接责任人员,依法给予行政处分:①未依法履行传染病疫情通报、报告或者公布职责,或者隐瞒、谎报、缓报传染病疫情的;②发生或者可能发生传染病传播时未及时采取预防、控制措施的;③未依法履行监督检查职责,或者发现违法行为不及时查处的;④未及时调查、处理单位和个人对下级卫生行政部门不履行传染病防治职责的举报的;⑤其他失职、渎职行为。

3. 县级以上人民政府有关部门未依照规定履行传染病防治和保障职责的,由本级人民政府或者上级人民政府有关部门责令改正,通报批评;造成传染病传播、流行或者其他严重后果的,对负有责任的主管人员和其他直接责任人员,依法给予行政处分。

(二)卫生机构及其人员的违法责任

1. 疾病预防控制机构 疾病预防控制机构违反规定,有下列情形之一的,由县级以上人民政府卫生行政部门责令限期改正,通报批评,给予警告;对负有责任的主管人员和其他直接责任人员,依法给予降级、撤职、开除的处分,并可以依法吊销有关责任人员的执业证书:①未依法履行传染病监测职责的;②未依法履行传染病疫情报告、通报职责,或者隐瞒、谎报、缓报传染病疫情的;③未主动收集传染病疫情信息,或者对传染病疫情信息和疫情报告未及时进行分析、调查、核实的;④发现传染病疫情时,未依据职责及时采取《传染病防治法》规定的措施的;⑤故意泄露传染病病人、病原携带者、疑似传染病病人、密切接触者涉及个人隐私的有关信息、资料的。

疾病预防控制机构有下列情形之一的,由县级以上地方人民政府卫生行政部门责令改正,通报批评,给予警告,已取得许可证的,可以依法暂扣或者吊销许可证;造成传染病传播、流行以及其他严重后果的,对负有责任的主管人员和其他直接责任人员,依法给予降级、撤职、开除的处分,并可以依法吊销有关责任人员的执业证书:①不符合国家规定的条件和技术标准,对传染病病原体样本未按照规定进行严格管理,造成实验室感染和病原微生物扩散的;②违反国家有关规定,采集、保藏、携带、运输和使用传染病菌种、毒种和传染病检测样本的;③未执行国家有关规定,导致因输入血液、使用血液制品引起经血液传播疾病发生的。

2. 医疗机构 医疗机构违反规定,有下列情形之一的,由县级以上人民政府卫生行政部门责令改正,通报批评,给予警告;造成传染病传播、流行或者其他严重后果的,对负有责任的主管人员和其他直接责任人员，依法给予降级、撤职、开除的处分，并可以依法吊销有关责任人员的执业证书：①未按照规定承担本单位的传染病预防、控制工作、医院感染控制任务和责任区域内的传染病预防工作的；②未按照规定报告传染病疫情，或者隐瞒、谎报、缓报传染病疫情的；③发现传染病疫情时，未按照规定对传染病病人、疑似传染病病人提供医疗救护、现场救援、接诊、转诊的，或者拒绝接受转诊的；④未按照规定对本单位内被传染病病原体污染的场所、物品以及医疗废物实施消毒或者无害化处置的；⑤未按照规定对医疗器械进行消毒，或者对按照规定一次使用的医疗器具未予销毁，再次使用的；⑥在医疗救治过程中未按照规定保管医学记录资料的；⑦故意泄露传染病病人、病原携带者、疑似传染病病人、密切接触者涉及个人隐私的有关信息、资料的。

医疗机构有下列情形之一的，由县级以上地方人民政府卫生行政部门责令改正，通报批评，给予警告，已取得许可证的，可以依法暂扣或者吊销许可证；造成传染病传播、流行以及其他严重后果的，对负有责任的主管人员和其他直接责任人员，依法给予降级、撤职、开除的处分，并可以依法吊销有关责任人员的执业证书：①不符合国家规定的条件和技术标准，对传染病病原体样本未按照规定进行严格管理，造成实验室感染和病原微生物扩散的；②违反国家有关规定，采集、保藏、携带、运输和使用传染病菌种、毒种和传染病检测样本的；③未执行国家有关规定，导致因输入血液、使用血液制品引起经血液传播疾病发生的。

3.采供血机构 采供血机构未按照规定报告传染病疫情，或者隐瞒、谎报、缓报传染病疫情，或者未执行国家有关规定，导致因输入血液引起经血液传播疾病发生的，由县级以上人民政府卫生行政部门责令改正，通报批评，给予警告；造成传染病传播、流行或者其他严重后果的，对负有责任的主管人员和其他直接责任人员，依法给予降级、撤职、开除的处分，并可以依法吊销采供血机构的执业许可证。

（三）其他机构和人员的违法责任

1.国境卫生检疫机关、动物防疫机构未依法履行传染病疫情通报职责的，由有关部门在各自职责范围内责令改正，通报批评；造成传染病传播、流行或者其他严重后果的，对负有责任的主管人员和其他直接责任人员，依法给予降级、撤职、开除的处分。

2.铁路、交通、民用航空经营单位未依照规定优先运送处理传染病疫情的人员以及防治传染病的药品和医疗器械的，由有关部门责令限期改正，给予警告；造成严重后果的，对负有责任的主管人员和其他直接责任人员，依法给予降级、撤职、开除的处分。

3.其他单位和个人有下列情形之一，导致或者可能导致传染病传播、流行的，由县级以上人民政府卫生行政部门责令限期改正，没收违法所得，可以并处五万元以下的罚款；已取得许可证的，原发证部门可以依法暂扣或者吊销许可证：①饮用水供水单位供应的饮用水不符合国家卫生标准和卫生规范的；②涉及饮用水卫生安全的产品不符合国家卫生标准和卫生规范的；③用于传染病防治的消毒产品不符合国家卫生标准和卫生规范的；④出售、运输疫区中被传染病病原体污染或者可能被传染病病原体污染的物品，未进行消毒处理的；⑤生物制品生产单位生产的血液制品不符合国家质量标准的。

4.非法采集血液或者组织他人出卖血液的，由县级以上人民政府卫生行政部门予以取缔，没收违法所得，可以并处十万元以下的罚款。

5.其他单位和个人有下列情形之一的，由县级以上地方人民政府卫生行政部门责令改正，通报批评，给予警告，已取得许可证的，可以依法暂扣或者吊销许可证；造成传染病传播、流行以及其他严重后果的，对负有责任的主管人员和其他直接责任人员，依法给予降级、撤职、开除的处分，并可以依法吊销有关责任人员的执业证书：①从事病原微生物实验的单位，不符合国家规定的条件和技术标准，对传染病病原体样本未按照规定进行严格管理，造成实验室感染和病原微生物扩散的；②违反国家有关规定，采集、保藏、携带、运输和使用传染病菌种、毒种和传染病检测样本的。

6. 未经检疫出售、运输与人畜共患传染病有关的野生动物、家畜家禽的,由县级以上地方人民政府畜牧兽医行政部门责令停止违法行为,并依法给予行政处罚。

7. 在国家确认的自然疫源地兴建水利、交通、旅游、能源等大型建设项目,未经卫生调查进行施工的,或者未按照疾病预防控制机构的意见采取必要的传染病预防、控制措施的,由县级以上人民政府卫生行政部门责令限期改正,给予警告,处五千元以上三万元以下的罚款;逾期不改正的,处三万元以上十万元以下的罚款,并可以提请有关人民政府依据职责权限,责令停建、关闭。

（四）行政救济

如果有关单位和个人认为卫生行政部门以及其他有关部门、疾病预防控制机构和医疗机构因违法实施行政管理或者预防、控制措施,侵犯单位和个人合法权益的,可以依法申请行政复议或者提起诉讼。

法律还规定:疾病预防控制机构、医疗机构在知道单位和个人有关传染病的情况后,除依法进行相关报告和通报外,不得泄露涉及个人隐私的有关信息、资料。

二、民 事 责 任

《传染病防治法》规定,单位和个人违反规定,导致传染病传播、流行,给他人人身、财产造成损害的,应当依法承担民事责任。

首先,该条款的主体应包括医疗机构、采供血机构、疾病预防控制机构、生物制品生产单位、有关兴建大型工程的建设单位、公共场所的经营者、传染病病人及病原携带者等。但不包括各级各类行政部门,因为国家行政机关在执行传染病防治的职权时,如果涉及赔偿问题,是国家赔偿,不是民事赔偿。

其次,应符合以下因果关系:单位和个人因违反规定而导致传染病传播、流行,而这种传染病传播、流行的情况又对他人人身、财产造成损害;在此种情况下,应当依法承担民事赔偿责任。

三、刑 事 责 任

根据《传染病防治法》,在以上行政责任、民事责任中规定的相关违法行为,如果情节严重,构成犯罪的,依法承担刑事责任。《刑法》第二编第六章妨害社会管理秩序罪第五节危害公共卫生罪中,有两条与传染病防治有关的规定。

（一）妨害传染病防治罪

根据《刑法》第三百三十条的规定,违反传染病防治法的规定,有下列情形之一,引起甲类传染病传播或者有传播严重危险的,对单位判处罚金;对其直接负责的主管人员和其他直接责任人员,处三年以下有期徒刑或者拘役;后果特别严重的,处三年以上七年以下有期徒刑:①供水单位供应的饮用水不符合国家规定的卫生标准的;②拒绝按照疾病预防控制机构提出的卫生要求,对传染病病原体污染的污水、污物、场所和物品进行消毒处理的;③准许或者纵容传染病病人、病原携带者和疑似传染病病人从事国务院卫生行政部门规定禁止从事的易使该传染病扩散的工作的;④出售、运输疫区中被传染病病原体污染或者可能被传染病病原体污染的物品,未进行消毒处理的;⑤拒绝执行县级以上人民政府、疾病预防控制机构依照传染病防治法提出的预防、控制措施的。

（二）传染病菌种、毒种扩散罪

根据《刑法》第三百三十一条的规定,从事实验、保藏、携带、运输传染病菌种、毒种的人员,违反国务院卫生行政部门的有关规定,造成传染病菌种、毒种扩散,后果严重的,处三年以下有期徒刑或者拘役;后果特别严重的,处三年以上七年以下有期徒刑。

思考题

1. 简述依法抗疫对传染病防治的重要意义。
2. 如何理解传染病防控的社会性、全民性。

(乐　虹)

第十二章 职业病防治法律制度

章前案例

杨某诉某市卫生行政部门对职业病防治监督管理不力案

2019年8月23日，原告杨某作为劳动者向被告某市卫生行政部门提出书面申请要求对甲公司未办理建设项目职业卫生"三同时"的行为进行查处。被告于2019年9月26日和10月6日对甲公司进行调查。经查，甲公司于2018年8月20日在某市工业和信息化委员会备案了意向技改项目，项目于2019年6月建成并投入生产。甲公司对技改项目是否可能产生职业病危害，在可行性论证阶段没有向被告提交职业病危害预评价报告，技改项目建设时未履行职业卫生"三同时"义务。2019年11月5日，被告向甲公司下达责令改正指令书，责令甲公司就上述问题进行整改，并于2020年1月30日前整改完毕。2020年1月23日，甲公司向被告申请延期完成职业病危害效果评价工作，要求整改工作延期至2020年5月。2020年1月30日，被告函复甲公司，同意该公司将职业病危害效果评价工作延期至2020年5月31日。

思考：

1. 卫生行政部门应采取哪些临时性控制措施防止职业病危害事故的发生？

2. 原告杨某应享受哪些劳动者职业卫生保护权利？

第一节　概　　述

一、职业病的概念和范围

（一）职业病的概念

职业病（occupational disease），是指企业、事业单位和个体经济组织等用人单位的劳动者在职业活动中，因接触粉尘、放射性物质和其他有毒、有害因素而引起的疾病。职业病具有以下特点。

1. 职业病的病因明确　职业病的病因指的是对从事职业活动的劳动者可能导致职业病的各种职业病危害因素。职业病危害因素包括职业活动中存在的各种有害的化学、物理、生物因素以及在作业过程中产生的其他职业有害因素。职业病的发生与其接触的职业病危害因素的种类、性质、浓度或强度有关。有些职业病病人，在医学检查时往往无特殊表现，或表现为一般症状，如头晕、头痛、无力、食欲减退以及白细胞减少等，如果该病人在劳动过程中经常接触浓度较高的苯，按照职业病诊断标准，应考虑到是否属接触苯导致的职业病病变。一个在强噪声影响下的工人，听力逐渐降低，就要考虑是否属职业病病变。也就是说某种疾病如果与职业病危害因素无法联系，就不能称为有职业病病变。从另一个角度讲，只要控制和消除职业病危害因素这个职业病病因，职业病就不会发生。

2．职业病的表现多样　职业病的发病表现多种多样，有急性的，也有慢性的，还有接触职业病危害后经过一定时间缓缓发生的，也有长期潜伏性的。如吸入氯气、氨气等刺激性气体后，立即出现流泪、畏光、结膜充血、流涕、呛咳等不适，严重者可发生喉头痉挛水肿、化学性肺炎；如吸入二氧化氮、光气、硫酸二甲酯等刺激性气体后，往往要经过数小时至24小时的潜伏期才出现较明显的呼吸系统症状。从事开矿、石英喷砂等接触大量二氧化硅粉尘作业者，经过数年或十余年后可发生硅沉着病。还有接触石棉、苯氯乙烯等致癌物者，往往接触后1～20年后才显示职业性癌肿。有时同一种毒物，其中毒表现也有不同，如硫化氢急性中毒可导致电击样猝死，而在低浓度作用时主要出现刺激症状；急性苯中毒表现为麻醉症状，慢性苯中毒主要是对血液系统的影响。职业病的病变不仅限于这些，它涉及精神科、神经科、血液科、呼吸科、皮肤科、眼科、耳鼻喉科等。由于职业病的表现多样，涉及的学科比较多，在诊断时应进行综合性分析，以保证诊断的正确性。

3．职业病的联合作用　生产环境中，常有多种毒物同时存在，共存的毒物在体外环境中或在体内均可能产生相互作用，因而影响各个毒物的毒性表现，这类作用称为联合作用。例如，DDT（dichlorodiphenyltrichloroethane，化学名为双对氯苯基三氯乙烷）与氨基甲酸酯联合作用时，由于DDT诱导微粒体酶，使后者迅速代谢转化而解毒，即出现拮抗作用。一氧化碳如与氮氧化合物同时存在，前者毒性增加1.5倍，后者毒性增加3倍，即出现加强作用。另外，高温与一氧化碳同时存在时，一氧化碳较易引起中毒。一氧化碳与二氧化氮同时存在，其毒性增大。

4．职业病诊治的政策性强　职业病的诊断与治疗，应按照《中华人民共和国职业病防治法》（以下简称《职业病防治法》）及其配套规章、职业病诊断标准进行。职业病的诊断治疗机构应具备法律效力，必须由省级以上人民政府卫生行政部门批准的医疗卫生机构承担。职业病诊断的定性，必须具备诊断的依据。其病因是劳动者在企业、事业单位和个体经济组织从事职业活动中，接触粉尘、放射性物质和其他有毒、有害物质等因素。因此涉及用人单位的劳动生产环境等一系列的问题，对职业病的处理不能等同一般性疾病的诊断。职业病患者一经诊断，就有权按照有关工伤保险的规定，享受工伤保险待遇，如医疗费、住院伙食补助费、康复费、残疾用具费、停工留薪期待遇、生活护理补助费、一次性伤残补助费、伤残津贴、死亡补助金、丧葬补助金、供养亲属抚恤金、国家规定的其他工伤保险待遇。

（二）职业病的范围

《职业病防治法》规定，职业病的分类和目录由国务院卫生行政部门会同国务院劳动保障行政部门制定、调整并公布。2013年12月23日，国家卫生和计划生育委员会、国家安全生产监督管理总局、人力资源和社会保障部、全国总工会联合印发了《职业病分类和目录》，将职业病定为10大类132种（含4项开放性条款）。包括：①职业性尘肺病及其他呼吸系统疾病19种；②职业性皮肤病9种；③职业性眼病3种；④职业性耳鼻喉口腔疾病4种；⑤职业性化学中毒60种；⑥物理因素所致职业病7种；⑦职业性放射性疾病11种；⑧职业性传染病5种；⑨职业性肿瘤11种；⑩其他职业病3种。

二、职业病防治法的概念和适用范围

（一）职业病防治法的概念

1．职业病防治法是调整、预防、控制和消除职业病危害，防治职业病，保护职业病患者，保护劳动者健康及其相关权益的活动中产生的各种社会关系的法律规范的总称。

作为职业病防治管理的法律依据，职业病防治的法律制度是改善生产环境、保障劳动者健康、消除职业病危害的重要保障。为保护劳动者的身体健康和生命安全，国家十分重视职业病防治立法。1951年，政务院制定了《中华人民共和国劳动保险条例》。1957年，卫生部制定了《职业病范围和职业病患者处理办法的规定》。改革开放后,有关职业病防治,国家相关部门出台了一系列法律法规:1987年,国务院颁布了《中华人民共和国尘肺病防治条例》;1994年,全国人民代表大会常务委员会通过了《中华人民共和国劳动法》。为了预防、控制和消除职业病危害,防治职业病,保护劳动者健康及其相关权益,促进经济社会发展,2001年10月27日,第九届全国人民代表大会常务委员会第二十四次会议通过了《中华人民共和国职业病防治法》,自2002年5月1日起施行。2011年12月31日、2016年7月2日、2017年11月4日、2018年12月29日对《职业病防治法》进行了四次修正。《职业病防治法》共设七章八十八条,包括总则、前期预防、劳动过程中的防护与管理、职业病诊断与职业病病人保障、监督检查、法律责任、附则等。

《职业病防治法》颁布实施后,2005年,国务院颁布了《放射性同位素与射线装置放射安全和防护条例》;2012年,颁布了《女职工劳动保护特别规定》等行政法规;原卫生部相继发布了《国家职业卫生标准管理办法》《职业病诊断与鉴定管理办法》《核设施放射卫生防护管理规定》《核事故医学应急管理规定》《放射工作人员职业健康管理办法》《放射事故管理规定》《放射诊疗管理规定》等规章;各地也相继出台了一批职业病防治地方性法规,完善了我国职业病防治法律体系。

2.国家职业卫生标准的制定　职业卫生标准是以保护劳动者健康为目的,对劳动条件(工作场所)的卫生要求作出的技术规定,是实施职业卫生法律、法规的技术规范,是卫生监督和管理的法定依据。

《职业病防治法》规定,有关防治职业病的国家职业卫生标准,由国务院卫生行政部门组织制定并公布。国家职业卫生标准分为强制性标准和推荐性标准。强制性标准分为全文强制和条文强制两种形式。工作场所作业条件的卫生标准;工业毒物、生产性粉尘、物理因素职业接触限值;职业病诊断标准;职业照射放射防护标准;职业防护用品卫生标准属于强制性标准。其他标准为推荐性标准。

为加强国家职业卫生标准的管理,对下列需要在全国范围内统一的技术要求,须制定国家职业卫生标准:①职业卫生专业基础标准;②工作场所作业条件卫生标准;③工业毒物、生产性粉尘、物理因素职业接触限值;④职业病诊断标准;⑤职业照射放射防护标准;⑥职业防护用品卫生标准;⑦职业危害防护导则;⑧劳动生理卫生、工效学标准;⑨职业性危害因素检测、检验方法。

国务院卫生行政部门应当组织开展重点职业病监测和专项调查,对职业健康风险进行评估,为制定职业卫生标准和职业病防治政策提供科学依据。

(二)职业病防治法的适用范围

《职业病防治法》适用于中华人民共和国领域内的职业病防治活动。由于职业病是企业、事业单位和个体经济组织中的劳动者在职业活动中因接触有毒、有害物质等因素而引起的疾病,因此,用人单位既包括我国的用人单位,也包括我国领域内的外国用人单位;劳动者既包括中国人,也包括在中国工作的具有外国国籍的人和无国籍人。

三、职业病防治的方针

职业病防治工作坚持预防为主、防治结合的方针,建立用人单位负责、行政机关监管、行业自律、职工参与和社会监督的机制,实行分类管理、综合治理。国家卫生健康委员会承担职业安全健康监督管理职责。

1.预防为主　是指要把预防职业病的发生作为根本目的和首要措施,预防和控制各类职业病的致病因素。防治职业病关键在预防。控制职业病必须从源头抓起。《职业病防治法》规定了建设项目的预评价制度、职业病危害项目的申报制度、"三同时"审查制度。这些都是预防为主的具体体现,力求做到预防控制措施提前到建设项目的论证、设计、施工阶段,从根本上消除有害因素对劳动者的危害。

2. 防治结合　是指既要预防职业病的发生，又要在职业病发生后尽可能降低职业病危害的后果和损失。

3. 分类管理　是指根据不同的职业病危害的致病因素和性质、严重程度等采取不同的管理措施。

4. 综合治理　是指在职业病防治活动中采取一切有效的管理办法和技术措施，包括立法、行政、经济、科技、民主管理和社会监督等。

为贯彻预防为主、防治结合的方针，国家鼓励研制、开发、推广、应用有利于职业病防治和保护劳动者健康的新技术、新工艺、新材料，加强对职业病的机制和发生规律的基础研究，提高职业病防治科学研究水平；积极采用有效的职业病防治技术、工艺、材料；限制使用或者淘汰职业病危害严重的技术、工艺、材料。

第二节　职业病预防、防护与管理

一、职业病的预防

在工业生产实践中，由于有的建设单位缺乏职业卫生防护意识，在项目的设计和施工阶段没有配备应有的职业病危害防护设施，从而导致严重的职业病危害后果。所以，防治职业病应从源头上控制和消除职业病危害。

（一）工作场所的职业卫生要求

用人单位的主要负责人对本单位的职业病防治工作全面负责。

产生职业病危害的用人单位的设立除应当符合法律、法规规定的条件外，其工作场所还应当符合下列职业卫生要求：①职业病危害因素的强度或者浓度符合国家职业卫生标准；②有与职业病危害防护相适应的设施；③生产布局合理，符合有害与无害作业分开的原则；④有配套的更衣间、洗浴间、孕妇休息间等卫生设施；⑤设备、工具、用具等设施符合保护劳动者生理、心理健康的要求；⑥法律、行政法规和国务院卫生行政部门与安全生产监督管理部门关于保护劳动者健康的其他要求。

（二）职业病危害项目申报与监管

职业病危害是指对从事职业活动的劳动者可能导致职业病的各种危害。职业病危害因素包括职业活动中存在的各种有害的化学、物理、生物因素以及在作业过程中产生的其他职业有害因素。如生产工艺过程中的有害因素（硅尘、水泥尘等）、劳动过程中的有害因素（劳动强度过大、劳动工具不合理）、生产环境中的有害因素（生产环境、厂房建筑或布局不合理）等。职业病危害因素是发生职业病的直接原因，《职业病危害因素分类目录》由国务院卫生行政部门会同国务院安全生产监督管理部门制定、调整并公布。职业病危害项目申报的具体办法由国务院安全生产监督管理部门制定。

1. 用人单位的申报与监管　根据《职业病防治法》的规定，在卫生行政部门中建立职业病危害项目的申报制度。用人单位设有依法公布的职业病目录所列职业病的危害项目的，应当及时、如实向卫生行政部门申报，接受监督。按照《职业病危害项目申报管理办法》第三条规定，申报的主要内容有：用人单位的基本情况；工作场所职业病危害因素种类、浓度或强度；产生职业病危害因素的生产技术、工艺和材料；职业病危害防护设施，应急救援设施。

2. 建设项目的申报与监管　包括预评价报告制度、防护设施与主体工程"三同时"制度、危害控制效果评价制度等。

职业病危害预评价、职业病危害控制效果评价由依法设立的取得省级以上人民政府卫生行政部门资质认证的职业卫生技术服务机构进行。职业卫生技术服务机构所作的评价应当客观、真实。

（三）职业病危害预评价报告

1. 预评价报告适用范围 新建、扩建、改建建设项目和技术改造、技术引进项目等可能产生职业病危害的,建设单位在可行性论证阶段,应当提交职业病危害预评价报告。

医疗机构建设项目可能产生放射性职业病危害的,建设单位应当提交放射性职业病危害预评价报告。卫生行政部门应当自收到预评价报告之日起 30 日内,作出审核决定并书面通知建设单位。未提交预评价报告或者预评价报告未经卫生行政部门审核同意的,不得开工建设。

2. 预评价报告内容 职业病危害预评价报告应当对建设项目可能产生的职业病危害因素及其对工作场所和劳动者健康的影响作出评价,确定危害类别和职业病防护措施。

（四）建设项目职业病防护设施和竣工验收

建设项目的职业病防护设施所需费用应当纳入建设项目工程预算,并与主体工程同时设计,同时施工,同时投入生产和使用。建设项目的职业病防护设施设计,应当符合国家职业卫生标准和卫生要求;其中,医疗机构放射性职业病危害严重的建设项目的防护设施设计,应当经卫生行政部门审查同意后,方可施工。

建设项目在竣工验收前,建设单位应当进行职业病危害控制效果评价。医疗机构可能产生放射性职业病危害的建设项目竣工验收时,其放射性职业病防护设施经卫生行政部门验收合格后,方可投入使用;其他建设项目的职业病防护设施,应当由建设单位负责依法组织验收,验收合格后,方可投入生产和使用。

二、劳动过程中的防护与管理

劳动过程中防护是职业病前期预防的延伸,强化用人单位在职业病防治工作中的责任,保障劳动者在劳动过程中职业健康权益。

（一）职业病防治管理措施

《职业病防治法》规定,用人单位应当采取下列职业病防治管理措施:①设置或者指定职业卫生管理机构或者组织,配备专职或者兼职的职业卫生专业管理人员,负责本单位的职业病防治工作;②制定职业病防治计划和实施方案;③建立、健全职业卫生管理制度和操作规程;④建立、健全职业卫生档案和劳动者健康监护档案;⑤建立、健全工作场所职业病危害因素监测及评价制度;⑥建立、健全职业病危害事故应急救援预案。

用人单位应当保障职业病防治所需的资金投入,不得挤占、挪用,并对因资金投入不足导致的后果承担责任。

（二）工作环境和工作场所的防护与职业病危害因素检测、评价

1. 工作环境与工作场所的防护

（1）设置警示标志:产生职业病危害的用人单位,应当在醒目位置设置公告栏,公布有关职业病防治的规章制度、操作规程、职业病危害事故应急救援措施和工作场所职业病危害因素检测结果。对产生严重职业病危害的作业岗位,应当在其醒目位置,设置警示标识和中文警示说明。警示说明应当载明产生职业病危害的种类、后果、预防以及应急救治措施等内容。

（2）设置报警装置:对可能发生急性职业损伤的有毒、有害工作场所,用人单位应当设置报警装置,配置现场急救用品、冲洗设备、应急撤离通道和必要的泄险区。对放射工作场所和放射性同位素的运输、贮存,用人单位必须配置防护设备和报警装置,保证接触放射线的工作人员佩戴个人剂量计。

（3）劳动合同内容要求：用人单位与劳动者订立劳动合同或者聘用合同时，应当将工作过程中可能产生的职业病危害及其后果、职业病防护措施和待遇等如实告知劳动者，并在劳动合同中写明，不得隐瞒或者欺骗。劳动者在已订立劳动合同期间因工作岗位或者工作内容变更，从事与所订立劳动合同中未告知的存在职业病危害的作业时，用人单位应当向劳动者履行如实告知的义务，并协商变更原劳动合同相关条款。用人单位没有履行告知义务或者协商变更原劳动合同相关条款的，劳动者有权拒绝从事存在职业病危害的作业，用人单位不得因此解除与劳动者所订立的劳动合同。

（4）设备材料中文说明书：向用人单位提供可能产生职业病危害的设备时，若为国外产品，应当提供中文说明书，并在设备的醒目位置设置警示标识和中文警示说明。警示说明应当载明设备性能、可能产生的职业病危害、安全操作和维护注意事项、职业病防护以及应急救治措施等内容。

向用人单位提供可能产生职业病危害的化学品、放射性同位素和含有放射性物质的材料的，若为外国产品，应当提供中文说明书。说明书应当载明产品特性、主要成分、存在的有害因素、可能产生的危害后果、安全使用注意事项、职业病防护以及应急救治措施等内容。产品包装应当有醒目的警示标识和中文警示说明。贮存上述材料的场所应当在规定的部位设置危险物品标识或者放射性警示标识。

（5）首次使用或者进口化学材料管理：国内首次使用或者首次进口与职业病危害有关的化学材料，使用单位或者进口单位按照国家规定经国务院有关部门批准后，应当向国务院卫生行政部门报送该化学材料的毒性鉴定以及经有关部门登记注册或者批准进口的文件等资料。

2. 职业病危害因素监测、评价　为有效预防、控制、消除职业病危害，切实保障员工身心健康，用人单位应当按照规定，定期对工作场所进行职业病危害因素检测、评价。

检测、评价结果存入用人单位职业卫生档案，定期向所在地卫生行政部门报告并向劳动者公布。用人单位应当实施由专人负责的职业病危害因素日常监测，并确保监测系统处于正常运行状态。职业病危害因素检测、评价由依法设立的取得资质认可的职业卫生技术服务机构进行。

（三）职业健康检查与档案

1. 职业卫生培训　一方面，用人单位的主要负责人和职业卫生管理人员应当接受职业卫生培训，遵守职业病防治法律、法规，依法组织本单位的职业病防治工作。另一方面，用人单位应当对劳动者进行上岗前的职业卫生培训和在岗期间的定期职业卫生培训，普及职业卫生知识，督促劳动者遵守职业病防治法律、法规、规章和操作规程，指导劳动者正确使用职业病防护设备和个人使用的职业病防护用品。

劳动者应当学习和掌握相关的职业卫生知识，增强职业病防范意识，遵守职业病防治法律、法规、规章和操作规程，正确使用、维护职业病防护设备和个人使用的职业病防护用品，发现职业病危害事故隐患应当及时报告。劳动者不履行规定义务的，用人单位应当对其进行教育。

2. 职业健康检查　职业健康检查包括上岗前、在岗期间、离岗时和应急的健康检查。对从事接触职业病危害的作业的劳动者，用人单位应当按照国务院安全生产监督管理部门、卫生行政部门的规定组织上岗前、在岗期间和离岗时的职业健康检查，并将检查结果书面告知劳动者。职业健康检查费用由用人单位承担。

职业禁忌是指劳动者从事特定职业或者接触特定职业病危害因素时，比一般职业人群更易于遭受职业病危害和罹患职业病或者可能导致原有自身疾病病情加重，或者在从事作业过程中诱发可能导致对他人生命健康构成危险的疾病的个人特殊生理或者病理状态。用人单位不得安排未经上岗前职业健康检查的劳动者从事接触职业病危害因素的作业；不得安排有职业禁忌的劳动者从事其所禁忌的作业；对在职业健康检查中发现有与所从事的职业相关的健康损害的劳动者应当调离原工作岗位，并妥善安置；对未进行离岗前职业健康检查的劳动者不得解除或者终止与其订立的劳动合同。

3．职业健康档案 用人单位应当为劳动者建立职业健康监护档案，并按照规定的期限妥善保存。职业健康监护档案应当包括劳动者的职业史、职业病危害接触史、职业健康检查结果和职业病诊疗等有关个人健康资料。劳动者离开用人单位时，有权索取本人职业健康监护档案复印件，用人单位应当如实、无偿提供，并在所提供的复印件上签章。

（四）职业病危害事故的处置与劳动者职业卫生保护权利

1．职业病危害事故的处置 发生或者可能发生急性职业病危害事故时，用人单位应当立即采取应急救援和控制措施，并及时报告所在地职业卫生监督管理部门和有关部门。职业卫生监督管理部门接到报告后，应当及时会同有关部门组织调查处理；必要时，可以采取临时控制措施。卫生行政部门应当组织做好医疗救治工作。对遭受或者可能遭受急性职业病危害的劳动者，用人单位应当及时组织救治、进行健康检查和医学观察，所需费用由用人单位承担。

2．劳动者职业卫生保护权利 《职业病防治法》规定，劳动者享有下列职业卫生保护权利：①获得职业卫生教育、培训；②获得职业健康检查、职业病诊疗、康复等职业病防治服务；③了解工作场所产生或者可能产生的职业病危害因素、危害后果和应当采取的职业病防护措施；④要求用人单位提供符合防治职业病要求的职业病防护设施和个人使用的职业病防护用品，改善工作条件；⑤对违反职业病防治法律、法规以及危及生命健康的行为提出批评、检举和控告；⑥拒绝违章指挥和强令进行没有职业病防护措施的作业；⑦参与用人单位职业卫生工作的民主管理，对职业病防治工作提出意见和建议。

《职业病防治法》还规定，用人单位不得安排未成年工从事接触职业病危害的作业；不得安排孕期、哺乳期的女职工从事对本人和胎儿、婴儿有危害的作业。

第三节　职业病的诊断和职业病病人

一、职业病诊断的法律规定

（一）职业病诊断机构

职业病诊断（diagnosis of occupational disease）不同于一般疾病的诊断，具有较强的技术性和法律性。《职业病防治法》对职业病诊断机构作出严格规定。医疗卫生机构承担职业病诊断，应当经省、自治区、直辖市人民政府卫生行政部门批准。省、自治区、直辖市人民政府卫生行政部门应当向社会公布本行政区域内承担职业病诊断的医疗卫生机构的名单。

承担职业病诊断的医疗卫生机构应当具备下列条件：①持有《医疗机构执业许可证》；②具有相应的诊疗科目及与备案开展的诊断项目相适应的职业病诊断医师及相关医疗卫生技术人员；③具有与备案开展的诊断项目相适应的场所和仪器、设备；④具有健全的职业病诊断质量管理制度。

根据 2021 年 1 月 4 日国家卫生健康委员会发布的《职业病诊断与鉴定管理办法》，职业病诊断机构的职责是：①在备案的诊断项目范围内开展职业病诊断；②及时向所在地卫生健康主管部门报告职业病；③按照卫生健康主管部门要求报告职业病诊断工作情况；④承担《职业病防治法》中规定的其他职责。职业病诊断机构依法独立行使诊断权，并对其作出的职业病诊断结论负责。

由于劳动者流动性较大，为了保护劳动者的权益，方便劳动者进行职业病诊断，《职业病防治法》规定，劳动者可以在用人单位所在地、本人户籍所在地或者经常居住地依法承担职业病诊断的医疗卫生机构进行职业病诊断。承担职业病诊断的医疗卫生机构不得拒绝劳动者进行职业病诊断的要求。

（二）职业病诊断

《职业病诊断与鉴定管理办法》规定，职业病诊断与鉴定工作应当按照《职业病防治法》《职业病诊断与鉴定管理办法》的有关规定及国家职业病诊断标准进行，遵循科学、公正、及时、便捷的原则。

1. 职业病诊断综合分析的因素　职业病的诊断应当依据职业病诊断标准，综合分析下列因素：①病人的职业史；②职业病危害接触史和工作场所职业病危害因素情况；③临床表现以及辅助检查结果等资料。对不能确诊的疑似职业病病人，可以经必要的医学检查或者住院观察后，再进行诊断。没有证据否定职业病危害因素与病人临床表现之间的必然联系的，应当诊断为职业病。

2. 职业病诊断的程序　劳动者依法要求进行职业病诊断的，职业病诊断机构应当接诊，并告知劳动者职业病诊断的程序和所需材料。劳动者应当填写《职业病诊断就诊登记表》，并提交其掌握的如下职业病诊断资料：①劳动者职业史和职业病危害接触史（包括在岗时间、工种、岗位、接触的职业病危害因素名称等）；②劳动者职业健康检查结果；③工作场所职业病危害因素检测结果；④职业性放射性疾病诊断还需要个人剂量监测档案等资料；⑤与诊断有关的其他资料。

职业病诊断机构在进行职业病诊断时，进行集体诊断。职业病诊断机构可以根据诊断需要，聘请其他单位职业病诊断医师参加诊断。必要时，可以邀请相关专业专家提供咨询意见。职业病诊断机构作出职业病诊断结论后，应当出具职业病诊断证明书。

职业病诊断证明书应当由参与诊断的取得职业病诊断资格的执业医师签署，并经承担职业病诊断的医疗卫生机构审核盖章。职业病诊断医师应当独立分析、判断、提出诊断意见，任何单位和个人无权干预。职业病诊断证明书应当包括以下内容：①劳动者、用人单位基本信息。②诊断结论。确诊为职业病的，应当载明职业病的名称、程度（期别）、处理意见。③诊断时间。职业病诊断证明书应当由参加诊断的医师共同签署，并经职业病诊断机构审核盖章。职业病诊断证明书一式三份，劳动者、用人单位各一份，诊断机构存档一份。职业病诊断证明书的格式由国家卫生行政部门统一规定。

3. 劳动者职业病诊断地点的选择　劳动者可以选择用人单位所在地、本人户籍所在地或者经常居住地的职业病诊断机构进行职业病诊断。

（三）职业病诊断、鉴定的现场调查

职业病诊断、鉴定机构需要了解工作场所职业病危害因素情况时，可以对工作场所进行现场调查，也可以向有关监督管理部门提出，监督管理部门应当在10日内组织现场调查。用人单位不得拒绝、阻挠。用人单位应当如实提供职业病诊断、鉴定所需的劳动者职业史和职业病危害接触史、工作场所职业病危害因素检测结果等资料。有关监督管理部门应当监督检查和督促用人单位提供上述资料。

劳动者对用人单位提供的工作场所职业病危害因素检测结果等资料有异议的，或者因劳动者的用人单位解散、破产，无用人单位提供上述材料的，诊断、鉴定机构应当提请监督管理部门进行调查，监督管理部门应当自收到申请之日起30日内对存在异议的资料或者工作场所职业病危害因素情况作出判断；有关部门应当配合。

职业病诊断、鉴定费用由用人单位承担。

（四）发现职业病病人或者疑似职业病病人的报告

《职业病防治法》规定，用人单位和医疗卫生机构发现职业病病人或者疑似职业病病人时，应当及时向所在地卫生行政部门报告。职业病诊断机构发现职业病病人或者疑似职业病病人时，应当及时向所在地卫生行政部门和安全生产监督管理部门报告。确诊为职业病的，用人单位还应当向所在地劳动保障行政部门报告。卫生行政部门和劳动保障行政部门接到报告后，应当依法作出处理。确诊为职业病的，职业病诊断机构可以根据需要，向相关监管部门、用人单位提出专业建议。医疗卫生机构发现疑似职业病病人时,应当告知劳动者本人并及时通知用人单位。

用人单位应当及时安排对疑似职业病病人进行诊断;在疑似职业病病人诊断或者医学观察期间,不得解除或者终止与其订立的劳动合同。

(五)职业病诊断异议的处理

1.职业病诊断异议的申请 当事人对职业病诊断机构作出的职业病诊断结论有异议的,可以在接到职业病诊断证明书之日起30日内,向职业病诊断机构所在地设区的市级卫生行政部门申请鉴定。设区的市级职业病诊断鉴定委员会负责职业病诊断争议的首次鉴定。当事人对设区的市级职业病诊断鉴定结论不服的,可以在接到鉴定书之日起15日内,向原鉴定组织所在地省级卫生行政部门申请再鉴定。

职业病鉴定(identification of occupational disease)实行两级鉴定制,省级职业病鉴定结论为最终鉴定。

2.职业病诊断鉴定委员会的组成 职业病诊断鉴定委员会由相关专业的专家组成。省、自治区、直辖市人民政府卫生行政部门应当设立相关的专家库,需要对职业病争议作出诊断鉴定时,由当事人或者当事人委托有关卫生行政部门从专家库中以随机抽取的方式确定参加诊断鉴定委员会的专家。经当事人同意,职业病鉴定办事机构可以根据鉴定需要聘请本省、自治区、直辖市以外的相关专业专家作为专家组成员,并有表决权。

专家库可以按照专业类别进行分组。专家库应当以取得各类职业病诊断资格的医师为主要成员,吸收临床相关学科、职业卫生、放射卫生等相关专业的专家组成。专家应当具备下列条件:①具有良好的业务素质和职业道德;②具有相关专业的高级专业技术职务任职资格;③熟悉职业病防治法律法规和职业病诊断标准;④身体健康,能够胜任职业病鉴定工作。专家组人数为五人以上单数,其中相关专业职业病诊断医师应当为本次专家人数的半数以上。疑难病例应当增加专家组人数,充分听取意见。专家组设组长一名,由专家组成员推举产生。职业病鉴定会议由专家组组长主持。

3.职业病诊断鉴定委员会组成人员的责任 根据职业病鉴定工作需要,职业病鉴定办事机构可以向有关单位调取与职业病诊断、鉴定有关的资料,有关单位应当如实、及时提供。专家组应当听取当事人的陈述和申辩,必要时可以组织进行医学检查。

需要了解被鉴定人的工作场所职业病危害因素情况时,职业病鉴定办事机构根据专家组的意见可以对工作场所进行现场调查,或者依法提请安全生产监督管理部门组织现场调查。依法提请安全生产监督管理部门组织现场调查的,在现场调查结论或者判定作出前,职业病鉴定应当中止。

职业病鉴定应当遵循客观、公正的原则,专家组进行职业病鉴定时,可以邀请有关单位人员旁听职业病鉴定会。所有参与职业病鉴定的人员应当依法保护被鉴定人的个人隐私。

专家组应当认真审阅鉴定资料,依照有关规定和职业病诊断标准,经充分合议后,根据专业知识独立进行鉴定。在事实清楚的基础上,进行综合分析,作出鉴定结论,并制作鉴定书。鉴定结论应当经专家组三分之二以上成员通过。

4.职业病诊断鉴定的结论 职业病诊断鉴定委员会应当按照国务院卫生行政部门颁布的职业病诊断标准和职业病诊断、鉴定办法进行职业病诊断鉴定,向当事人出具职业病诊断鉴定书。

《职业病诊断与鉴定管理办法》规定,专家组应当认真审阅鉴定资料,依照有关规定和职业病诊断标准,经充分合议后,根据专业知识独立进行鉴定。在事实清楚的基础上,进行综合分析,作出鉴定结论,并制作职业病诊断鉴定书。鉴定结论应当经鉴定委员会半数以上成员通过。职业病诊断鉴定书应当包括以下内容:①劳动者、用人单位的基本信息及鉴定事由;②鉴定结论及其依据,鉴定为职业病的,应当注明职业病名称、程度(期别);③鉴定时间。诊断鉴定书加盖职业病鉴定委员会印章。

（六）职业病诊断鉴定中争议问题的处理

1. 仲裁　职业病诊断、鉴定过程中，在确认劳动者职业史、职业病危害接触史时，当事人对劳动关系、工种、工作岗位或者在岗时间有争议的，可以向当地的劳动人事争议仲裁委员会申请仲裁；接到申请的劳动人事争议仲裁委员会应当受理，并在30日内作出裁决。

当事人在仲裁过程中对自己提出的主张，有责任提供证据。劳动者无法提供由用人单位掌握管理的与仲裁主张有关的证据的，仲裁庭应当要求用人单位在指定期限内提供；用人单位在指定期限内不提供的，应当承担不利后果。

2. 诉讼　劳动者对仲裁裁决不服的，可以依法向人民法院提起诉讼。用人单位对仲裁裁决不服的，可以在职业病诊断、鉴定程序结束之日起15日内依法向人民法院提起诉讼；诉讼期间，劳动者的治疗费用按照职业病待遇规定的途径支付。

二、职业病病人的权利保障

（一）职业病病人的待遇与社会保障

为做好职业病防治工作，保护劳动者的合法权益，妥善处理和安置职业病患者，《职业病防治法》规定，职业病患者依法享受国家规定的职业病待遇。

1. 治疗、康复和定期检查权　用人单位应当按照国家有关规定，安排职业病病人进行治疗、康复和定期检查；职业病病人的诊疗、康复费用，伤残以及丧失劳动能力的职业病病人的社会保障，按照国家有关工伤保险的规定执行。劳动者被诊断患有职业病，但用人单位没有依法参加工伤保险的，其医疗和生活保障由该用人单位承担。

2. 妥善安置权　用人单位对不适宜继续从事原工作的职业病病人，应当调离原岗位，并妥善安置；职业病病人变动工作单位，其依法享有的待遇不变。用人单位在发生分立、合并、解散、破产等情形时，应当对从事接触职业病危害的作业的劳动者进行健康检查，并按照国家有关规定妥善安置职业病病人。

医疗卫生机构发现疑似职业病病人时，应当告知劳动者本人并及时通知用人单位。用人单位应当及时安排对疑似职业病病人进行诊断；在疑似职业病病人诊断或者医学观察期间，不得解除或者终止与其订立的劳动合同。疑似职业病病人在诊断医学观察期间的费用，由用人单位承担。

3. 津贴补助及获得赔偿权　用人单位对从事接触职业病危害的作业的劳动者，应当给予适当岗位津贴。用人单位已经不存在或者无法确认劳动关系的职业病病人，可以向地方人民政府民政部门申请医疗救助和生活等方面的救助。

职业病病人除依法享有工伤保险外，依照有关民事法律，尚有获得赔偿的权利的，有权向用人单位提出赔偿要求。

地方各级人民政府应当根据本地区的实际情况，采取其他措施，使职业病病人获得医疗救治。

（二）几种职业病卫生防护的法律规定

1. 女职工劳动保护　根据2012年4月28日国务院发布的《女职工劳动保护特别规定》，用人单位：①应当加强女职工劳动保护，采取措施改善女职工劳动安全卫生条件，对女职工进行劳动安全卫生知识培训。②应当遵守女职工禁忌从事的劳动范围的规定。应当将本单位属于女职工禁忌从事的劳动范围的岗位书面告知女职工。③不得因女职工怀孕、生育、哺乳降低其工资、予以辞退、与其解除劳动或者聘用合同。④女职工在孕期不能适应原劳动的，根据医疗机构的证明，予以减轻劳动量或者安排其他能够适应的劳动。⑤对怀孕7个月以上的女职工，不得延长劳动时间或者安排夜班劳动，并应当在劳动时间内安排一定的休息时间。怀孕女职工在劳动时间内进行产前检查，所需时间计入劳动时间。⑥对哺乳未满1周岁婴儿的女职工，不得延长劳动时间或者安排夜班劳动。在每天的劳动时间内为哺乳期女职工安排1小时哺乳时间，女职工生育多胞胎的，每多哺乳 1 个婴儿每天增加 1 小时哺乳时间。⑦女职工比较多的，根据女职工的需要，建立女职工卫生室、孕妇休息室、哺乳室等设施，妥善解决女职工在生理卫生、哺乳方面的困难；⑧在劳动场所，预防和制止对女职工的性骚扰。

女职工生育享受不少于 98 天产假，其中产前可以休假 15 天；难产的，增加产假 15 天；生育多胞胎的，每多生育 1 个婴儿，增加产假 15 天。女职工怀孕未满 4 个月流产的，享受 15 天产假；怀孕满 4 个月流产的，享受 42 天产假。

女职工产假期间的生育津贴，对已经参加生育保险的，按照用人单位上年度职工月平均工资的标准由生育保险基金支付；对未参加生育保险的，按照女职工产假前工资的标准由用人单位支付。女职工生育或者流产的医疗费用，按照生育保险规定的项目和标准，对已经参加生育保险的，由生育保险基金支付；对未参加生育保险的，由用人单位支付。

2. 尘肺病的防治保护 尘肺病是指在生产活动中吸入粉尘而发生的肺组织纤维化为主的疾病。

根据 1987 年 12 月 3 日国务院发布的《中华人民共和国尘肺病防治条例》规定，企业、事业单位的主管部门应当根据国家卫生等有关标准，结合实际情况，制定所属企业的尘肺病防治规划，并督促其施行。乡镇企业主管部门，必须指定专人负责乡镇企业尘肺病的防治工作，建立监督检查制度，并指导乡镇企业对尘肺病的防治工作。企业、事业单位的负责人，对本单位的尘肺病防治工作负有直接责任，应采取有效措施使本单位的粉尘作业场所达到国家卫生标准。

职工使用的防止粉尘危害的防护用品，必须符合国家的有关标准。对初次从事粉尘作业的职工，经防尘知识教育和考核、考试合格后方可上岗。作业场所的粉尘浓度超过国家标准，又未积极治理，严重影响职工安全健康时，职工有权拒绝操作。不满十八周岁的未成年人，禁止从事粉尘作业。

企业、事业单位对新从事粉尘作业的职工，必须进行健康检查。对在职和离职的从事粉尘作业的职工，必须定期进行健康检查。对已确诊为尘肺病的职工，必须调离粉尘作业岗位，并给予治疗或疗养。凡有粉尘作业的企业、事业单位，必须定期测定作业场所的粉尘浓度。测尘结果除需要向有关政府部门和工会组织报告外，还必须定期向职工公布。从事粉尘作业的单位必须建立测尘资料档案。

3. 放射性同位素与射线装置的劳动安全与防护 放射性同位素是指某种发生放射性衰变的元素中具有相同原子序数但质量不同的核素，包括放射源和非密封放射性物质。为了加强对放射性同位素、射线装置安全和防护的监督管理，促进放射性同位素、射线装置的安全应用，保护人体健康，保护环境，2005 年 9 月 14 日国务院发布的《放射性同位素与射线装置安全和防护条例》规定，生产、销售、使用放射性同位素与射线装置的单位，应当按照规定取得省级以上环境保护主管部门发放的许可证。使用放射性同位素和射线装置进行放射诊疗的医疗卫生机构，还应当获得放射源诊疗技术和医疗辐射机构许可。进口列入限制进出口目录的放射性同位素，应当在国务院生态环境保护主管部门审查批准后，由国务院对外贸易主管部门依据国家对外贸易的有关规定签发进口许可证。海关凭放射性同位素进口许可证办理有关进口手续。禁止无许可证或者不按照许可证规定的种类和范围从事放射性同位素与射线装置的生产、销售、使用活动。

生产、销售、使用放射性同位素和射线装置的单位，应当对直接从事生产、销售、使用活动的工作人员进行安全和防护知识教育培训，并进行考核；考核不合格的，不得上岗。对直接从事生产、销售、使用活动的工作人员，还应当严格按照国家关于个人剂量监测和健康管理的规定，进行个人剂量监测和职业健康检查，建立个人剂量档案和职业健康监护档案。

使用放射性同位素和射线装置进行放射诊疗的医疗卫生机构，应当依据国务院卫生主管部门有关规定和国家标准，制定与本单位从事的诊疗项目相适应的质量保证方案，遵守质量保证监测规范，按照医疗照射正当化和辐射防护最优化的原则，避免一切不必要的照射，并事先告知患者和受检者辐射对健康的潜在影响。

4. 使用有毒物品作业场所的劳动防护　按照有毒物品产生的职业中毒危害程度，有毒物品分为一般有毒物品和高毒物品。一般有毒物品目录、高毒物品目录由国务院卫生行政部门会同有关部门依据国家标准制定、调整并公布。

2002年5月12日国务院发布的《使用有毒物品作业场所劳动保护条例》规定，从事使用有毒物品作业的用人单位应当使用符合国家标准的有毒物品，不得在作业场所使用国家明令禁止使用的有毒物品或者使用不符合国家标准的有毒物品。用人单位应当尽可能使用无毒物品；需要使用有毒物品的，应当优先选择使用低毒物品。用人单位不得安排未成年人和孕期、哺乳期的女职工从事使用有毒物品的作业。

用人单位应当依照《职业病防治法》的有关规定，采取有效的职业卫生防护管理措施，加强劳动过程中的防护与管理：①提供职业卫生服务。从事使用高毒物品作业的用人单位，应当配备专职或者兼职职业卫生医师和护士；不具备配备专职或者兼职职业卫生医师和护士条件的，应当与依法取得资质认证的职业卫生技术服务机构签订合同，由其提供职业卫生服务。②作业场所职业中毒危害因素检测、评价。从事使用高毒物品作业的用人单位应当至少每个月对高毒作业场所进行一次职业中毒危害因素检测；至少每半年进行一次职业中毒危害控制效果评价。高毒作业场所职业中毒危害因素不符合国家职业卫生标准和卫生要求时，用人单位必须立即停止高毒作业，并采取相应的治理措施；经治理，职业中毒危害因素符合国家职业卫生标准和卫生要求的，方可重新作业。

用人单位应当组织从事使用有毒物品作业的劳动者进行上岗前、在岗期间和离岗时的职业健康检查。不得安排未经上岗前职业健康检查的劳动者从事使用有毒物品的作业，不得安排有职业禁忌的劳动者从事其所禁忌的作业。发现有职业禁忌或者有与所从事职业相关的健康损害的劳动者，应当及时调离原工作岗位，并妥善安置。对离岗时未进行职业健康检查的劳动者，不得解除或者终止与其订立的劳动合同。

第四节　职业病防治监督检查

一、监督检查机构及其职责

（一）监督检查机构

县级以上人民政府职业卫生监督管理部门依照职业病防治法律、法规、国家职业卫生标准和卫生要求，依据职责划分，对职业病防治工作进行监督检查。

国家实行职业卫生监督制度。国务院安全生产监督管理部门、卫生行政部门、劳动保障行政部门（以下统称职业卫生监督管理部门）依照《职业病防治法》和国务院确定的职责，负责全国职业病防治的监督管理工作。国务院有关部门在各自的职责范围内负责职业病防治的有关监督管理工作。县级以上地方人民政府职业卫生监督管理部门依据各自职责，负责本行政区域内职业病防治的监督管理工作。县级以上地方人民政府有关部门在各自的职责范围内负责职业病防治的有关监督管理工作。县级以上人民政府职业卫生监督管理部门应当加强沟通，密切配合，按照各自职责分工，依法行使职权，承担责任。

（二）监督检查机构的职责

安全监督管理部门履行监督检查职责时，有权采取下列措施：①进入被检查单位和职业病危害现场，了解情况，调查取证；②查阅或者复制与违反职业病防治法律、法规的行为有关的资料和采集样品；③责令违反职业病防治法律、法规的单位和个人停止违法行为。

发生职业病危害事故或者有证据证明危害状态可能导致职业病危害事故发生时，职业卫生监督管理部门可以采取下列临时控制措施：①责令暂停导致职业病危害事故的作业；②封存造成职业病危害事故或者可能导致职业病危害事故发生的材料和设备；③组织控制职业病危害事故现场。在职业病危害事故或者危害状态得到有效控制后，职业卫生监督管理部门应当及时解除控制措施。

二、监督执法人员及其职责

（一）监督执法人员

职业卫生监督执法人员应当依法经过资格认定。职业卫生监督执法人员依法执行职务时，应当出示监督执法证件。职业卫生监督执法人员应当忠于职守，秉公执法，严格遵守执法规范；涉及用人单位的秘密的，应当为其保密。

职业卫生监督管理部门应当加强队伍建设，提高职业卫生监督执法人员的政治、业务素质，依照《职业病防治法》和其他有关法律、法规的规定，建立、健全内部监督制度，对其工作人员执行法律、法规和遵守纪律的情况，进行监督检查。

（二）监督检查人员职责

职业卫生监督执法人员依法执行职务时，被检查单位应当接受检查并予以支持配合，不得拒绝和阻碍。

安全生产监督管理部门及其职业卫生监督执法人员履行职责时，不得有下列行为：①对不符合法定条件的，发给建设项目有关证明文件、资质证明文件或者予以批准；②对已经取得有关证明文件的，不履行监督检查职责；③发现用人单位存在职业病危害的，可能造成职业病危害事故，不及时依法采取控制措施；④其他违反《职业病防治法》的行为。

第五节　法　律　责　任

《职业病防治法》所规定的法律责任是指违法主体，因违反《职业病防治法》的规定，不正确履行职责，产生不良的法律后果，致使其承受的不利负担。法定的责任种类有行政责任、刑事责任和民事责任，涉及建设单位、用人单位、生产经销商、医疗卫生机构、职业病诊断鉴定机构及其人员、卫生行政部门及其职业卫生监督执法人员等不同责任，40多种不同情形的违法行为。

一、行　政　责　任

《职业病防治法》对违法行为进行了详细、具体的规定，并根据情节、后果轻重，处以警告、责令限期改正、罚款、取消资格、停建、关闭的处罚，对有关负责人及其有关人员给予行政处分。

（一）建设单位

1. 违法情形　①未按照规定进行职业病危害预评价的；②医疗机构可能产生放射性职业病危害的建设项目未按照规定提交放射性职业病危害预评价报告，或者放射性职业病危害预评价报告未经卫生行政部门审核同意，开工建设的；③建设项目的职业病防护设施未按照规定与主体工程同时设计、同时施工、同时投入生产和使用的；职业病危害严重的建设项目，其职业病防护设施设计不符合国家职业卫生标准和卫生要求施工的；④建设项目的职业病防护设施设计不符合国家职业卫生标准和卫生要求，或者医疗机构放射性职业病危害严重的建设项目的防护设施设计未经卫生行政部门审查同意擅自施工的;⑤未按照规定对职业病防护设施进行职业病危害控制效果评价的;⑥建设项目竣工投入生产和使用前,职业病防护设施未按照规定验收合格的。

2.法律责任 建设单位违反规定,有上述行为之一的,由卫生行政部门给予警告,责令限期改正;逾期不改正的,处十万元以上五十万元以下的罚款;情节严重的,责令停止产生职业病危害的作业,或者提请有关人民政府按照国务院规定的权限责令停建、关闭。

(二)用人单位

1.用人单位有下列行为之一的,由卫生行政部门责令限期改正,给予警告,可以并处五万元以上十万元以下的罚款:①未按照规定及时、如实向卫生行政部门申报产生职业病危害的项目的;②未实施由专人负责的职业病危害因素日常监测,或者监测系统不能正常监测的;③订立或者变更劳动合同时,未告知劳动者职业病危害真实情况的;④未按照规定组织职业健康检查、建立职业健康监护档案或者未将检查结果书面告知劳动者的;⑤未依照规定在劳动者离开用人单位时提供职业健康监护档案复印件的。

2.用人单位违反规定,有下列行为之一的,由卫生行政部门给予警告,责令限期改正,逾期不改正的,处五万元以上二十万元以下的罚款;情节严重的,责令停止产生职业病危害的作业,或者提请有关人民政府按照国务院规定的权限责令关闭:①工作场所职业病危害因素的强度或者浓度超过国家职业卫生标准的;②未提供职业病防护设施和个人使用的职业病防护用品,或者提供的职业病防护设施和个人使用的职业病防护用品不符合国家职业卫生标准和卫生要求的;③对职业病防护设备、应急救援设施和个人使用的职业病防护用品未按照规定进行维护、检修、检测,或者不能保持正常运行、使用状态的;④未按照规定对工作场所职业病危害因素进行检测、评价的;⑤工作场所职业病危害因素经治理仍然达不到国家职业卫生标准和卫生要求时,未停止存在职业病危害因素的作业的;⑥未按照规定安排职业病病人、疑似职业病病人进行诊治的;⑦发生或者可能发生急性职业病危害事故时,未立即采取应急救援和控制措施或者未按照规定及时报告的;⑧未按照规定在产生严重职业病危害的作业岗位醒目位置设置警示标识和中文警示说明的;⑨拒绝职业卫生监督管理部门监督检查的;⑩隐瞒、伪造、篡改、毁损职业健康监护档案、工作场所职业病危害因素检测评价结果等相关资料,或者拒不提供职业病诊断、鉴定所需资料的;⑪未按照规定承担职业病诊断、鉴定费用和职业病病人的医疗、生活保障费用的。

3.用人单位违反规定,已经对劳动者生命健康造成严重损害的,由卫生行政部门责令停止产生职业病危害的作业,或者提请有关人民政府按照国务院规定的权限责令关闭,并处十万元以上五十万元以下的罚款。

(三)生产经营商

1.违反警示说明义务的责任 向用人单位提供可能产生职业病危害的设备、材料,未按照规定提供中文说明书或者设置警示标识和中文警示说明的,由卫生行政部门责令限期改正,给予警告,并处五万元以上二十万元以下的罚款。

2.违反禁止性义务的责任 生产、经营或者进口国家明令禁止使用的可能产生职业病危害的设备或者材料的,依照有关法律、行政法规的规定给予处罚。

(四)职业卫生技术服务机构

未取得职业卫生技术服务资质认可擅自从事职业卫生技术服务的,由卫生行政部门责令立即停止违法行为,没收违法所得;违法所得五千元以上的,并处违法所得二倍以上十倍以下的罚款;没有违法所得或者违法所得不足五千元的,并处五千元以上五万元以下的罚款;情节严重的,对直接负责的主管人员和其他直接责任人员,依法给予降级、撤职或者开除的处分。

(五)医疗机构

1.从事职业卫生技术服务的机构和承担职业病诊断的医疗卫生机构违反规定,有下列行为之一的,由卫生行政部门责令立即停止违法行为,给予警告,没收违法所得;违法所得五千元以上的,并处违法所得二倍以上五倍以下的罚款;没有违法所得或者违法所得不足五千元的,并处五千元以上二万元以下的罚款;情节严重的,由原认可或者登记机关取消其相应的资格;对直接负责的主管人员和其他直接责任人员,依法给予降级、撤职或者开除的处分;构成犯罪的,依法追究刑事责任:①超出资质认可或者诊疗项目登记范围从事职业卫生技术服务或者职业病诊断的;②不按照规定履行法定职责的;③出具虚假证明文件的。

2. 用人单位和医疗卫生机构未按照规定报告职业病、疑似职业病的,由有关主管部门依据职责分工责令限期改正,给予警告,可以并处一万元以下的罚款;弄虚作假的,并处二万元以上五万元以下的罚款;对直接负责的主管人员和其他直接责任人员,可以依法给予降级或者撤职的处分。

(六)职业病诊断鉴定委员会组成人员

职业病诊断鉴定委员会组成人员收受职业病诊断争议当事人的财物或者其他好处的,给予警告,没收收受的财物,可以并处三千元以上五万元以下的罚款,取消其担任职业病诊断鉴定委员会组成人员的资格,并从省、自治区、直辖市人民政府卫生行政部门设立的专家库中予以除名。

(七)卫生行政部门及其职业卫生监督执法人员

1. 卫生行政部门不按照规定报告职业病和职业病危害事故的,由上一级行政部门责令改正,通报批评,给予警告;虚报、瞒报的,对单位负责人、直接负责的主管人员和其他直接责任人员依法给予降级、撤职或者开除的处分。

2. 县级以上地方人民政府在职业病防治工作中未依照《职业病防治法》履行职责,本行政区域出现重大职业病危害事故、造成严重社会影响的,依法对直接负责的主管人员和其他直接责任人员给予记大过直至开除的处分。

县级以上人民政府职业卫生监督管理部门不履行《职业病防治法》规定的职责,滥用职权、玩忽职守、徇私舞弊,依法对直接负责的主管人员和其他直接责任人员给予记大过或者降级的处分;造成职业病危害事故或者其他严重后果的,依法给予撤职或者开除的处分。

3. 有关部门擅自批准建设项目或者发放施工许可的,对该部门直接负责的主管人员和其他直接责任人员,由监察机关或者上级机关依法给予记过直至开除的处分。

二、刑 事 责 任

(一)用人单位

用人单位违反规定,造成重大职业病危害事故或者其他严重后果,构成犯罪的,对直接负责的主管人员和其他直接责任人员,依法追究刑事责任。

(二)主管人员及直接责任人的刑事责任

从事职业卫生技术服务的机构和承担职业检查、职业病诊断的医疗卫生机构,有下列行为之一,构成犯罪的,依法追究直接负责的主管人员和其他直接责任人员的刑事责任:①超出资质认证或者批准超范围从事职业卫生技术服务、职业健康检查、职业病诊断的;②不按照《职业病防治法》规定履行职责的;③出具虚假证明文件的。

(三)卫生行政部门及卫生监督执法人员的刑事责任

卫生行政部门及卫生监督执法人员在履行职责时,有下列行为之一,构成犯罪的,依法追究刑事责任:①对不符合法定条件的,发给建设项目有关证明文件、资质证明文件或者予以批准;②对已经取得有关证明文件的,不履行监督检查职责;③发现用人单位存在职业病危害的,可能造成职业病危害事故,不及时依法采取控制措施的;④其他违反《职业病防治法》的行为。

三、民 事 责 任

职业病病人依照有关法律，尚有获得赔偿的权利的，有权向用人单位提出赔偿要求。在劳动者患职业病或者其他职业性健康损害时，用人单位要依法承担民事赔偿责任。

思考题

1. 职业病诊断鉴定委员会有哪些法律规定？
2. 试述职业病患者的权利。

（郭福娥）

第十三章　食品安全法律制度

某外卖平台食品安全案

近年来，越来越多的消费者喜欢通过网络购买外卖食品，但这种消费模式也给食品安全带来了诸多隐患。记者对某外卖平台上的部分商家进行暗访，发现有的商家在平台上传的图片与实际情况明显不符，平台上的图片显示店面宽敞明亮，灶具洁净整洁，菜品丰富多样，但实体店则位于较为偏僻隐蔽的地方，与平台上公布的地址明显不一致，店面只有狭小的制作间。有的商家卫生条件非常差，墙上、灶台上、饭锅上到处都是黑乎乎的油渍，甚至将灶台露天摆放，上面也布满黑黑的油渍。有的商家制作食品时不讲究卫生，比如用牙咬开火腿肠的外包装就直接分切配到炒饭中，掉进脏东西的饭盒磕打一下就直接装饭，用完的饭勺就直接放在全是污渍的锅盖上；比如菜品出锅时，厨师将手指伸进锅里蘸出汤汁，伸进嘴里尝味道，感觉滋味不够好，又将菜品再次翻炒。有的商家用事先加工好的冻菜解冻后装进饭盒，再由配送员用印了某外卖平台字样的塑料袋包好就配送给了客户。而该外卖平台的工作人员可以在没有实体店，甚至在不需要提供任何证照的情况下帮助记者在其外卖平台上注册开店。

思考：

根据以上材料思考该外卖平台和商家违反了《中华人民共和国食品安全法》的哪些规定？

第一节　概　　述

一、食品与食品安全

（一）食品

食品（food）是指各种供人食用或者饮用的成品和原料以及按照传统既是食品又是药品的物品，但是不包括以治疗为目的的物品。食品是维持人体生长发育以及人类生存发展必不可少的物质，它可以是加工后直接供人食用的食品，比如蛋糕、饮料；也可以是半成品和食品原料，比如猪肉、鸡蛋；还可以是既是食品又是药品的物质，比如山药、茯苓。

（二）食品安全

食品安全（food safety）是指食品无毒、无害，符合应当有的营养要求，对人体健康不造成任何急性、亚急性或慢性危害。在对食品安全概念的理解上，国际社会已基本形成共识，即要求食品的种植、养殖、加工、包装、贮藏、运输、销售、消费等活动符合国家强制标准和要求，不存在可能损害或威胁人体健康的有毒、有害物质致消费者病亡或者危及消费者及其后代的隐患。

二、食品安全法制建设

2009 年 2 月 28 日，第十一届全国人民代表大会常务委员会第七次会议通过了《中华人民共和国食品安全法》（以下简称《食品安全法》），自 2009 年 6 月 1 日起施行，《中华人民共和国食品卫生法》同时废止。2015 年 4 月 24 日，第十二届全国人民代表大会常务委员会第十四次会议通过了修订的《食品安全法》，自 2015 年 10 月 1 日起施行。2018 年 12 月 29 日，第十三届全国人民代表大会常务委员会第七次会议对《食品安全法》进行了第一次修正；2021 年 4 月 29 日，第十三届全国人民代表大会常务委员会第二十八次会议对《食品安全法》进行了第二次修正。

为配合《食品安全法》的实施，国务院于 2009 年 7 月 20 日公布了《中华人民共和国食品安全法实施条例》，自公布之日起施行。2016 年 2 月 6 日对该条例进行了第一次修订，2019 年 3 月 26 日对该条例进行了第二次修订。原卫生部也发布了《餐饮服务许可管理办法》《食品安全国家标准管理办法》等多部有关食品安全方面的部门规章。我国食品安全立法已基本形成了以《食品安全法》为核心，包括食品安全行政法规、部门规章和各种食品标准等的食品安全法律体系，为我国食品安全的监督管理提供了较为全面的法律依据。

三、《食品安全法》的适用范围

《食品安全法》的适用范围包括：在我国境内从事食品生产和加工（以下称食品生产），食品销售和餐饮服务（以下称食品经营）；食品添加剂的生产经营；用于食品的包装材料、容器、洗涤剂、消毒剂和用于食品生产经营的工具、设备（以下称食品相关产品）的生产经营；食品生产经营者使用食品添加剂、食品相关产品；食品的贮存和运输；对食品、食品添加剂和食品相关产品的安全管理。供食用的源于农业的初级产品（以下称食用农产品）的质量安全管理遵守《中华人民共和国农产品质量安全法》，但食用农产品的市场销售、有关质量安全标准的制定、有关安全信息的公布和《食品安全法》对农业投入品作出规定的，应当遵守《食品安全法》的规定。

四、食品安全监管体系

国务院设立食品安全委员会，其职责由国务院规定。国务院食品安全监督管理部门依照《食品安全法》和国务院规定的职责，对食品生产经营活动实施监督管理。国务院卫生行政部门依照《食品安全法》和国务院规定的职责，组织开展食品安全风险监测和风险评估，会同国务院食品安全监督管理部门制定并公布食品安全国家标准。国务院其他有关部门依照《食品安全法》和国务院规定的职责，承担有关食品安全工作。

县级以上地方人民政府对本行政区域的食品安全监督管理工作负责，统一领导、组织、协调本行政区域的食品安全监督管理工作以及食品安全突发事件应对工作，建立健全食品安全全程监督管理工作机制和信息共享机制。县级以上地方人民政府依照《食品安全法》和国务院的规定，确定本级食品安全监督管理、卫生行政部门和其他有关部门的职责。有关部门在各自职责范围内负责本行政区域的食品安全监督管理工作。县级人民政府食品安全监督管理部门可以在乡镇或者特定区域设立派出机构。县级以上地方人民政府实行食品安全监督管理责任制。上级人民政府负责对下一级人民政府的食品安全监督管理工作进行评议、考核。县级以上地方人民政府负责对本级食品安全监督管理部门和其他有关部门的食品安全监督管理工作进行评议、考核。

食品行业协会应当加强行业自律，按照章程建立健全行业规范和奖惩机制，提供食品安全信息、技术等服务,引导和督促食品生产经营者依法生产经营,推动行业诚信建设,宣传、普及食品安全知识。消费者协会和其他消费者组织对违反《食品安全法》规定,损害消费者合法权益的行为,依法进行社会监督。

第二节　食品安全风险监测与评估

一、食品安全风险监测

（一）食品安全风险监测的概念

食品安全风险监测（food safety risk monitoring）是系统持续收集食源性疾病、食品污染以及食品中有害因素的监测数据及相关信息,并综合分析、及时报告和通报的活动。其目的是为食品安全风险评估、食品安全标准制定与修订、食品安全风险预警和交流、监督管理等提供科学支持。

（二）食品安全风险监测计划

国家建立食品安全风险监测制度,对食源性疾病、食品污染以及食品中的有害因素进行监测。国家卫生健康委员会会同工业和信息化部、商务部、海关总署、市场监督管理总局、国家粮食和物资储备局等部门,制定、实施国家食品安全风险监测计划。

省级卫生健康行政部门会同同级食品安全监督管理等部门,根据国家食品安全风险监测计划,结合本行政区域的具体情况,制定本行政区域的食品安全风险监测方案,报国家卫生健康委员会备案并实施。县级以上卫生健康行政部门会同同级食品安全监督管理等部门,落实风险监测工作任务,建立食品安全风险监测会商机制,及时收集、汇总、分析本辖区食品安全风险监测数据,研判食品安全风险,形成食品安全风险监测分析报告,报本级人民政府和上一级卫生健康行政部门。

（三）食品安全风险监测的实施

卫生健康行政部门重点对食源性疾病、食品污染物和有害因素基线水平、标准制定修订和风险评估专项实施风险监测。海关、市场监督管理、粮食和储备部门根据各自职责,配合开展不同环节风险监测。各部门风险监测结果数据共享、共用。

食源性疾病监测报告工作实行属地管理、分级负责的原则。县级以上地方卫生健康行政部门负责辖区内食源性疾病监测报告的组织管理工作。县级以上地方卫生健康行政部门负责制定本辖区食源性疾病监测报告工作制度,建立健全食源性疾病监测报告工作体系,组织协调疾病预防控制机构开展食品安全事故的流行病学调查。涉及食品安全的突发公共卫生事件相关信息,除按照突发公共卫生事件的报告要求报告突发公共卫生事件管理信息系统,还应当及时向同级食品安全监督管理部门通报,并向上级卫生健康行政部门报告,其中重大事件信息应当向国家卫生健康委员会报告。

二、食品安全风险评估

（一）食品安全风险评估的概念

食品安全风险评估（food safety risk assessment）是指对食品、食品添加剂、食品相关产品中的生物性、化学性和物理性危害对人体健康造成不良影响的可能性及其程度进行定性或定量估计的过程,包括危害识别、危害特征描述、暴露评估和风险特征描述等。食品安全风险评估结果是制定、修订食品安全国家和地方标准、规定食品中有害物质的临时限量值,以及实施食品安全监督管理的科学依据。

（二）食品安全风险评估的组织

国家卫生健康委员会负责组建管理国家食品安全风险评估专家委员会，制定委员会章程，完善风险评估工作制度，统筹风险评估体系能力建设，组织实施国家食品安全风险评估工作。国家食品安全风险评估中心承担国家食品安全风险评估专家委员会秘书处工作，负责拟定风险评估计划和规划草案，研究、建立、完善风险评估技术和方法，收集国家食品安全风险评估科学信息数据，构建和管理信息数据库，对相关风险评估技术机构进行指导培训和技术支持。

（三）应当进行食品安全风险评估的法定情形

有下列情形之一的，应当进行食品安全风险评估：通过食品安全风险监测或者接到举报发现食品、食品添加剂、食品相关产品可能存在安全隐患的；为制定或者修订食品安全国家标准提供科学依据需要进行风险评估的；为确定监督管理的重点领域、重点品种需要进行风险评估的；发现新的可能危害食品安全因素的；需要判断某一因素是否构成食品安全隐患的；国务院卫生行政部门认为需要进行风险评估的其他情形。

（四）食品安全风险评估结果的公布

国家食品安全风险评估结果由国家卫生健康委员会通报相关部门，委托国家食品安全风险评估中心分级分类有序向社会公布。风险评估结果涉及重大食品安全信息的按照《食品安全法》及相关规定处理。国家食品安全风险评估结果公布后，国家食品安全风险评估专家委员会、国家食品安全风险评估中心及承担风险评估项目的技术机构对风险评估结果进行解释和风险交流。

第三节　食品安全标准

一、食品安全标准的概念与性质

（一）食品安全标准的概念

食品安全标准（food safety standard）是指为了保证食品质量安全，保障公众身体健康和生命安全，对食品生产经营过程中影响食品安全的各种要素以及各关键环节所规定的统一技术要求。

（二）食品安全标准的性质

食品安全标准是强制执行的标准。除食品安全标准外，不得制定其他食品强制性标准。严禁生产与经营不符合食品安全标准的食品，违法生产与经营的应承担相应的行政责任、民事责任甚至刑事责任。

二、食品安全标准体系

我国食品安全标准体系由食品安全国家标准、地方标准和企业标准组成。

（一）食品安全国家标准

食品安全国家标准由国务院卫生行政部门会同国务院食品安全监督管理部门制定、公布，国务院标准化行政部门提供国家标准编号。食品中农药残留、兽药残留的限量规定及其检验方法与规程由国务院卫生行政部门、国务院农业行政部门会同国务院食品安全监督管理部门制定。屠宰畜、禽的检验规程由国务院农业行政部门会同国务院卫生行政部门制定。

（二）食品安全地方标准

对地方特色食品，没有食品安全国家标准的，省、自治区、直辖市人民政府卫生行政部门可以制定并公布食品安全地方标准，报国务院卫生行政部门备案。食品安全国家标准制定后，该地方标准即行废止。保健食品、特殊医学用途配方食品、婴幼儿配方食品等特殊食品不属于地方特色食品,不得对其制定食品安全地方标准。

（三）食品安全企业标准

国家鼓励食品生产企业制定严于食品安全国家标准或者地方标准的企业标准,在本企业适用,并报省、自治区、直辖市人民政府卫生行政部门备案。食品生产企业不得制定低于食品安全国家标准或者地方标准要求的企业标准。食品生产企业制定企业标准的,应当公开,供公众免费查阅。

三、食品安全标准的内容

食品安全标准应当包括下列内容:食品、食品添加剂、食品相关产品中的致病性微生物、农药残留、兽药残留、生物毒素、重金属等污染物质以及其他危害人体健康物质的限量规定;食品添加剂的品种、使用范围、用量;专供婴幼儿和其他特定人群的主辅食品的营养成分要求;对与卫生、营养等食品安全要求有关的标签、标志、说明书的要求;食品生产经营过程中的卫生要求;与食品安全有关的质量要求;与食品安全有关的食品检验方法与规程;其他需要制定为食品安全标准的内容。

四、食品安全标准的制定主体

食品安全国家标准由国务院卫生行政部门会同国务院食品安全监督管理部门制定;食品安全地方标准由省、自治区、直辖市人民政府卫生行政部门制定,并报国务院卫生行政部门备案;食品安全企业标准由生产食品的相关企业制定,并报省、自治区、直辖市人民政府卫生行政部门备案。

第四节　食品生产经营

一、食品生产经营的一般规定

（一）食品生产经营的要求

食品生产经营应当符合食品安全标准,并符合下列要求。

1. 具有与生产经营的食品品种、数量相适应的食品原料处理和食品加工、包装、贮存等场所,保持该场所环境整洁,并与有毒、有害场所以及其他污染源保持规定的距离。

2. 具有与生产经营的食品品种、数量相适应的生产经营设备或者设施,有相应的消毒、更衣、盥洗、采光、照明、通风、防腐、防尘、防蝇、防鼠、防虫、洗涤以及处理废水、存放垃圾和废弃物的设备或者设施。

3. 有专职或者兼职的食品安全专业技术人员、食品安全管理人员和保证食品安全的规章制度。

4. 具有合理的设备布局和工艺流程,防止待加工食品与直接入口食品、原料与成品交叉污染,避免食品接触有毒物、不洁物。

5. 餐具、饮具和盛放直接入口食品的容器,使用前应当洗净、消毒,炊具、用具用后应当洗净,保持清洁。

6. 贮存、运输和装卸食品的容器、工具和设备应当安全、无害,保持清洁,防止食品污染,并符合保证食品安全所需的温度、湿度等特殊要求，不得将食品与有毒、有害物品一同贮存、运输。

7. 直接入口的食品应当使用无毒、清洁的包装材料、餐具、饮具和容器。

8. 食品生产经营人员应当保持个人卫生，生产经营食品时，应当将手洗净，穿戴清洁的工作衣、帽等；销售无包装的直接入口食品时，应当使用无毒、清洁的容器、售货工具和设备。

9. 用水应当符合国家规定的生活饮用水卫生标准。

10. 使用的洗涤剂、消毒剂应当对人体安全、无害。

11. 法律、法规规定的其他要求。

（二）食品生产经营中的禁止性规定

禁止生产经营下列食品、食品添加剂、食品相关产品。

1. 用非食品原料生产的食品或者添加食品添加剂以外的化学物质和其他可能危害人体健康物质的食品，或者用回收食品作为原料生产的食品。

2. 致病性微生物、农药残留、兽药残留、生物毒素、重金属等污染物质以及其他危害人体健康的物质含量超过食品安全标准限量的食品、食品添加剂、食品相关产品。

3. 用超过保质期的食品原料、食品添加剂生产的食品、食品添加剂。

4. 超范围、超限量使用食品添加剂的食品。

5. 营养成分不符合食品安全标准的专供婴幼儿和其他特定人群的主辅食品。

6. 腐败变质、油脂酸败、霉变生虫、污秽不洁、混有异物、掺假掺杂或者感官性状异常的食品、食品添加剂。

7. 病死、毒死或者死因不明的禽、畜、兽、水产动物肉类及其制品。

8. 未按规定进行检疫或者检疫不合格的肉类，或者未经检验或者检验不合格的肉类制品。

9. 被包装材料、容器、运输工具等污染的食品、食品添加剂。

10. 标注虚假生产日期、保质期或者超过保质期的食品、食品添加剂。

11. 无标签的预包装食品、食品添加剂。

12. 国家为防病等特殊需要明令禁止生产经营的食品。

13. 其他不符合法律、法规或者食品安全标准的食品、食品添加剂、食品相关产品。

（三）食品生产经营许可制度

国家对食品生产经营实行许可制度。从事食品生产、食品销售、餐饮服务，应当依法取得许可。但是，销售食用农产品和仅销售预包装食品的，不需要取得许可。仅销售预包装食品的，应当报所在地县级以上地方人民政府食品安全监督管理部门备案。食品生产经营许可的有效期为五年。

食品生产加工小作坊和食品摊贩等从事食品生产经营活动，应当符合《食品安全法》规定的与其生产经营规模、条件相适应的食品安全要求，保证所生产经营的食品卫生、无毒、无害，食品安全监督管理部门应当对其加强监督管理。县级以上地方人民政府应当对食品生产加工小作坊、食品摊贩等进行综合治理，加强服务和统一规划，改善其生产经营环境，鼓励和支持其改进生产经营条件，进入集中交易市场、店铺等固定场所经营，或者在指定的临时经营区域、时段经营。

国家对食品添加剂生产实行许可制度。从事食品添加剂生产，应当具有与所生产食品添加剂品种相适应的场所、生产设备或者设施、专业技术人员和管理制度，并依照《食品安全法》第三十五条第二款规定的程序，取得食品添加剂生产许可。食品添加剂应当在技术上确有必要且经过风险评估证明安全可靠，方可列入允许使用的范围；有关食品安全国家标准应当根据技术必要性和食品安全风险评估结果及时修订。食品生产经营者应当按照食品安全国家标准使用食品添加剂。

二、生产经营过程控制

（一）建立健全食品安全管理制度

食品生产经营企业应当建立健全食品安全管理制度，对职工进行食品安全知识培训，加强食品检验工作，依法从事生产经营活动。食品生产经营企业的主要负责人应当落实企业食品安全管理制度，对本企业的食品安全工作全面负责。食品生产经营企业应当配备食品安全管理人员，加强对其培训和考核。经考核不具备食品安全管理能力的，不得上岗。食品安全监督管理部门应当对企业食品安全管理人员随机进行监督抽查考核并公布考核情况。监督抽查考核不得收取费用。

（二）从业人员健康管理制度

食品生产经营者应当建立并执行从业人员健康管理制度。患有国务院卫生行政部门规定的有碍食品安全疾病的人员，不得从事接触直接入口食品的工作。从事接触直接入口食品工作的食品生产经营人员应当每年进行健康检查，取得健康证明后方可上岗工作。

（三）食品安全自查制度

食品生产经营者应当建立食品安全自查制度，定期对食品安全状况进行检查评价。生产经营条件发生变化，不再符合食品安全要求的，食品生产经营者应当立即采取整改措施；有发生食品安全事故潜在风险的，应当立即停止食品生产经营活动，并向所在地县级人民政府食品安全监督管理部门报告。

（四）农业投入品的使用制度

食用农产品生产者应当按照食品安全标准和国家有关规定使用农药、肥料、兽药、饲料和饲料添加剂等农业投入品，严格执行农业投入品使用安全间隔期或者休药期的规定，不得使用国家明令禁止的农业投入品。禁止将剧毒、高毒农药用于蔬菜、瓜果、茶叶和中草药材等国家规定的农作物。食用农产品的生产企业和农民专业合作经济组织应当建立农业投入品使用记录制度。县级以上人民政府农业行政部门应当加强对农业投入品使用的监督管理和指导，建立健全农业投入品安全使用制度。

（五）进货查验制度

食品生产者采购食品原料、食品添加剂、食品相关产品，应当查验供货者的许可证和产品合格证明；对无法提供合格证明的食品原料，应当按照食品安全标准进行检验；不得采购或者使用不符合食品安全标准的食品原料、食品添加剂、食品相关产品。食品生产企业应当建立食品原料、食品添加剂、食品相关产品进货查验记录制度，如实记录食品原料、食品添加剂、食品相关产品的名称、规格、数量、生产日期或者生产批号、保质期、进货日期以及供货者名称、地址、联系方式等内容，并保存相关凭证。记录和凭证保存期限不得少于产品保质期满后六个月；没有明确保质期的，保存期限不得少于二年。

（六）出厂检验记录制度

食品生产企业应当建立食品出厂检验记录制度，查验出厂食品的检验合格证和安全状况，如实记录食品的名称、规格、数量、生产日期或者生产批号、保质期、检验合格证号、销售日期以及购货者名称、地址、联系方式等内容，并保存相关凭证。记录和凭证保存期限不得少于产品保质期满后六个月；没有明确保质期的，保存期限不得少于二年。

（七）集中用餐单位的要求

学校、托幼机构、养老机构、建筑工地等集中用餐单位的食堂应当严格遵守法律、法规和食品安全标准；从供餐单位订餐的，应当从取得食品生产经营许可的企业订购，并按照要求对订购的食品进行查验。供餐单位应当严格遵守法律、法规和食品安全标准，当餐加工，确保食品安全。学校、托幼机构、养老机构、建筑工地等集中用餐单位的主管部门应当加强对集中用餐单位的食品安全教育和日常管理，降低食品安全风险，及时消除食品安全隐患。

（八）集中消毒服务单位的要求

餐具、饮具集中消毒服务单位应当具备相应的作业场所、清洗消毒设备或者设施，用水和使用的洗涤剂、消毒剂应当符合相关食品安全国家标准和其他国家标准、卫生规范。餐具、饮具集中消毒服务单位应当对消毒餐具、饮具进行逐批检验，检验合格后方可出厂，并应当随附消毒合格证明。消毒后的餐具、饮具应当在独立包装上标注单位名称、地址、联系方式、消毒日期以及使用期限等内容。

（九）网络食品交易的要求

网络食品交易第三方平台提供者应当对入网食品经营者进行实名登记，明确其食品安全管理责任；依法应当取得许可证的，还应当审查其许可证。网络食品交易第三方平台提供者发现入网食品经营者有违反《食品安全法》规定行为的，应当及时制止并立即报告所在地县级人民政府食品安全监督管理部门；发现严重违法行为的，应当立即停止提供网络交易平台服务。

（十）食品召回制度

国家建立食品召回制度。食品生产者发现其生产的食品不符合食品安全标准或者有证据证明可能危害人体健康的，应当立即停止生产，召回已经上市销售的食品，通知相关生产经营者和消费者，并记录召回和通知情况。食品经营者发现其经营的食品有上述规定情形的，应当立即停止经营，通知相关生产经营者和消费者，并记录停止经营和通知情况。食品生产者认为应当召回的，应当立即召回。由于食品经营者的原因造成其经营的食品有前款规定情形的，食品经营者应当召回。

食品生产经营者应当对召回的食品采取无害化处理、销毁等措施，防止其再次流入市场。但是，对因标签、标志或者说明书不符合食品安全标准而被召回的食品，食品生产者在采取补救措施且能保证食品安全的情况下可以继续销售；销售时应当向消费者明示补救措施。食品生产经营者应当将食品召回和处理情况向所在地县级人民政府食品安全监督管理部门报告；需要对召回的食品进行无害化处理、销毁的，应当提前报告时间、地点。食品安全监督管理部门认为必要的，可以实施现场监督。食品生产经营者未依照规定召回或者停止经营的，县级以上人民政府食品安全监督管理部门可以责令其召回或者停止经营。

三、标签、说明书和广告

（一）标签和说明书

预包装食品的包装上应当有标签，并应当标明下列事项：名称、规格、净含量、生产日期；成分或者配料表；生产者的名称、地址、联系方式；保质期；产品标准代号；贮存条件；所使用的食品添加剂在国家标准中的通用名称；生产许可证编号；法律、法规或者食品安全标准规定应当标明的其他事项。专供婴幼儿和其他特定人群的主辅食品，其标签还应当标明主要营养成分及其含量。食品经营者销售散装食品，应当在散装食品的容器、外包装上标明食品的名称、生产日期或者生产批号、保质期以及生产经营者名称、地址、联系方式等内容。生产经营转基因食品应当按照规定显著标示。

食品添加剂应当有标签、说明书和包装。标签、说明书应当载明的事项同上述预包装食品标签应当载明的事项一致（但"所使用的食品添加剂在国家标准中的通用名称"事项除外），同时还需要载明食品添加剂的使用范围、用量、使用方法，并在标签上载明"食品添加剂"字样。食品和食品添加剂的标签、说明书，不得含有虚假内容，不得涉及疾病预防、治疗功能。生产经营者对其提供的标签、说明书的内容负责。食品和食品添加剂的标签、说明书应当清楚、明显，生产日期、保质期等事项应当显著标注，容易辨识。食品和食品添加剂与其标签、说明书的内容不符的，不得上市销售。食品经营者应当按照食品标签标示的警示标志、警示说明或者注意事项的要求销售食品。

（二）广告

食品广告的内容应当真实合法，不得含有虚假内容，不得涉及疾病预防、治疗功能。食品生产经营者对食品广告内容的真实性、合法性负责。县级以上人民政府食品安全监督管理部门和其他有关部门以及食品检验机构、食品行业协会不得以广告或者其他形式向消费者推荐食品。消费者组织不得以收取费用或者其他牟取利益的方式向消费者推荐食品。特殊医学用途配方食品中的特定全营养配方食品广告按照处方药广告管理，其他类别的特殊医学用途配方食品广告按照非处方药广告管理。

四、特 殊 食 品

（一）保健食品

1.基本要求　保健食品声称保健功能，应当具有科学依据，不得对人体产生急性、亚急性或者慢性危害。

2.原料目录和功能目录　保健食品原料目录和允许保健食品声称的保健功能目录，由国务院食品安全监督管理部门会同国务院卫生行政部门、国家中医药管理部门制定、调整并公布。保健食品原料目录应当包括原料名称、用量及其对应的功效；列入保健食品原料目录的原料只能用于保健食品生产，不得用于其他食品生产。

3.注册和备案　使用保健食品原料目录以外原料的保健食品和首次进口的保健食品应当经国务院食品安全监督管理部门注册。但是，首次进口的保健食品中属于补充维生素、矿物质等营养物质的，应当报国务院食品安全监督管理部门备案。其他保健食品应当报省、自治区、直辖市人民政府食品安全监督管理部门备案。进口的保健食品应当是出口国（地区）主管部门准许上市销售的产品。

依法应当注册的保健食品，注册时应当提交保健食品的研发报告、产品配方、生产工艺、安全性和保健功能评价、标签、说明书等材料及样品，并提供相关证明文件。国务院食品安全监督管理部门经组织技术审评，对符合安全和功能声称要求的，准予注册；对不符合要求的，不予注册并书面说明理由。对使用保健食品原料目录以外原料的保健食品作出准予注册决定的，应当及时将该原料纳入保健食品原料目录。依法应当备案的保健食品，备案时应当提交产品配方、生产工艺、标签、说明书以及表明产品安全性和保健功能的材料。

4.标签、说明书　保健食品的标签、说明书不得涉及疾病预防、治疗功能，内容应当真实，与注册或者备案的内容相一致，载明适宜人群、不适宜人群、功效成分或者标志性成分及其含量等，并声明"本品不能代替药物"。保健食品的功能和成分应当与标签、说明书相一致。

5.广告　保健食品广告除应当符合《食品安全法》有关食品广告内容的规定外，还应当声明"本品不能代替药物"；其内容应当经生产企业所在地省、自治区、直辖市人民政府食品安全监督管理部门审查批准，取得保健食品广告批准文件。省、自治区、直辖市人民政府食品安全监督管理部门应当公布并及时更新已经批准的保健食品广告目录以及批准的广告内容。

（二）特殊医学用途配方食品

特殊医学用途配方食品应当经国务院食品安全监督管理部门注册。注册时，应当提交产品配方、生产工艺、标签、说明书以及表明产品安全性、营养充足性和特殊医学用途临床效果的材料。特殊医学用途配方食品广告适用《中华人民共和国广告法》和其他法律、行政法规关于药品广告管理的规定。

（三）婴幼儿配方食品

婴幼儿配方食品生产企业应当实施从原料进厂到成品出厂的全过程质量控制，对出厂的婴幼儿配方食品实施逐批检验，保证食品安全。生产婴幼儿配方食品使用的生鲜乳、辅料等食品原料、食品添加剂等，应当符合法律、行政法规的规定和食品安全国家标准，保证婴幼儿生长发育所需的营养成分。婴幼儿配方食品生产企业应当将食品原料、食品添加剂、产品配方及标签等事项向省、自治区、直辖市人民政府食品安全监督管理部门备案。婴幼儿配方乳粉的产品配方应当经国务院食品安全监督管理部门注册。注册时，应当提交配方研发报告和其他表明配方科学性、安全性的材料。不得以分装方式生产婴幼儿配方乳粉，同一企业不得用同一配方生产不同品牌的婴幼儿配方乳粉。

第五节　食 品 检 验

一、食品检验的概念

食品检验（food inspection）是指食品检验机构根据有关国家标准，对食品原料、辅助材料、成本的质量和安全性进行的检验，包括对食品理化指标、卫生指标、外观特性及外包装、内包装、标志等进行的检验。

二、食品检验机构和检验人

（一）食品检验机构的资质

食品检验机构按照国家有关认证认可的规定取得资质认定后，方可从事食品检验活动。但是，法律另有规定的除外。食品检验机构的资质认定条件和检验规范，由国务院食品安全监督管理部门规定。符合规定的食品检验机构出具的检验报告具有同等效力。县级以上人民政府应当整合食品检验资源，实现资源共享。

（二）检验人的职责

食品检验由食品检验机构指定的检验人独立进行。检验人应当依照有关法律、法规的规定，并按照食品安全标准和检验规范对食品进行检验，尊重科学，恪守职业道德，保证出具的检验数据和结论客观、公正，不得出具虚假检验报告。

（三）共同负责制

食品检验实行食品检验机构与检验人负责制。食品检验报告应当加盖食品检验机构公章，并有检验人的签名或者盖章。食品检验机构和检验人对出具的食品检验报告负责。

三、抽 样 检 验

县级以上人民政府食品安全监督管理部门应当对食品进行定期或者不定期的抽样检验，并依据有关规定公布检验结果，不得免检。进行抽样检验，应当购买抽取的样品，委托符合规定的食品检验机构进行检验，并支付相关费用；不得向食品生产经营者收取检验费和其他费用。

四、复 检 程 序

对依照规定实施的检验结论有异议的，食品生产经营者可以自收到检验结论之日起七个工作日内向实施抽样检验的食品安全监督管理部门或者其上一级食品安全监督管理部门提出复检申请,由受理复检申请的食品安全监督管理部门在公布的复检机构名录中随机确定复检机构进行复检。复检机构出具的复检结论为最终检验结论。复检机构与初检机构不得为同一机构。采用国家规定的快速检测方法对食用农产品进行抽查检测,被抽查人对检测结果有异议的,可以自收到检测结果四小时内申请复检。复检不得采用快速检测方法。

五、自 行 检 验

食品生产企业可以自行对所生产的食品进行检验,也可以委托符合本法规定的食品检验机构进行检验。食品行业协会和消费者协会等组织、消费者需要委托食品检验机构对食品进行检验的,应当委托符合规定的食品检验机构进行。

第六节　食品进出口

一、食品进出口的监管要求

国家出入境检验检疫部门对进出口食品安全实施监督管理。国家出入境检验检疫部门应当收集、汇总下列进出口食品安全信息,并及时通报相关部门、机构和企业:出入境检验检疫机构对进出口食品实施检验检疫发现的食品安全信息;食品行业协会和消费者协会等组织、消费者反映的进口食品安全信息;国际组织、境外政府机构发布的风险预警信息及其他食品安全信息,以及境外食品行业协会等组织、消费者反映的食品安全信息;其他食品安全信息。

国家出入境检验检疫部门应当对进出口食品的进口商、出口商和出口食品生产企业实施信用管理,建立信用记录,并依法向社会公布。对有不良记录的进口商、出口商和出口食品生产企业,应当加强对其进出口食品的检验检疫。国家出入境检验检疫部门可以对向我国境内出口食品的国家(地区)的食品安全管理体系和食品安全状况进行评估和审查,并根据评估和审查结果,确定相应检验检疫要求。

二、食 品 进 口

(一)进口的食品必须符合食品安全国家标准

进口的食品、食品添加剂、食品相关产品应当符合我国食品安全国家标准。进口的食品、食品添加剂应当经出入境检验检疫机构依照进出口商品检验相关法律、行政法规的规定检验合格。进口的食品、食品添加剂应当按照国家出入境检验检疫部门的要求随附合格证明材料。

进口尚无食品安全国家标准的食品,由境外出口商、境外生产企业或者其委托的进口商向国务院卫生行政部门提交所执行的相关国家(地区)标准或者国际标准。国务院卫生行政部门对相关标准进行审查,认为符合食品安全要求的,决定暂予适用,并及时制定相应的食品安全国家标准。

(二)对进、出口商的要求

境外出口商、境外生产企业应当保证向我国出口的食品、食品添加剂、食品相关产品符合我国有关法律、行政法规的规定和食品安全国家标准的要求,并对标签、说明书的内容负责。进口商应当建立境外出口商、境外生产企业审核制度,审核不合格的,不得进口。发现进口食品不符合我国食品安全国家标准或者有证据证明可能危害人体健康的,进口商应当立即停止进口,并依照食品召回制度的规定召回。

向我国境内出口食品的境外出口商或者代理商、进口食品的进口商应当向国家出入境检验检疫部门备案。向我国境内出口食品的境外食品生产企业应当经国家出入境检验检疫部门注册。已经注册的境外食品生产企业提供虚假材料，或者因其自身的原因致使进口食品发生重大食品安全事故的，国家出入境检验检疫部门应当撤销注册并公告。国家出入境检验检疫部门应当定期公布已经备案的境外出口商、代理商、进口商和已经注册的境外食品生产企业名单。

（三）风险预警

境外发生的食品安全事件可能对我国境内造成影响，或者在进口食品、食品添加剂、食品相关产品中发现严重食品安全问题的，国家出入境检验检疫部门应当及时采取风险预警或者控制措施，并向国务院食品安全监督管理、卫生行政、农业行政部门通报。接到通报的部门应当及时采取相应措施。县级以上人民政府食品安全监督管理部门对国内市场上销售的进口食品、食品添加剂实施监督管理。发现存在严重食品安全问题的，国务院食品安全监督管理部门应当及时向国家出入境检验检疫部门通报，国家出入境检验检疫部门应当及时采取相应措施。

（四）标签和说明书

进口的预包装食品、食品添加剂应当有中文标签；依法应当有说明书的，还应当有中文说明书。标签、说明书应当符合本法以及我国其他有关法律、行政法规的规定和食品安全国家标准的要求，并载明食品的原产地以及境内代理商的名称、地址、联系方式。预包装食品没有中文标签、中文说明书或者标签、说明书不符合上述规定的，不得进口。

（五）记录制度

进口商应当建立食品、食品添加剂进口和销售记录制度，如实记录食品、食品添加剂的名称、规格、数量、生产日期、生产或者进口批号、保质期、境外出口商和购货者名称、地址及联系方式、交货日期等内容，并保存相关凭证。记录和凭证保存期限不得少于产品保质期满后六个月；没有明确保质期的，保存期限不得少于二年。

三、食品出口

出口食品生产企业应当保证其出口食品符合进口国（地区）的标准或者合同要求。出口食品生产企业和出口食品原料种植、养殖场应当向国家出入境检验检疫部门备案。

第七节　食品安全事故处置

一、食品安全事故的概念和分级

食品安全事故（food safety accident），指食物中毒、食源性疾病、食品污染等源于食品，对人体健康有危害或者可能有危害的事故。食品安全事故共分四级，即特别重大食品安全事故、重大食品安全事故、较大食品安全事故和一般食品安全事故。事故等级的评估核定，由卫生行政部门会同有关部门依照有关规定进行。

二、国家食品安全事故应急预案

国务院组织制定国家食品安全事故应急预案。食品安全事故应急预案应当对食品安全事故分级、事故处置组织指挥体系与职责、预防预警机制、处置程序、应急保障措施等作出规定。

2006 年 2 月 27 日,国务院发布了《国家重大食品安全事故应急预案》,2011 年 10 月,国务院将其修订为《国家食品安全事故应急预案》,规定了总则、组织机构及职责、应急保障、监测预警、报告与评估、应急响应、后期处置和附则等内容。

县级以上地方人民政府应当根据有关法律、法规的规定和上级人民政府的食品安全事故应急预案以及本行政区域的实际情况,制定本行政区域的食品安全事故应急预案,并报上一级人民政府备案。食品生产经营企业应当制定食品安全事故处置方案,定期检查本企业各项食品安全防范措施的落实情况,及时消除事故隐患。

三、食品安全事故的处置

发生食品安全事故的单位应当立即采取措施,防止事故扩大。事故单位和接收病人进行治疗的单位应当及时向事故发生地县级人民政府食品安全监督管理、卫生行政部门报告。县级以上人民政府农业行政等部门在日常监督管理中发现食品安全事故或者接到事故举报,应当立即向同级食品安全监督管理部门通报。发生食品安全事故,接到报告的县级人民政府食品安全监督管理部门应当按照应急预案的规定向本级人民政府和上级人民政府食品安全监督管理部门报告。县级人民政府和上级人民政府食品安全监督管理部门应当按照应急预案的规定上报。任何单位和个人不得对食品安全事故隐瞒、谎报、缓报,不得隐匿、伪造、毁灭有关证据。

医疗机构发现其接收的病人属于食源性疾病病人或者疑似病人的,应当按照规定及时将相关信息向所在地县级人民政府卫生行政部门报告。县级人民政府卫生行政部门认为与食品安全有关的,应当及时通报同级食品安全监督管理部门。县级以上人民政府卫生行政部门在调查处理传染病或者其他突发公共卫生事件中发现与食品安全相关的信息,应当及时通报同级食品安全监督管理部门。

县级以上人民政府食品安全监督管理部门接到食品安全事故的报告后,应当立即会同同级卫生行政、农业行政等部门进行调查处理,并采取下列措施,防止或者减轻社会危害:开展应急救援工作,组织救治因食品安全事故导致人身伤害的人员;封存可能导致食品安全事故的食品及其原料,并立即进行检验;对确认属于被污染的食品及其原料,责令食品生产经营者召回或者停止经营;封存被污染的食品相关产品,并责令进行清洗消毒;做好信息发布工作,依法对食品安全事故及其处理情况进行发布,并对可能产生的危害加以解释、说明。

发生食品安全事故需要启动应急预案的,县级以上人民政府应当立即成立事故处置指挥机构,启动应急预案,采取上述措施并依照应急预案的规定进行处置。发生食品安全事故,县级以上疾病预防控制机构应当对事故现场进行卫生处理,并对与事故有关的因素开展流行病学调查,有关部门应当予以协助。县级以上疾病预防控制机构应当向同级食品安全监督管理、卫生行政部门提交流行病学调查报告。

四、食品安全事故责任调查

发生食品安全事故,设区的市级以上人民政府食品安全监督管理部门应当立即会同有关部门进行事故责任调查,督促有关部门履行职责,向本级人民政府和上一级人民政府食品安全监督管理部门提出事故责任调查处理报告。涉及两个以上省、自治区、直辖市的重大食品安全事故由国务院食品安全监督管理部门依照前述规定组织事故责任调查。

调查食品安全事故,应当坚持实事求是、尊重科学的原则,及时、准确查清事故性质和原因,认定事故责任,提出整改措施。调查食品安全事故,除了查明事故单位的责任,还应当查明有关监督管理部门、食品检验机构、认证机构及其工作人员的责任。

食品安全事故调查部门有权向有关单位和个人了解与事故有关的情况，并要求提供相关资料和样品。有关单位和个人应当予以配合，按照要求提供相关资料和样品，不得拒绝。任何单位和个人不得阻挠、干涉食品安全事故的调查处理。

第八节　监督管理

一、食品安全年度监督管理计划

县级以上人民政府食品安全监督管理部门根据食品安全风险监测、风险评估结果和食品安全状况等，确定监督管理的重点、方式和频次，实施风险分级管理。县级以上地方人民政府组织本级食品安全监督管理、农业行政等部门制定本行政区域的食品安全年度监督管理计划，向社会公布并组织实施。

食品安全年度监督管理计划应当将下列事项作为监督管理的重点：专供婴幼儿和其他特定人群的主辅食品；保健食品生产过程中的添加行为和按照注册或者备案的技术要求组织生产的情况，保健食品标签、说明书以及宣传材料中有关功能宣传的情况；发生食品安全事故风险较高的食品生产经营者；食品安全风险监测结果表明可能存在食品安全隐患的事项。

二、食品安全监督检查措施

县级以上人民政府食品安全监督管理部门履行食品安全监督管理职责，有权采取下列措施，对生产经营者遵守《食品安全法》的情况进行监督检查：进入生产经营场所实施现场检查；对生产经营的食品、食品添加剂、食品相关产品进行抽样检验；查阅、复制有关合同、票据、账簿以及其他有关资料；查封、扣押有证据证明不符合食品安全标准或者有证据证明存在安全隐患以及用于违法生产经营的食品、食品添加剂、食品相关产品；查封违法从事生产经营活动的场所。

三、食品安全信用档案

县级以上人民政府食品安全监督管理部门应当建立食品生产经营者食品安全信用档案，记录许可颁发、日常监督检查结果、违法行为查处等情况，依法向社会公布并实时更新；对有不良信用记录的食品生产经营者增加监督检查频次，对违法行为情节严重的食品生产经营者，可以通报投资主管部门、证券监督管理机构和有关的金融机构。

四、责任约谈

食品生产经营过程中存在食品安全隐患，未及时采取措施消除的，县级以上人民政府食品安全监督管理部门可以对食品生产经营者的法定代表人或者主要负责人进行责任约谈。食品生产经营者应当立即采取措施，进行整改，消除隐患。责任约谈情况和整改情况应当纳入食品生产经营者食品安全信用档案。

县级以上人民政府食品安全监督管理等部门未及时发现食品安全系统性风险，未及时消除监督管理区域内的食品安全隐患的，本级人民政府可以对其主要负责人进行责任约谈。地方人民政府未履行食品安全职责，未及时消除区域性重大食品安全隐患的，上级人民政府可以对其主要负责人进行责任约谈。被约谈的食品安全监督管理等部门、地方人民政府应当立即采取措施，对食品安全监督管理工作进行整改。责任约谈情况和整改情况应当纳入地方人民政府和有关部门食品安全监督管理工作评议、考核记录。

五、咨询、投诉和举报

县级以上人民政府食品安全监督管理等部门应当公布本部门的电子邮件地址或者电话,接受咨询、投诉、举报。接到咨询、投诉、举报,对属于本部门职责的,应当受理并在法定期限内及时答复、核实、处理;对不属于本部门职责的,应当移交有权处理的部门并书面通知咨询、投诉、举报人。有权处理的部门应当在法定期限内及时处理,不得推诿。对查证属实的举报,给予举报人奖励。有关部门应当对举报人的信息予以保密,保护举报人的合法权益。举报人举报所在企业的,该企业不得以解除、变更劳动合同或者其他方式对举报人进行打击报复。

食品生产经营者、食品行业协会、消费者协会等发现食品安全执法人员在执法过程中有违反法律、法规规定的行为以及不规范执法行为的,可以向本级或者上级人民政府食品安全监督管理等部门或者监察机关投诉、举报。接到投诉、举报的部门或者机关应当进行核实,并将经核实的情况向食品安全执法人员所在部门通报;涉嫌违法违纪的,按照有关规定处理。

六、食品安全信息公布制度

国家建立统一的食品安全信息平台,实行食品安全信息统一公布制度。国家食品安全总体情况、食品安全风险警示信息、重大食品安全事故及其调查处理信息和国务院确定需要统一公布的其他信息由国务院食品安全监督管理部门统一公布。食品安全风险警示信息和重大食品安全事故及其调查处理信息的影响限于特定区域的,也可以由有关省、自治区、直辖市人民政府食品安全监督管理部门公布。未经授权不得发布上述信息。县级以上人民政府食品安全监督管理、农业行政部门依据各自职责公布食品安全日常监督管理信息。公布食品安全信息,应当做到准确、及时,并进行必要的解释说明,避免误导消费者和社会舆论。

县级以上地方人民政府食品安全监督管理、卫生行政、农业行政部门获知《食品安全法》规定需要统一公布的信息,应当向上级主管部门报告,由上级主管部门立即报告国务院食品安全监督管理部门;必要时,可以直接向国务院食品安全监督管理部门报告。县级以上人民政府食品安全监督管理、卫生行政、农业行政部门应当相互通报获知的食品安全信息。任何单位和个人不得编造、散布虚假食品安全信息。县级以上人民政府食品安全监督管理部门发现可能误导消费者和社会舆论的食品安全信息,应当立即组织有关部门、专业机构、相关食品生产经营者等进行核实、分析,并及时公布结果。

七、涉嫌食品安全犯罪案件的移送

县级以上人民政府食品安全监督管理等部门发现涉嫌食品安全犯罪的,应当按照有关规定及时将案件移送公安机关。对移送的案件,公安机关应当及时审查;认为有犯罪事实需要追究刑事责任的,应当立案侦查。公安机关在食品安全犯罪案件侦查过程中认为没有犯罪事实,或者犯罪事实显著轻微,不需要追究刑事责任,但依法应当追究行政责任的,应当及时将案件移送食品安全监督管理等部门和监察机关,有关部门应当依法处理。公安机关商请食品安全监督管理、生态环境等部门提供检验结论、认定意见以及对涉案物品进行无害化处理等协助的,有关部门应当及时提供,予以协助。

第九节　法 律 责 任

2021 年新修订的《食品安全法》第九章共用 28 个条文（第一百二十二条至第一百四十九条）规定了法律责任，其中绝大部分条文规定的都是行政责任。

一、行 政 责 任

1. 未取得食品生产经营许可从事食品生产经营活动，或者未取得食品添加剂生产许可从事食品添加剂生产活动的，由县级以上人民政府食品安全监督管理部门没收违法所得和违法生产经营的食品、食品添加剂以及用于违法生产经营的工具、设备、原料等物品；违法生产经营的食品、食品添加剂货值金额不足一万元的，并处五万元以上十万元以下罚款；货值金额一万元以上的，并处货值金额十倍以上二十倍以下罚款。

明知从事前款规定的违法行为，仍为其提供生产经营场所或者其他条件的，由县级以上人民政府食品安全监督管理部门责令停止违法行为，没收违法所得，并处五万元以上十万元以下罚款；使消费者的合法权益受到损害的，应当与食品、食品添加剂生产经营者承担连带责任。

2. 有下列情形之一，尚不构成犯罪的，由县级以上人民政府食品安全监督管理部门没收违法所得和违法生产经营的食品，并可以没收用于违法生产经营的工具、设备、原料等物品；违法生产经营的食品货值金额不足一万元的，并处十万元以上十五万元以下罚款；货值金额一万元以上的，并处货值金额十五倍以上三十倍以下罚款；情节严重的，吊销许可证，并可以由公安机关对其直接负责的主管人员和其他直接责任人员处五日以上十五日以下拘留：①用非食品原料生产食品、在食品中添加食品添加剂以外的化学物质和其他可能危害人体健康的物质，或者用回收食品作为原料生产食品，或者经营上述食品；②生产经营营养成分不符合食品安全标准的专供婴幼儿和其他特定人群的主辅食品；③经营病死、毒死或者死因不明的禽、畜、兽、水产动物肉类，或者生产经营其制品；④经营未按规定进行检疫或者检疫不合格的肉类，或者生产经营未经检验或者检验不合格的肉类制品；⑤生产经营国家为防病等特殊需要明令禁止生产经营的食品；⑥生产经营添加药品的食品。

明知从事前款规定的违法行为，仍为其提供生产经营场所或者其他条件的，由县级以上人民政府食品安全监督管理部门责令停止违法行为，没收违法所得，并处十万元以上二十万元以下罚款；使消费者的合法权益受到损害的，应当与食品生产经营者承担连带责任。

3. 有下列情形之一，尚不构成犯罪的，由县级以上人民政府食品安全监督管理部门没收违法所得和违法生产经营的食品、食品添加剂，并可以没收用于违法生产经营的工具、设备、原料等物品；违法生产经营的食品、食品添加剂货值金额不足一万元的，并处五万元以上十万元以下罚款；货值金额一万元以上的，并处货值金额十倍以上二十倍以下罚款；情节严重的，吊销许可证：①生产经营致病性微生物、农药残留、兽药残留、生物毒素、重金属等污染物质以及其他危害人体健康的物质含量超过食品安全标准限量的食品、食品添加剂；②用超过保质期的食品原料、食品添加剂生产食品、食品添加剂，或者经营上述食品、食品添加剂；③生产经营超范围、超限量使用食品添加剂的食品；④生产经营腐败变质、油脂酸败、霉变生虫、污秽不洁、混有异物、掺假掺杂或者感官性状异常的食品、食品添加剂；⑤生产经营标注虚假生产日期、保质期或者超过保质期的食品、食品添加剂；⑥生产经营未按规定注册的保健食品、特殊医学用途配方食品、婴幼儿配方乳粉，或者未按注册的产品配方、生产工艺等技术要求组织生产；⑦以分装方式生产婴幼儿配方乳粉，或者同一企业以同一配方生产不同品牌的婴幼儿配方乳粉；⑧利用新的食品原料生产食品,或者生产食品添加剂新品种,未通过安全性评估;⑨食品生产经营者在食品安全监督管理部门责令其召回或者停止经营后,仍拒不召回或者停止经营。

4. 有下列情形之一的,由县级以上人民政府食品安全监督管理部门没收违法所得和违法生产经营的食品、食品添加剂,并可以没收用于违法生产经营的工具、设备、原料等物品;违法生产经营的食品、食品添加剂货值金额不足一万元的,并处五千元以上五万元以下罚款;货值金额一万元以上的,并处货值金额五倍以上十倍以下罚款;情节严重的,责令停产停业,直至吊销许可证:①生产经营被包装材料、容器、运输工具等污染的食品、食品添加剂;②生产经营无标签的预包装食品、食品添加剂或者标签、说明书不符合规定的食品、食品添加剂;③生产经营转基因食品未按规定进行标示;④食品生产经营者采购或者使用不符合食品安全标准的食品原料、食品添加剂、食品相关产品。

5. 网络食品交易第三方平台提供者未对入网食品经营者进行实名登记、审查许可证,或者未履行报告、停止提供网络交易平台服务等义务的,由县级以上人民政府食品安全监督管理部门责令改正,没收违法所得,并处五万元以上二十万元以下罚款;造成严重后果的,责令停业,直至由原发证部门吊销许可证;使消费者的合法权益受到损害的,应当与食品经营者承担连带责任。

6. 被吊销许可证的食品生产经营者及其法定代表人、直接负责的主管人员和其他直接责任人员自处罚决定作出之日起五年内不得申请食品生产经营许可,或者从事食品生产经营管理工作、担任食品生产经营企业食品安全管理人员。

因食品安全犯罪被判处有期徒刑以上刑罚的,终身不得从事食品生产经营管理工作,也不得担任食品生产经营企业食品安全管理人员。

二、民 事 责 任

消费者因不符合食品安全标准的食品受到损害的,可以向经营者要求赔偿损失,也可以向生产者要求赔偿损失。接到消费者赔偿要求的生产经营者,应当实行首负责任制,先行赔付,不得推诿;属于生产者责任的,经营者赔偿后有权向生产者追偿;属于经营者责任的,生产者赔偿后有权向经营者追偿。

生产不符合食品安全标准的食品或者经营明知是不符合食品安全标准的食品,消费者除要求赔偿损失外,还可以向生产者或者经营者要求支付价款十倍或者损失三倍的赔偿金;增加赔偿的金额不足一千元的,为一千元。但是,食品的标签、说明书存在不影响食品安全且不会对消费者造成误导的瑕疵的除外。

造成人身、财产或者其他损害的,依法承担赔偿责任。生产经营者财产不足以同时承担民事赔偿责任和缴纳罚款、罚金时,先承担民事赔偿责任。

消费者通过网络食品交易第三方平台购买食品,其合法权益受到损害的,可以向入网食品经营者或者食品生产者要求赔偿。网络食品交易第三方平台提供者不能提供入网食品经营者的真实名称、地址和有效联系方式的,由网络食品交易第三方平台提供者赔偿。网络食品交易第三方平台提供者赔偿后,有权向入网食品经营者或者食品生产者追偿。网络食品交易第三方平台提供者作出更有利于消费者承诺的,应当履行其承诺。

三、刑 事 责 任

违反《食品安全法》规定,构成犯罪的,依法追究刑事责任。

思考题

1. 发生食品安全事故后,食品安全监督管理部门应如何处置?
2. 我国食品安全法规定的民事责任有哪些?

（龚学德）

第十四章　突发公共卫生事件应急管理法律制度

章前案例

提高应对突发公共卫生事件能力

党的十九届五中全会审议通过的《中共中央关于制定国民经济和社会发展第十四个五年规划和二〇三五年远景目标的建议》将"提高应对突发公共卫生事件能力"作为全面推进健康中国建设的重大任务。提高应对突发公共卫生事件能力是保障和维护人民健康的必然要求。健康是社会文明进步的基础。重大传染病等突发公共卫生事件始终是人类健康的大敌，一部人类发展史可以说是与传染病斗争的历史。14世纪中叶的"黑死病"、20世纪初期的"大流感"、21世纪初的"非典"，都让人类付出了惨痛代价。只有切实提高应对突发公共卫生事件能力，织紧织密"防护网"、筑牢筑实"隔离墙"，把功夫下在平时，才能切实维护人民群众生命安全和身体健康。

提高应对突发公共卫生事件能力是维护国家安全和社会稳定的迫切需要。及时稳妥应对处置突发公共卫生事件关系国家安全与发展，关系经济社会大局稳定。如果应对失当、控制不力，不仅人民生活水平和质量会受到重大影响，还会造成人心恐慌，全社会将付出沉重代价。当前，我国发展仍处于重要战略机遇期，突发公共卫生事件等可以预料和难以预料的风险挑战增多，必须将有力有序防范和应对突发公共卫生事件作为国家治理体系和治理能力的重要组成部分，扬优势、补短板、堵漏洞、强弱项，不断完善应对机制，构建强大公共卫生体系，为维护国家长治久安提供重要制度保障。

（马晓伟. 提高应对突发公共卫生事件能力. 人民日报, 2021-01-21.）

思考：

如何提高应对突发公共卫生事件能力？

第一节　概　　述

一、立法情况

为有效预防、及时控制和消除突发公共卫生事件的危害，保障公众身体健康与生命安全，维护正常的社会秩序，2003年5月7日经国务院第7次常务会议通过《突发公共卫生事件应急条例》，2003年5月9日中华人民共和国国务院令第376号公布实施；2011年1月8日根据《国务院关于废止和修改部分行政法规的决定》再次进行修订，现行版本为2011年版。

《突发公共卫生事件应急条例》的出台与2003年严重急性呼吸综合征（又称传染性非典型肺炎，"非典"）防治工作密不可分，当时为了完善公共卫生应急法制建设工作，迅速制定和颁行了《突发公共卫生事件应急条例》。《突发公共卫生事件应急条例》共六章，主要内容包括总则、预防与应急准备、报告与信息发布、应急处理、法律责任、附则，共五十四条。

二、突发公共卫生事件的概念和类型

（一）突发公共卫生事件的概念

突发公共卫生事件（emergent event of public health），是指突然发生，造成或者可能造成社会公众健康严重损害的重大传染病疫情、群体性不明原因疾病、重大食物和职业中毒以及其他严重影响公众健康的事件。

（二）突发公共卫生事件的类型

突发公共卫生事件按照发生原因不同，可以分成四类。

1. 重大传染病疫情　重大传染病疫情是指某种传染病在短时间内发生、波及范围广泛，出现大量的患者或死亡病例，其发病率远远超过常年的发病率水平的情况。如 1918 年的流行性感冒、1961 年的霍乱流行、2002 年的严重急性呼吸综合征、2014 年的埃博拉疫情、2019 年的登革热疫情等。

2. 群体性不明原因疾病　群体性不明原因疾病是指在短时间内，某个相对集中的区域内（如同一个医疗机构、自然村、社区、建筑工地、学校等集体单位）同时或者相继出现具有共同临床表现的患者，且病例不断增加，范围不断扩大，又暂时不能明确诊断的疾病。群体性不明原因疾病具有临床表现相似性、发病人群聚集性、流行病学关联性、健康损害严重性的特点。这类疾病可能是传染病（包括新发传染病）、中毒或其他未知因素引起的疾病。

3. 重大食物和职业中毒　重大食物和职业中毒是指由于食品污染和职业危害的原因而造成的人数众多或者伤亡较重的中毒事件。

4. 其他严重影响公众健康的事件　其他严重影响公众健康的事件是指针对不特定的社会群体，造成或可能造成社会公众健康严重损害，影响正常社会秩序的重大事件。如地震、火山爆发、泥石流、台风、洪涝等自然灾害，煤矿坍塌、燃气爆炸、飞机坠毁等意外事故，群体性预防接种和群体性药物反应，水污染事件等重大环境污染事故，以及核事故和放射事故、生物事故、化学事故、核辐射、恐怖事件等。

三、突发公共卫生事件的特征

（一）突发性

突发公共卫生事件的发生比较突然，突如其来，具有偶然性、不确定性，不易及时发现和预防。一般情况下，突发公共卫生事件的确切发生时间和地点多无规律，具有不可预见性，如各种恐怖事件、自然灾害等，当然不排除某些事件存在着发生征兆和预警的可能，但往往很难对其作出准确预测和及时识别；甚至事先没有预兆，难以及时采取能完全避免此类事件发生的应对措施。其次是突发公共卫生事件的形成常需要一个过程，开始时其危害范围和程度较小，对其蔓延范围和发展速度、趋势和结局很难预测。当然，难以预测并不等于不能预见，随着科学技术的发展，某些自然灾害的预报准确率正在逐步提高；随着公共卫生体制和预警机制的不断健全和完善，更多的突发公共卫生事件是有可能预料或预见的，使人们可以有计划地应对。

（二）公共性

突发公共卫生事件针对不特定的人群，也不局限于某一固定的领域或区域，而是牵涉广泛的社会群体，尤其可能对儿童、老人、妇女和体弱多病者等特殊人群的影响更加突出。

（三）危害性

突发公共卫生事件后果往往较为严重，涉及范围广，对公众健康的损害和影响达到一定的程度，往往会导致大量伤亡和损害居民的身心健康。主要表现为发病人数多或病死率高，甚至在较长时间内对人们的心理产生影响。在财产损害方面，会破坏交通、通信等基础设施，造成巨大的财产损失，甚至还可能扰乱社会稳定，进而影响到政治、经济、军事和文化等诸多领域。

（四）复杂性

突发公共卫生事件的复杂性表现在多个方面。首先，突发公共卫生事件的成因复杂，按照成因不同可以分成四类，每种类型都各有特点；其次，分布复杂，无论在时间还是在空间上，突发公共卫生事件分布都具有一定差异；而且突发公共卫生事件造成的危害也极其复杂。因此，必须采取综合治理手段预防和应对突发公共卫生事件。

四、突发公共卫生事件的分级

《国家突发公共卫生事件应急预案》根据突发公共卫生事件性质、危害程度、涉及范围，将突发公共卫生事件划分为特别重大（Ⅰ级）、重大（Ⅱ级）、较大（Ⅲ级）和一般（Ⅳ级）四级。

（一）特别重大的突发公共卫生事件（Ⅰ级）

特别重大的突发公共卫生事件包括：①肺鼠疫、肺炭疽在大、中城市发生并有扩散趋势，疫情波及2个及以上的省份，并有进一步扩散趋势；②发生传染性非典型肺炎、人感染高致病性禽流感病例，并有扩散趋势；③涉及多个省份的群体性不明原因疾病，并有扩散趋势；④发生新传染病或我国尚未发现的传染病发生或传入，并有扩散趋势，或发现我国已消灭的传染病重新流行；⑤发生烈性病菌株、毒株、致病因子等丢失事件；⑥周边以及与我国通航的国家和地区发生特大传染病疫情，并出现输入性病例，严重危及我国公共卫生安全的事件；⑦国务院卫生行政部门认定的其他特别重大突发公共卫生事件。

（二）重大的突发公共卫生事件（Ⅱ级）

重大的突发公共卫生事件包括：①在一个县（市）行政区域内，一个平均潜伏期内（6天）发生5例以上肺鼠疫、肺炭疽病例，或者相关联的疫情波及2个以上的县（市）；②发生传染性非典型肺炎、人感染高致病性禽流感疑似病例；③腺鼠疫发生流行，在一个市（地）行政区域内，一个平均潜伏期内多点连续发病20例以上，或流行范围波及2个以上市（地）；④霍乱在一个市（地）行政区域内流行，1周内发病30例以上，或波及2个以上市（地），有扩散趋势；⑤乙类、丙类传染病波及2个以上县（市），1周内发病水平超过前5年同期平均发病水平2倍以上；⑥我国尚未发现的传染病发生或传入，尚未造成扩散；⑦发生群体性不明原因疾病，扩散到县（市）以外的地区；⑧发生重大医源性感染事件；⑨预防接种或群体性预防性服药出现人员死亡；⑩对1个省（区、市）内2个以上市（地）造成危害的重大食品安全事故；⑪一次食物中毒人数超过100人并出现死亡病例，或出现10例以上死亡病例；⑫一次发生急性职业中毒50人以上，或死亡5人以上；⑬境内外隐匿运输、邮寄烈性生物病原体、生物毒素造成我境内人员感染或死亡的；⑭省级以上人民政府卫生行政部门认定的其他重大突发公共卫生事件。

（三）较大的突发公共卫生事件（Ⅲ级）

较大的突发公共卫生事件包括：①发生肺鼠疫、肺炭疽病例，一个平均潜伏期内病例数未超过5例，流行范围在一个县（市）行政区域以内；②腺鼠疫发生流行，在一个县（市）行政区域内，一个平均潜伏期内连续发病10例以上，或波及2个以上县（市）；③霍乱一个县（市）行政区域内发生，1周内发病10~29例，或疫情波及2个及以上县，或地级以上城市的市区首次发生；④一周内在一个县（区）域内，乙类、丙类传染病发病水平超过前5年同期平均发病水平1倍以上；⑤在一个县（区）域内发现群体性不明原因疾病；⑥一次食物中毒人数超过100人，或出现死亡病例，或食物中毒事件发生在学校、地区性或全国性重要活动期间的；⑦预防接种或群体性预防性服药出现群体心因性反应或不良反应；⑧一次发生急性职业中毒10~49人，或死亡4人以下；⑨市（地）级以上人民政府卫生行政部门认定的其他较大突发公共卫生事件。

（四）一般的突发公共卫生事件（Ⅳ级）

一般的突发公共卫生事件包括：①腺鼠疫在县（区）域内发生，一个平均潜伏期内病例数未超过20例；②霍乱一个县（市）行政区域内发生，1周内发病在9例以下；③一次食物中毒人数30～99人，未出现死亡病例；④一次性急性职业中毒9人以下，未出现死亡病例；⑤县级以上人民政府卫生主管部门认定的其他一般突发公共卫生事件。

五、突发公共卫生事件的工作原则

根据《中华人民共和国突发事件应对法》（以下简称《突发事件应对法》）的规定，突发事件应对工作实行预防为主、预防与应急相结合的原则。《突发公共卫生事件应急条例》具体规定了突发公共卫生事件应急工作应当遵循预防为主、常备不懈的方针，贯彻统一领导、分级负责、反应及时、措施果断、依靠科学、加强合作的原则。

（一）预防为主，常备不懈

预防为主，常备不懈，就是提高全社会对突发公共卫生事件的防范意识，落实各项防范措施，做好人员、技术、物资和设备的应急储备工作。对各类可能引发突发公共卫生事件的情况要及时进行监测、预警，做到早发现、早报告、早处理。

（二）统一领导，分级负责

统一领导，分级负责，就是根据突发公共卫生事件的范围、性质和危害程度，对突发公共卫生事件实行分级管理。各级人民政府负责突发公共卫生事件应急处理的统一领导和指挥，各有关部门按照预案规定，在各自的职责范围内做好突发公共卫生事件应急处理的有关工作。

（三）依法规范，措施果断

依法规范，措施果断，就是地方各级人民政府和卫生行政部门要按照相关法律、法规和规章的规定，完善突发公共卫生事件应急体系，建立健全系统、规范的突发公共卫生事件应急处理工作制度，对突发公共卫生事件和可能发生的公共卫生事件作出快速反应，及时、有效开展监测、报告和处理工作。

（四）依靠科学，加强合作

依靠科学，加强合作，就是突发公共卫生事件应急工作要充分尊重和依靠科学，要重视开展防范和处理突发公共卫生事件的科研和培训，为突发公共卫生事件应急处理提供科技保障。各有关部门和单位要通力合作、资源共享，有效应对突发公共卫生事件。同时，要广泛组织、动员公众参与突发公共卫生事件的应急处理，普及和宣传应急处理知识，增强公众预防突发公共卫生事件的自觉性。

第二节　预防与应急准备

一、突发公共卫生事件的应急指挥体系和职责

防范和应对突发公共卫生事件是一项复杂性、关联性很强的系统工程，是对国家治理体系和治理能力的重大考验。因此，必须对突发公共卫生事件做到有效的预防与应急处理，由政府统一指挥、综合协调，需要各有关方面，乃至全社会成员的通力协作、共同努力，方能合理妥善处理，将其危害降到最低程度。

根据《突发公共卫生事件应急条例》规定，突发公共卫生事件发生后，设立应急处理指挥部，负责领导、指挥事件应急处理。突发公共卫生事件应急处理指挥机构分为国家和地方应急指挥

部。各指挥部成员单位根据突发公共卫生事件的性质和应急处理的需要确定,职责分明。

(一)全国突发公共卫生事件应急处理指挥部

突发公共卫生事件发生后,国务院根据国务院卫生主管部门的建议和突发公共卫生事件应急处理需要,设立全国突发公共卫生事件应急处理指挥部,由国务院和军队有关主管部门组成,国务院主管领导人担任总指挥,负责对全国突发公共卫生事件应急处理进行统一领导、统一指挥。国务院卫生行政主管部门和其他有关部门,在各自的职责范围内做好突发公共卫生事件应急处理的有关工作。

(二)地方突发公共卫生事件应急处理指挥部

突发公共卫生事件发生后,省、自治区、直辖市人民政府根据省级卫生主管部门的建议和突发公共卫生事件应急处理需要,成立地方突发公共卫生事件应急处理指挥部,由省级人民政府有关部门组成,实行属地管理的原则,省、自治区、直辖市人民政府主要领导人担任总指挥,负责领导、指挥本行政区域内突发公共卫生事件应急处理工作,作出处理本行政区域内突发公共卫生事件的决策,并采取必要措施。县级以上地方人民政府卫生行政主管部门,具体负责组织突发公共卫生事件的调查、控制和医疗救治工作。县级以上地方人民政府有关部门,在各自的职责范围内做好突发公共卫生事件应急处理的有关工作。

(三)日常管理机构

国务院卫生主管部门设立卫生应急办公室(突发公共卫生事件应急指挥中心),负责全国突发公共卫生事件应急处理的日常管理工作,其主要职能是:①依法组织协调有关突发公共卫生事件应急处理工作;②负责突发公共卫生事件应急处理相关法律、法规立法的起草工作;③组织制定有关突发公共卫生事件应急处理的方针、政策和措施;④组建与完善突发公共卫生事件监测和预警系统、制定突发公共卫生事件应急预案,并组织预案演练;⑤组织对公共卫生和医疗救助专业人员进行有关突发公共卫生事件应急知识和处理技术的培训,指导各地实施突发公共卫生事件预案,帮助和指导各地应对其他突发公共卫生事件的伤病救治工作;⑥承办救灾、反恐、中毒、放射事故等重大安全事件中涉及公共卫生问题的组织协调工作;⑦对突发重大人员伤亡事件组织紧急医疗救护工作。

各省、自治区、直辖市人民政府卫生行政部门及军队、武警系统参照国务院卫生行政部门突发公共卫生事件日常管理机构的设置及职责,结合各自实际情况,指定突发公共卫生事件的日常管理机构,负责本行政区域或本系统内突发公共卫生事件应急的协调、管理工作

县级以上地方人民政府卫生行政主管部门,具体负责组织突发公共卫生事件的调查、控制和医疗救治工作。

(四)专家咨询委员会

国务院卫生行政部门和省级卫生行政部门负责组建突发公共卫生事件专家咨询委员会。市(地)级和县级卫生行政部门可根据本行政区域内突发公共卫生事件应急工作需要,组建突发公共卫生事件应急处理专家咨询委员会。为应急管理提供决策建议,必要时参加突发公共事件的应急处置工作。

(五)应急处理专业技术机构

医疗机构、疾病预防控制机构、卫生监督机构、出入境检验检疫机构是突发公共卫生事件应急处理的专业技术机构。县级以上地方人民政府卫生行政主管部门,应当定期对医疗卫生机构和人员开展突发公共卫生事件应急处理相关知识、技能的培训,定期组织医疗卫生机构进行突发公共卫生事件应急演练,推广最新知识和先进技术。应急处理专业技术机构要结合本单位职责开展专业技术人员处理突发公共卫生事件能力培训,提高快速应对能力和技术水平,在发生突发公共卫生事件时,要服从卫生行政部门的统一指挥和安排,开展应急处理工作。

二、突发公共卫生事件应急预案

（一）突发公共卫生事件应急预案体系建立

《突发事件应对法》规定，国家建立健全突发事件应急预案体系。国务院制定国家突发事件总体应急预案（emergency plan），组织制定国家突发事件专项应急预案；国务院有关部门根据各自的职责和国务院相关应急预案，制定国家突发事件部门应急预案。

《突发公共卫生事件应急条例》规定，国务院卫生行政主管部门按照分类指导、快速反应的要求，制定全国突发事件应急预案，报请国务院批准。省、自治区、直辖市人民政府根据全国突发事件应急预案，结合本地实际情况，制定本行政区域的突发事件应急预案。

（二）突发公共卫生事件应急预案制定

国家突发公共事件应急预案包括国家突发公共事件总体应急预案、国家专项应急预案、国务院部门应急预案和省级地方应急预案。

2006 年 1 月 8 日，国务院发布《国家突发公共事件总体应急预案》并实施。2006 年国家编制了 4 项公共卫生类突发公共事件专项应急预案，即《国家突发公共卫生事件应急预案》《国家突发公共事件医疗卫生救援应急预案》《国家突发重大动物疫情应急预案》《国家重大食品安全事故应急预案》。其中，《国家突发公共卫生事件应急预案》适用于突然发生，造成或者可能造成社会公众身心健康严重损害的重大传染病、群体性不明原因疾病、重大食物和职业中毒以及因自然灾害、事故灾难或社会安全等事件引起的严重影响公众身心健康的公共卫生事件的应急处理工作。2013 年，国务院发布了《突发事件应急预案管理办法》，旨在规范突发事件应急预案管理，增强应急预案的针对性、实用性和可操作性。

根据《突发公共卫生事件应急条例》和《国家突发公共卫生事件应急预案》，国务院卫生行政部门相继制定了许多相关的单项突发公共卫生事件应急预案，诸如《法定传染病疫情和突发事件应急方案》《突发人间禽流行性感冒疫情应急处理预案（试行）》《血吸虫病重大疫情应急处理预案（试行）》《疟疾暴发流行应急处理预案（试行）》《卫生部核事故与辐射事故应急预案》《国家鼠疫控制应急预案》《全国肠出血性大肠杆菌 O157∶H7 感染性腹泻应急处理预案（试行）》《全国炭疽生物恐怖紧急应对与控制预案》等。

2011 年，国务院修订了《国家食品安全事故应急预案》《国家自然灾害救助应急预案》。

此外，全国各省、自治区、直辖市也制定了相应的地方性法规和应急预案。

（三）突发公共卫生事件应急预案要求

全国突发公共卫生事件应急预案应当包括以下主要内容：①突发公共卫生事件应急处理指挥部的组成和相关部门的职责；②突发公共卫生事件的监测与预警；③突发公共卫生事件信息的收集、分析、报告、通报制度；④突发公共卫生事件应急处理技术和监测机构及其任务；⑤突发公共卫生事件的分级和应急处理工作方案；⑥突发公共卫生事件预防、现场控制，应急设施、设备、救治药品和医疗器械以及其他物资和技术的储备与调度；⑦突发公共卫生事件应急处理专业队伍的建设和培训。

省、自治区、直辖市人民政府制定突发公共卫生事件应急预案的要求：①依据全国突发公共卫生事件应急预案，将全国突发公共卫生事件应急预案融入本地区的突发公共卫生事件应急预案中去，确保其保持正常运行状态；②要结合本地实际情况。全国突发公共卫生事件应急预案规定的是一般性的、共同性的制度、内容、程序、方法等，具有普遍适应性，但是，各地情况不同，遇到的问题不同，存在的问题也不同，所以，要根据自己的特点，制定适合当地实际的突发公共卫生事件应急预案。

（四）突发公共卫生事件应急预案调整

突发公共卫生事件应急预案应当根据突发公共卫生事件的变化和实施中发现的问题及时进行修订、补充。

三、突发公共卫生事件预防控制体系的建设

突发公共卫生事件关系全体人民生命和健康，关系全社会的安宁与稳定，一定要引起全社会的重视与关注，在以下几方面做好防控体系的建设工作。

（一）应急知识教育

县级以上人民政府应组织有关部门利用广播、影视、报刊、互联网、手册等多种形式对社会公众广泛开展突发公共卫生事件应急知识的普及教育，宣传卫生科普知识，指导群众以科学的行为和方式对待突发公共卫生事件；充分发挥有关社会团体在普及卫生应急知识和卫生科普知识方面的作用，增强全社会对突发公共卫生事件的防范意识和应对能力。

（二）监测和预警

《突发事件应对法》规定，国务院建立全国统一的突发事件信息系统。县级以上地方各级人民政府应当建立或者确定本地区统一的突发事件信息系统，汇集、储存、分析、传输有关突发事件的信息，并与上级人民政府及其有关部门、下级人民政府及其有关部门、专业机构和监测网点的突发事件信息系统实现互联互通，加强跨部门、跨地区的信息交流与情报合作。《突发公共卫生事件应急条例》规定，县级以上地方人民政府应当建立和完善突发事件监测与预警系统。县级以上各级人民政府卫生行政主管部门，应当指定机构负责开展突发事件的日常监测，并确保监测与预警系统的正常运行。在日常工作中，要对可能发生的突发公共卫生事件进行监测并及时发出预警；突发公共卫生事件发生后，要对已经发生的突发公共卫生事件进行跟踪监测，掌握其变化情况，对可能出现的趋势和问题及时进行预警。

1.突发公共卫生事件的监测 国家建立健全突发事件监测制度。突发公共卫生事件的监测分为国家级和地方各级卫生行政部门的监测。国家建立统一的突发公共卫生事件监测、预警与报告网络体系。各级医疗、疾病预防控制、卫生监督和出入境检疫机构负责开展突发公共卫生事件的日常监测工作。省级人民政府卫生行政部门按照国家统一规定和要求，结合实际，组织开展重点传染病和突发公共卫生事件的主动监测。

2.突发公共卫生事件的预警 国家建立健全突发事件预警制度。各级人民政府卫生行政部门根据医疗机构、疾病预防控制机构、卫生监督机构提供的监测信息，按照公共卫生事件的发生、发展规律和特点，及时分析其对公众身心健康的危害程度、可能的发展趋势，及时作出预警。《突发事件应对法》将可以预警的自然灾害、事故灾难和公共卫生事件的预警级别，按照突发事件发生的紧急程度、发展势态和可能造成的危害程度分为一级、二级、三级和四级，分别用红色、橙色、黄色和蓝色标示，一级为最高级别。预警级别的划分标准由国务院或者国务院确定的部门制定。

（三）应急储备

国务院有关部门和县级以上地方人民政府及其有关部门，根据突发公共卫生事件应急预案的要求，建立突发公共卫生事件应急流行病学调查、传染源隔离、医疗救护、现场处置、监督检查、监测检验、卫生防护等有关物资、设备、设施、技术与人才资源储备，保证应急设施、设备、救治药品和医疗器械等物资储备。发生突发公共卫生事件时，应根据应急处理工作需要调用储备物资。卫生应急储备物资使用后要及时补充。

必须保障突发公共卫生事件应急基础设施项目建设经费，按规定落实对突发公共卫生事件应急处理专业技术机构的财政补助政策和突发公共卫生事件应急处理经费。应根据需要对边远贫困地区突发公共卫生事件应急工作给予经费支持，所需经费列入本级政府财政预算。国务院

有关部门和地方各级人民政府应积极通过国际、国内等多渠道筹集资金,用于突发公共卫生事件应急处理工作。

（四）急救医疗服务网络建设

1. 提高医疗卫生机构应对各类突发公共卫生事件的救治能力　县级以上各级人民政府应当加强急救医疗服务网络的建设,配备相应的医疗救治药物、技术、设备和人员,提高医疗卫生机构应对各类突发公共卫生事件的救治能力。

设区的市级以上地方人民政府应当设置与传染病防治工作需要相适应的传染病专科医院,或者指定具备传染病防治条件和能力的医疗机构承担传染病防治任务。

2. 开展突发公共卫生事件应急处理相关知识技能的培训　县级以上地方人民政府卫生行政主管部门,应当定期对医疗卫生机构和人员开展突发公共卫生事件应急处理相关知识、技能的培训,定期组织医疗卫生机构进行突发公共卫生事件应急演练,推广最新知识和先进技术。

第三节　报告与信息发布

一、突发公共卫生事件应急报告

国家建立突发公共卫生事件应急报告（emergency report）制度。国务院卫生行政主管部门制定突发公共卫生事件应急报规范,建立重大、紧急疫情信息报告系统。报告制度按照自下而上、横向通报的信息传递路径,立即或限时报告和通报发生或可能发生的传染病疫情、群体性疾病等突发公共卫生事件的相关情况。突发公共卫生事件的应急报告是有关决策机关掌握突发公共卫生事件发生、发展信息的重要渠道。只有建立起一套完整的突发公共卫生事件应急报告制度,并且保证其正常运转,才能确保信息的通畅。

（一）报告主体

《突发公共卫生事件应急条例》明确规定,任何单位和个人对突发事件,不得隐瞒、缓报、谎报或者授意他人隐瞒、缓报、谎报。

1. 责任报告单位　县级以上各级人民政府卫生行政部门指定的突发公共卫生事件监测机构、各级各类医疗卫生机构、卫生行政部门、县级以上地方人民政府和检验检疫机构、食品药品监督管理机构、环境保护监测机构、教育机构等有关单位为突发公共卫生事件的责任报告单位。

2. 责任报告人　执行职务的医疗卫生机构的医务人员、检疫人员、疾病预防控制人员、乡村医生和个体开业医生等是责任报告人。

根据《国家突发公共卫生事件应急预案》的规定,任何单位和个人都有权向国务院卫生行政部门和地方各级人民政府及其有关部门报告突发公共卫生事件及其隐患,也有权向上级政府部门举报不履行或者不按照规定履行突发公共卫生事件应急处理职责的部门、单位及个人。

（二）报告内容和时限

需要立即或限时报告的突发公共卫生事件情形包括:①发生或者可能发生传染病暴发、流行的;②发生或者发现不明原因的群体性疾病的;③发生传染病菌种、毒种丢失的;④发生或者可能发生重大食物和职业中毒事件的。

对于发生或者可能发生传染病暴发、流行;发生或者发现不明原因的群体性疾病;发生传染病菌种、毒种丢失;发生或者可能发生重大食物和职业中毒事件等情形的,省、自治区、直辖市人民政府应当在接到报告1小时内,向国务院卫生行政主管部门报告。

突发公共卫生事件监测机构、医疗卫生机构和有关单位发现上述需要报告情形之一的,应当在2小时内向所在地县级人民政府卫生行政主管部门报告;接到报告的卫生行政主管部门应当在 2 小时内向本级人民政府报告,并同时向上级人民政府卫生行政主管部门和国务院卫生行政主管部门报告。地方人民政府应当在接到报告后 2 小时内向上一级人民政府报告。

省、自治区、直辖市人民政府在接到报告 1 小时内,向国务院卫生行政主管部门报告。对可能造成重大社会影响的突发公共卫生事件,国务院卫生行政主管部门应立即向国务院报告。

接到报告的地方人民政府、卫生行政主管部门在依照规定报告的同时,应当立即组织力量对报告事项调查核实、确证,采取必要的控制措施,并及时报告调查情况。对举报突发公共卫生事件有功的单位和个人,县级以上各级人民政府及其有关部门应当予以奖励。

二、突发公共卫生事件通报

国务院卫生行政主管部门应当根据发生突发公共卫生事件的情况,及时向国务院有关部门和各省、自治区、直辖市人民政府卫生行政主管部门以及军队有关部门通报。

突发公共卫生事件发生地的省、自治区、直辖市人民政府卫生行政主管部门,应当及时向毗邻省、自治区、直辖市人民政府卫生行政主管部门通报。接到通报的省、自治区、直辖市人民政府卫生行政主管部门,必要时应当及时通知本行政区域内的医疗卫生机构。

对涉及跨境的疫情线索,由国务院卫生行政部门向有关国家和地区通报。

已经发生或者发现可能引起突发公共卫生事件的情形时,县级以上地方人民政府有关部门应当及时向同级人民政府卫生行政主管部门通报。

三、突发公共卫生事件信息发布

国家建立突发事件的信息发布(information release)制度。

国务院卫生行政主管部门负责向社会发布突发公共卫生事件的信息。必要时,可以授权省、自治区、直辖市人民政府卫生行政主管部门向社会发布本行政区域内突发公共卫生事件的信息。信息发布应当及时、准确、全面。

突发公共卫生事件和传染病疫情发布内容包括:突发公共卫生事件和传染病疫情性质、原因;突发公共卫生事件和传染病疫情发生地及范围;突发公共卫生事件和传染病疫情的发病、伤亡及涉及的人员范围;突发公共卫生事件和传染病疫情处理措施和控制情况;突发公共卫生事件和传染病疫情发生地的解除。

四、突发公共卫生事件举报

根据《突发公共卫生事件应急条例》,为得到更多的突发公共卫生事件信息,使突发公共卫生事件及时处理,国家建立突发公共卫生事件举报制度,公布统一的突发公共卫生事件报告、举报电话。

任何单位和个人有权向人民政府及其有关部门报告突发公共卫生事件隐患,有权向上级人民政府及其有关部门举报地方人民政府及其有关部门不履行突发公共卫生事件应急处理职责,或者不按照规定履行职责的情况。接到报告、举报的有关人民政府及其有关部门,应当立即组织对突发公共卫生事件隐患、不履行或者不按照规定履行突发公共卫生事件应急处理职责的情况进行调查处理。

各级各类医疗卫生机构和卫生行政部门建立 24 小时值班制度,在接到群众对突发公共卫生事件的举报后,要做详细记录,记录内容包括疫情和事件发生、发展与当地处置结果情况;单位、时间、地点;疫情和事件的性质、暴露人数、健康危害人数、发病人数、死亡人数;发病原因、初步分析情况、已采取的应急措施、需要上级有关部门解决的疑难问题；疫情和事件发生地疾病预防控制机构的初步调查报告、进程报告、转归报告、结案报告；值班人员上报与请示情况、主管领导和上级领导批示情况；报告时间、报告人、联系电话等。

突发公共卫生事件处理小组对事件进行核实。确实是突发公共卫生事件后，要对事件立即进行处理。

对举报突发公共卫生事件有功的单位和个人实行奖励制度，对核实后确实是突发公共卫生事件，县级以上各级人民政府及其有关部门应当予以奖励。对举报突发公共卫生事件有功的单位和个人对举报人进行表彰，必要时给予经济奖励。

第四节　突发公共卫生事件应急反应

一、基 本 原 则

应对突发公共卫生事件的最大困难是它的不可预见性，要做到有效应对，将事件的损失减少到最小程度，在应急反应（emergency reaction）方面必须遵循以下基本原则。

1. 统一指挥，快速反应　应急处理通常事件紧、要求高，需要投入多方面的人力、物力以及各部门通力合作才能完成，所以必须加强领导，统一指挥，做到组织健全、责任明确、反应迅速、决策快捷、指挥有效。

2. 明确分工，通力协作　处理突发公共卫生事件，如重大疫情和中毒污染事故，往往涉及多部门、多单位，因此必须明确分工、各司其职、通力协作、共同完成。

3. 制定合理方案，调查与控制并举　每个突发公共卫生事件的发生、发展以及危害都不尽相同，即使在同一事件的不同阶段，其表现都各不相同。必须及时熟悉和掌握现场情况，制定合理的应对方案，调查与控制并举，根据事件的变化调整调查和控制的侧重点。

4. 信息互通，及时发布　各级业务机构对于群体性不明原因疾病事件的报告、调查、处置的相关信息应建立信息交换渠道。在调查处置过程中，发现属非本机构职能范围的，应及时将调查信息移交相应的责任机构；按规定权限，及时公布事件有关信息，并通过专家，利用媒体向公众宣传防病知识，传达政府对群众的关心，正确引导群众积极参与疾病预防和控制工作。在调查处置结束后，应将调查结果相互通报。

二、突发公共卫生事件应急措施

（一）应急预案的启动

突发公共卫生事件发生后，卫生行政主管部门应当组织专家对突发公共卫生事件进行综合评估，初步判断突发公共卫生事件的类型，提出是否启动突发公共卫生事件应急预案的建议。启动应急预案的建议，主要考虑以下几个方面：①突发公共卫生事件的类型和性质；②突发公共卫生事件的影响面及严重程度；③目前已采取的紧急控制措施及控制效果；④突发公共卫生事件的未来发展趋势；⑤启动应急处理机制是否需要。

全国范围内或跨省、自治区、直辖市范围内启动全国突发公共卫生事件应急预案，由国务院卫生行政主管部门报国务院批准后实施。省、自治区、直辖市启动突发公共卫生事件应急预案，由省、自治区、直辖市人民政府决定，并向国务院报告。

应急预案启动后，突发公共卫生事件发生地的人民政府有关部门，应当根据预案规定的职责要求，服从指挥部的统一指挥，立即到达规定岗位，采取有关的控制措施。医疗卫生机构、监测机构和科学研究机构,应当服从突发公共卫生事件应急处理指挥部的统一指挥,相互配合、协作,集中力量开展相关的科学研究工作。

（二）突发公共卫生事件的调查和评价

省级以上人民政府卫生行政主管部门或者其他有关部门指定的突发公共卫生事件应急处理专业技术机构,负责突发公共卫生事件的技术调查、确证、处置、控制和评价工作。国务院卫生行政主管部门或者其他有关部门指定的专业技术机构,有权进入突发公共卫生事件现场进行调查、采样、技术分析和检验,对地方突发公共卫生事件的应急处理工作进行技术指导,有关单位和个人应当予以配合;任何单位和个人不得以任何理由予以拒绝。对新发现的突发传染病、不明原因的群体性疾病、重大食物和职业中毒事件,国务院卫生行政主管部门应当尽快组织力量制定相关的技术标准、规范和控制措施。

（三）应急处理指挥部的成立

在应急预案启动后,根据预案规定,应立即成立突发公共卫生事件应急处理指挥部。全国突发公共卫生事件应急处理指挥部对地方各级人民政府及有关部门的突发公共卫生事件应急处理工作按照应急预案所规定的职责进行督察和指导,以及在突发公共卫生事件应急处理过程中对指挥部所指挥调派任务履行情况进行督促检查。地方各级人民政府及其有关部门应当予以配合。省、自治区、直辖市突发公共卫生事件应急指挥部对本行政区域内突发公共卫生事件应急处理工作进行督察和指导。

（四）法定传染病的宣布

国务院卫生行政主管部门对新发现的突发传染病,根据危害程度、流行强度,依照《中华人民共和国传染病防治法》的规定及时宣布为法定传染病。宣布为甲类传染病的,由国务院决定;乙类、丙类传染病病种,由国务院卫生行政部门决定并予以公布。

（五）应急物资的生产、供应、运送和人员的调集

突发公共卫生事件发生后,国务院有关部门和县级以上地方人民政府及其有关部门,应当保证突发公共卫生事件应急处理所需的医疗救护设备、救治药品、医疗器械等物资的生产、供应;铁路、交通、民用航空行政主管部门应当保证及时运送。根据突发公共卫生事件应急处理的需要,突发公共卫生事件应急处理指挥部有权紧急调集人员、储备的物资、交通工具以及相应的设施、设备参加应急处理工作。

（六）交通处置

《国家突发公共卫生事件应急预案》规定,发生突发公共卫生事件时,实施交通卫生检疫。组织铁路、交通、民航、质检等部门在交通站点和出入境口岸设置临时交通卫生检疫站,对出入境、进出疫区和运行中的交通工具及其乘运人员和物资、宿主动物进行检疫查验。

《突发公共卫生事件应急条例》规定,交通工具上发现根据国务院卫生行政主管部门的规定需要采取应急控制措施的传染病病人、疑似传染病病人,其负责人应当以最快的方式通知前方停靠点,并向交通工具的营运单位报告。交通工具的前方停靠点和营运单位应当立即向交通工具营运单位行政主管部门和县级以上地方人民政府卫生行政主管部门报告。卫生行政主管部门接到报告后,应当立即组织有关人员采取相应的医学处置措施。

交通工具上的传染病病人密切接触者,由交通工具停靠点的县级以上各级人民政府卫生行政主管部门或者铁路、交通、民用航空行政主管部门,根据各自的职责,依照传染病防治法律、行政法规的规定,采取控制措施。

涉及国境口岸和入出境的人员、交通工具、货物、集装箱、行李、邮包等需要采取传染病应急控制措施的,依照国境卫生检疫法律、行政法规的规定办理。

（七）疫区的控制

突发公共卫生事件应急处理指挥部根据突发公共卫生事件应急处理的需要,可以对疫区的

食物和水源采取控制措施。必要时,对疫区人员进行疏散或者隔离,并可以依法对传染病疫区实行封锁。对传染病暴发、流行区域内流动人口,突发公共卫生事件发生地的县级以上地方人民政府应当做好预防工作,落实有关卫生控制措施;对传染病病人和疑似传染病病人,应当采取就地隔离、就地观察、就地治疗的措施;对密切接触者根据情况采取集中或居家医学观察;对需要治疗和转诊的,依照规定执行。

(八)明确政府及有关部门的应对职责

1. 政府部门 履行统一领导职责,根据突发公共卫生事件性质、特点和危害程度,立即组织有关部门,调动应急救援队伍和社会力量,采取应急处置措施,包括:①组织营救和救治受害人员,疏散、撤离并妥善安置受到威胁的人员以及采取其他救助措施;②迅速控制危险源,标明危险区域,封锁危险场所,划定警戒区,实行交通管制以及其他控制措施;③立即抢修被损坏的交通、通信、供水、排水、供电、供气、供热等公共设施,向受到危害的人员提供避难场所和生活必需品,实施医疗救护和卫生防疫以及其他保障措施;④禁止或者限制使用有关设备、设施,关闭或者限制使用有关场所,终止人员密集的活动或者可能导致危害扩大的生产经营活动以及采取其他保护措施;⑤启用本级人民政府设置的财政预备费和储备的应急救援物资,必要时调用其他急需物资、设备、设施、工具;⑥组织公民参加应急救援和处置工作,要求具有特定专长的人员提供服务;⑦保障食品、饮用水、燃料等基本生活必需品的供应;⑧依法从严惩处囤积居奇、哄抬物价、制假售假等扰乱市场秩序的行为,稳定市场价格,维护市场秩序;⑨依法从严惩处哄抢财物、干扰破坏应急处置工作等扰乱社会秩序的行为,维护社会治安。

2. 公安部门 针对事件的性质和特点,依照有关法律、行政法规和国家其他有关规定,采取下列一项或者多项应急处置措施:①强制隔离使用器械相互对抗或者以暴力行为参与冲突的当事人,妥善解决现场纠纷和争端,控制事态发展;②对特定区域内的建筑物、交通工具、设备、设施以及燃料、燃气、电力、水的供应进行控制;③封锁有关场所、道路,查验现场人员的身份证件,限制有关公共场所内的活动;④加强对易受冲击的核心机关和单位的警卫,在国家机关、军事机关、国家通讯社、广播电台、电视台、外国驻华使领馆等单位附近设置临时警戒线;⑤法律、行政法规和国务院规定的其他必要措施;⑥在突发公共卫生事件中需要接受隔离治疗、医学观察措施的病人、疑似病人和传染病病人密切接触者,在卫生行政主管部门或者有关机构采取医学措施时拒绝配合的,由公安机关依法协助强制执行。

严重危害社会治安秩序的事件发生时,公安机关应当立即依法出动警力,根据现场情况依法采取相应的强制性措施,尽快使社会秩序恢复正常。

3. 卫生行政部门 ①组织医疗机构、疾病预防控制机构和卫生监督机构开展突发公共卫生事件的调查与处理;②组织突发公共卫生事件专家咨询委员会对突发公共卫生事件进行评估,提出启动突发公共卫生事件应急处理的级别;③根据需要组织开展应急疫苗接种、预防服药;④督导检查;⑤组织专家对突发公共卫生事件的处理情况进行综合评估等。

4. 街道、乡镇以及居民委员会、村民委员会 传染病暴发、流行时,街道、乡镇以及居民委员会、村民委员会应当组织力量,团结协作,群防群治,协助卫生行政主管部门和其他有关部门、医疗卫生机构做好疫情信息的收集和报告、人员的分散隔离、公共卫生措施的落实工作,向居民、村民宣传传染病防治的相关知识。

5. 医疗机构 应当对传染病做到早发现、早报告、早隔离、早治疗,切断传播途径,防止扩散,具体包括:①对因突发公共卫生事件致病的人员提供医疗救护和现场救援,对就诊病人必须接诊治疗,重症和普通病人分开管理,并书写详细、完整的病历记录;对需要转送的病人,应当按照规定将病人及其病历记录的复印件转送至接诊的或者指定的医疗机构;对疑似病人及时排除或确诊。②协助疾病预防控制机构人员开展标本的采集、流行病学调查工作。③采取卫生防护措施,做好医院内现场控制、消毒隔离、个人防护、医疗垃圾和污水处理工作,防止交叉感染和污染。④做好传染病和中毒病人的报告。对因突发公共卫生事件而引起身体伤害的病人，任何医疗机构不得拒绝接诊。⑤对群体性不明原因疾病和新发传染病做好病例分析与总结，积累诊断治疗的经验。重大中毒事件，按照现场救援、病人转运、后续治疗相结合的原则进行处置。

6. 疾病预防控制机构　国家、省、市（地）、县级疾病预防控制机构应当做好突发公共卫生事件的信息收集、报告与分析工作；开展流行病学调查；进行实验室检测等。

7. 卫生监督机构　①在卫生行政部门的领导下，开展对医疗机构、疾病预防控制机构突发公共卫生事件应急处理各项措施落实情况的督导、检查；②围绕突发公共卫生事件应急处理工作，开展食品卫生、环境卫生、职业卫生等的卫生监督和执法稽查；③协助卫生行政部门依据《突发公共卫生事件应急条例》和有关法律法规，调查处理突发公共卫生事件应急工作中的违法行为。

8. 出入境检验检疫机构　在中华人民共和国国际通航的港口、机场以及陆地边境和国界江河的口岸（以下简称国境口岸），设立国境卫生检疫机关，依照《国境卫生检疫法》规定，实施传染病检疫、监测和卫生监督。在发生突发公共卫生事件时，出入境检验检疫机构应当：①调动出入境检验检疫机构技术力量，配合当地卫生行政部门做好国境口岸的应急处理工作；②及时上报国境口岸突发公共卫生事件信息和情况变化。

三、突发公共卫生事件应急状态的终止

《突发事件应对法》规定，突发事件的威胁和危害得到控制或者消除后，履行统一领导职责或者组织处置突发事件的人民政府应当停止执行依照《突发事件应对法》规定采取的应急处置措施，同时采取或者继续实施必要措施，防止发生自然灾害、事故灾难、公共卫生事件的次生、衍生事件或者重新引发社会安全事件。

根据《国家突发公共卫生事件应急预案》，突发公共卫生事件应急反应的终止需符合两个方面的条件：一是突发公共卫生事件隐患或相关危险因素消除，或末例传染病病例发生后经过最长潜伏期无新的病例出现；二是经过批准程序。

特别重大突发公共卫生事件由国务院卫生行政部门组织有关专家进行分析论证，提出终止应急状态（措施）的建议，报国务院或全国突发公共卫生事件应急指挥部。

重大突发公共卫生事件由省级人民政府卫生主管部门组织专家进行分析论证，提出终结建议，报省级人民政府或省级突发公共卫生事件应急处理指挥部批准后实施，并向国务院卫生主管部门报告。

较大突发公共卫生事件由地市级人民政府卫生主管部门组织专家进行分析论证，提出终结建议，报地市级人民政府或地市级突发公共卫生事件应急处理指挥部批准后实施，并向上一级人民政府卫生主管部门报告。

一般突发公共卫生事件由县级人民政府卫生主管部门组织专家进行分析论证，提出终结建议，报县级人民政府或县级突发公共卫生事件应急处理指挥部批准后实施，并向上一级人民政府卫生主管部门报告。

第五节　法　律　责　任

一、未按规定履行报告职责的法律责任

1. 县级以上地方人民政府及其卫生行政主管部门　县级以上地方人民政府及其卫生行政主管部门未依照《突发公共卫生事件应急条例》的规定履行报告职责，对突发事件隐瞒、缓报、谎报

或者授意他人隐瞒、缓报、谎报的,对政府主要领导人及其卫生行政主管部门主要负责人,依法给予降级或者撤职的行政处分;造成传染病传播、流行或者对社会公众健康造成其他严重危害后果的,依法给予开除的行政处分;构成犯罪的,依法追究刑事责任。

2.医疗卫生机构 医疗卫生机构隐瞒、缓报、谎报的,由卫生行政主管部门责令改正、通报批评、给予警告;情节严重的,吊销《医疗机构执业许可证》;对主要负责人、负有责任的主管人员和其他直接责任人员依法给予降级或者撤职的纪律处分;造成传染病传播、流行或者对社会公众健康造成其他严重危害后果,构成犯罪的,依法追究刑事责任。

3.有关单位和个人 在突发事件应急处理工作中,有关单位和个人未依照规定履行报告职责,隐瞒、缓报或者谎报的,对有关责任人员依法给予行政处分或者纪律处分;触犯治安管理法律法规,构成违反治安管理行为的,由公安机关依法予以处罚;构成犯罪的,依法追究刑事责任。

二、未按规定完成应急物资的生产、供应、运输和储备的法律责任

国务院有关部门、县级以上地方人民政府及其有关部门未依照规定,完成突发事件应急处理所需要的设施、设备、药品和医疗器械等物资的生产、供应、运输和储备的,对政府主要领导人和政府部门主要负责人依法给予降级或者撤职的行政处分;造成传染病传播、流行或者对社会公众健康造成其他严重危害后果的,依法给予开除的行政处分;构成犯罪的,依法追究刑事责任。

三、不配合调查或者阻碍、干涉调查的法律责任

突发事件发生后,县级以上地方人民政府及其有关部门对上级人民政府有关部门的调查不予配合,或者采取其他方式阻碍、干涉调查的,对政府主要领导人和政府部门主要负责人依法给予降级或者撤职的行政处分;构成犯罪的,依法追究刑事责任。

在突发事件应急处理工作中,有关单位和个人阻碍突发事件应急处理工作人员执行职务,拒绝国务院卫生行政主管部门或者其他有关部门指定的专业技术机构进入突发事件现场,或者不配合调查、采样、技术分析和检验的,对有关责任人员依法给予行政处分或者纪律处分;触犯治安管理法律法规,构成违反治安管理行为的,由公安机关依法予以处罚;构成犯罪的,依法追究刑事责任。

四、玩忽职守、失职、渎职的法律责任

县级以上各级人民政府卫生行政主管部门和其他有关部门在突发事件调查、控制、医疗救治工作中玩忽职守、失职、渎职的,由本级人民政府或者上级人民政府有关部门责令改正、通报批评、给予警告;对主要负责人、负有责任的主管人员和其他责任人员依法给予降级、撤职的行政处分;造成传染病传播、流行或者对社会公众健康造成其他严重危害后果的,依法给予开除的行政处分;构成犯罪的,依法追究刑事责任。

五、拒不履行应急处理职责的法律责任

县级以上各级人民政府有关部门拒不履行应急处理职责的,由同级人民政府或者上级人民政府有关部门责令改正、通报批评、给予警告;对主要负责人、负有责任的主管人员和其他责任人员依法给予降级、撤职的行政处分;造成传染病传播、流行或者对社会公众健康造成其他严重危害后果的,依法给予开除的行政处分;构成犯罪的,依法追究刑事责任。

六、医疗卫生机构违反规定职责的法律责任

医疗卫生机构未依照规定及时采取控制措施的、未履行突发事件监测职责的、拒绝接诊病人的、拒不服从突发事件应急处理指挥部调度的，由卫生行政主管部门责令改正、通报批评、给予警告；情节严重的，吊销《医疗机构执业许可证》；对主要负责人、负有责任的主管人员和其他直接责任人员依法给予降级或者撤职的纪律处分；造成传染病传播、流行或者对社会公众健康造成其他严重危害后果，构成犯罪的，依法追究刑事责任。

思考题

请结合本章所学，思考怎样才能提高应对突发公共卫生事件能力？

（高　蕾）

第十五章 精神卫生法律制度

章前案例

精神障碍患者的人身自由纠纷

《中华人民共和国精神卫生法》（以下简称《精神卫生法》）实施前，一名成年男子张三因与父亲发生争执，被父亲送入当地精神病医院，医院诊断其患有精神分裂症。入院后的张三积极配合治疗，病情稳定，医院认为其"可以出院了"，但其监护人坚持不让张三出院，理由是监护人长期外出打工，无法进行监护。精神病医院也认为"谁送来谁接走"，如果监护人不允许，不能让张三出院。

张三在精神病医院一住就是好几年。其间，居委会和精神病医院多次联系其监护人进行协调，均以失败告终，并且其监护人曾表示"他最好不要出来"。

《精神卫生法》实施后，张三以"侵犯人身自由"起诉其监护人和精神病医院，试图通过司法途径使自己合法出院。但法院一审宣判，驳回原告张三的诉讼请求。法院不支持张三诉求的主要依据是"经司法鉴定为限制民事行为能力人"。《精神卫生法》第四十四条规定，自愿住院治疗的精神障碍患者可以随时要求出院，医疗机构应当同意。但法院认为，张三系限制民事行为能力人，且属于非自愿住院治疗的精神障碍患者，若要出院需征得监护人同意。经过几年住院治疗和积极维权后，最终司法鉴定机构出具鉴定意见，表明张三具有完全民事行为能力。据此，精神病医院同意在律师到场的情况下，张三可以出院。

思考：

面对由于监护人不同意，而导致符合出院条件的精神障碍患者长期滞留医院的困境，应当如何解决？如何在保障精神障碍患者合法权益和维护社会秩序之间取得平衡？

第一节　精神卫生立法

一、精神卫生法概述

（一）精神卫生的概念

精神卫生（mental health）又称为心理卫生或精神健康，是和生理卫生平行的概念。精神卫生有广义和狭义两种理解。狭义的精神卫生是指对各种精神障碍患者进行广泛治疗、纠正心理偏差，减少精神疾病的发生率，促进精神障碍患者的治疗、康复和回归社会。广义的精神卫生是指一切维护和增进人体精神健康水平的各种个人和社会活动的总和，即包括防止各类精神障碍，增强对各种不良刺激的应急能力，为健康人群提供卫生保健服务，保持并提高精神健康水平的活动。

（二）精神卫生法的调整对象

《精神卫生法》的调整对象是开展维护和增进公民心理健康、预防和治疗精神障碍、促进精神障碍患者康复的活动。所谓精神障碍（mental disorder），是指由各种原因引起的感知、情感和思维等精神活动的紊乱或者异常，导致患者明显的心理痛苦或者社会适应等功能损害。

精神障碍人群的预防和治疗及康复，都与健康促进有密切关系，因此，精神卫生立法也围绕着心理健康促进和精神障碍预防，精神障碍的诊断、治疗和康复，以及精神障碍患者合法权益保护这几方面内容进行规范。

（三）精神卫生法律关系主体及权利义务

精神卫生法律关系，是指由《精神卫生法》所调整的国家机关、企事业单位和其他社会团体之间，它们的内部机构以及它们与公民之间在精神卫生管理和预防保健及治疗服务过程中所形成的权利和义务关系。精神卫生工作实行政府组织领导、部门各负其责、家庭和单位尽力尽责、全社会共同参与的综合管理机制。

1. 政府部门职责 国务院卫生行政部门主管全国的精神卫生工作。县级以上地方人民政府卫生行政部门主管本行政区域的精神卫生工作。

县级以上人民政府领导精神卫生工作，将其纳入国民经济和社会发展规划，建设和完善精神障碍的预防、治疗和康复服务体系，建立健全精神卫生工作协调机制和工作责任制，对有关部门承担的精神卫生工作进行考核、监督。乡镇人民政府和街道办事处根据本地区的实际情况，组织开展预防精神障碍发生、促进精神障碍患者康复等工作。

县级以上人民政府司法行政、民政、公安、教育、人力资源与社会保障等部门在各自职责范围内负责有关的精神卫生工作。在部分省、市的地方性精神卫生条例中，进一步规定发展改革、医疗保障、市场监督管理、住房城乡建设、交通运输、文化广电和旅游、退役军人事务、应急管理、体育、信访等部门也应该在各自职责范围内做好精神卫生工作。例如，《苏州市精神卫生条例》规定，教育部门负责将精神卫生教育纳入学校教育、教学活动，指导和督促各类学校开展心理健康教育工作，保障患有精神障碍的适龄儿童、少年接受义务教育的权利；公安机关负责对危害公共安全、危害他人安全或者有伤害自身行为的精神障碍患者开展应急处置，并按照部门职责做好日常管理工作，督促监护人履行日常监护责任。

各级人民政府和县级以上人民政府有关部门应当采取措施，鼓励和支持组织、个人提供精神卫生志愿服务，捐助精神卫生事业，兴建精神卫生公益设施。

2. 相关机构职责 医疗机构应当为在家居住的严重精神障碍患者提供精神科基本药物维持治疗，并为社区康复机构提供有关精神障碍康复的技术指导和支持。社区卫生服务机构、乡镇卫生院、村卫生室应当建立严重精神障碍患者的健康档案，对在家居住的严重精神障碍患者进行定期随访，指导患者服药和开展康复训练，并对患者的监护人进行精神卫生知识和看护知识的培训。乡镇卫生院或者社区卫生服务机构应当为村民委员会、居民委员会开展社区心理健康指导、精神卫生知识宣传教育活动提供技术指导。

学校应当对学生进行精神卫生知识教育，配备或者聘请心理健康教育教师、辅导人员，并可以设立心理健康辅导室，对学生进行心理健康教育。学前教育机构应当对幼儿开展符合其特点的心理健康教育。

监狱、看守所、拘留所、强制隔离戒毒所等场所，应当对服刑人员，被依法拘留、逮捕、强制隔离戒毒的人员等，开展精神卫生知识宣传，关注其心理健康状况，必要时提供心理咨询和心理辅导。监狱、强制隔离戒毒所等场所应当采取措施，保证患有精神障碍的服刑人员、强制隔离戒毒人员等获得治疗。

3. 患者与监护人权利义务 《精神卫生法》所称精神障碍患者的监护人，是指依照《民法典》规定，代理被监护人实施民事法律行为，对无行为能力或限制行为能力人的人身、财产和其他一切合法权益负有保护责任的人。一般有三种情况：①近亲属，包括父母、成年子女、配偶、兄弟姐妹、祖父母、外祖父母、孙子女、外孙子女；②其他愿意担任监护的个人或者组织；③社会和国家负责,由民政部门或者具备履行监护职责条件的居委会、村委会担任。精神障碍患者的监护人应当履行监护职责,维护精神障碍患者的合法权益,禁止对精神障碍患者实施家庭暴力,禁止遗弃精神障碍患者。

部分地方性精神卫生条例明确了精神障碍患者的监护人应该履行的职责。例如,《甘肃省精神卫生条例》规定:①主动督促、陪护疑似精神障碍患者到精神卫生医疗机构就诊,接受治疗;②妥善看护未住院治疗的精神障碍患者,避免其伤害自身或者危害他人安全;③发现精神障碍患者有肇事肇祸行为,立即向所在地居民委员会、村民委员会和派出所报告;④协助精神障碍患者进行康复治疗或者职业技能培训,帮助其融入社会;⑤支持和配合精神卫生服务机构随访;⑥及时为符合出院条件的住院精神障碍患者办理出院手续。

全社会应当尊重、理解、关爱精神障碍患者。任何组织或者个人不得歧视、侮辱、虐待精神障碍患者,不得非法限制精神障碍患者的人身自由。新闻报道和文学艺术作品等不得含有歧视、侮辱精神障碍患者的内容。此外,部分地方性精神卫生条例,例如《上海市精神卫生条例》进一步要求广播电台、电视台、报刊、互联网站等媒体应当在宣传心理健康和精神障碍预防知识方面作出贡献,营造全社会尊重、理解、关爱精神障碍患者的舆论环境。

精神障碍患者的人格尊严、人身和财产安全不受侵犯。精神障碍患者的教育、劳动、医疗以及从国家和社会获得物质帮助等方面的合法权益受法律保护。有关单位和个人应当对精神障碍患者的姓名、肖像、住址、工作单位、病历资料以及其他可能推断出其身份的信息予以保密;但依法履行职责需要公开的除外。在地方性精神卫生条例中,部分省、市对患者的合法权益保护内容更为详细,例如《上海市精神卫生条例》规定,学校或者单位不得以曾患精神障碍为由,侵害精神障碍患者康复后享有的合法权益;《杭州市精神卫生条例》规定,精神障碍患者病愈后在入学、考试、就业等方面依法享有与其他公民平等的权利,在劳动关系存续期间或者聘用合同期内,其所在单位应当为病愈患者安排适当的工种和岗位,在待遇和福利等方面不得歧视,并且病愈患者有权参加职业技能培训。

4. 其他社会组织及个人权利义务　中国残疾人联合会及其地方组织依照法律、法规或者接受政府委托,动员社会力量,开展精神卫生工作。村民委员会、居民委员会依照法律规定开展精神卫生工作,并对所在地人民政府开展的精神卫生工作予以协助。国家鼓励和支持工会、共产主义青年团、妇女联合会、红十字会、科学技术协会等团体依法开展精神卫生工作。

国家鼓励和支持开展精神卫生专门人才的培养,维护精神卫生工作人员的合法权益,加强精神卫生专业队伍建设。国家鼓励和支持开展精神卫生科学技术研究,发展现代医学、我国传统医学、心理学,提高精神障碍预防、诊断、治疗、康复的科学技术水平。对在精神卫生工作中作出突出贡献的组织、个人,按照国家有关规定给予表彰、奖励。国家鼓励和支持开展精神卫生领域的国际交流与合作。

二、精神卫生立法进程

1. 国外精神卫生立法概况　法国于 1838 年颁布《关于精神错乱的 7443 号法律》,因它的体系比较完整,而且内容与当今精神卫生法的理念基本吻合,所以被称为"世界上第一部精神卫生法";英国在 18 世纪就颁布了一些关于精神障碍患者的条例,但体系不完整,1845 年颁布了《精神错乱者法》,1890 年更名为《精神错乱法》,强调要保护精神障碍患者的权益和财产,不得非法拘禁精神障碍患者,1959 年制定的《精神卫生法》彻底摆脱传统精神卫生政策,标志着现代精神卫生政策的诞生;美国于 1946 年颁布《国民精神卫生法》,1963 年颁布《社区精神卫生法》;日本在 1950 年颁布了《精神卫生法》,该法明确了保持并提高国民的精神健康为国家的责任。目前,国外精神卫生服务的重点发展方向是如何能更有效地开展整合式、多部门协调的由医院、家属、社会共同参与的立体式服务,将更多的精力投入到如何消除或减少病因或致病因素的一级预防上。

2. 我国精神卫生立法进程　在世界卫生组织的支持下,我国在 1985 年开始组织起草《精神卫生法》,数易其稿、几经波折。最终在 2012 年 10 月 26 日,第十一届全国人民代表大会常务委员会第二十九次会议通过了《精神卫生法》,于 2013 年 5 月 1 日起施行。其后,在 2018 年 4 月 27 日,第十三届全国人民代表大会常务委员会第二次会议通过对其作出修改的决定,即日起施行。我国的香港和台湾地区也相继于 20 世纪 90 年代制定了精神卫生法。

第二节　心理健康促进和精神障碍预防

一、政府部门职责

各级人民政府和县级以上人民政府有关部门应当采取措施,加强心理健康促进和精神障碍预防工作,提高公众心理健康水平。近年出台的地方性精神卫生条例已把"培育自尊自信、理性平和、积极向上的社会心态"作为政府部门的职责之一。

各级人民政府和县级以上人民政府有关部门制定的突发事件应急预案,应当包括心理援助的内容。发生突发事件,履行统一领导职责或者组织处置突发事件的人民政府应当根据突发事件的具体情况,按照应急预案的规定,组织开展心理援助工作。例如,《浙江省精神卫生条例》对心理援助做出进一步的规定,要求省卫生健康行政部门设立全省统一的 24 小时心理援助热线,并建立心理健康互联网服务平台,为社会公众提供心理健康咨询、心理危机干预等服务。

县级以上地方人民政府卫生行政部门应当定期就对本行政区域内从事精神障碍诊断、治疗的医疗机构进行检查,主要内容包括:①相关人员、设施、设备是否符合法律要求;②诊疗行为是否符合法律以及诊断标准、治疗规范的规定;③对精神障碍患者实施住院治疗的程序是否符合法律规定;④是否依法维护精神障碍患者的合法权益。例如,浙江省、上海市的精神卫生条例要求县级以上人民政府卫生健康行政部门应当加强对心理咨询机构的业务指导和监督检查,指导心理咨询行业组织开展行业自律工作。

县级以上地方人民政府卫生行政部门进行检查的同时,应当听取精神障碍患者及其监护人的意见;发现存在违反法规的行为的,应当立即制止或者责令改正,并依法做出处理。

二、社会心理服务网络

按照《精神卫生法》《"健康中国 2030"规划纲要》《关于加强心理健康服务的指导意见》等法律规划政策要求,2018 年 11 月 16 日,国家卫生健康委员会、中央政法委、中宣部、教育部、公安部、民政部等 10 部门出台《全国社会心理服务体系建设试点工作方案》,方案主要从以下几个方面要求建立健全社会心理服务网络:①县、乡、村搭建基层心理服务平台,设置心理咨询室或社会工作室;②完善教育系统心理服务网络;③健全机关和企事业单位心理服务网络;④规范发展社会心理服务机构;⑤提升医疗机构心理健康服务能力;⑥健全心理健康科普宣传网络;⑦建立健全心理援助服务平台。

三、心理健康促进

心理健康促进(mental health promotion)是指提高心理健康水平策略的制定及实施、对公民进行心理卫生知识的普及、心理问题与心理危机的处置等活动。

（一）职工心理健康促进

用人单位应把心理健康教育融入员工思想政治工作，创造有益于职工身心健康的工作环境，关注职工的心理健康，为员工传授情绪管理、压力管理等自我心理调适方法和抑郁、焦虑等常见心理行为问题的识别方法；对处于职业发展特定时期或者在特殊岗位工作的职工，应当有针对性地开展心理健康教育。在地方性精神卫生条例中，部分省市进一步要求有条件的用人单位，可以设置适当的场所，通过聘请精神卫生专职、兼职人员或者购买服务的方式，为工作人员提供心理疏导和援助。

（二）学生心理健康促进

各级各类学校应当对学生进行精神卫生知识教育；配备或者聘请心理健康教育教师、辅导人员，并可以设立心理健康辅导室，对学生进行心理健康教育。学前教育机构应当对幼儿开展符合其特点的心理健康教育。中小学校要重视学生的心理健康教育，培养积极乐观、健康向上的心理品质，促进学生身心可持续发展。高等院校要积极开设心理健康教育课程，开展心理健康教育活动；重视提升大学生的心理调适能力，保持良好的适应能力，重视自杀的预防，开展心理危机干预。特殊教育机构要针对学生身心特点开展心理健康教育，注重培养学生自尊、自信、自强、自立的心理品质。发生自然灾害、意外伤害、公共安全事件等可能影响学生心理健康的事件，学校应当及时组织专业人员对学生进行心理援助，尤其要关心留守儿童、流动儿童心理健康，为遭受学生欺凌和校园暴力、家庭暴力、性侵犯等的儿童和青少年提供及时的心理创伤干预。

教师应当学习和了解相关的精神卫生知识，关注学生心理健康状况，正确引导、激励学生。地方各级人民政府教育行政部门和学校应当重视教师心理健康。学校和教师应当与学生父母或者其他监护人、近亲属沟通学生心理健康情况。各级各类学校要建立以专职心理健康教育教师为核心，以班主任和兼职教师为骨干，全体教职员工共同参与的心理健康教育工作机制。

（三）老年人、妇女、儿童和残疾人心理健康促进

各级政府及有关部门尤其是老龄办、妇联、残联和基层组织要将老年人、妇女、儿童和残疾人心理健康服务作为工作重点。充分利用老年大学、老年活动中心、基层老年协会、妇女之家、残疾人康复机构、有资质的社会组织等宣传心理健康知识，组织心理服务工作者、社会工作者、网格管理员、人民调解员、志愿者等，摸排和疏导化解居民的各类矛盾问题，为空巢、丧偶、失独、留守老年人，孕产期、更年期和遭受意外伤害妇女，流动、留守和困境儿童、孤儿，残疾人及其家属等提供心理辅导、情绪疏解、家庭关系调适等心理健康服务。鼓励有条件的地区适当扩展老年活动场所，组织开展健康有益的老年文体活动，丰富广大老年人精神文化生活，在老年人生病住院、家庭出现重大变故时及时关心看望。加强对孕产期、更年期等特定时期妇女的心理关怀，对遭受性侵犯、家庭暴力等的妇女及时提供心理援助。加强对流动、留守妇女和儿童的心理健康服务。

四、精神障碍的预防

（一）心理咨询服务人员服务规范

心理咨询人员主要是为社会公众提供专业化的心理咨询服务，但不得从事心理治疗或者精神障碍的诊断、治疗。心理咨询人员应当符合国家规定的从业资质条件，经考试合格取得资格证书后从事心理咨询服务。在地方性精神卫生条例中，上海市要求心理咨询人员应在心理咨询机构或者精神卫生医疗机构实习一年，经实习单位考核合格后，方可从事心理咨询服务。心理咨询人员发现接受咨询的人员可能患有精神障碍的，应当建议其到符合《精神卫生法》规定的医疗机构就诊。心理咨询人员应当尊重接受咨询人员的隐私，并为其保守秘密。《苏州市地方性精神卫生条例》还对心理咨询人员的从业做出了以下要求：①在心理咨询机构的从业应实名服务；②向

接受咨询服务者告知心理咨询服务的性质以及相关的权利和义务；③未经接受咨询服务者同意，不得对咨询过程进行录音、录像，确实需要进行案例讨论或者采用案例进行教学、科研的，应当隐去可能据以辨认接受咨询服务者身份的有关信息；④心理咨询从业人员定期参加卫生健康行政部门组织的免费规范化培训。

（二）特殊人群的心理咨询和辅导

监狱、看守所、拘留所、强制隔离戒毒所等场所，应当对服刑人员，被依法拘留、逮捕、强制隔离戒毒的人员等，开展精神卫生知识宣传，关注其心理健康状况，必要时提供心理咨询和心理辅导。健全政府、社会、家庭"三位一体"的帮扶体系，加强人文关怀和心理疏导，消除对特殊人群的歧视，帮助特殊人群融入社会。完善流浪乞讨人员、公安监所被监管人员、服刑人员、社区矫正人员、刑满释放人员、强制隔离戒毒人员、社区戒毒和社区康复人员、参加戒毒药物维持治疗人员和自愿戒毒人员等特殊人群的心理沟通机制，做好矛盾突出、生活失意、心态失衡、行为失常人群及性格偏执人员的心理疏导和干预。对有劳动能力者积极提供就业引导，提升其适应环境、重返社会的能力。

（三）保障措施

县级以上地方人民政府人力资源社会保障、教育、卫生、司法行政、公安等部门应当在各自职责范围内分别对各类单位履行精神障碍预防义务的情况进行督促和指导。

村民委员会、居民委员会应当协助所在地人民政府及其有关部门开展社区心理健康指导、精神卫生知识宣传教育活动，创建有益于居民身心健康的社区环境。乡镇卫生院或者社区卫生服务机构应当为村民委员会、居民委员会开展社区心理健康指导、精神卫生知识宣传教育活动提供技术指导。在地方性精神卫生条例中，浙江省鼓励有条件的地方可以将心理健康评估纳入居民健康体检项目范围。城乡居民参加常规健康体检，可以自愿选择进行心理健康评估。

（四）家庭环境

家庭成员之间应当相互关爱，创造良好、和睦的家庭环境，提高精神障碍预防意识；发现家庭成员可能患有精神障碍的，应当帮助其及时就诊，照顾其生活，做好看护管理。山东省的地方性精神卫生条例规定，共产主义青年团、妇女联合会等团体应当会同村民委员会、居民委员会开展家庭心理健康宣传教育，增强家庭成员的心理健康意识；内蒙古自治区和山东省的地方性精神卫生条例进一步规定未成年人的父母或者其他监护人应当关注未成年人情绪状态，及时进行心理疏导。

（五）精神卫生的宣传和普及

国家鼓励和支持新闻媒体、社会组织开展精神卫生的公益性宣传，普及精神卫生知识，引导公众关注心理健康，预防精神障碍的发生。

（六）精神卫生监测和信息共享

国务院卫生行政部门建立精神卫生监测网络，实行严重精神障碍发病报告制度，组织开展精神障碍发生状况、发展趋势等的监测和专题调查工作，并依法制定精神卫生监测和严重精神障碍发病报告管理办法。国务院卫生行政部门应当会同有关部门、组织，建立精神卫生工作信息共享机制，实现信息互联互通、交流共享。

2013年国家卫生和计划生育委员会发布的《严重精神障碍发病报告管理办法（试行）》规定，医疗机构应当对符合《精神卫生法》第三十条第二款第二项情形并经诊断结论、病情评估表明为严重精神障碍的患者，进行严重精神障碍发病报告；具有精神障碍诊疗资质的医疗机构是严重精神障碍发病报告的责任报告单位，精神科执业医师是严重精神障碍发病报告的责任报告人；精神分裂症、分裂情感性障碍、持久的妄想性障碍（偏执性精神病）、双相（情感）障碍、癫痫所致精神障碍、精神发育迟滞伴发精神障碍等6种重性精神疾病，按照规定实行发病报告或按照其他规定进行登记管理。

第三节　精神障碍的诊断和治疗

一、精神障碍诊断和治疗的原则

（一）人格尊严保障原则

精神障碍的诊断、治疗,应当遵循维护患者合法权益、尊重患者人格尊严的原则,保障患者在现有条件下获得良好的精神卫生服务。人格尊严是公民的一项宪法权利,也是一项民事权利。《宪法》明确规定:"中华人民共和国公民的人格尊严不受侵犯。"由于社会存在着歧视和偏见,依法维护精神障碍患者的人格尊严具有更突出的重要意义。

（二）自愿住院治疗原则

精神障碍的住院治疗实行自愿原则。"未经法律审判,任何机构和个人不得剥夺公民人身自由"是基本的法治原则。根据联合国《保护精神病患者和改善精神保健的原则》的规定,如果精神病患者并没有危害社会,也没有严重侵犯他人的合法权利,是不必要对其进行强制收治的。我国法律规定,经诊断符合住院治疗条件的精神病患者,经其监护人同意,医疗机构应当对患者实施住院治疗;监护人不同意的,医疗机构不得对患者实施住院治疗。监护人应当对在家居住的患者做好看护管理。在"强制收治"中明确了"自愿原则"、划清界限,将大幅减少"被精神病"的可能性。

（三）坚持预防、治疗和康复相结合的原则

对于任何一种疾病,预防、治疗和康复是"全程治疗"三个不可分割的组成部分。精神卫生工作实行预防为主的方针,同时重视康复环节,对于帮助患者彻底战胜疾病,重新回归社会具有重要作用。

（四）谨慎收治原则

与第二条原则对应,疑似精神病患者的鉴定和诊断以及精神病患者的收治,都涉及人身自由权这一基本的人权,所以必须规定严格的程序并谨慎对待。在国外,强制治疗都是通过司法程序作出的。例如,在德国,法院越来越强调尊重被监护人的基本权利,"精神病患者也是人"成为普遍共识。只有精神病患者的行为严重危害到公共安全时,德国的政府相关部门才可不经过漫长的监护权法庭程序,安排一个精神病院（强制）安置。进行强制安置之后,必须无延迟地向法庭提交申请,解释为什么其他措施都不能奏效和为什么不能等待法庭的裁决。法庭必须在安置后第一天结束之前作出是否强制治疗的决定。否则,医院必须让当事人出院。

精神病患者入院前的诊断鉴定,必须对程序进行细化规定,不能由一方单独作出,要有严格的认定程序和相互制约的机制,以及出错的责任追溯制度。此外,救济的途径有申诉和诉讼多种方式。现有法律体系中,只有民事诉讼法能与之结合,但最大矛盾在于:被鉴定为精神障碍患者的人是无行为能力或限制行为能力人,是不能向法院提起诉讼的。《精神卫生法》带给社会的最大进步是明确了"自愿住院原则",这个立法原替换了原本散乱的地方性及部门性的医疗规范,使精神病患者权利限制的标准,从医学标准进步为法律标准。

二、精神障碍诊断和治疗的规范

（一）精神障碍诊断和治疗主体的准入

医疗机构开展精神障碍诊断、治疗活动,应当具备下列条件,并依照医疗机构的管理规定办理有关手续,包括:①有与从事的精神障碍诊断、治疗相适应的精神科执业医师、护士;②有满足

开展精神障碍诊断、治疗需要的设施和设备；③有完善的精神障碍诊断、治疗管理制度和质量监控制度。从事精神障碍诊断、治疗的专科医疗机构还应当配备从事心理治疗的人员，同时还应当设置专门的心理治疗场所。

心理治疗活动属于医疗行为，应当在医疗机构内开展。专门从事心理治疗的人员应当取得国家职业资格证书，不得从事精神障碍的诊断，不得为精神障碍患者开具处方或者提供外科治疗。心理治疗的技术规范由国务院卫生行政部门制定，国家卫生和计划生育委员会于 2013 年制定并印发《心理治疗规范（2013 年版）》用以指导心理治疗的开展。

（二）精神障碍的诊断原则和治疗规范的制定

精神障碍的诊断应当以精神健康状况为依据。除法律另有规定外，不得违背本人意志进行确定其是否患有精神障碍的医学检查。

精神障碍分类、诊断标准和治疗规范，由国务院卫生行政部门组织制定。2002 年，卫生部印发了《临床技术操作规范 精神病学分册》和《临床诊疗指南 精神病学分册》。在《精神卫生法》实施之后，国家卫生和计划生育委员会于 2013 年印发《精神障碍治疗指导原则（2013 年版）》用以指导精神障碍医疗管理工作。为强化医疗质量管理与控制，不断提升精神障碍诊疗能力，2020 年，国家卫生健康委员会更新并重新印发了《精神障碍诊疗规范（2020 年版）》。

（三）送诊主体

1. 个人及近亲属　除个人自行到医疗机构进行精神障碍诊断外，疑似精神障碍患者的近亲属可以将其送往医疗机构进行精神障碍诊断。

2. 民政部门　对查找不到近亲属的流浪乞讨疑似精神障碍患者，由当地民政等有关部门按照职责分工，帮助送往医疗机构进行精神障碍诊断。

3. 公安机关　疑似精神障碍患者发生伤害自身、危害他人安全的行为，或者有伤害自身、危害他人安全的危险的，其近亲属、所在单位、当地公安机关应当立即采取措施予以制止，并将其送往医疗机构进行精神障碍诊断。其中，涉嫌违反治安管理规定的，由公安机关帮助送往精神卫生医疗机构进行精神障碍诊断。

（四）诊断程序

1. 医疗机构接到送诊的疑似精神障碍患者，不得拒绝为其作出诊断。

2. 精神障碍的诊断应当由精神科执业医师作出。医疗机构接到按照法律规定送诊的疑似精神障碍患者，应当将其留院，立即指派精神科执业医师进行诊断，并及时出具诊断结论。部分地方精神卫生条例还对精神科执业医师和诊断时间作出了规定，例如医疗机构应当指派具有主治医师以上职称的精神科执业医师进行诊断，留院观察后，应在 72 小时内作出诊断结论。

3. 诊断结论、病情评估表明，就诊者为精神障碍患者但不需要住院治疗的，医疗机构应当通知患者及其监护人、所在单位、公安机关。患者的监护人应当做好看护工作。

《精神卫生法》在规定精神障碍的住院治疗实行自愿原则的同时，也针对严重精神障碍患者往往缺乏自知力、对自身健康状况或者客观现实不能完整认识的特殊情况，规定了非自愿住院治疗制度，以保证需要住院治疗的患者得到及时的住院治疗。为了保证公民的合法权益不因此而受到侵害，同时设定了严格的非自愿住院治疗程序。

（五）非自愿住院治疗程序

1. 非自愿住院治疗的条件　诊断结论、病情评估表明，就诊者为严重精神障碍患者并有下列情形之一的，应当对其实施住院治疗：①已经发生伤害自身的行为，或者有伤害自身的危险的；②已经发生危害他人安全的行为，或者有危害他人安全的危险的。

对于第一种情形，经其监护人同意，医疗机构应当对患者实施住院治疗；监护人不同意的，医疗机构不得对患者实施住院治疗。监护人应当对在家居住的患者做好看护管理。

2. 再次诊断鉴定程序　为了充分保障患者及其监护人的救济权，防止因为初次诊断错误而导致不需要住院治疗的就诊者被实施非自愿住院治疗，《精神卫生法》规定了再次诊断和医学鉴定的程序，从医学角度对患者是否需要住院治疗再次进行判断。

精神障碍医学鉴定以被鉴定人的精神健康为依据，属于医学判断的问题，是一项独立的鉴定类别。精神障碍医学鉴定的鉴定内容主要是被鉴定人是否患有严重精神障碍；被鉴定人是否需要住院治疗。未经省级司法行政机关登记并取得精神障碍医学鉴定执业资质的鉴定机构和鉴定人不得开展精神障碍医学鉴定活动。精神障碍医学鉴定活动，应当参照《司法鉴定程序通则》执行。

（1）再次诊断：患者或者其监护人对需要住院治疗的诊断结论有异议，不同意对患者实施住院治疗的，可以要求再次诊断和鉴定。要求再次诊断的，应当自收到诊断结论之日起3日内向原医疗机构或者其他具有合法资质的医疗机构提出。承担再次诊断的医疗机构应当在接到再次诊断要求后指派2名初次诊断医师以外的精神科执业医师进行再次诊断，并及时出具再次诊断结论。承担再次诊断的执业医师应当到收治患者的医疗机构面见、询问患者，该医疗机构应当予以配合。为确保再次诊断的公正，有些地方性精神卫生条例作出了补充规定，"与精神障碍者有亲属关系或者其他利害关系的精神科执业医师，不得为其进行诊断和诊断复核"。

（2）再次鉴定：对再次诊断结论有异议的，可以自主委托依法取得执业资质的鉴定机构进行精神障碍医学鉴定；医疗机构应当公示经公告的鉴定机构名单和联系方式。接受委托的鉴定机构应当指定本机构具有该鉴定事项执业资格的2名以上鉴定人共同进行鉴定，并及时出具鉴定报告。

鉴定人应当到收治精神障碍患者的医疗机构面见、询问患者，该医疗机构应当予以配合。鉴定人本人或者其近亲属与鉴定事项有利害关系，可能影响其独立、客观、公正进行鉴定的，应当回避。

鉴定机构、鉴定人应当遵守有关法律、法规、规章的规定，尊重科学，恪守职业道德，按照精神障碍鉴定的实施程序、技术方法和操作规范，依法独立进行鉴定，出具客观、公正的鉴定报告。鉴定人应当对鉴定过程进行实时记录并签名。记录的内容应当真实、客观、准确、完整，记录的文本或者声像载体应当妥善保存。

如果再次诊断结论或者鉴定报告表明，不能确定就诊者为严重精神障碍患者，或者患者不需要住院治疗的，医疗机构不得对其实施住院治疗。但若再次诊断结论或者鉴定报告表明，精神障碍患者有已经发生危害他人安全的行为，或者有危害他人安全的危险的情形的，其监护人应当同意对患者实施住院治疗。监护人阻碍实施住院治疗或者患者擅自脱离住院治疗的，可以由公安机关协助医疗机构采取措施对患者实施住院治疗。

需要注意的是，在相关机构出具再次诊断结论、鉴定报告前，为了保证治疗的连续性，防止患者病情恶化，收治精神障碍患者的医疗机构应当按照诊疗规范的要求对患者实施住院治疗，也即医疗机构并不停止对患者实施住院治疗。

3. 住院治疗入院和出院程序

（1）入院手续：诊断结论表明需要住院治疗的精神障碍患者，本人没有能力办理住院手续的，由其监护人办理住院手续；患者属于查找不到监护人的流浪乞讨人员的，由送诊的有关部门办理住院手续。对于诊断结论表明需要住院治疗的精神障碍患者，《上海市精神卫生条例》规定，精神障碍患者本人可以自行办理住院手续。

非自愿住院治疗的患者，其监护人不办理住院手续的，由患者所在单位、村民委员会或者居民委员会办理住院手续，并由医疗机构在患者病历中予以记录。

（2）出院手续：自愿住院治疗的精神障碍患者可以随时要求出院，医疗机构应当同意。

对已经发生伤害自身的行为，或者有伤害自身的危险的精神障碍患者，监护人可以随时要求患者出院，医疗机构应当同意。医疗机构认为前两款规定的精神障碍患者不宜出院的，应当告知不宜出院的理由；患者或者其监护人仍要求出院的，执业医师应当在病历资料中详细记录告知的过程，同时提出出院后的医学建议，患者或者其监护人应当签字确认。对已经发生危害他人安全的行为，或者有危害他人安全的危险的精神障碍患者实施住院治疗，医疗机构认为患者可以出院的，应当立即告知患者及其监护人。

医疗机构应当根据精神障碍患者病情，及时组织精神科执业医师对非自愿住院治疗的患者进行检查评估。评估结果表明患者不需要继续住院治疗的，医疗机构应当立即通知患者及其监护人。

精神障碍患者出院，本人没有能力办理出院手续的，监护人应当为其办理出院手续。

对于查找不到监护人或者单位的精神障碍患者需要出院的，《甘肃省精神卫生条例》规定，公安机关、民政部门应当及时进行甄别和确认身份，协助精神卫生医疗机构做好精神障碍患者出院工作。

对于擅自离院或行踪不明的患者，《宁波市精神卫生条例》规定，医疗机构发现住院治疗的精神障碍者未办理出院手续擅自离院的，应当立即寻找并及时通知其监护人或者近亲属；精神障碍者行踪不明的，医疗机构应当在二十四小时内报告所在地公安部门。精神障碍者的监护人、近亲属或者公安部门发现擅自离院的精神障碍者，应当通知其住院治疗的医疗机构，并协助将其送回。

4. 治疗过程的用药及外科手术要求　对精神障碍患者使用药物，应当以诊断和治疗为目的，使用安全、有效的药物，不得为诊断或者治疗以外的目的使用药物。我国《麻醉药品和精神药品管理条例》规定，医务人员应当根据国务院卫生主管部门制定的临床应用指导原则，使用麻醉药品和精神药品。

《精神卫生法》禁止对非自愿住院治疗的精神障碍患者实施以治疗精神障碍为目的的外科手术。神经外科手术的目的是完全治愈或缓解患者精神疾病的症状，恢复或完善精神功能，提高患者及家属的生活质量。手术患者必须是经过有资质的、经验丰富的精神科专科医生正规充分治疗后未能奏效的难治性病例。术前必须告知患者和家属手术的必要性、安全性、可能带来的效益及并发症和不可预测的风险。联合国《保护精神病患者和改善精神保健的原则》规定，决不能对精神病院的非自愿住院患者进行精神外科及其他侵扰性和不可逆转的治疗，对其他患者，在国内法允许进行此类治疗的情况下，只有患者给予知情同意且独立的外部机构确信知情同意属实，而这种治疗最符合患者病情需要时，才可实行此类手术。

5. 特定治疗程序　我国法律规定禁止对精神障碍患者实施与治疗其精神障碍无关的实验性临床医疗。医疗机构对精神障碍患者实施以下两类特殊治疗措施，应当向患者或者其监护人告知医疗风险、替代医疗方案等情况，并取得患者的书面同意；无法取得患者意见的，应当取得其监护人的书面同意，并经本医疗机构伦理委员会批准；因情况紧急查找不到监护人的，应当取得本医疗机构负责人和伦理委员会批准。

（1）导致人体器官丧失功能的外科手术：是指通过手术方式将精神障碍患者已经或即将损失功能的器官予以切除。

（2）与精神障碍治疗有关的实验性临床医疗：是指经过批准，按照治疗规范及有关法律法规的规定，在精神障碍患者身上试验新的药物和治疗方法，以检验其是否有效。

这两种治疗具有较强的侵入性，一旦滥用往往对患者权益造成严重影响，故需严格控制：首先应当履行告知义务并征得书面同意，以充分尊重患者的知情同意权和自我决定权。在紧急情况下需要施行手术又无法取得患者或监护人意见的，应当取得医疗机构负责人和伦理委员会批准。

（六）医疗机构告知义务

医疗机构及其医务人员的告知义务与精神障碍患者的知情同意权相对应。只有明晰其在诊断、治疗过程中的权利，患者及其监护人才能正确行使这些权利。这些权利主要包括：法律所规定的知情同意、通信会见、查阅、复制病历资料、要求再次诊断和鉴定、依法提起诉讼等。《上海市精神卫生条例》规定，精神卫生医疗机构及其医务人员应当将精神障碍患者在诊断、治疗以及其他相关服务过程中享有的权利和承担的义务，以书面形式告知精神障碍患者及其监护人。

医疗机构及其医务人员应当遵循精神障碍诊断标准和治疗规范，制定治疗方案，并向精神障碍患者或者其监护人告知治疗方案和治疗方法、目的以及可能产生的后果。在医疗领域，创设告知说明义务是因为具有侵袭性的医疗行为必须获得正当性基础，而患者的知情权是阻却侵袭性医疗行为违法性的法定事由。治疗知识的专业性要求医生应当以浅显易懂的语言介绍，使患者或者其监护人能够了解患者的病情、可供选择的治疗方案及其成功率和治疗效果等，最终使得患者或者其监护人能够准确理解，克服信息不对称状况。正是由于医疗行为的高风险性、信赖性、专业性和患者的广泛性等因素，使得医疗机构的告知说明义务具备了由约定义务上升为法定义务的合理性。

三、医疗机构的设备和环境

医疗机构应当配备适宜的设施、设备，保护就诊和住院治疗的精神障碍患者的人身安全，防止其受到伤害，并为住院患者创造尽可能接近正常生活的环境和条件。联合国《保护精神病患者和改善精神保健的原则》规定，精神卫生机构的环境和生活条件应尽可能接近同龄人正常生活的环境和条件，而且尤其应包括约会和闲暇活动设施，教育设施，购买或接受日常生活、娱乐和通信的各种用品的设备；提供有关设备并鼓励使用此类设备，使患者从事与其社会和文化背景相适应的有收益职业，并接受旨在促进重新加入社区生活的适宜的职业康复措施。

四、保护性医疗措施

1. 保护性医疗措施的双重性　约束、隔离等保护性医疗措施旨在保护精神障碍患者自身和他人的人身安全、避免扰乱医疗秩序。一方面它是一种特殊的治疗或辅助治疗手段，在临床工作中必不可少；另一方面由于其极容易被滥用于其他目的，因此通常需要对其严格限制。同时，在防范危险行为时过分依赖约束、隔离等保护性医疗措施，也会使精神障碍患者日常生活技能和应对医疗机构以外的环境挑战的能力削弱。一旦缺少规范和监督管理，容易导致滥用，影响医疗质量及侵犯精神障碍患者的合法权益。所以，禁止利用约束、隔离等保护性医疗措施惩罚精神障碍患者。

2. 保护性医疗措施的实施条件　精神障碍患者在医疗机构内发生或者将要发生伤害自身、危害他人安全、扰乱医疗秩序的行为，医疗机构及其医务人员在没有其他可替代措施的情况下，可以实施约束、隔离等保护性医疗措施。实施保护性医疗措施应当遵循诊断标准和治疗规范，并在实施后告知患者的监护人。《上海市精神卫生条例》规定，保护性医疗措施的决定应当由精神科执业医师作出，并在病历资料中记载和说明理由。

武汉市和上海市的精神卫生条例均规定，精神障碍患者病情稳定后，应当及时解除保护性医疗措施。

五、患者的权利保障

除了与说明义务相对应的知情同意权外，精神障碍患者也有一些重要的权利需要法律确定并予以保护。

1. 通信和会见权　医疗机构及其医务人员应当尊重住院精神障碍患者的通信和会见探访者

等权利。除在急性发病期或者为了避免妨碍治疗可以暂时性限制外,不得限制患者的通信和会见探访者等权利。部分地方性精神卫生条例对因病情或者医疗需要必须对受探视的权利加以限制的作出规定,应当征得其本人或者监护人的书面同意。长期以来,我国一直缺少对住院精神障碍患者的通信、会见朋友亲属等权利的统一规定,个别医院为便于管理,拒绝患者与外界联系,而部分非自愿住院治疗的患者的家属也不愿意与患者通信会见,致使一些住院的精神障碍患者不能依自己的意愿与其亲属、朋友、律师等人员通信、会面。因此,保障住院精神障碍患者通信、会面权利尤为重要:一方面可以维护患者本人利益,减少因住院治疗对其正常生活的影响,消除患者内心的孤独失落情绪;另一方面也有利于外界对医务人员的护理、治疗行为予以监督和规范。

2.病历记录及查阅复制权 医疗机构及其医务人员应当在病历资料中如实记录精神障碍患者的病情、治疗措施、用药情况、实施约束、隔离措施等内容,并如实告知患者或者其监护人。患者及其监护人可以查阅、复制病历资料,部分地方性精神卫生条例还规定患者及其监护人有权要求医疗机构出具书面诊断结论;但是,患者查阅、复制病历资料可能对其治疗产生不利影响的除外。病历资料保存期限不得少于30年。

3.获得医疗救助权 医疗机构不得因就诊者是精神障碍患者,推诿或者拒绝为其治疗属于本医疗机构诊疗范围的其他疾病。当精神障碍患者为《传染病防治法》规定的传染病患者、病原携带者和疑似传染病患者或者患有急危重躯体疾病的,部分地方性精神卫生条例规定,精神卫生医疗机构应当会同具备相应救治能力的医疗机构,根据患者精神症状、传染病病情等进行综合救治;必要时,转诊至具备相应救治能力的医疗机构诊治。

4.自由劳动权 医疗机构不得强迫精神障碍患者从事生产劳动。

六、未住院精神障碍患者的治疗

监护人应当妥善看护未住院治疗的患者,按照医嘱督促其按时服药、接受随访或者治疗。精神疾病的治疗过程较长,有些病症需要长期服药以控制病情,因此日常护理和照料十分关键,需要监护人看护、督促和接受随访,配合医疗机构及时调整治疗方案,控制病情。《苏州市精神卫生条例》规定,监护人还应协助未住院治疗的精神障碍患者接受康复治疗、进行康复训练和职业技能训练;当患者出现危害公共安全、危害他人安全或者有伤害自身行为的,监护人及时报告所在地公安机关和村民委员会、居民委员会,协助做好应急处置。

精神障碍患者会给监护人及其家庭带来沉重负担,除了要强化监护人的责任外,政府和社会也应提供各方面的帮助和支持。村民委员会、居民委员会和患者所在单位,应当依患者或者其监护人的请求,对监护人看护患者提供必要的帮助。

第四节　精神障碍的康复

一、精神障碍康复的重要性

精神障碍康复(rehabilitation of mental disorder)是指对有心身疾病的患者,尽可能利用药物、社会、职业、经济和教育的方法使残疾的风险减少到最低程度,是精神障碍患者最终摆脱疾病,融入社会的重要环节。

《精神卫生法》对康复做了专章规定。康复措施应该贯彻在院内、院外全部医疗过程中,不能局限在医院环境中,必须考虑外界现实,把治疗延伸到社会中。目前,我国精神障碍康复工作以社区康复为基础,以康复机构为骨干,以家庭为依托;坚持发展全面的精神障碍社区康复服务模式,健全完善社区康复机构;在基层地方政府的统一领导下,充分利用社区内资源,做好精神障碍社区康复管理与服务工作。精神障碍康复的主要形式是机构康复和社区康复。《精神障碍社区康复服务工作规范》对精神障碍社区康复机构作出定义,其是指能够为精神障碍患者提供社区康复服务的机构,可以是独立设置的精神障碍社区康复机构,也可设在社会福利机构、残疾人康复中心、残疾人托养机构、基层医疗卫生机构、城乡社区服务机构等。根据社区康复机构主要提供的服务内容,可分为农疗站、工疗站、日间活动中心、住宿机构、精神康复综合服务中心、康复会所等。

二、社区康复

(一)社区康复的发展历史

社区精神卫生服务在我国已有五十多年的历史,我国政府历来十分重视精神障碍的防治和康复工作,1958 年的第一次全国精神病防治工作会议首次提出了"积极防治、就地管理、重点收容、开放治疗"的工作方针。20 世纪 70 年代以来,我国已基本完成了城乡基层卫生服务组织的建设,各地先后建立了精神卫生防治机构,不少地区建立了精神障碍三级防治网。1992 年的《全国精神病防治康复工作"八五"实施方案》开始试点探索建立社会化、开放式的精神病防治康复体系。2002 年的《关于进一步加强残疾人康复工作的意见》提出实现残疾人"人人享有康复服务"的目标。2012 年的《精神病防治康复"十二五"实施方案》提出在全国范围内对精神障碍患者开展"社会化、综合性、开放式"精神病防治康复工作。2017 年的《关于加快精神障碍社区康复服务发展的意见》提出"到 2025 年,80% 以上的县(市、区)广泛开展精神障碍社区康复服务,在开展精神障碍社区康复的县(市、区),60% 以上的居家患者接受社区康复服务"的目标。2020 年的《关于积极推行政府购买精神障碍社区康复服务工作的指导意见》旨在加快转变政府职能,创新社会治理体制,改善公共服务供给,支持和引导社会力量开展精神障碍社区康复服务,同年的《精神障碍社区康复服务工作规范》对部门职责、社区精神障碍康复机构的定义、服务人员要求和服务内容等作出了详细规定。

(二)精神障碍社区康复机构的职责

1. 康复训练　社区康复机构应当为需要康复的精神障碍患者提供场所和条件,对患者进行生活自理能力和社会适应能力等方面的康复训练。开展家庭照护者居家康复、照护技能培训,定期组织家庭照护者学习交流,为家庭提供照护咨询、政策咨询、情感支持、照护者喘息等专业服务。

2. 服务转介　精神障碍社区康复机构应该与精神卫生医疗机构、就业服务机构、基层医疗卫生机构建立转介机制。精神障碍患者经评估可以进行社区康复的,经患者和监护人同意后,由精神卫生医疗机构转介至社区康复机构,《苏州市精神卫生条例》还规定,精神障碍患者在社区康复期间病情复发的,社区康复机构应当帮助其转介至精神卫生医疗机构。此外,精神障碍社区康复机构还应该积极转介病情稳定、有就业意愿且具备就业能力的精神障碍患者至就业服务机构;同时,为基层医疗卫生机构转介的精神障碍患者提供康复服务。

3. 社区康复机构的能力建设　医疗机构应当为在家居住的严重精神障碍患者提供精神科基本药物维持治疗,并为社区康复机构提供有关精神障碍康复的技术指导和支持;县级人民政府卫生行政部门应当为社区卫生服务机构、乡镇卫生院、村卫生室开展随访和康复工作给予指导和培训。

4. 三类基层卫生医疗服务机构的义务　社区卫生服务机构、乡镇卫生院、村卫生室应当为严重精神障碍患者建立健康档案,对在家居住的严重精神障碍患者进行定期随访,指导患者服药和开展康复训练,并对患者的监护人进行精神卫生知识和看护知识的培训,转介有需要的精神障碍患者至精神障碍社区康复机构。

社区卫生服务机构是城市社区卫生服务网络的主体,在严重精神障碍患者的康复过程中,应承担患者的信息与报告工作,开展线索调查并登记、上报县级精神障碍预防机构;登记已确诊的严重精神障碍患者并建立健康档案;定期随访患者;向精神卫生医疗机构转诊疾病复发患者,参与严重精神障碍防治知识健康教育工作等。

乡镇卫生院是一定区域范围内的预防、保健、医疗技术指导中心,在严重精神障碍患者的康复过程中,应承担患者的信息收集与报告工作,开展线索调查并登记、上报县级精神障碍预防机构;协助上级卫生行政部门及精神卫生医疗机构开展村医严重精神障碍防治知识培训,并进行绩效考核;登记已确诊的严重精神障碍患者并建立健康档案;定期随访患者,指导患者服药。有条件的地方可开展社区患者危险行为评估,实施个案管理计划,向精神卫生医疗机构转诊疾病复发患者。

村卫生室承担行政村的公共卫生服务及一般疾病的诊治工作,在严重精神障碍患者的康复过程中,协助乡镇卫生院开展线索调查并登记、报告和患者家庭成员护理指导工作;协助精神卫生医疗机构开展患者应急医疗处置;定期随访患者;指导监护人督促患者按时按量服药,督促患者按时复诊;参与严重精神障碍防治知识健康教育工作等。

(三)社会支持

1. 基层群众自治组织 村民委员会、居民委员会应当为生活困难的精神障碍患者家庭提供帮助,并向所在地乡镇人民政府或者街道办事处以及县级人民政府有关部门反映患者及其家庭的情况和要求,帮助其解决实际困难,为患者融入社会创造条件。

2. 残疾人组织或者残疾人康复机构 各级残疾人联合会和残疾人康复机构应当根据精神障碍患者康复的需要,组织患者参加康复活动。残联组织机构中的精神残疾人及亲友协会专门对口服务精神障碍患者。在组织机构方面,残联有从上而下的机构网络,尤其是具有健全的基层服务机构和设施。在经费保障方面,残联的经费来源比较稳定,有财政拨付的事业经费、专项补贴经费、基建经费、机构开办费;残疾人就业保障金;康复扶贫专项贷款;从社会募集的慈善资金等。在经验积累方面,残联一直以来将精神障碍疾病的康复作为其主要职责之一,长期参与开展社会化、综合性、开放性精神障碍防治康复工作,形成了一套较为成熟的工作模式和方法。

3. 用人单位 对于处在工作岗位的精神障碍患者,工作单位是其重要的持续康复环境。用人单位应当根据精神障碍患者的实际情况,安排患者从事力所能及的工作,保障患者享有同等待遇,安排患者参加必要的职业技能培训,提高患者的就业能力,为患者创造适宜的工作环境,对患者在工作中取得的成绩予以鼓励。多个省、市的地方性精神卫生条例规定,为精神障碍患者提供就业岗位的用人单位,可按照国家、省和市有关规定享受优惠政策。用人单位对于精神障碍患者职工的这些义务,一方面是我国劳动法律法规的延伸,另一方面也是社会主义劳动关系的性质和特点决定的。

(四)监护人职责

家庭是精神障碍患者的主要生活环境,多个省、市的精神卫生条例规定监护人应创造有利于精神障碍患者康复的家庭环境。监护人的照料对于精神障碍患者的康复起至关重要的作用。监护人的一些失当做法对患者的康复会产生不良影响,如采取禁闭、捆绑和锁铐等,或因家庭负担过重或个人压力过大,对患者采取抱怨、责难甚至放弃的态度。这些行为多是由监护人没有足够的责任心或没有掌握正确的护理常识造成的。因此,监护人应当明确自己所承担的法律义务,掌握一些常见症状的应对技巧,协助患者进行生活自理能力和社会适应能力等方面的康复训练。社区卫生服务机构或者乡镇卫生院、村卫生室、社区康复机构应当为精神障碍患者的监护人提供相应的技术指导。

第五节　精神卫生工作的保障措施

一、精神卫生服务体系的完善

1.规划及实施　县级以上人民政府卫生行政部门会同有关部门依据国民经济和社会发展规划的要求,制定精神卫生工作规划并组织实施。精神卫生监测和专题调查结果应当作为制定精神卫生工作规划的依据。制定精神卫生工作规划,对于指导精神卫生工作的科学发展、促进精神卫生工作多部门协作、建设精神卫生防治体系、引导社会资源有序参与精神卫生服务有重要作用,必须将此以法律形式固定下来。

2.体系与能力建设　省、自治区、直辖市人民政府根据本行政区域的实际情况,统筹规划,整合资源,建设和完善精神卫生服务体系,加强精神障碍预防、治疗和康复服务能力建设。县级人民政府根据本行政区域的实际情况,统筹规划,建立精神障碍患者社区康复机构。县级以上人民政府卫生健康行政部门要主动配合当地人民政府建立精神卫生工作领导小组或部门协调工作机制,镇人民政府、街道办事处应当组织开展预防精神障碍发生、促进精神障碍患者康复等工作,建立精神卫生综合管理小组,指导村民委员会、居民委员会按照规定建立关爱帮扶小组,开展严重精神障碍患者日常筛查和登记,做好相关服务和管理工作。

对于精神卫生服务体系,苏州市、杭州市、上海市的地方性精神卫生条例规定,县级以上人民政府建立健全以精神卫生专科医疗机构和精神卫生防治技术管理机构为主体,设置精神科门诊或者心理门诊的综合性医疗机构为辅助,社区卫生服务机构、社区康复机构、托养服务机构和心理咨询机构等为依托的精神卫生服务体系。

3.鼓励社会力量从事精神卫生事业　国家鼓励和支持各类团体和社会组织开展精神卫生的公益性宣传,普及精神卫生知识,引导公众关注心理健康,预防精神障碍的发生。县级以上地方人民政府应当采取措施,鼓励和支持社会力量举办从事精神障碍诊断、治疗的医疗机构和精神障碍患者康复机构;鼓励和支持组织、个人提供精神卫生志愿服务,捐助精神卫生事业,兴建精神卫生公益设施;对在精神卫生工作中作出突出贡献的组织、个人,按照国家有关规定给予表彰、奖励。

对于鼓励社会力量的措施,《甘肃省精神卫生条例》规定,各级人民政府应当完善政策措施,建立健全购买精神卫生相关服务的机制,及时向社会公布购买服务信息;《上海市精神卫生条例》规定,可以通过政府购买服务、招募志愿者等方式,组织社会力量和具有精神卫生专业知识的人员,为社区居民提供公益性的心理健康指导。

这将有利于增加医疗卫生资源,扩大服务供给,满足人民群众个性化、多层次、多元化的精神卫生服务需求;有利于建立竞争机制,提高精神卫生服务的效率和质量,完善精神卫生服务体系。

二、财政保障

国家加强基层精神卫生服务体系建设,扶持贫困地区、边远地区的精神卫生工作,保障城市社区、农村基层精神卫生工作所需经费。

各级人民政府应当根据精神卫生工作需要,加大财政投入力度,保障精神卫生工作所需经费,将精神卫生工作经费列入本级财政预算。《杭州市精神卫生条例》进一步规定,制定财政预算时,应该考虑本地区经济社会发展水平,并逐年有所增长。

三、人 才 保 障

医学院校应当加强精神医学的教学和研究,按照精神卫生工作的实际需要培养精神医学专门人才,为精神卫生工作提供人才保障。师范院校应当为学生开设精神卫生课程;医学院校应当为非精神医学专业的学生开设精神卫生课程。县级以上人民政府教育行政部门对教师进行上岗前和在岗培训,应当有精神卫生的内容,并定期组织心理健康教育教师、辅导人员进行专业培训。

对于精神卫生人才保障和队伍建设,《山东省精神卫生条例》规定,鼓励、支持高等学校设置精神卫生和心理学专业,培养精神卫生专门人才;《杭州市精神卫生条例》规定,各级卫生、人力资源和社会保障、教育等部门和残疾人联合会应当采取措施,推进精神卫生服务人才队伍建设,确保每十万人口精神科执业医师数量不低于国家和省、市有关部门规定的目标。

医疗机构应当组织医务人员学习精神卫生知识和相关法律、法规、政策。从事精神障碍诊断、治疗、康复的机构应当定期组织医务人员、工作人员进行在岗培训,更新精神卫生知识。县级以上人民政府卫生行政部门应当组织医务人员进行精神卫生知识培训,提高其识别精神障碍的能力。

精神卫生工作人员的人格尊严、人身安全不受侵犯,精神卫生工作人员依法履行职责受法律保护。全社会应当尊重精神卫生工作人员,精神卫生工作人员因工致伤、致残、死亡的,其工伤待遇以及抚恤按照国家有关规定执行。由于工作性质的特殊性,近年来精神卫生工作人员遭受人格侵犯、人身伤害的案例比比皆是,精神卫生工作人员的人格尊严和人身安全得不到保障,待遇水平普遍较低,精神卫生专业人才流失严重,亟需加强对精神卫生工作人员的职业保护。县级以上人民政府及其有关部门、医疗机构、康复机构应当采取措施,加强对精神卫生工作人员的职业保护,提高精神卫生工作人员的待遇水平,并按照规定给予适当的津贴。

四、社 会 保 障

1. 免费提供基本公共卫生服务 县级以上人民政府卫生行政部门应当组织医疗机构为严重精神障碍患者免费提供基本公共卫生服务。基本公共卫生服务,是由疾病预防控制机构、城市社区卫生服务中心、乡镇卫生院等城乡基本医疗卫生机构向全体居民提供的,是公益性的公共卫生干预措施。严重精神障碍管理项目于 2009 年成为基本公共卫生服务 9 大项目之一,各地应免费为辖区内确诊严重精神障碍患者提供健康管理、随访评估、分类干预和健康体检等基本服务。

2. 基本医疗保险 《社会保险法》规定,国家建立和完善城镇居民基本医疗保险制度。精神障碍患者的医疗费用按照国家有关社会保险的规定由基本医疗保险基金支付。医疗保险经办机构应当按照国家有关规定将精神障碍患者纳入城镇职工基本医疗保险、城镇居民基本医疗保险或者新型农村合作医疗的保障范围。《内蒙古自治区精神卫生条例》规定,医疗保障部门应当将精神障碍患者的诊疗项目纳入各级医保门诊、住院报销范围,逐步提高精神障碍患者门诊、住院费用的报销比例。县级人民政府应当按照国家有关规定对家庭经济困难的严重精神障碍患者参加基本医疗保险给予资助。

3. 优先给予医疗救助 医疗救助是医疗保障的底线。精神障碍患者通过基本医疗保险支付医疗费用后仍有困难,或者不能通过基本医疗保险支付医疗费用的,医疗保障部门应当优先给予医疗救助。部分省、市为患者提供免费抗精神障碍药物,例如《杭州市精神卫生条例》规定,对符合条件的生活贫困的严重精神障碍患者,实行免费提供基本抗精神障碍药物制度。

4. 生活保障 依法享受社会救助是严重精神障碍患者的法定权利。对符合城乡最低生活保障条件的严重精神障碍患者,民政部门应当会同有关部门及时将其纳入最低生活保障。对属于农村五保供养对象的严重精神障碍患者，以及城市中无劳动能力、无生活来源且无法定赡养、抚养、扶养义务人，或者其法定赡养、抚养、扶养义务人无赡养、抚养、扶养能力的严重精神障碍患者，民政部门应当按照国家有关规定予以供养、救助。其他情形下严重精神障碍患者确有困难的，民政部门可以采取临时救助等措施，帮助其解决生活困难。我国已有省、市政府通过监护补贴等方式对落实监护职责的监护人给予补贴。

五、受教育及就业保障

国家保障精神障碍患者享有平等接受教育的权利。县级以上地方人民政府及其有关部门应当采取有效措施，保证患有精神障碍的适龄儿童、少年接受义务教育，扶持有劳动能力的精神障碍患者从事力所能及的劳动，并为已经康复的人员提供就业服务。

劳动就业对改善精神障碍患者生活状况，提高其社会地位，使其平等充分地参与社会生活，共享社会物质文化成果有重要意义。国家对安排精神障碍患者就业的用人单位依法给予税收优惠，并在生产、经营、技术、资金、物资、场地等方面给予扶持。

第六节　法　律　责　任

一、行　政　责　任

1. 未履行精神卫生工作职责的法律责任　县级以上人民政府卫生行政部门和其他有关部门未依照《精神卫生法》规定履行精神卫生工作职责，或者滥用职权、玩忽职守、徇私舞弊的，由本级人民政府或者上一级人民政府有关部门责令改正，通报批评，对直接负责的主管人员和其他直接责任人员依法给予警告、记过或者记大过的处分；造成严重后果的，给予降级、撤职或者开除的处分。

2. 擅自从事精神障碍诊疗的法律责任　不符合《精神卫生法》规定条件的医疗机构擅自从事精神障碍诊断、治疗的，由县级以上人民政府卫生行政部门责令停止相关诊疗活动，给予警告，并处罚款、没收违法所得等处罚；对直接负责的主管人员和其他直接责任人员给予降低岗位等级或者撤职、开除的处分；对有关医务人员，吊销其执业证书。

3. 未按要求收治的法律责任　如果医疗机构及其工作人员有以下行为：①拒绝对送诊的疑似精神障碍患者作出诊断的；②对依照《精神卫生法》第三十条第二款规定实施住院治疗的患者未及时进行检查评估或者未根据评估结果作出处理，由县级以上人民政府卫生行政部门责令改正，给予警告；情节严重的，对直接负责的主管人员和其他直接责任人员依法给予处分，并可责令医务人员暂停执业活动。

地方性的精神卫生条例中增加了对医疗机构的处罚行为，例如《山东省精神卫生条例》规定，未按照规定报告严重精神障碍患者信息的，或未按照规定为符合条件的精神障碍患者建立健康档案，开展随访管理的，由县级以上人民政府卫生健康主管部门责令改正，通报批评，对直接负责的主管人员和其他直接责任人员依法给予处分；《内蒙古自治区精神卫生条例》规定，对伴发传染性或者急危重躯体疾病的住院精神障碍患者未按要求及时组织会诊转诊的，或住院精神障碍患者擅自离院的，未立即寻找并通知其监护人、近亲属或者送诊单位的，依法给予处分。

4. 侵害精神障碍患者权利的法律责任　医疗机构及其工作人员有下列行为之一的，由县级以上人民政府卫生行政部门责令改正，对直接负责的主管人员和其他直接责任人员依法给予降职或撤职处分；对有关医务人员，给予暂停执业或开除并吊销执业证书的处罚：违法实施约束、隔离等保护性医疗措施的；违法强迫精神障碍患者劳动的；违法对精神障碍患者实施外科手术或者实验性临床医疗的；违法侵害精神障碍患者的通信和会见探访者等权利的；违反精神障碍诊断标准，将非精神障碍患者诊断为精神障碍患者的。

5. 未按要求从事心理咨询或治疗的法律责任 对心理咨询人员从事心理治疗或者精神障碍的诊断治疗、从事心理治疗的人员在医疗机构以外开展心理治疗活动、专门从事心理治疗的人员从事精神障碍的诊断或者专门从事心理治疗的人员为精神障碍患者开具处方或者提供外科治疗等违法情形，《精神卫生法》规定，由县级以上人民政府卫生行政部门、工商行政管理部门依据各自职责责令改正，给予警告、罚款、没收违法所得、责令暂停执业活动，直至吊销执业证书或者营业执照的处罚。

6. 阻挠工作人员履行职责的法律责任 在精神障碍的诊断、治疗、鉴定过程中，寻衅滋事，阻挠有关工作人员依照《精神卫生法》的规定履行职责，扰乱医疗机构、鉴定机构工作秩序的，依法给予治安管理处罚。

二、民 事 责 任

1. 心理咨询人员、专门从事心理治疗的人员在心理咨询、心理治疗活动中造成他人人身、财产或者其他损害的，依法承担民事责任。

2. 有关单位和个人违反《精神卫生法》第四条第三款规定，给精神障碍患者造成损害的，依法承担赔偿责任；对单位直接负责的主管人员和其他直接责任人员，还应当依法给予处分。

3. 违反《精神卫生法》规定，有下列情形之一，给精神障碍患者或者其他公民造成人身、财产或者其他损害的，依法承担赔偿责任：①将非精神障碍患者故意作为精神障碍患者送入医疗机构治疗的；②精神障碍患者的监护人遗弃患者，或者有不履行监护职责的其他情形的；③歧视、侮辱、虐待精神障碍患者，侵害患者的人格尊严、人身安全的；④非法限制精神障碍患者人身自由的；⑤其他侵害精神障碍患者合法权益的情形。

4. 医疗机构出具的诊断结论表明精神障碍患者应当住院治疗而其监护人拒绝，致使患者造成他人人身、财产损害的，或者患者有其他造成他人人身、财产损害情形的，其监护人依法承担民事责任。

三、刑 事 责 任

违反《精神卫生法》规定，构成犯罪的，依法追究刑事责任。

四、司 法 救 济

精神障碍患者或者其监护人、近亲属认为行政机关、医疗机构或者其他有关单位和个人违反本法规定侵害患者合法权益的，可以依法提起诉讼。

思考题

1. 试述精神障碍诊断和治疗的原则。
2. 试述精神障碍患者需要法律确定并予以保护的重要权利。

（胡汝为）

第十六章　母婴保健法律制度

新生儿出生缺陷损害赔偿案

2015 年 4 月 15 日，孕妇张某首次到某妇幼保健院进行产检，接诊医生赵某对其进行了体格检查和产科 B 超、血常规等多项检查，诊断意见为：孕 4 产 1，宫内妊娠 16 周，定期产检和做好辅助检查。本次产检过程中，医师赵某曾口头责问张某"怎么这么晚才来产检？""你的唐氏综合征筛查这个月没做，下个月再做？"5 月 28 日，张某到医院进行第二次产检，并对产检医生李某提出未做唐氏综合征筛查，产检医生未进行处理。9 月 29 日，张某到该妇幼保健院住院生产，第二天经剖宫产分娩一女婴。10 月 7 日，张某及其新生女婴出院。2016 年 3 月 23 日，某医学检验中心出具染色体核型分析报告，确定新生女婴患有唐氏综合征。

张某认为医院在对其产前检查中，未按常规进行告知和体检，未进行唐氏综合征筛查，导致其患有唐氏综合征的女儿出生，侵犯了其优生优育的知情选择权。故向法院起诉，请求判令被告赔偿患儿康复治疗费用、患儿生活开支抚养费用、精神损失费用 70 余万元。

一审法院经过审理，认为：被告未对原告进行唐氏综合征筛查，也未提出医学建议及进行风险告知，属于未尽合理的诊疗义务，其诊疗行为存在过错，侵犯了原告的知情选择权，依法应承担相应的赔偿责任。而原告为"孕 4 产 1"的产妇，高龄孕育二胎，各项风险增高，本应当知道怀孕后进行产检的重要性，但其首次产检在孕 16 周，且在第一、二次产检中，产检医生未对其进行唐氏综合征筛查时，原告也清楚未做唐氏综合征筛查，但并未主动提出要求进行筛查，也反映了其自身对产前检查特别是唐氏综合征筛查的不重视，故也存在过错，依法可减轻被告的责任。综合双方的过错程度，一审法院基于被告作为专业的医疗机构，酌定其过错参与度为 70%。最终判定被告赔偿原告被扶养人生活费 481 936元，精神损害抚慰金 30 000 元以及鉴定费 11 040 元。一审判决后，被告不服提起上诉，法院经过审理于 2021 年 7 月作出终审判决，驳回其上诉请求。

思考：

在"出生缺陷"案件中，谁有权利提起诉讼？可以主张哪些赔偿？

第一节　母婴保健法律制度概述

一、母婴保健法的概念

妇女儿童健康是全民健康的基石，是衡量社会文明进步的标尺，是人类可持续发展的前提和基础。长期以来，母亲和儿童问题是国际社会普遍关注的焦点，而"儿童优先，母亲安全"也已成为国际社会的广泛共识。在这一背景下，保障妇女儿童健康也成为各国政府为促进国民健康而优先行动的领域。

母婴保健法（maternal and child health care law）是指在调整保障母亲和婴儿健康、提高出生人口素质活动中产生的各种社会关系的法律规范的总称。它在狭义上是指《中华人民共和国母婴保健法》（以下简称《母婴保健法》），在广义上还包括其他各种与母婴保健相关的法律法规与规章等。

二、我国母婴保健立法概况

新中国成立以来，我国始终重视母婴保健工作，并制定了一系列相关的法律、法规或规章。《宪法》第四十九条规定："婚姻、家庭、母亲和儿童受国家的保护。"在《母婴保健法》出台之前，除《婚姻法》《妇女权益保障法》等法律层面之外，关于母婴保健制度的规定，主要是国家卫生行政部门发布的规章及规范性文件。如《全国城乡孕产期保健质量标准和要求》（1985年）、《妇幼卫生工作条例》（1986年）《全国城市围产保健管理办法（试行）》（1987年）、《农村孕产妇系统保健管理办法（试行）》（1989年）等，目前，这些部门规章及规范性文件，多数已经被废止。

1994年10月27日，第八届全国人民代表大会常务委员会第十次会议审议通过了《母婴保健法》，自1995年6月1日起施行，并分别于2009年与2017年进行了两次修正。该法内容分为总则、婚前保健、孕产期保健、技术鉴定、行政管理、法律责任和附则七个部分，共三十九个条文。为了更好地贯彻实施《母婴保健法》，国务院2001年6月20日颁布了《母婴保健法实施办法》，并分别于2017年与2022年进行了两次修订。

此外，《人口与计划生育法》在促进妇女健康，加强母婴保健方面作出了规定。劳动及社会保障方面的立法，如《劳动法》《劳动合同法》《社会保险法》《女职工劳动保护特别规定》等，也有涉及女职工孕产期的劳动保护及生育保险的相关规定。值得一提的是，2019年12月28日，经十三届全国人民代表大会常务委员会第十五次会议表决通过的《基本医疗卫生与健康促进法》，也对妇幼保健进行了规定。该法第二十四条明确：国家发展妇幼保健事业，建立健全妇幼健康服务体系，为妇女、儿童提供保健及常见病防治服务，保障妇女、儿童健康。国家采取措施，为公民提供婚前保健、孕产期保健等服务，促进生殖健康，预防出生缺陷。

三、母婴保健法颁行的重要意义

《母婴保健法》是我国第一部专门保护母亲和婴儿健康的法律，其立法宗旨是保障母亲和婴儿健康，提高出生人口素质。它在内容上集预防性措施和干预性措施于一体，规范了医疗保健机构开展母婴保健专项技术服务的行为，并充分保障公民享有母婴保健服务的权利和知情选择权。《母婴保健法》颁行后，与1980年颁布的《婚姻法》以及1992年颁布的《妇女权益保障法》，互为补充，体现了国家对妇女的生育、健康、婚姻、家庭以及社会政治经济地位和作用的全面保护，共同构成了我国保障母婴健康领域的三大支柱性法律。

我国是世界上人口较多的发展中国家，人口基数大，增长速度快。据不完全统计，我国每年大约有20万到30万肉眼可见的先天畸形儿出生，先天残疾儿童总数高达80万到120万，大约占每年出生人口总数的4%~6%，给社会、家庭和本人都带来沉重的负担。迄今为止，在广大农村尤其是边远贫困地区，近亲婚配、盲目生育的现象仍时有发生。在推行"控制人口数量，提高人口素质"的基本国策的情况下，《母婴保健法》明确规定，政府对母婴提供健康服务的法律义务，医疗保健机构应当为公民提供婚前保健、孕产期保健以及产后和婴幼儿保健服务。特别是婚前保健对可能影响结婚和生育的严重遗传疾病、指定传染病、有关精神病等进行医学检查，并提供医学指导（medical guidance）。这将有助于改变部分群众的落后观念和陈旧陋习，提高其接受母婴保健的积极性和自我保健能力,从而预防和减少严重先天性残疾儿童的出生。

同时,从孕产妇死亡率来看,联合国千年发展目标要求到 2015 年,孕产妇死亡率要在 1990 年基础上下降 3/4,我国已于 2014 年提前实现,是全球为数不多实现这一目标的国家之一。根据国家卫生健康委员会发布的《中国妇幼健康事业发展报告(2019)》显示,1990 年全国孕产妇死亡率为 88.8/10 万,2018 年下降至 18.3/10 万,较 1990 年下降了 79.4%。虽然这一成绩是多种因素共同促成的结果,但《母婴保健法》的实施在其中起到了至关重要的作用。

四、母婴保健的工作方针和技术服务

(一)母婴保健的工作方针
母婴保健工作以保健为中心,以保障生殖健康为目的,实行保健和临床相结合、面向群体、面向基层和预防为主的方针。

(二)母婴保健技术服务的主要内容
根据《母婴保健法实施办法》的规定,母婴保健技术服务主要包括下列事项:①有关母婴保健的科普宣传、教育和咨询;②婚前医学检查;③产前诊断和遗传病诊断;④助产技术;⑤实施医学上需要的节育手术;⑥新生儿疾病筛查;⑦有关生育、节育、不育的其他生殖保健服务。

第二节　婚前保健法律制度

婚前保健(premarital health care)是对准备结婚的男女双方,在结婚登记前进行的婚前医学检查、婚育健康指导和咨询服务。它是母婴保健服务和生育全程服务的重要内容,也是被实践证明促进生殖健康、预防出生缺陷、提高出生人口素质行之有效的重要措施。在《母婴保健法》及其实施办法的相关规定基础上,2002 年,卫生部颁布了《婚前保健工作规范(修订)》,对婚前保健工作作出了专门规定。

一、婚前保健服务工作的管理

根据《婚前保健工作规范(修订)》的规定,婚前保健工作实行逐级管理制度。省级、地市级妇幼保健机构协助卫生行政部门管理辖区内婚前保健工作,承担卫生行政部门交办的培训、技术指导等日常工作及其他工作。婚前保健机构的主管领导和主检医师,负责本机构婚前保健服务的技术管理工作。此外,上述工作规范还对婚前保健机构的服务质量、实验室质量、信息资料以及《婚前医学检查表》和《婚前医学检查证明》的管理,作出了较为明确细致的规定。

二、婚前保健服务内容

(一)婚前医学检查
婚前医学检查是对准备结婚的男女双方可能患影响结婚和生育的疾病进行的医学检查。通过婚前医学检查能及早发现影响婚育的疾病,维护男女双方健康权益,保障母婴健康,促进家庭幸福和谐。《母婴保健法》第十二条规定,男女双方在结婚登记时,应当持有婚前医学检查证明或者医学鉴定证明。虽然 2003 年施行的《婚姻登记条例》,并不要求办理结婚登记的居民出具上述证明材料,也即婚前医学检查实行自愿原则。但婚姻当事人仍应秉持着对自己、爱人和婚姻家庭负责任的心态,主动、积极地进行婚前检查,了解双方的身体、精神状况是否适合进行结婚登记。

1. 婚前医学检查的机构与人员 从事婚前医学检查的机构,必须是取得医疗机构执业许可证的医疗、保健机构,并经其所在地县级人民政府卫生行政部门审查,取得母婴保健技术服务执业许可。从事外国人、港澳台居民和居住在国外的中国公民婚前医学检查的医疗、保健机构,应为具备条件的省级医疗、保健机构,有特殊需要的,需征求省、自治区、直辖市卫生行政部门的意见,同意后可为设区的地(市)级、县级医疗保健机构。从事婚前医学检查的人员,必须取得执业医师证书和母婴保健技术考核合格证书,同时要求主检医师必须取得主治医师以上技术职称。

2. 婚前医学检查的主要疾病 婚前医学检查的主要疾病包括:①严重遗传性疾病,指由于遗传因素先天形成,患者全部或部分丧失自主生活能力,子代再现风险高,医学上认为不宜生育的疾病;②指定传染病,指《传染病防治法》中规定的艾滋病、淋病、梅毒以及医学上认为影响结婚和生育的其他传染病;③有关精神病,指精神分裂症、躁狂抑郁型精神病以及其他重型精神病;④其他与婚育有关的疾病,如重要脏器疾病和生殖系统疾病等。

3. 婚前医学检查意见的出具 婚前医学检查单位应向接受婚前医学检查的当事人出具婚前医学检查证明,并根据不同情形在"医学意见"栏内进行注明:①双方为直系血亲、三代以内旁系血亲关系,以及患有医学上认为不宜结婚的疾病,注明"建议不宜结婚"。②发现医学上认为不宜生育的严重遗传性疾病或其他重要脏器疾病,以及医学上认为不宜生育的疾病的,应当注明"建议不宜生育"。③发现指定传染病在传染期内、有关精神病在发病期内或其他医学上认为应暂缓结婚的疾病时,应当注明"建议暂缓结婚"。对于婚检发现的可能会终生传染的不在发病期的传染病患者或病原体携带者,在出具婚前检查医学意见时,应向受检者说明情况,提出预防、治疗及采取其他医学措施的意见。若受检者坚持结婚,应充分尊重受检双方的意愿,应当注明"建议采取医学措施,尊重受检者意愿"。④未发现前述几类情形的,应当注明"未发现医学上不宜结婚的情形"。在出具上述相关医学意见时,婚检医师应当向当事人做必要的解释和说明,以便其能够真正理解。

(二)婚前卫生指导

婚前卫生指导是对准备结婚的男女双方进行的以生殖健康为核心,与结婚和生育有关的保健知识的宣传教育。

1. 婚前卫生指导内容 其内容主要包括以下几个方面:①有关性保健和性教育的知识;②新婚避孕知识及生育指导;③受孕前的准备、环境和疾病对后代影响等孕前保健知识;④遗传病的基本知识;⑤影响婚育的有关疾病的基本知识;⑥其他生殖健康知识。

2. 婚前卫生指导方法 由省级妇幼保健机构根据婚前卫生指导的内容,制定宣传教育材料。婚前保健机构通过多种方法,如开办婚前保健学校、婚前保健指导班,系统地为服务对象进行婚前生殖健康教育,并向婚检对象提供婚前保健宣传资料。

(三)婚前卫生咨询

婚检医师应针对医学检查结果发现的异常情况以及服务对象提出的有关婚配、生育保健等问题进行解答、交换意见、提供信息,帮助受检对象在知情的基础上作出适宜的决定。医师在提出"不宜结婚""不宜生育"和"暂缓结婚"等医学意见时,应充分尊重服务对象的意愿,耐心、细致地讲明科学道理,对可能产生的后果给予重点解释,并由受检双方在体检表上签署知情意见。

第三节 孕产期保健法律制度

孕产期保健(maternal health care)是指从怀孕开始到产后42天内为孕产妇及胎、婴儿提供的医疗保健服务。做好这一时期的保健对降低孕产期并发症、合并症及难产的发病率,降低孕产妇死亡率、围产儿死亡率和病残率有着十分重要的意义。在《母婴保健法》及其实施办法的相关规定基础上，2011年卫生部颁布了《孕产期保健工作管理办法》和《孕产期保健工作规范》，对孕产期保健工作作出了专门规定。

一、孕产期保健服务工作管理

根据《孕产期保健工作管理办法》的规定，国务院卫生行政部门负责制定相关的工作规范和技术指南，建立孕产期保健工作信息系统，对孕产期保健工作进行监督管理。县级以上地方人民政府卫生行政部门负责本辖区的孕产期保健工作管理。各级妇幼保健机构受辖区卫生行政部门委托，负责孕产期保健技术管理的具体组织和信息处理工作。各级各类医疗保健机构应当按照卫生行政部门登记的诊疗科目范围，按《孕产期保健工作规范》以及相关诊疗指南、技术规范，提供孕产期保健技术服务，按要求配合做好孕产妇死亡、围产儿死亡评审工作。定期收集孕产期保健信息，并报送辖区妇幼保健机构。

二、孕产期保健服务内容

根据《母婴保健法》的规定，孕产期保健服务内容主要包括：①母婴保健指导：即对孕育健康后代以及严重遗传性疾病和碘缺乏病等地方病的发病原因、治疗和预防方法提供医学意见。②孕妇、产妇保健：即为孕妇、产妇提供卫生、营养、心理等方面的咨询和指导以及产前定期检查等医疗保健服务。③胎儿保健：即对胎儿生长发育进行监护，提供咨询和医学指导。④新生儿保健：即为新生儿生长发育、哺乳和护理提供的医疗保健服务。

同时，《孕产期保健工作管理办法》将孕产期保健具体分为孕前、孕期、分娩期及产褥期等阶段，并对医疗保健机构不同阶段的保健服务内容作出了具体要求。

（一）医学指导、检查与产前诊断

1. 医学指导、检查　医疗保健机构发现孕妇患有下列严重疾病或者接触有毒有害等致畸物质，可能危及孕妇生命安全或者可能严重影响孕妇健康和胎儿正常发育的，应当对孕妇进行医学指导和必要的医学检查：①严重的妊娠合并症或并发症；②严重精神性疾病；③国务院卫生行政部门规定的严重影响生育的其他疾病。

医师发现或者怀疑育龄夫妻患有严重遗传性疾病的，应当提出医学意见；限于现有医疗技术水平难以确诊的，应当向当事人说明情况。育龄夫妻应当根据医师的医学意见，选择避孕、节育、不孕等相应的医学措施。

生育过严重遗传性疾病或者严重缺陷患儿的妇女再次妊娠前，夫妻双方应当到县级以上医疗保健机构接受医学检查。医疗保健机构应当向当事人介绍有关遗传性疾病的知识，给予咨询、指导。对诊断患有医学上认为不宜生育的严重遗传性疾病的，医师应当向当事人说明情况，并提出医学意见。

2. 产前诊断　产前诊断（prenatal diagnosis）是指在胎儿出生前对胎儿的发育状态、孕妇和胎儿是否患有疾病或者妊娠是否正常等方面所做的一系列产前检查诊断，从而达到防止具有严重遗传病、智力障碍及先天畸形的患儿出生的目的。经产前检查，医师发现孕妇有下列情形之一的，应当对其进行产前诊断：①羊水过多或过少；②胎儿发育异常或胎儿有可疑畸形；③孕早期接触过可能导致胎儿先天缺陷的物质；④有遗传病家族史或曾经分娩过先天性严重缺陷的婴儿；⑤年龄超过35周岁的初产妇。

（二）终止妊娠

经产前检查和产前诊断，有下列情形之一的，医师应当向夫妻双方说明情况，并提出终止妊娠(termination of pregnancy)的医学意见：①胎儿患严重遗传性疾病的；②胎儿有严重缺陷的；③因患严重疾病，继续妊娠可能危及孕妇生命安全或者严重危害孕妇健康的。当前，我国艾滋病和其他传染性疾病流行形势依然严峻，垂直传播作为许多疾病的传播途径之一，应该引起我们的高度重视。

依照《母婴保健法》第十九条规定，施行终止妊娠或者结扎手术，采取自愿原则。手术时应当经孕妇本人同意，并签署意见。本人无行为能力的，应当经其监护人同意，并签署意见。同时，依据《母婴保健法》施行终止妊娠或者结扎手术的，当事人有权接受免费服务。

需要指出的是，《母婴保健法》关于告知与同意的规定，与近年来新颁布实施的相关法律规定，存在一定的脱节现象。如2020年6月1日实施的《基本医疗卫生与健康促进法》、2021年1月1日起施行的《民法典》以及2022年3月1日起施行的《医师法》，都有涉及诊疗活动中医务人员的告知义务的具体规定。《母婴保健法》与其对此规定不一致的，依据法律适用规则，应该以《民法典》《医师法》等新近实施的法律规定为准。即患者需要施行终止妊娠或者结扎手术的，医务人员应当及时向患者具体说明医疗风险、替代医疗方案等情况，并取得其明确同意；不能或者不宜向患者说明的，应当向患者的近亲属说明，并取得其明确同意。

（三）提倡住院分娩

《母婴保健法实施办法》规定，国家提倡住院分娩，同时要求高危孕妇应当在医疗、保健机构住院分娩。医疗、保健机构应当按照国务院卫生行政部门制定的技术操作规范，实施消毒接生和新生儿复苏，预防产伤及产后出血等产科并发症，降低孕产妇及围产儿发病率、死亡率。在国家依法推进简政放权、放管结合、优化服务改革背景下，该实施办法在2017年修订时，取消了家庭接生员技术合格证书的审批核发，规定没有条件住院分娩的，应当由经过培训、具备相应接生能力的家庭接生人员接生。同时要求县级人民政府卫生行政部门加强对家庭接生人员的培训、技术指导和监督管理。

（四）新生儿出生医学证明与婴儿保健

1. 新生儿出生医学证明 出生医学证明是证明新生儿出生时状态、血亲关系以及申报国籍和户籍、取得公民身份的法定医学证明。《母婴保健法》规定：医疗保健机构和从事家庭接生的人员应当按照国务院卫生行政部门的规定，出具统一制发的新生儿出生医学证明。根据国家卫生行政部门关于出生医学证明管理的相关规范性要求，如果新生儿是经由家庭接生员接生的，应由该家庭接生员出具含有出生医学证明相关内容的出生医学记录，再由其父母到当地妇幼保健机构申请办理签发出生医学证明。

2. 婴儿保健 根据《母婴保健法实施办法》，医疗、保健机构应当为婴儿提供相关的保健服务，具体包括：①按照国家有关规定开展新生儿先天性、遗传性代谢病筛查、诊断、治疗和监测；②按照规定进行新生儿访视，建立儿童保健手册（卡），定期对其进行健康检查，提供有关预防疾病、合理膳食、促进智力发育等科学知识，做好婴儿多发病、常见病防治等医疗保健服务；③按照规定的程序和项目对婴儿进行预防接种；④为实施母乳喂养提供技术指导，为住院分娩的产妇提供必要的母乳喂养条件。

三、严禁非医学需要的性别鉴定和选择性别的人工终止妊娠

非医学需要的性别鉴定和选择性别的人工终止妊娠，是指除经医学诊断胎儿可能为伴性遗传病等需要进行胎儿性别鉴定和选择性别的人工终止妊娠以外，所进行的胎儿性别鉴定和选择性别的人工终止妊娠。为了改善我国男女比例失调、出生人口性别比偏高的现象，在《中华人民共和国人口与计划生育法》以及相关法律法规基础上，2016年国家卫生和计划生育委员会发布了《禁止非医学需要的胎儿性别鉴定和选择性别人工终止妊娠的规定》，禁止任何单位或者个人

实施非医学需要的胎儿性别鉴定和选择性别的人工终止妊娠。禁止任何单位或者个人介绍、组织孕妇实施非医学需要的胎儿性别鉴定和选择性别的人工终止妊娠。

对于医学上确有需要进行胎儿性别鉴定和选择性别的人工终止妊娠的，具体要求如下：①对怀疑胎儿可能为伴性遗传病，需要进行性别鉴定的，由省、自治区、直辖市人民政府卫生行政部门指定的医疗、保健机构按照国务院卫生行政部门的规定进行鉴定。②实施医学需要的胎儿性别鉴定，应当由医疗卫生机构组织三名以上具有临床经验和医学遗传学知识，并具有副主任医师以上的专业技术职称的专家集体审核。经诊断确需人工终止妊娠的，应当出具医学诊断报告，并由医疗卫生机构通报当地县级人民政府卫生行政部门。③终止妊娠的药品，仅限于在获准施行终止妊娠手术的医疗卫生机构的医师指导和监护下使用。

第四节 母婴保健工作的监督管理

一、母婴保健的行政管理机构与职责

（一）国务院相关行政部门职责

母婴保健涉及内容广泛，需要不同部门在分工基础上进行相互配合。在国家层面，国务院卫生行政部门主管全国母婴保健工作，根据不同地区情况提出分级分类指导原则，并对全国母婴保健工作实施监督管理。其职责主要包括：①制定《母婴保健法》及其实施办法的配套规章和技术规范；②按照分级分类指导的原则，制定全国母婴保健工作发展规划和实施步骤；③组织推广母婴保健及其他生殖健康的适宜技术；④对母婴保健工作实施监督。同时，国务院其他有关部门应在各自职责范围内，配合卫生行政部门做好母婴保健工作。

（二）地方人民政府相关部门职责

在地方层面，各级人民政府应当将母婴保健工作纳入本级国民经济和社会发展计划，为母婴保健事业的发展提供必要的经济、技术和物质条件，并对少数民族地区、贫困地区的母婴保健事业给予特殊支持。县级以上地方人民政府根据本地区的实际情况和需要，可以设立母婴保健事业发展专项资金。同时，为实现地方政府部门之间的分工合作，《母婴保健法》及其实施办法规定，县级以上地方人民政府卫生行政部门管理本行政区域内的母婴保健工作。其主要职责主要包括：①依照《母婴保健法》及其实施办法以及国务院卫生行政部门规定的条件和技术标准，对从事母婴保健工作的机构和人员实施许可，并核发相应的许可证书；②对《母婴保健法》及其实施办法的执行情况进行监督检查；③对违反《母婴保健法》及其实施办法的行为，依法给予行政处罚；④负责母婴保健工作监督管理的其他事项。同时，县级以上各级人民政府财政、公安、民政、教育、劳动保障等部门应当在各自职责范围内，配合同级卫生行政部门做好母婴保健工作。

二、母婴保健技术服务的行政许可

由于母婴保健技术服务机构及其人员的服务水平和质量，直接关系到广大妇女儿童的生命安全和身体健康，因此需要严格的资格准入管理。根据《母婴保健法》的规定，医疗保健机构开展婚前医学检查、遗传病诊断、产前诊断等技术服务的，必须符合国务院卫生行政部门规定的条件和技术标准，并经县级以上地方人民政府卫生行政部门许可。同时，拟从事上述技术服务的人员，必须经卫生行政部门的考核，取得相应的合格证书。从而确立了对提供母婴保健技术服务医疗保健机构和人员，分别实行资格准入管理的模式。

在此基础上，《母婴保健法实施办法》作出了进一步细化规定，它根据医疗保健机构和人员所提供的母婴保健技术服务具体项目,规定了分别由不同级别的卫生行政部门作出许可。为了推动母婴保健技术服务许可制度的有效实施,1995年卫生部制定了《母婴保健专项技术服务许可及人员资格管理办法》,其后国家卫生健康委员会分别于2019年和2021年对其进行了两次修订。根据2022年最新修正的《母婴保健法实施办法》的规定,从事遗传病诊断、产前诊断的医疗、保健机构和人员,须经省、自治区、直辖市人民政府卫生行政部门许可;但是,从事产前诊断中产前筛查的医疗、保健机构,须经县级人民政府卫生行政部门许可。从事婚前医学检查的医疗、保健机构和人员,须经县级人民政府卫生行政部门许可。由于上述《母婴保健专项技术服务许可及人员资格管理办法》与新修订的《母婴保健法实施办法》关于许可机关级别的规定存在不一致,故面临进一步修订的需要。在其修订之前,依据上位法优于下位法原则,两者规定不一致的,以后者为准。

三、母婴保健技术服务的监督

根据《母婴保健法》的规定,卫生行政部门对母婴保健工作实施监督管理,但由于彼时我国尚未建立起统一的卫生监督执法队伍,为保障《母婴保健法》的贯彻实施,原卫生部先后出台了多部配套法规,其中包括1995年8月7日颁布并实施的《母婴保健监督员管理办法》,该办法规定,国家对母婴保健监督员实行资格考试,在职培训,工作考核和任免制度。母婴保健监督员在县级以上地方人民政府卫生行政部门和妇幼保健机构中聘任。县级以上地方人民政府卫生行政部门对母婴保健监督员进行统一管理。

1997年,《中共中央、国务院关于卫生改革与发展的决定》提出建立具有中国特色的卫生监督执法体系。在此基础上,2000年卫生部颁布了《关于卫生监督体制改革的意见》,提出地方卫生行政部门要合理划分卫生监督与卫生技术服务职责,将原来由各卫生事业单位承担的卫生监督职能集中,组建卫生监督所,专职承担卫生监督任务。在此背景下,各地逐步将母婴保健监督工作从母婴保健机构中剥离,纳入卫生监督综合执法。

2013年,国务院根据机构改革和职能转变方案,将卫生部、国家人口和计划生育委员会的职责整合,组建国家卫生和计划生育委员会(简称"国家卫生计生委")。为深入贯彻卫生计划生育机构改革与职能转变,2013年12月31日,国家卫生计生委发布了《关于切实加强综合监督执法工作的指导意见》,明确将计划生育综合监督纳入综合监督执法三大内容之一,监督内容包括母婴保健、计划生育与人类辅助生殖技术服务监督。2017年12月13日,国家卫生计生委发布公告,决定废止包括《母婴保健监督员管理办法》《母婴保健医学技术鉴定管理办法》在内的四件部门规章。

综上所述可以看出,虽然1995年卫生部公布了《母婴保健监督员管理办法》,但在实践中母婴保健监督员制度并未广泛实施,并不存在单独的母婴保健监督员序列。目前我国实行的是综合性卫生监督管理模式,母婴保健监督属于卫生监督的有机组成部分。

第五节 法 律 责 任

一、行 政 责 任

《母婴保健法》及其实施办法对医疗、保健机构或者人员在母婴保健服务过程中是否取得母婴保健技术许可进行了区分,并规定了不同的行政责任。对于未取得母婴保健技术许可,擅自从事婚前医学检查、遗传病诊断、产前诊断、终止妊娠手术或者出具有关医学证明的,由卫生行政部门给予警告，责令停止违法行为，没收违法所得；违法所得 5 000 元以上的，并处违法所得 3 倍以上 5 倍以下的罚款；没有违法所得或者违法所得不足 5 000 元的，并处 5 000 元以上 2 万元以下的罚款。

从事母婴保健技术服务的人员出具虚假医学证明文件的，依法给予行政处分。有下列情形之一的，由原发证部门撤销相应的母婴保健技术执业资格或者医师执业证书：①因延误诊治，造成严重后果的；②给当事人身心健康造成严重后果的；③造成其他严重后果的。

违反规定进行胎儿性别鉴定的，由卫生行政部门给予警告，责令停止违法行为；对医疗、保健机构直接负责的主管人员和其他直接责任人员，依法给予行政处分。进行胎儿性别鉴定两次以上的或者以营利为目的进行胎儿性别鉴定的，并由原发证机关撤销相应的母婴保健技术执业资格或者医师执业证书。

需要指出的是，上述责任规定源自《母婴保健法》及其实施办法，部分规定尚比较粗略，不易实施。由于医疗、保健机构或人员提供的母婴保健服务，在性质上也属于医疗服务，因此，如果在服务过程中违反了《医师法》《医疗机构管理条例》以及《医疗事故处理条例》等法律法规，则有可能按照其规定，承担相应的行政责任。例如，《医师法》第五十六条规定，医师在执业活动中存在出具虚假医学证明文件等行为的，由县级以上人民政府卫生健康主管部门责令改正，给予警告，没收违法所得，并处一万元以上三万元以下的罚款；情节严重的，责令暂停六个月以上一年以下执业活动直至吊销医师执业证书。

二、民 事 责 任

医疗、保健机构或者人员在母婴保健服务过程中，与其服务的对象之间构成平等的民事法律关系，如果对服务对象造成损害，应根据《民法典》的相关规定，承担相应的民事责任。医疗性的母婴保健服务机构在服务过程中造成损害的，主要适用医疗损害责任的相关规定。而非医疗性的母婴保健服务机构在服务过程中，则可能承担违约责任，或者按照一般侵权的相关规定承担侵权责任。

三、刑 事 责 任

根据《母婴保健法》的规定，未取得国家颁发的有关合格证书，施行终止妊娠手术或者采取其他方法终止妊娠，致人死亡、残疾、丧失或者基本丧失劳动能力的，依照刑法有关规定追究刑事责任。《刑法》中与此相关的罪名是非法进行节育手术罪，其具体规定为：未取得医生执业资格的人擅自为他人进行节育复通手术、假节育手术、终止妊娠手术或者摘取宫内节育器，情节严重的，处三年以下有期徒刑、拘役或者管制，并处或者单处罚金；严重损害就诊人身体健康的，处三年以上十年以下有期徒刑，并处罚金；造成就诊人死亡的，处十年以上有期徒刑，并处罚金。

此外，根据《刑法》中有关医疗事故罪的规定，已经取得相应合格证书的从事母婴保健工作的医务人员，由于严重不负责任，造成就诊人死亡或者严重损害就诊人身体健康的，处三年以下有期徒刑或者拘役。关于该罪的立案标准，最高人民检察院、公安部曾于 2008 年联合发布了《关于公安机关管辖的刑事案件立案追诉标准的规定（一）》，根据这一规定，医疗事故罪中的"严重不负责任"，是指具有下列情形之一：①擅离职守的；②无正当理由拒绝对危急就诊人实行必要的医疗救治的；③未经批准擅自开展试验性治疗的；④严重违反查对、复核制度的；⑤使用未经批准使用的药品、消毒药剂、医疗器械的；⑥严重违反国家法律法规及有明确规定的诊疗技术规范、常规的；⑦其他严重不负责任的情形。

　　"严重损害就诊人身体健康"，则是指造成就诊人严重残疾、重伤、感染艾滋病、病毒性肝炎等难以治愈的疾病或者其他严重损害就诊人身体健康的后果。

思考题

对于"强制婚检"制度，你是支持还是反对？请说明主要理由。

（翟方明）

第十七章　中医药管理法律制度

章前案例

中医药国际交流与合作

中医药已成为中国与东盟、欧盟、非洲、中东欧等地区和组织卫生经贸合作的重要内容，成为中国与世界各国开展人文交流、促进东西方文明交流互鉴的重要内容，成为中国与各国共同维护世界和平、增进人类福祉、建设人类命运共同体的重要载体。

中国政府致力于推动国际传统医药发展，与世界卫生组织保持密切合作，为全球传统医学发展作出贡献。中国总结和贡献发展中医药的实践经验，为世界卫生组织于 2008 年在中国北京成功举办首届传统医学大会并形成《北京宣言》发挥了重要作用。在中国政府的倡议下，第 62 届、67 届世界卫生大会两次通过《传统医学决议》，并敦促成员国实施《世卫组织传统医学战略（2014—2023 年）》。目前，中国政府与相关国家和国际组织签订中医药合作协议 86 个，中国政府已经支持在海外建立了 10 个中医药中心。

为促进中医药在全球范围内的规范发展，保障安全、有效、合理应用，中国推动在国际标准化组织（ISO）成立中医药技术委员会（ISO/TC 249），秘书处设在中国上海，目前已发布一批中医药国际标准。在中国推动下，世界卫生组织将以中医药为主体的传统医学纳入新版国际疾病分类（ICD-11）。积极推动传统药监督管理国际交流与合作，保障传统药安全有效。

中国在致力于自身发展的同时，坚持向发展中国家提供力所能及的援助，承担相应国际义务。目前，中国已向亚洲、非洲、拉丁美洲的 70 多个国家派遣了医疗队，基本每个医疗队中都有中医药人员，约占医务人员总数的 10%。在非洲国家启动建设中国中医中心，在科威特、阿尔及利亚、突尼斯、摩洛哥、马耳他、纳米比亚等国家还设有专门的中医医疗队（点）。近年来，中国加强在发展中国家特别是非洲国家开展艾滋病、疟疾等疾病防治，先后派出中医技术人员 400 余名，分赴坦桑尼亚、科摩罗、印度尼西亚等 40 多个国家。援外医疗队采用中药、针灸、推拿以及中西医结合方法治疗了不少疑难重症，挽救了许多垂危病人的生命，得到受援国政府和人民的充分肯定。

思考：

中医药在国际交流与合作中取得了哪些成绩？

第一节　概　　述

一、中医药的概念

中医药（traditional Chinese medicine）是中华民族在与疾病长期斗争的过程中积累的宝贵财富，其有效的实践和丰富的知识中蕴含着深厚的科学内涵，是中华民族优秀文化的重要组成部分，为中华民族的繁衍昌盛和人类健康作出了不可磨灭的贡献。

中医药，是包括汉族和少数民族医药在内的我国各民族医药的统称，是反映中华民族对生命、健康和疾病的认识，具有悠久历史传统和独特理论及技术方法的医药学体系。

二、中医药管理的立法

中医药是中华民族智慧的结晶，其传承和发展应受到国家法律的保护。中医药管理的法律制度应当按照中医的特点和活动规律，以及我国卫生事业的实际来制定和完善，以促进中医药事业的健康发展为最终目的。

新中国成立以来，党和政府一直非常重视中医药事业，制定了一系列方针政策，促使中医药事业不断发展。党的十一届三中全会以来，中医药立法工作受到高度重视。1982 年，《宪法》明确规定，发展现代医药和我国传统医药，这是制定传统医药法律规范的根本法律依据。《中共中央、国务院关于卫生改革与发展的决定》充分肯定了传统医药的重要地位和作用，进一步明确了中西医并重的方针，把传统医药确定为卫生事业发展的重点领域，为传统医药事业的快速健康发展指明了方向。为加强中医药法制建设，原卫生部、国家中医药管理局相继颁布了一系列中医药管理法律规范和政策文件，涉及中医药的地位、作用和发展方向、中医医疗机构管理、中药生产经营管理、中医药队伍建设、科研管理以及发展民族医药等方面的内容。2002 年 10 月，科技部、卫生部等部委联合发布了《中药现代化发展纲要（2002 年至 2010 年）》。2003 年 11 月，国家中医药管理局发布了《关于进一步加强中西医结合工作的指导意见》。2003 年 4 月 7 日，国务院颁布了《中华人民共和国中医药条例》（以下简称《中医药条例》），并于 2003 年 10 月 1 日起施行。这是新中国成立以来，第一部对中医药进行规范的行政法规。2007 年 1 月 11 日，科技部、卫生部、国家中医药管理局、国家食品药品监督管理局、国家自然科学基金委员会等十六个部门联合制定了《中医药创新发展规划纲要（2006—2020 年）》。2007 年 12 月 25 日，卫生部、国家中医药管理局等十一个部委联合发布了《关于切实加强民族医药事业发展的指导意见》。2016 年 12 月 25 日，第十二届全国人民代表大会常务委员会第二十五次会议通过了《中华人民共和国中医药法》（以下简称《中医药法》），自 2017 年 7 月 1 日施行。另外，各省、自治区、直辖市相继颁布了中医药的地方性法规。

新中国成立以来，我国制定的一系列关于中医药管理的法律文件和政策文件，使我国的卫生工作更好地继承和发展了中医药，保障和促进了中医药事业的发展，使我国的中医药在保护人体健康方面发挥了极大的作用。

三、中医药发展的指导思想和原则

中医药事业是我国医药卫生事业的重要组成部分。国家大力发展中医药事业，实行中西医并重的方针，建立符合中医药特点的管理制度，充分发挥中医药在我国医药卫生事业中的作用。发展中医药事业应当遵循中医药发展规律，坚持继承和创新相结合，保持和发挥中医药特色和优势，运用现代科学技术，促进中医药理论和实践的发展。国家鼓励中医西医相互学习，相互补充，协调发展，发挥各自优势，促进中西医结合。

第二节　中医药服务

一、中医医疗机构规划与设置

根据《中医药法》的规定，县级以上人民政府应当将中医医疗机构建设纳入医疗机构设置规划，举办规模适宜的中医医疗机构，扶持有中医药特色和优势的医疗机构发展。合并、撤销政府举办的中医医疗机构或者改变其中医医疗性质，应当征求上一级人民政府中医药主管部门的意见。医疗机构设置规划是以区域内居民实际医疗服务需求为依据，以合理配置、利用医疗卫生资源，公平、可及地向全体居民提供安全、有效的基本医疗服务为目的，对各级各类、不同隶属关系的医疗机构进行统一规划、设置布局，有利于引导医疗卫生资源合理配置，充分发挥有限资源的最大效率和效益，建立结构合理、覆盖城乡、适应我国国情和人口政策、具有中国特色的医疗服务体系，为人民群众提供安全、有效、方便、价廉的基本医疗卫生服务。

应当举办规模适宜的中医医疗机构，《中医药发展战略规划纲要（2016—2030年）》提出，县级以上地方人民政府要在区域卫生规划中合理配置中医医疗资源，原则上在每个地市级区域、县级区域设置1个市办中医类医院、1个县办中医类医院。《医疗机构设置规划指导原则（2016—2020年）》提出，医疗机构的设置以医疗服务需求、医疗服务能力、千人口床位数、千人口医师数和千人口护士数等主要指标进行宏观调控，具体指标值由各省、自治区、直辖市根据实际情况确定。《全国医疗卫生服务体系规划纲要（2015—2020年）》提出，中医类医院床位数可按照每千常住人口0.55张配置。

二、中医医疗机构的执业

（一）中医医疗机构的概念

中医医疗机构（traditional Chinese medicine medical institution）是具有中国特色的医疗单位，是结合医疗进行教学和科学研究、继承和发扬中医药学，培养中医药人才的基地。中医医疗机构是我国医疗机构的重要组成部分。

（二）中医医疗机构的主管部门

中医医疗机构由中医药管理部门负责监督管理，《中医药法》规定，国务院中医药主管部门负责全国的中医药管理工作。国务院其他有关部门在各自职责范围内负责与中医药管理有关的工作。县级以上地方人民政府中医药主管部门负责本行政区域内的中医药管理工作。县级以上地方人民政府其他有关部门在各自职责范围内负责与中医药管理有关的工作。

（三）中医从业人员的资格

根据《中医药法》的规定，从事中医医疗活动的人员应当按照《执业医师法》的规定，通过中医医师资格考试取得中医医师资格，并进行执业注册。中医医师资格考试的内容应当体现中医药特点。

以师承方式学习中医或者经多年实践，医术确有专长的人员，由至少两名中医医师推荐，经省、自治区、直辖市人民政府中医药主管部门组织实践技能和效果考核合格后，即可取得中医医师资格；按照考核内容进行执业注册后，即可在注册的执业范围内，以个人开业的方式或者在医疗机构内从事中医医疗活动。

（四）中医从业人员的管理

中医医疗机构配备医务人员应当以中医药专业技术人员为主，主要提供中医药服务；经考试取得医师资格的中医医师按照国家有关规定,经培训、考核合格后,可以在执业活动中采用与其专业相关的现代科学技术方法。在医疗活动中采用现代科学技术方法的,应当有利于保持和发挥中医药特色和优势。

社区卫生服务中心、乡镇卫生院、社区卫生服务站以及有条件的村卫生室应当合理配备中医药专业技术人员,并运用和推广适宜的中医药技术方法。

三、中医医疗广告的发布

医疗机构发布中医医疗广告(traditional Chinese medicine medical advertising),应当经所在地省、自治区、直辖市人民政府中医药主管部门审查批准;未经审查批准,不得发布。发布的中医医疗广告内容应当与经审查批准的内容相符合,并符合《中华人民共和国广告法》的有关规定。

四、中医药服务的监督

县级以上人民政府中医药主管部门应当加强对中医药服务的监督检查,并将下列事项作为监督检查的重点:①中医医疗机构、中医医师是否超出规定的范围开展医疗活动;②开展中医药服务是否符合国务院中医药主管部门制定的中医药服务基本要求;③中医医疗广告发布行为是否符合法律规定。中医药主管部门依法开展监督检查,有关单位和个人应当予以配合,不得拒绝或者阻挠。

第三节　中药保护与发展

一、中药材管理

(一)中药材种植养殖、采集、贮存和初加工

国家制定中药材(traditional Chinese medicinal material)种植养殖、采集、贮存和初加工的技术规范、标准,加强对中药材生产流通全过程的质量监督管理,保障中药材质量安全。国家鼓励发展中药材规范化种植养殖,严格管理农药、肥料等农业投入品的使用,禁止在中药材种植过程中使用剧毒、高毒农药,支持中药材良种繁育,提高中药材质量。

(二)道地药材保护

国家建立道地中药材评价体系,支持道地中药材品种选育,扶持道地中药材生产基地建设,加强道地中药材生产基地生态环境保护,鼓励采取地理标志产品保护等措施保护道地中药材。

(三)中药材质量检测

国务院药品监督管理部门应当组织并加强对中药材质量的监测,定期向社会公布监测结果。国务院有关部门应当协助做好中药材质量监测有关工作。采集、贮存中药材以及对中药材进行初加工,应当符合国家有关技术规范、标准和管理规定。

(四)野生动植物资源保护与利用

国家保护药用野生动植物资源,对药用野生动植物资源实行动态监测和定期普查,建立药用野生动植物资源种质基因库,鼓励发展人工种植养殖,支持依法开展珍贵、濒危药用野生动植物的保护、繁育及其相关研究。

（五）自种、自采中药材管理

在村医疗机构执业的中医医师、具备中药材知识和识别能力的乡村医生，按照国家有关规定可以自种、自采地产中药材并在其执业活动中使用。

二、中药饮片管理

国家保护中药饮片传统炮制技术和工艺，支持应用传统工艺炮制中药饮片，鼓励运用现代科学技术开展中药饮片炮制技术研究。对市场上没有供应的中药饮片，医疗机构可以根据本医疗机构医师处方的需要，在本医疗机构内炮制、使用。医疗机构应当遵守中药饮片炮制的有关规定，对其炮制的中药饮片的质量负责，保证药品安全。医疗机构炮制中药饮片，应当向所在地设区的市级人民政府药品监督管理部门备案。根据临床用药需要，医疗机构可以凭本医疗机构医师的处方对中药饮片进行再加工。

三、中药新药的研制和生产

国家鼓励和支持中药新药的研制和生产。国家保护传统中药加工技术和工艺，支持传统剂型中成药的生产，鼓励运用现代科学技术研究开发传统中成药。生产符合国家规定条件的来源于古代经典名方的中药复方制剂，在申请药品批准文号时，可以仅提供非临床安全性研究资料。具体管理办法由国务院药品监督管理部门会同中医药主管部门制定。国家鼓励医疗机构根据本医疗机构临床用药需要配制和使用中药制剂，支持应用传统工艺配制中药制剂，支持以中药制剂为基础研制中药新药。

四、中医医疗机构的制剂管理

医疗机构配制中药制剂，应当依照《中华人民共和国药品管理法》的规定取得医疗机构制剂许可证，或者委托取得药品生产许可证的药品生产企业、取得医疗机构制剂许可证的其他医疗机构配制中药制剂。委托配制中药制剂，应当向委托方所在地省、自治区、直辖市人民政府药品监督管理部门备案。

医疗机构对其配制的中药制剂的质量负责；委托配制中药制剂的，委托方和受托方对所配制的中药制剂的质量分别承担相应责任。

医疗机构配制的中药制剂品种，应当依法取得制剂批准文号。但是，仅应用传统工艺配制的中药制剂品种，向医疗机构所在地省、自治区、直辖市人民政府药品监督管理部门备案后即可配制，不需要取得制剂批准文号。

医疗机构应当加强对备案的中药制剂品种的不良反应监测，并按照国家有关规定进行报告。药品监督管理部门应当加强对备案的中药制剂品种配制、使用的监督检查。

第四节　中医药人才培养

一、人才培养的基本原则

中医药教育应当遵循中医药人才成长规律，以中医药内容为主，体现中医药文化特色，注重中医药经典理论和中医药临床实践、现代教育方式和传统教育方式相结合。

二、人才培养体系

（一）中医药学校教育

国家完善中医药学校教育体系，支持专门实施中医药教育的高等学校、中等职业学校和其他教育机构的发展。中医药学校教育的培养目标、修业年限、教学形式、教学内容、教学评价及学术水平评价标准等，应当体现中医药学科特色，符合中医药学科发展规律。

（二）中医药师承教育

国家发展中医药师承教育，支持有丰富临床经验和技术专长的中医医师、中药专业技术人员在执业、业务活动中带徒授业，传授中医药理论和技术方法，培养中医药专业技术人员。

（三）中医药继续教育

县级以上地方人民政府中医药主管部门应当组织开展中医药继续教育，加强对医务人员，特别是城乡基层医务人员中医药基本知识和技能的培训。中医药专业技术人员应当按照规定参加继续教育，所在机构应当为其接受继续教育创造条件。

第五节　中医药科学研究

一、中医药科学研究的基本原则

国家鼓励科研机构、高等学校、医疗机构和药品生产企业等，运用现代科学技术和传统中医药研究方法，开展中医药科学研究，加强中西医结合研究，促进中医药理论和技术方法的继承和创新。

国家采取措施支持对中医药古籍文献、著名中医药专家的学术思想和诊疗经验以及民间中医药技术方法的整理、研究和利用。

国家鼓励组织和个人捐献有科学研究和临床应用价值的中医药文献、秘方、验方、诊疗方法和技术。

二、中医药科学技术进步与创新体系

国家建立和完善符合中医药特点的科学技术创新体系、评价体系和管理体制，推动中医药科学技术进步与创新。

三、中医药科学研究的重点领域

国家采取措施，加强对中医药基础理论和辨证论治方法，常见病、多发病、慢性病和重大疑难疾病、重大传染病的中医药防治，以及其他对中医药理论和实践发展有重大促进作用的项目的科学研究。

第六节　中医药传承与文化传播

一、中医药传承

（一）中医药传承项目和传承人

中医药是具有悠久历史传统和独特理论及技术方法的医药科学体系,中医药的发展离不开学术的传承。《中医药法》明确规定,学术传承的重点是"具有重要学术价值的中医药理论和技术方法"。对具有重要学术价值的中医药理论和技术方法,省级以上人民政府中医药主管部门应当组织遴选本行政区域内的中医药学术传承项目和传承人,并为传承活动提供必要的条件。传承人应当开展传承活动,培养后继人才,收集整理并妥善保存相关的学术资料。属于非物质文化遗产代表性项目的,依照《中华人民共和国非物质文化遗产法》的有关规定开展传承活动。

（二）中医药传统知识保护

国家建立中医药传统知识保护数据库、保护名录和保护制度。中医药传统知识持有人对其持有的中医药传统知识享有传承使用的权利,对他人获取、利用其持有的中医药传统知识享有知情同意和利益分享等权利。国家对经依法认定属于国家秘密的传统中药处方组成和生产工艺实行特殊保护。

二、中医药文化传播

县级以上人民政府应当加强中医药文化宣传,普及中医药知识,鼓励组织和个人创作中医药文化和科普作品。开展中医药文化宣传和知识普及活动,应当遵守国家有关规定。任何组织或者个人不得对中医药作虚假、夸大宣传,不得冒用中医药名义牟取不正当利益。广播、电视、报刊、互联网等媒体开展中医药知识宣传,应当聘请中医药专业技术人员进行。

第七节　保 障 措 施

一、政 策 支 持

县级以上人民政府应当为中医药事业发展提供政策支持和条件保障,将中医药事业发展经费纳入本级财政预算。

县级以上人民政府及其有关部门制定基本医疗保险支付政策、药物政策等医药卫生政策,应当有中医药主管部门参加,注重发挥中医药的优势,支持提供和利用中医药服务。

二、医 保 支 持

将符合规定的中医医疗机构纳入基本医疗保险定点医疗机构范围,可以为参保人接受中医药服务提供更多的选择,满足其中医药服务需求,也可以引导参保人选择接受中医药服务,有利于中医医疗机构的发展,县级以上地方人民政府负责基本医疗保险管理的部门在确定基本医疗保险定点医疗机构条件、对医疗机构开展评估等方面应当考虑中医医疗机构,将符合条件的中医医疗机构纳入基本医疗保险定点医疗机构范围,保障参保人接受中医药服务,促进中医医疗机构发展。

三、加强中医药标准体系建设

国家加强中医药标准体系建设，根据中医药特点对需要统一的技术要求制定标准并及时修订。中医药国家标准、行业标准由国务院有关部门依据职责制定或者修订，并在其网站上公布，供公众免费查阅。国家推动建立中医药国际标准体系。

四、其他相关支持

开展法律、行政法规规定的与中医药有关的评审、评估、鉴定活动，应当成立中医药评审、评估、鉴定的专门组织，或者有中医药专家参加。国家采取措施，加大对少数民族医药传承创新、应用发展和人才培养的扶持力度，加强少数民族医疗机构和医师队伍建设，促进和规范少数民族医药事业发展。

第八节 法 律 责 任

一、中医药主管部门及其他有关部门的法律责任

县级以上人民政府中医药主管部门及其他有关部门未履行《中医药法》规定的职责的，由本级人民政府或者上级人民政府有关部门责令改正；情节严重的，对直接负责的主管人员和其他直接责任人员，依法给予处分。

二、违法医疗活动的法律责任

违反《中医药法》规定，中医诊所超出备案范围开展医疗活动的，由所在地县级人民政府中医药主管部门责令改正，没收违法所得，并处一万元以上三万元以下罚款；情节严重的，责令停止执业活动。

中医诊所被责令停止执业活动的，其直接负责的主管人员自处罚决定作出之日起五年内不得在医疗机构内从事管理工作。医疗机构聘用上述不得从事管理工作的人员从事管理工作的，由原发证部门吊销执业许可证或者由原备案部门责令停止执业活动。

三、违法发布中医医疗广告的法律责任

违反《中医药法》规定，发布的中医医疗广告内容与经审查批准的内容不相符的，由原审查部门撤销该广告的审查批准文件，一年内不受理该医疗机构的广告审查申请。

违反《中医药法》规定，发布中医医疗广告有前款规定以外违法行为的，依照《中华人民共和国广告法》的规定给予处罚。

四、中药材种植过程违法行为的法律责任

违反《中医药法》规定，在中药材种植过程中使用剧毒、高毒农药的，依照有关法律、法规规定给予处罚；情节严重的，可以由公安机关对其直接负责的主管人员和其他直接责任人员处五日

以上十五日以下拘留。

五、其他违法行为的法律责任

违反《中医药法》规定，造成人身、财产损害的，依法承担民事责任；构成犯罪的，依法追究刑事责任。

思考题

1. 国家在中医药发展过程中有哪些保障措施？
2. 如何发挥优势，促进中医药国际传播？

（王　洋）

第十八章　医疗技术临床应用中的法律问题

章前案例

李某赴外国进行人工授精案

张某（男）与李某（女）于 2013 年登记结婚，2019 年 8 月离婚。二人婚姻关系存续期间，李某于 2018 年两次前往外国，使用案外人的精子进行人工授精，2019 年 6 月生育一女李某甲。现张某向法院主张确认张某与李某甲之间不存在亲子关系。法院经审理认为，李某未向经国家卫生行政部门审核具有相应资质精子库和医疗机构寻求合法实施人工授精实现生育目的，而是赴外国使用案外人的精子进行人工授精，既不符合法律规定，也有违公序良俗和伦理；现无充分证据证明李某所进行的人工授精系经其与张某协商一致后实施的，本案不符合《最高人民法院关于适用〈中华人民共和国民法典〉婚姻家庭编的解释（一）》第四十条规定的通过合法辅助生殖技术生育子女的情形，故张某与李某甲也不存在法律拟制的亲子关系，张某要求确认其与李某甲不存在亲子关系，法院予以支持。

思考：

李某赴外国进行人工授精行为是否符合我国的相关法律规定？

第一节　医疗技术临床应用中的法律问题概述

一、医疗技术及其临床应用的概念

医疗技术（medical technology），是指医疗机构及其医务人员以诊断和治疗疾病为目的，对疾病作出判断和为消除疾病、缓解病情、减轻痛苦、改善功能、延长生命、帮助患者恢复健康而采取的医学专业手段和措施。

医疗技术临床应用，是指将经过临床研究论证且安全性、有效性确切的医疗技术应用于临床，用以诊断或者治疗疾病的过程。

二、医疗技术临床应用呼吁法律法规进行规范

随着社会经济和科学技术的不断发展，医疗技术不断进步，新技术不断涌现，对提高疾病诊治水平、维护人民群众健康发挥了重要作用。同时，医疗技术作为医疗服务的重要载体，与医疗质量和医疗安全直接相关，医疗技术不规范的临床应用滥用，会造成医疗质量和医疗安全隐患，危害人民群众健康权益。因此，需要进一步加强管理，既要促进医疗技术进步，造福患者，也要保障医疗质量和医疗安全，维护患者健康权益。

三、《医疗技术临床应用管理办法》及其主要内容

2018 年，国家卫生健康委员会发布了《医疗技术临床应用管理办法》，旨在通过加强医疗技术临床应用管理顶层设计，建立医疗技术临床应用的相关管理制度和工作机制，强化医疗机构在医疗技术临床应用管理中的主体责任以及卫生行政部门的监管责任，一方面，有利于规范医疗技术临床应用管理，保障医疗技术科学、规范、有序和安全发展，另一方面，为保障医疗质量和医疗安全提供法治保障，维护人民群众健康权益。

（一）医疗技术临床应用应当遵循的基本原则

医疗机构和医务人员开展医疗技术临床应用应当遵守《医疗技术临床应用管理办法》的规定。医疗技术临床应用应当遵循科学、安全、规范、有效、经济、符合伦理的原则。安全性、有效性不确切的医疗技术，医疗机构不得开展临床应用。

（二）医疗技术临床应用的分类管理

国家卫生健康委员会负责全国医疗技术临床应用管理工作。县级以上地方卫生行政部门负责本行政区域内医疗技术临床应用监督管理工作。

根据《医疗技术临床应用管理办法》的规定，我国对医疗技术临床应用实施分类管理，即将医疗技术分为禁止类技术、限制类技术和其他临床应用的医疗技术等三类，分别实施负面清单管理制度、重点管理和备案制度及医疗机构自我管理制度。

1. 禁止类技术的负面清单管理制度　根据《医疗技术临床应用管理办法》第九条的规定，医疗技术具有下列情形之一的，禁止应用于临床（以下简称禁止类技术）：①临床应用安全性、有效性不确切；②存在重大伦理问题；③该技术已经被临床淘汰；④未经临床研究论证的医疗新技术。

禁止类技术目录由国家卫生健康委员会制定发布或者委托专业组织制定发布，并根据情况适时予以调整。截至目前，国家卫生健康委员会通过文件列明的禁止类医疗技术有小腿神经离断瘦腿手术、脑下垂体酒精毁损术治疗顽固性疼痛、克隆治疗技术、代孕技术、除医疗目的以外的肢体延长术、角膜放射状切开术等六项。

2. 限制类技术的重点管理和备案制度　国家对部分需要严格监管的医疗技术进行重点管理。根据《医疗技术临床应用管理办法》第十条的规定，禁止类技术目录以外并具有下列情形之一的，作为需要重点加强管理的医疗技术（以下简称限制类技术），由省级以上卫生行政部门严格管理：①技术难度大、风险高，对医疗机构的服务能力、人员水平有较高专业要求，需要设置限定条件的；②需要消耗稀缺资源的；③涉及重大伦理风险的；④存在不合理临床应用，需要重点管理的。

国家限制类技术目录及其临床应用管理规范由国家卫生健康委员会制定发布或者委托专业组织制定发布，并根据临床应用实际情况予以调整。根据国家卫生健康委员会印发的《国家限制类技术目录（2022 年版）》和《国家限制类技术目录和临床应用管理规范（2022 年版）》规定，国家限制类医疗技术目录包括 12 项，分别是异基因造血干细胞移植技术、同种胰岛移植技术、同种异体运动系统结构性组织移植技术、同种异体角膜移植技术、性别重置技术、质子和重离子加速器放射治疗技术、放射性粒子植入治疗技术、肿瘤消融治疗技术、心室辅助技术、人工智能辅助治疗技术、体外膜肺氧合（ECMO）技术和自体器官移植技术。省级卫生行政部门可以结合本行政区域实际情况，在国家限制类技术目录基础上增补省级限制类技术相关项目，制定发布相关技术临床应用管理规范，并报国家卫生健康委员会备案。

国家对限制类医疗技术实施备案管理。医疗机构拟开展限制类技术临床应用的，应当按照相关医疗技术临床应用管理规范进行自我评估，符合条件的可以开展临床应用，并于开展首例临床应用之日起 15 个工作日内，向核发其医疗机构执业许可证的卫生行政部门备案。

3.其他医疗技术的医疗机构自我管理制度 其他临床应用的医疗技术由决定使用该类技术的医疗机构自我管理。未纳入禁止类技术和限制类技术目录的医疗技术,医疗机构可以根据自身功能、任务、技术能力等自行决定开展临床应用,并应当对开展的医疗技术临床应用实施严格管理。医疗机构对本机构医疗技术临床应用和管理承担主体责任。医疗机构开展医疗技术服务应当与其技术能力相适应。医疗机构开展医疗技术临床应用应当具有符合要求的诊疗科目、专业技术人员、相应的设备、设施和质量控制体系,并遵守相关技术临床应用管理规范。医疗机构主要负责人是本机构医疗技术临床应用管理的第一责任人。

(三)医疗技术临床应用的管理与控制

国家建立医疗技术临床应用质量管理与控制制度,充分发挥各级、各专业医疗质量控制组织的作用,以"限制类技术"为主加强医疗技术临床应用质量控制,对医疗技术临床应用情况进行日常监测与定期评估,及时向医疗机构反馈质控和评估结果,持续改进医疗技术临床应用质量。

1.建立医疗技术临床应用管理组织 二级以上的医院、妇幼保健院及专科疾病防治机构医疗质量管理委员会应当下设医疗技术临床应用管理的专门组织,由医务、质量管理、药学、护理、院感、设备等部门负责人和具有高级技术职务任职资格的临床、管理、伦理等相关专业人员组成。该专门组织的负责人由医疗机构主要负责人担任,由医务部门负责日常管理工作,主要职责是:①根据医疗技术临床应用管理相关的法律、法规、规章,制定本机构医疗技术临床应用管理制度并组织实施;②审定本机构医疗技术临床应用管理目录和手术分级管理目录并及时调整;③对首次应用于本机构的医疗技术组织论证,对本机构已经临床应用的医疗技术定期开展评估;④定期检查本机构医疗技术临床应用管理各项制度执行情况,并提出改进措施和要求;⑤省级以上卫生行政部门规定的其他职责。其他医疗机构应当设立医疗技术临床应用管理工作小组,并指定专(兼)职人员负责本机构医疗技术临床应用管理工作。

2.建立本机构医疗技术临床应用管理制度 医疗机构应当建立本机构医疗技术临床应用管理制度,包括目录管理、手术分级、医师授权、质量控制、档案管理、动态评估等制度,保障医疗技术临床应用质量和安全。

3.建立医疗技术临床应用管理目录并实施手术分级管理 医疗机构应当制定本机构医疗技术临床应用管理目录并及时调整,对目录内的手术进行分级管理。手术管理按照国家关于手术分级管理的有关规定执行。

根据卫生部办公厅于2012年8月3日颁发的《医疗机构手术分级管理办法(试行)》的规定,根据风险性和难易程度不同,手术分为四级:一级手术是指风险较低、过程简单、技术难度低的手术;二级手术是指有一定风险、过程复杂程度一般、有一定技术难度的手术;三级手术是指风险较高、过程较复杂、难度较大的手术;四级手术是指风险高、过程复杂、难度大的手术。医疗机构应当开展与其级别和诊疗科目相适应的手术。各级医院按照手术分级开展如下手术:三级医院重点开展三、四级手术;二级医院重点开展二、三级手术;一级医院、乡镇卫生院可以开展一、二级手术,重点开展一级手术。其中,获得第二类、第三类医疗技术临床应用资格后,方可开展相应手术。社区卫生服务中心、社区卫生服务站、卫生保健所、门诊部(口腔科除外)、诊所(口腔科除外)、卫生所(室)、医务室等其他医疗机构,除为挽救患者生命而实施的急救性外科止血、小伤口处置或其他省级卫生行政部门有明确规定的项目外,原则上不得开展本办法规定的手术。

4.建立医务人员医疗技术临床应用管理档案和医师手术授权与动态管理制度

医疗机构应当依法准予医务人员实施与其专业能力相适应的医疗技术,并为医务人员建立医疗技术临床应用管理档案,纳入个人专业技术档案管理。

医疗机构应当建立医师手术授权与动态管理制度,根据医师的专业能力和培训情况,授予或者取消相应的手术级别和具体手术权限。

5.建立医疗技术临床应用论证制度 医疗机构应当建立医疗技术临床应用论证制度。对已证明安全有效，但属本机构首次应用的医疗技术，应当组织开展本机构技术能力和安全保障能力论证，通过论证的方可开展医疗技术临床应用。

6. 建立医疗技术临床应用评估制度　医疗机构应当建立医疗技术临床应用评估制度，对限制类技术的质量安全和技术保证能力进行重点评估，并根据评估结果及时调整本机构医疗技术临床应用管理目录和有关管理要求。对存在严重质量安全问题或者不再符合有关技术管理要求的，要立即停止该项技术的临床应用。医疗机构应当根据评估结果，及时调整本机构医师相关技术临床应用权限。

7. 建立医疗技术临床应用规范化培训制度　医疗机构应当为医务人员参加医疗技术临床应用规范化培训创造条件，加强医疗技术临床应用管理人才队伍的建设和培养。医疗机构应当加强首次在本医疗机构临床应用的医疗技术的规范化培训工作。拟开展限制类技术的医师应当按照相关技术临床应用管理规范要求接受规范化培训。

8. 建立医疗技术临床应用信息公开制度　医疗机构开展的限制类技术目录、手术分级管理目录和限制类技术临床应用情况应当纳入本机构院务公开范围，主动向社会公开，接受社会监督。

县级以上地方卫生行政部门应当将本行政区域内经备案开展限制类技术临床应用的医疗机构名单及相关信息及时向社会公布，接受社会监督。

9. 建立医疗技术临床应用信息化管理平台　国家卫生健康委员会负责建立全国医疗技术临床应用信息化管理平台，对国家限制类技术临床应用相关信息进行收集、分析和反馈。省级卫生行政部门负责建立省级医疗技术临床应用信息化管理平台，对本行政区域内国家和省级限制类技术临床应用情况实施监督管理。医疗机构应当按照要求，及时、准确、完整地向全国和省级医疗技术临床应用信息化管理平台逐例报送限制类技术开展情况数据信息。

10. 建立医疗技术临床应用评估制度和信誉评分制度　国家建立医疗技术临床应用评估制度。对医疗技术的安全性、有效性、经济适宜性及伦理问题等进行评估，作为调整国家医疗技术临床应用管理政策的决策依据之一。

国家建立医疗机构医疗技术临床应用情况信誉评分制度，与医疗机构、医务人员信用记录挂钩，纳入卫生健康行业社会信用体系管理，接入国家信用信息共享平台，并将信誉评分结果应用于医院评审、评优、临床重点专科评估等工作。

（四）停止医疗技术临床应用的情形

医疗机构在医疗技术临床应用过程中出现下列情形之一的，应当立即停止该项医疗技术的临床应用：①该医疗技术被国家卫生健康委员会列为"禁止类技术"；②从事该医疗技术的主要专业技术人员或者关键设备、设施及其他辅助条件发生变化，不能满足相关技术临床应用管理规范要求，或者影响临床应用效果；③该医疗技术在本机构应用过程中出现重大医疗质量、医疗安全或者伦理问题，或者发生与技术相关的严重不良后果；④发现该项医疗技术临床应用效果不确切，或者存在重大质量、安全或者伦理缺陷。

医疗机构拟开展存在重大伦理风险的医疗技术，应当提请本机构伦理委员会审议，必要时可以咨询省级和国家医学伦理专家委员会。未经本机构伦理委员会审查通过的医疗技术，特别是限制类医疗技术，不得应用于临床。

（五）违反《医疗技术临床应用管理办法》的法律责任

医疗机构有下列情形之一的，由县级以上地方卫生行政部门责令限期改正；逾期不改的，暂停或者停止相关医疗技术临床应用，给予警告，并处以 3 000 元以下罚款；造成严重后果的，处以 3 000 元以上 3 万元以下罚款，并对医疗机构主要负责人、负有责任的主管人员和其他直接责任人员依法给予处分：①未建立医疗技术临床应用管理专门组织或者未指定专（兼）职人员负责具体管理工作的；②未建立医疗技术临床应用管理相关规章制度的；③医疗技术临床应用管理混乱，存在医疗质量和医疗安全隐患的；④未按照要求向卫生行政部门进行医疗技术临床应用备案的；⑤未按照要求报告或者报告不实信息的；⑥未按照要求向国家和省级医疗技术临床应用信息化管理平台报送相关信息的；⑦未按要求将相关信息纳入院务公开范围向社会公开的；⑧未按要求保障医务人员接受医疗技术临床应用规范化培训权益的。

承担限制类技术临床应用规范化培训的医疗机构，有下列情形之一的，由省级卫生行政部门责令其停止医疗技术临床应用规范化培训，并向社会公布；造成严重后果的，对医疗机构主要负责人、负有责任的主管人员和其他直接责任人员依法给予处分：①未按照要求向省级卫生行政部门备案的；②提供不实备案材料或者弄虚作假的；③未按照要求开展培训、考核的；④管理混乱导致培训造成严重不良后果，并产生重大社会影响的。

医疗机构有下列情形之一的，由县级以上地方卫生行政部门依据《医疗机构管理条例》第四十七条的规定进行处理；情节严重的，还应当对医疗机构主要负责人和其他直接责任人员依法给予处分：①开展相关医疗技术与登记的诊疗科目不相符的；②开展禁止类技术临床应用的；③不符合医疗技术临床应用管理规范要求擅自开展相关医疗技术的。

医疗机构管理混乱导致医疗技术临床应用造成严重不良后果，并产生重大社会影响的，由县级以上地方卫生行政部门责令限期整改，并给予警告；逾期不改的，给予 3 万元以下罚款，并对医疗机构主要负责人、负有责任的主管人员和其他直接责任人员依法给予处分。

医务人员有下列情形之一的，由县级以上地方卫生行政部门按照《执业医师法》《护士条例》《乡村医生从业管理条例》等法律法规的有关规定进行处理；构成犯罪的，依法追究刑事责任：①违反医疗技术管理相关规章制度或者医疗技术临床应用管理规范的；②开展禁止类技术临床应用的；③在医疗技术临床应用过程中，未按照要求履行知情同意程序的；④泄露患者隐私，造成严重后果的。

第二节　人类辅助生殖法律问题

一、人类辅助生殖技术概述

人类辅助生殖技术（assisted reproductive technology，ART）是指用现代医学技术手段代替人类自然生殖过程中某一环节或全部环节，以使不育家庭繁衍后代的技术。人类辅助生殖技术包括人工授精和体外受精－胚胎移植及其衍生技术两大类。

（一）人工授精

人工授精（artificial insemination），是指用人工方法将丈夫的精子或供精注入妻子的生殖道内，使妻子妊娠的技术。该项技术主要解决因男性原因而导致不能授精或授精不成功的不孕问题。按照精子的来源不同，人工授精又可分为夫精人工授精和供精人工授精。根据授精部位分为阴道内人工授精、宫颈内人工授精、宫腔内人工授精和输卵管内人工授精等。

（二）体外受精－胚胎移植及其衍生技术

体外受精－胚胎移植（in vitro fertilization-embryo transfer，IVF-ET）及其衍生技术，是指从女性体内取出卵子，在器皿内培养后，加入技术处理的精子，并使卵子和精子在试管中结合并继续培养，到形成早期胚胎时，再转移到子宫内着床，发育成胎儿直至分娩的技术。体外受精－胚胎移植及其衍生技术主要包括体外受精－胚胎移植（IVF-ET）、单精子卵细胞质显微注射（ICSI）、植入前胚胎遗传学诊断（PGD）等。

1. 体外受精－胚胎移植技术　体外受精－胚胎移植技术是指用人工方法从妇女卵巢中取出卵子，在器皿内培养后，加入技术处理的精子，并使卵子和精子在试管中结合并继续培养，到形成早期胚胎时，再转移到子宫内着床，发育成胎儿直至分娩的技术。因其精卵结合过程和早期胚胎发育均是在试管中完成的,该技术又称"第一代试管婴儿"技术。该技术主要针对女性输卵管堵塞等因素导致的不孕不育疾病。

2．单精子卵细胞质显微注射技术　常规的体外受精-胚胎移植技术不仅要求有成熟的卵子,还对男子的精子数量和质量有较高的要求,无法很好地解决因男性精子的受精能力不强而导致的不孕症。为了解决男子少精、弱精或无精等不育问题,第二代技术应运而生。单精子卵细胞质显微注射技术,又称显微受精,它是在显微镜下将单个精子注射入卵子的细胞质内,形成受精卵再移植入女性子宫内的技术。该技术主要解决男性少精、弱精或无精等导致的不育问题,又称"第二代试管婴儿"技术。

3．胚胎植入前遗传学诊断　由于"第二代试管婴儿"技术是人工方法直接刺穿卵细胞膜注入精子受精,因此在注射精子时有可能把外来的基因物质,如细菌、病毒等同时带入受精卵,从而导致新生缺陷儿的出生。为了解决新生儿缺陷的问题,催生了"第三代试管婴儿"技术,即胚胎植入前遗传学诊断。胚胎植入前遗传学诊断,又称胚胎筛选,是指在 IVF-ET 的胚胎移植前,取胚胎的遗传物质进行分析,诊断是否有异常,筛选健康胚胎移植,防止遗传病传递的方法。胚胎筛选符合现代社会的优生原则,该技术不仅能治疗不孕不育,还可提高生育质量。

二、人类辅助生殖技术产生的法律问题

（一）如何确定利用人工辅助生殖技术出生的婴儿的法律地位

1．夫精人工授精（AIH）

（1）婚姻关系存续期间进行 AIH 所生子女的法律地位:夫妻双方同意进行 AIH 的,所生子女为夫妻双方婚生子女。这在国际上已达成共识。对于丈夫不同意进行 AIH 的,AIH 所生子女的法律地位,国外一些国家和地区支持生育论,认定孩子为婚生子女。国内目前尚无相关立法,但因 AIH 所生孩子与生母之丈夫具有自然血亲关系,通说认为应认定为夫妻双方婚生子女。也有学者认为,根据无性无责原则,未经丈夫同意而进行 AIH 所生的孩子不能认定为婚生子女,而应认定为生母的单亲孩子。

（2）丈夫去世后出生的 AIH 子女的法律地位:区分三种情况,第一种情况是妻子在丈夫去世之前进行 AIH 的,孩子在丈夫去世后出生。如果丈夫同意进行 AIH,那么孩子属于婚生子女。《民法典》第一千一百五十五条规定:"遗产分割时,应当保留胎儿的继承份额。胎儿娩出时是死体的,保留的份额按照法定继承办理。"如果丈夫不同意进行 AIH,那么孩子不能认定为婚生子女,不享有丈夫的继承权,其法律地位为生母的单亲孩子。第二种情况是妻子在丈夫死亡后,根据丈夫生前意愿利用丈夫的冷冻精子生育子女。法律界普遍认为,应该推定孩子为夫妻的婚生子女,享有丈夫的财产继承权。第三种情况是丈夫生前没有明确表示妻子在其死亡后能否进行 AIH,妻子用亡夫的冷冻精子进行 AIH 所生子女的法律地位。在国外,大部分国家认可孩子为婚生子女。在国内,该行为虽然是实施人类辅助生殖技术的伦理原则所禁止的,但并不影响孩子的法律地位。我国的司法实践中,此种情形下出生的孩子,只要有证据证明该孩子与亡夫存在血亲关系,法院一般会认定该孩子为亡夫的亲生子女,享有继承权。

2．供精人工授精（AID）　采用 AID 技术出生的婴儿有两个父亲,一个是生物学父亲,即供精者;一个是社会学父亲,即生母之夫。从许多国家的立法来看,一般都认定后者为合法的父亲,承担相应的权利和义务。

婚姻关系存续期间,夫妻双方同意进行 AID 所生子女的法律地位:目前,各国法律一致认为,夫妻双方同意经过 AID 怀孕,所生的子女为其婚生子女,其与生母的丈夫为亲生父子关系。

婚姻关系存续期间,未经丈夫同意进行 AID 所生的子女的法律地位:多数国家主张,妻子在丈夫不知情或未曾同意的情况下进行 AID 所生的子女,丈夫对婴儿有否认权。《法国民法典》规

定："夫妻婚姻期间生育的子女，夫为其父。"该法典不但确认了妻子的丈夫的父权，而且否定了供精者的父权。国内目前尚无相关立法，司法界对此问题也没有形成共识。

妻子在丈夫去世之前进行 AID，孩子在丈夫死后出生的法律地位：如果丈夫同意进行 AID，那么孩子为婚生子女；如果丈夫不同意进行 AID，那么孩子是否为婚生子女存在不同的意见。《意大利民法典》规定，自婚姻解除或宣告无效之日起 300 日后出生的子女不能推定为婚生子女。国内目前尚无相关立法，司法界对此问题也没有形成共识。

妻子在丈夫去世后进行 AID 所生的子女的法律地位：法律界普遍认为，如果丈夫生前同意妻子在其死后可以进行 AID，应该推定孩子为夫妻的婚生子女，享有丈夫的财产继承权。如果丈夫生前未表态或者不同意妻子在其死后进行 AID，孩子的法律地位尚无定论。目前，国内外对这种情况尚无立法，司法界对此问题也没有形成共识。

3. 体外受精 - 胚胎移植（IVF-ET）　体外受精后的胚胎如果移植到妻子子宫内生长发育，其处理原则与 AIH 和 AID 一样。在婚姻关系存续期间，夫妻双方一致同意通过 IVF-ET 所生子女是该夫妻的婚生子女，享有婚生子女的一切权利。供精者、供卵者仅仅是孩子的生物学父母，分别提供了精子和卵子。有争议的是，未经丈夫同意的通过 IVF-ET 所生孩子的法律地位问题。未经丈夫同意实施的 IVF-ET 技术以及丈夫死亡后进行的通过 IVF-ET 所生子女的法律地位，各国立法和司法实践并不一致，我国对此问题也存在较大争议。

（二）受精卵和胚胎的法律属性

在我国，冷冻胚胎技术并不普遍，相关法律规范对冷冻胚胎的法律属性界定也并不明确。关于受精卵和胚胎的法律属性，目前学界存在三种观点。一是客体说。该观点认为，冷冻胚胎是具有人格属性的伦理物。民法学家杨立新教授认为"人体器官或者组织脱离人体之后，不再具有人格载体的属性，应当属于物的性质"，但它又具有日后可能发展成人的生命活性，具有潜在的人格属性。鉴于伦理物具有最高的物格，在对伦理物行使权利时需要受到特殊限制，因此将冷冻胚胎界定为伦理物，才可以给冷冻胚胎最为充分的特殊保护，同时也体现了冷冻胚胎作为物的特殊性。该观点是较为成熟的观点，为多数法学界乃至伦理学界专家学者所支持和认同。二是主体说。该观点认为受精卵和胚胎是民事法律关系的主体，像自然人一样享有民事权利能力。三是折中说。认为冷冻胚胎既不是民事法律关系的客体，也不是民事法律关系的主体，而是介于两者之间的特殊存在。"冷冻胚胎不同于人，因为还没有生命；也不同于物，因为有发育成为人的可能。"因为脱离了人体的器官和组织不具有自由流通性，不能称之为"物"，冷冻胚胎作为脱离了人体的器官组织，不应被界定为民法意义上的物。同样，冷冻胚胎虽然具有发育成人的潜在可能性，又尚不是真正意义上的人，也不能被界定为民法意义上的人，因此将其界定为介于人和物之间的特殊存在并通过立法予以特殊保护，最为准确恰当。

（三）辅助生殖技术的实施对象问题

卫生部 2003 年修订的《人类辅助生殖技术规范》规定，"禁止给不符合国家人口和计划生育法规和条例规定的夫妇和单身妇女实施人类辅助生殖技术"。

三、我国人类辅助生殖技术应用的法律制度

（一）人工辅助生殖技术规范及伦理准则

2001 年 2 月 20 日，卫生部以第 14 号和第 15 号卫生部令颁布了《人类辅助生殖技术管理办法》和《人类精子库管理办法》，同年 5 月 14 日发布了《人类辅助生殖技术规范》《人类精子库基本标准》《人类精子库技术规范》和《实施人类辅助生殖技术的伦理原则》。上述规章的颁布和实施，对促进和规范我国人类辅助生殖技术和人类精子库技术的发展和应用，保护人民群众健康，特别是保护妇女和后代的健康权益，起到了积极的推动作用。

2002 年 3 月开始，卫生部多次组织有关专家，参考和借鉴先进国家的相应技术规范、基本标准和伦理原则，结合我国实际，废止了原《人类辅助生殖技术规范》《人类精子库基本标准》《人类精子库技术规范》和《实施人类辅助生殖技术的伦理原则》，重新修订了《人类辅助生殖技术规范》《人类精子库基本标准和技术规范》《人类辅助生殖技术和人类精子库伦理原则》并予以公布，自2003 年 10 月 1 日起执行。修订后的《人类辅助生殖技术规范》，要求医疗机构在实施试管婴儿技术中严格控制多胎妊娠；禁止实施代孕技术；禁止实施胚胎赠送；禁止开展人类嵌合体胚胎试验研究；禁止无医学指征的性别选择；禁止给不符合国家人口和计划生育法规和条例规定的夫妇和单身妇女实施人类辅助生殖技术；禁止克隆人。

1. 人工授精技术规范

（1）机构设置条件：①必须是具有执业许可证的综合性医院或专科医院；②实施供精人工授精必须获得国务院卫生行政部门的批准证书，实施夫精人工授精必须获得省、自治区、直辖市卫生行政部门的批准证书；③实施供精人工授精，必须同获得人类精子库批准证书的人类精子库签有供精协议；④具备法律或主管机关要求的其他条件。

（2）人员要求：①最少具有从事生殖医学专业的医师 2 名，实验室工作人员 2 名，护士 1 名，且均具备良好的职业道德；②从业医师须具备执业医师资格，具有临床妇产科和生殖内分泌理论及实践经验，具备妇科超声经验。负责人须具备副高及以上医学专业技术职称。实验室工作人员具有精液分析和精子处理能力。护士具备执业护士资格。

（3）人工授精的适应证与禁忌证（表 18-1）

表 18-1　人工授精的适应证与禁忌证

类别	适应证	禁忌证
夫精人工授精	①男性因少精、弱精、液化异常、性功能障碍、生殖器畸形等不育；②女性因宫颈黏液分泌异常、生殖道畸形及心理因素导致性交不能等不育；③免疫性不育；④原因不明的不育	①女方因输卵管因素造成的精子和卵子结合障碍；②女方患有生殖泌尿系统急性感染或性传播疾病；③女方患有遗传病、严重躯体疾病、精神心理障碍；④有先天缺陷婴儿出生史并证实为女方因素所致；⑤女方接触致畸量的射线、毒物、药品并处于作用期；⑥女方有酗酒、吸毒等不良嗜好
供精人工授精	①无精子症、严重的少精子症、弱精子症和畸精子症；②输精管绝育术后期望生育而复通术失败及射精障碍等；③男方和/或家族有不宜生育的严重遗传性疾病；④母儿血型不合，不能得到存活新生儿；⑤原因不明的不育	

2. 体外受精 - 胚胎移植及其衍生技术规范

（1）机构设置条件：①由生殖专科临床（以下称临床）和体外受精实验室（以下称实验室）两部分组成；②如同时建有精子库，必须分开管理；③设总负责人、临床负责人和实验室负责人；④生殖专业技术的在编人员不得少于 6 人，其中临床和实验室专业技术人员不少于 4 人，护理人员不少于 2 人；⑤机构在编医技人员须接受专业技术培训；⑥机构在编技术人员不得由本单位以外的人员兼任；⑦一人只能在一个机构内具有在编人员资格。

（2）在编人员要求：医生的要求包括，①临床医生须具备医学本科以上学历，其中至少一名具备医学高级专业技术职称。从事生殖专业的人员，须是中级以上专业技术职称的妇产科或泌尿外科专业的执业医师。②临床负责人须由从事生殖专业、具有高级技术职称的执业医师承担。③至少一名医生具备以下方面的知识和工作能力，即掌握女性生殖内分泌学临床专业技术工作，特别是促排卵药品的使用和月经周期的激素控制；掌握妇科超声技术，并具备卵泡超声监测及 B 超介导下阴道穿刺取卵的技术能力；具备开腹手术的能力。④医生每人每年主持体外受精 - 胚胎移植（IVF-ET）不得少于 50 个治疗周期。新人员须在上级医师督导下主持体外受精 - 胚胎移植(IVF-ET)临床工作 20 个周期,工作质量达到标准,由上级医师签字后方可独立工作。⑤机构中应设有或指定男性生殖临床医生从事男性生殖工作。

实验人员的要求:①实验室技术人员必须具备医学或生物学专业大专以上学历,其中至少一人具有医学或生物学硕士以上学位,并掌握系统的临床胚胎学知识和细胞培养技能。每人每年至少完成 50 个体外受精 - 胚胎移植(IVF-ET)治疗周期的实验操作。新人员须在上级医师督导下完成 30 个体外受精 - 胚胎移植(IVF-ET)周期的实验操作,上级医师签字合格后方可独立工作。②实验室负责人须由医学或生物学专业高级技术职称人员或硕士以上学位人员担任;具备细胞生物学、胚胎学、遗传学等相关学科的理论及细胞培养技能;掌握人类辅助生殖技术的实验室技能;具有实验室管理能力。③至少一人具有精液分析和处理的技能。④开展冷冻胚胎的机构,至少一人受过配子、胚胎冷冻技术培训,掌握系统的低温冷冻生物学知识及配子、胚胎冷冻技能。⑤开展单精子卵细胞质显微注射(ICSI)的机构,至少一人具备熟练的显微操作及体外受精 - 胚胎移植(IVF-ET)实验室技能。⑥开展植入前胚胎遗传学诊断(PGD)的机构的实验人员,必须具备熟练的胚胎显微操作技能,至少一人掌握医学遗传学理论知识和单细胞遗传学诊断技术。

护士的要求:护士须有护士执业证。

(3)体外受精 - 胚胎移植及其衍生技术的适应证与禁忌证(表 18-2)

表18-2　体外受精 - 胚胎移植及其衍生技术的适应证与禁忌证

类别	适应证	禁忌证
体外受精 - 胚胎移植(IVF-ET)	①女方因输卵管因素造成精子与卵子遇合困难;②排卵障碍;③子宫内膜异位症;④男方少、弱精子症;⑤不明原因不育;⑥女性免疫性不孕	①提供配子的任何一方患生殖、泌尿系统急性感染和性传播疾病或有酗酒、吸毒等不良嗜好;②提供配子的任何一方接触致畸量的射线、毒物、药品并处于作用期;③接受胚胎赠送 / 卵子赠送的女方患生殖、泌尿系统急性感染和性传播疾病,或有酗酒、吸毒等不良嗜好;④女方子宫不具备妊娠功能或严重躯体疾病不能承受妊娠
单精子卵细胞质显微注射技术(ICSI)	①严重的少、弱、畸精子症;②梗阻性无精子症;③生精功能障碍;④男性免疫性不育;⑤体外受精 - 胚胎移植(IVF-ET)受精失败;⑥精子无顶体或顶体功能异常	
植入前胚胎遗传学诊断(PGD)	凡是能够被诊断的遗传性疾病均适用于植入前胚胎遗传学诊断(PGD)。主要用于 X 染色体连锁遗传病、单基因相关遗传病、染色体病及可能生育以上患儿的高风险人群等	
接受卵子赠送	①丧失产生卵子的能力;②女方是严重的遗传性疾病基因携带者或患者;③具有明显的影响卵子数量和质量的因素	

3. 技术人员伦理准则　人类辅助生殖技术是治疗不育症的一种医疗手段。为安全、有效、合理地实施人类辅助生殖技术,保障个人、家庭以及后代的健康和利益,维护社会公益,技术人员实施该技术必须遵守七大伦理准则:有利于患者、知情同意、保护后代、社会公益、保密、严防商业化、伦理监督。监督其实施的生殖医学伦理委员会应由医学伦理学、心理学、社会学、法学、生殖医学等专家和群众代表组成。

技术人员必须严格遵守国家人口和计划生育法律法规;必须严格遵守知情同意、知情选择的自愿原则;必须尊重患者隐私权;禁止无医学指征的性别选择;禁止实施代孕技术;禁止实施胚胎赠送;禁止实施以治疗不育为目的的人卵细胞质移植及核移植技术;禁止人类与异种配子的杂交;禁止人类体内移植异种配子、合子和胚胎;禁止异种体内移植人类配子、合子和胚胎;禁止以生殖为目的对人类配子、合子和胚胎进行基因操作;禁止实施近亲间的精子和卵子结合;在同一治疗周期中,配子和合子必须来自同一男性和同一女性;禁止在患者不知情和不自愿的情况下,将配子、合子和胚胎转送他人或进行科学研究；禁止给不符合国家人口和计划生育法规和条例规定的夫妇和单身妇女实施人类辅助生殖技术；禁止开展人类嵌合体胚胎试验研究；禁止克隆人。

（二）加强人类辅助生殖技术与人类精子库管理的指导意见

人类辅助生殖技术自临床应用以来，为数以万计的不孕不育夫妇带来了福音。随着人工辅助生殖技术的发展，也出现了代孕、非法采供精、非法采供卵、滥用性别鉴定技术等违法违规行为，引起了社会广泛关注。2015年4月9日，为了进一步加强对人类辅助生殖技术的监管，国家卫生和计划生育委员会印发了《关于加强人类辅助生殖技术与人类精子库管理的指导意见》。该意见明确指出"加强辅助生殖技术管理刻不容缓"，必须把好辅助生殖技术配置规划与审批准入关、强化辅助生殖技术日常监督管理、严厉打击违法违规开展辅助生殖技术行为和加强社会监督与宣传教育。

（三）查处违法违规应用人类辅助生殖技术专项行动并建立长效工作机制

为了维护正常生育秩序，保障群众身体健康和生命安全，着力解决人类辅助生殖技术应用中存在的突出问题，国家卫生和计划生育委员会等12个部门于2017年成立全国查处违法违规应用人类辅助生殖技术专项行动协调办公室，并联合制定了《开展查处违法违规应用人类辅助生殖技术专项行动工作方案》和《关于建立查处违法违规应用人类辅助生殖技术长效工作机制的通知》，严厉打击各类违法违规应用人类辅助生殖技术的行为。2021年，国家卫生健康委员会又联合公安部等11个部门印发《关于进一步严厉依法打击非法应用人类辅助生殖技术等违法犯罪行为的通知》，进一步明确部门职责，强化部门联动，健全部门间沟通机制，形成监管合力，开展联合专项整治活动，保障人民群众健康权益。

（四）人类辅助生殖技术应用规划指导原则

2001年，卫生部以卫生部令形式印发《人类辅助生殖技术管理办法》和《人类精子库管理办法》，随后陆续制定相关技术规范、基本标准和伦理原则，对加强人类辅助生殖技术管理发挥了重要作用。2007年，根据《国务院关于第四批取消和调整行政审批项目的决定》，省级卫生行政部门成为人类辅助生殖技术行政审批和日常监管的责任主体。根据《人类辅助生殖技术管理办法》和《人类精子库管理办法》有关要求，国家根据区域卫生规划、医疗需求和技术条件等实际情况确定人类辅助生殖技术应用规划。2015年，国家卫生和计划生育委员会印发了《人类辅助生殖技术配置规划指导原则（2015版）》，指导各省（区、市）科学规划2015—2020年人类辅助生殖技术发展。近年来我国育龄人口数持续下降、人类辅助生殖技术服务量趋于平稳态势，为了进一步促进人类辅助生殖技术服务体系的合理布局和规范发展，努力满足群众生殖健康需求，国家卫生健康委员会在《人类辅助生殖技术配置规划指导原则（2015版）》的基础上，组织制定了《人类辅助生殖技术应用规划指导原则（2021版）》（以下简称2021版《指导原则》）。

2021版《指导原则》用于指导各地按照有关原则和要求，结合实际制订省级人类辅助生殖技术应用规划（2021—2025年），规范有序开展人类辅助生殖技术筹建和审批。坚持质量安全优先、分类指导管理、合理规划布局及稳妥有序发展等原则，通过规划引领，努力形成供需平衡、布局合理、规范发展的人类辅助生殖技术服务体系。根据2021版《指导原则》及其附件"人类辅助生殖技术应用规划测算参考方法"和"人类辅助生殖技术应用规划参考数据"的规定，各地可以选择按现有机构数或各省（区、市）常住人口数或按人口服务量比值法测算2021—2025年开展夫精人工授精、供精人工授精、体外受精-胚胎移植、单精子卵细胞质显微注射技术的辅助生殖机构数量。新筹建开展的植入前胚胎遗传学诊断技术应当规划在具备产前诊断资质的医疗机构，重点评估机构技术条件和遗传咨询服务能力。开展植入前胚胎遗传学诊断技术的机构数量原则上不超过开展体外受精技术机构数量的30%。各省（区、市）要结合实际，明确规划开展植入前胚胎遗传学检测技术的辅助生殖机构数量。机构经批准开展植入前胚胎遗传学诊断技术后，方可开展植入前胚胎遗传学筛查技术。每省（区、市）设置人类精子库原则上不超过1个。

第三节　器官移植法律问题

一、器官移植的概念

（一）器官移植的概念

人体器官移植（organ grafting），是指摘取人体器官捐献人具有特定功能的心脏、肺脏、肝脏、肾脏或者胰腺等器官的全部或者部分，将其植入接受人身体以代替其病损器官的过程。

（二）器官移植的分类

1. 按供者和受者的遗传学关系分类

（1）自体移植：指供、受者为同一个体，移植后不引起排斥反应。若将移植物移到原来的解剖位置，称为再植术，如断肢再植；若移植到另一部位，则称异位移植，如自体皮肤移植。

（2）同质移植：指相同基因的不同个体间的移植，移植后不会发生排斥反应，如同卵双胞胎之间的移植。

（3）同种异体移植：指供、受者属于同一种族，如人与人之间的器官移植，是目前临床上应用最广泛的移植方法。按供者情况可分为活体移植和尸体移植。由于受、供者的抗原结构不同，移植后会发生排斥反应。

（4）异种移植：指将一个物种的组织或器官移植到另一个物种体内，例如，从猪到人。和同种移植不同的是，异种之间存在很大差异，器官移植后可能引起强烈的排斥反应，从而使得这种移植成功的可能性很小。

2. 按移植物的活力分类

（1）活体移植：移植物在移植的过程中始终保持活力，在术后即能恢复其原有功能。临床上大部分移植均为活体移植。

（2）结构移植或支架移植：指移植物已丧失活力（如骨、软骨、血管、筋膜等），移植后仅提供支持性基质和机械解剖结构，使受者的同类细胞得以生长存活，术后不会发生排斥反应。

3. 按器官移植的数量分类

（1）单一或单独移植：每次仅移植单个器官，如肾、肝或心脏移植。

（2）联合移植：两个器官同时移植到一个受者体内，如胰肾、肝肾、心肺联合移植等。

（3）多器官移植：同时移植 3 个或更多的器官到一个受者的体内。

二、器官移植技术产生的法律问题

（一）人体器官的法律性质及其权利归属

关于人体器官的法律性质及其权利归属，区分两种情况：一是尚未与人身分离的器官，二是与人身分离的器官。尚未与人身分离的器官，是指存活于人体之上的，还没与人体分离的器官。人的身体就是由各个功能各异的器官构成的，这些器官相互配合、相互依存，作为一个不可分离的整体运作。这时，人体器官体现为一种完全、整体的利益，承载着维护主体人格尊严的生命基础，共同作为人格利益的载体而存在。此时的人体器官是该活体身体的组成部分，应作为身体整体的部分受到人格权的保护。器官在与人体分离之前，属于身体权的载体，受人格权保护。而器官分离出来植入受体后，亦属于受体身体权的载体，此时转换为受体人格权，任何人也不得侵犯。关键问题在于器官与供体分离后尚未植入受体体内时，其法律性质如何。

与人身分离的器官的法律地位及其权利归属，目前理论界存在着如下几种学说。

1. 物权说　这是目前大多数学者主张的观点，认为器官一旦与人身分离，即成为法律上的物，归属于分离前的主体，可以根据主体的意思自由处分，适用动产所有权的移转规则。

2. 器官权说　这种学说把人对人体器官享有的权利视为器官权，是身体权的类权利。该学说认为器官权与身体权并列，从横向看，未与躯体分离的器官权在活体是人身权，在尸体是物权；从纵向看，已与躯体分离的器官在活体、尸体均为物权，并认为器官权的法理基石在于人格权和物权的结合。

3. 身体完整权说　该说认为即便人的某一组成部分已与人的身体分离，只要他人侵害该种组成部分，亦构成对他人身体的完整性的侵犯。

4. 身份权说　该说认为与人体相分离的器官是一种绝对身份标志，分离前的主体对其享有身份权。

（二）医疗机构开展器官移植技术的资质问题

《人体器官移植技术临床应用管理暂行规定》明确要求，医疗机构开展人体器官移植技术临床应用，必须按照《医疗机构管理条例》和本规定，向省级卫生行政部门申请办理器官移植相应专业诊疗科目登记。申请办理器官移植相应专业诊疗科目登记的医疗机构原则上为三级甲等医院，并必须具备下列条件：①有具备人体器官移植技术临床应用能力的本院在职执业医师和与开展的人体器官移植相适应的其他专业技术人员；②有与开展的人体器官移植技术临床应用相适应的设备、设施；③有人体器官移植技术临床应用与伦理委员会；④有完善的技术规范和管理制度。特殊情况下，上款规定以外的其他医院申请办理器官移植相应专业诊疗科目登记的，除必须具备前款规定的条件外，还必须符合所在地省级卫生行政部门向国家卫生行政部门备案的人体器官移植技术临床应用规划。凡不符合规划的，省级卫生行政部门不得准予登记。同时，不具有人体器官移植技术临床应用能力的执业医师，不得开展人体器官移植。具有人体器官移植技术临床应用能力的执业医师，不得到未取得器官移植相应专业诊疗科目登记的医疗机构开展人体器官移植。

（三）器官移植的伦理问题

《人体器官移植条例》规定："任何组织或者个人不得摘取未满18周岁公民的活体器官用于移植。""活体器官的接受人限于活体器官捐献人的配偶、直系血亲或者三代以内旁系血亲，或者有证据证明与活体器官捐献人存在因帮扶等形成亲情关系的人员。"《人体器官移植技术临床应用管理暂行规定》第二十二条规定："医疗机构应当建立人体器官移植技术临床应用与伦理委员会。人体器官移植技术临床应用与伦理委员会应当由管理、医疗、护理、药学、法律、伦理等方面的专家组成，从事人体器官移植的医务人员人数不得超过委员会委员总人数的四分之一。"第二十五条规定："手术医师应当在手术结束后的48小时内书面向医疗机构人体器官移植技术临床应用与伦理委员会报告人体器官移植情况。"

（四）器官移植的告知义务及注意义务

患者的自愿和知情同意是器官移植的基本前提，实施人体器官移植前，医疗机构应当向患者和其家属告知手术目的、手术风险、术后注意事项、可能发生的并发症及预防措施等，力求让患者及其家属在详尽了解医疗风险的情况下签署知情同意书。医疗机构对人体器官捐赠者和需要移植的人体器官应当进行必要的检查，防止患者因人体器官移植感染其他疾病，保证人体器官移植的临床疗效。

（五）器官捐献协议

器官移植手术可帮助器官衰竭的患者因他人的器官捐赠而获得新生命。自从人体器官移植技术开展以来，器官捐献已经成为器官来源的最重要的途径和方式。器官捐献，是指自然人生前自愿表示在其死亡后，由其执行人将遗体的部分捐献给医学科学事业；或生前未表示是否捐献意愿的自然人死亡后，由其直系亲属将遗体的全部或部分捐献给医学科学事业的行为。器官捐献的范围包括细胞捐献、组织捐献和器官捐献。器官捐献的种类可分为活体捐献和尸体捐献两大类。前者是指身体健康的成年人在不影响自身的健康及生理功能的原则下，愿意将自己的一部分器官或组织捐献给三代以内的亲属或配偶；后者是指脑死亡的死者家属将其器官无偿捐献给他人。器官捐献需要完全民事行为能力人进行，并且需要签订器官捐献协议。

三、我国器官移植相关的法律规定

我国关于器官移植的立法较晚。1996 年，卫生部、海关总署和外经贸部联合发布了《关于进一步加强人体血液、组织器官管理有关问题的通知》。1998 年，卫生部颁布了《涉及人体的生物医学研究伦理审查办法（试行）》。2006 年，卫生部印发《人体器官移植技术临床应用管理暂行规定》，为规范我国人体器官移植技术临床应用发挥了重要作用。2007 年 3 月 21 日，经国务院第 171 次常务会议通过《人体器官移植条例》，自 2007 年 5 月 1 日起施行。从此之后，《人体器官移植条例》成为我国规范器官移植行为的重要法律规范。2013 年 8 月 13 日，国家卫生和计划生育委员会印发《人体捐献器官获取与分配管理规定（试行）》，形成了我国器官捐献的部门规章，以确保器官来源符合医学伦理学规范，要求严格使用中国人体器官分配与共享计算机系统实施器官分配。2020 年 7 月 1 日，为进一步规范人体器官移植，国家卫生健康委员会对《人体器官移植条例》进行了修订，形成并公布了《人体器官移植条例（修订草案）（征求意见稿）》。目前，《人体器官移植条例（修订草案）》尚在修订进程中，但已取得实质性进展。《人体器官移植条例》拟更名为《人体器官捐献与移植条例》，进一步凸显器官捐献的重要性，强化对器官捐献的褒扬和引导，坚持自愿、无偿原则，依据《民法典》完善器官捐献的条件和程序。

（一）我国器官移植技术应用原则

1. 不得买卖人体器官　任何组织或者个人不得以任何形式买卖人体器官，不得从事与买卖人体器官有关的活动。

2. 遵守医德规范，不得谋取不正当利益　医疗机构开展人体器官移植应当恪守救死扶伤、治病救人的医德规范。医疗机构及其任何工作人员不得利用人体器官或者人体器官移植，牟取不正当利益。

3. 严格遵守知情同意原则和隐私权保护原则　医疗机构用于移植的人体器官必须经捐赠者书面同意。捐赠者有权在人体器官移植前拒绝捐赠器官。实施人体器官移植前，医疗机构应当向患者和其家属告知手术目的、手术风险、术后注意事项、可能发生的并发症及预防措施等，并签署知情同意书。医疗机构开展试验性人体器官移植应当履行告知义务，征得患者本人和其家属书面同意。试验性人体器官移植不得向患者收取任何费用。从事人体器官移植的医务人员应当对人体器官捐献人、接受人和申请人体器官移植手术的患者的个人资料保密。

（二）我国器官捐赠的规则

1. 人体器官捐献应当遵循自愿的原则　公民享有捐献或者不捐献其人体器官的权利；任何组织或者个人不得强迫、欺骗或者利诱他人捐献人体器官。公民捐献其人体器官应当有书面形式的捐献意愿，对已经表示捐献其人体器官的意愿，有权予以撤销。公民生前表示不同意捐献其人体器官的，任何组织或者个人不得捐献、摘取该公民的人体器官；公民生前未表示不同意捐献其人体器官的，该公民死亡后，其配偶、成年子女、父母可以以书面形式共同表示同意捐献该公民人体器官的意愿。

2. 人体器官捐献应当遵循无偿的原则　从事人体器官移植的医疗机构实施人体器官移植手术，除向接受人收取下列费用外，不得收取或者变相收取所移植人体器官的费用：①摘取和植入人体器官的手术费；②保存和运送人体器官的费用；③摘取、植入人体器官所发生的药费、检验费、医用耗材费。前款规定费用的收取标准，依照有关法律、行政法规的规定确定并予以公布。

任何组织或者个人不得以任何形式买卖人体器官,不得从事与买卖人体器官有关的活动。

3.捐献人体器官的公民应当具有完全民事行为能力 捐献人体器官的公民应当具有完全民事行为能力。任何组织或者个人不得摘取未满18周岁公民的活体器官用于移植。

4.活体器官捐赠的特殊规则 由于活体器官捐献对捐赠者的身体功能影响较大,必须经过严格的风险与受益的评估方可施行,如果弊大于利是绝对不能进行的。活体器官捐献有如下规则。

(1)以对供者不造成伤害为首要原则,器官严重衰竭确实找不到可替代的挽救患者方法,确信已将供者的风险减小到最低。活体器官移植不应当因捐献活体器官而损害捐赠者相应的正常生理功能。

(2)只限于成对器官和有再生能力的组织,比如肾、骨髓;人体的重要单器官(例如心脏)的活体捐赠在伦理和法律上是绝对不能接受的。

(3)主要以亲属之间的移植为主:活体器官的接受人限于活体器官捐献人的配偶、直系血亲或者三代以内旁系血亲,或者有证据证明与活体器官捐献人存在因帮扶等形成亲情关系的人员。

(4)听证原则:医疗机构进行活体器官摘取前,应当由本医疗机构人体器官移植技术临床应用与伦理委员会主持听证,邀请医学、法学、伦理学、社会学等方面的专家和活体器官捐赠者本人及其家属参加,确认符合法律、法规和医学伦理学原则;是活体器官捐赠者本人真实意愿;无买卖人体器官或者变相买卖人体器官后,方可进行活体器官移植。

(5)知情同意原则:医疗机构在摘取活体器官捐赠者所同意捐赠的器官前,应当充分告知捐赠者及其家属摘取器官手术风险、术后注意事项、可能发生的并发症及预防措施等,并签署知情同意书。医疗机构及其医务人员未经捐赠者及其家属同意,不得摘取活体器官。

(6)禁止未成年人捐献活体器官。

(三)人体器官移植技术的监督与管理

1.卫生主管部门

(1)国务院卫生主管部门负责全国人体器官移植的监督管理工作。县级以上地方人民政府卫生主管部门负责本行政区域人体器官移植的监督管理工作。

(2)省、自治区、直辖市人民政府卫生主管部门进行人体器官移植诊疗科目登记时,应当考虑本行政区域人体器官移植的医疗需求和合法的人体器官来源情况。

(3)省、自治区、直辖市人民政府卫生主管部门应当及时公布已经办理人体器官移植诊疗科目登记的医疗机构名单和具有人体器官移植技术临床应用能力的执业医师名单。

(4)省级以上人民政府卫生主管部门应当定期组织专家根据人体器官移植手术成功率、植入的人体器官和术后患者的长期存活率,对医疗机构的人体器官移植临床应用能力进行评估,并及时公布评估结果;对评估不合格的,由原登记部门撤销人体器官移植诊疗科目登记。具体办法由国务院卫生主管部门制定。

2.医疗机构

(1)医疗机构从事人体器官移植,应当依照《医疗机构管理条例》的规定,向所在地省、自治区、直辖市人民政府卫生主管部门申请办理人体器官移植诊疗科目登记。未取得器官移植相应专业诊疗科目登记的医疗机构不得开展人体器官移植。

(2)医疗机构从事人体器官移植,应当具备下列条件:①有与从事人体器官移植相适应的执业医师和其他医务人员;②有满足人体器官移植所需要的设备、设施;③有由医学、法学、伦理学等方面专家组成的人体器官移植技术临床应用与伦理委员会,该委员会中从事人体器官移植的医学专家不超过委员人数的四分之一;④有完善的人体器官移植质量监控等管理制度。

(3)医疗机构及其医务人员从事人体器官移植,应当遵守伦理原则和人体器官移植技术管理规范。

(4)申请人体器官移植手术患者的排序,应当符合医疗需要,遵循公平、公正和公开的原则。

（5）从事人体器官移植的医疗机构实施人体器官移植手术，除向接受人收取下列费用外，不得收取或者变相收取所移植人体器官的费用：①摘取和植入人体器官的手术费；②保存和运送人体器官的费用；③摘取、植入人体器官所发生的药费、检验费、医用耗材费。

（6）实施人体器官移植手术的医疗机构及其医务人员应当对人体器官捐献人进行医学检查，对接受人因人体器官移植感染疾病的风险进行评估，并采取措施，降低风险。

（7）从事人体器官移植的医务人员应当对人体器官捐献人、接受人和申请人体器官移植手术的患者的个人资料保密。

（8）从事人体器官移植的医疗机构应当定期将实施人体器官移植的情况向所在地省、自治区、直辖市人民政府卫生主管部门报告。

3．医务人员　不具有人体器官移植技术临床应用能力的执业医师，不得开展人体器官移植。具有人体器官移植技术临床应用能力的执业医师，不得到未取得器官移植相应专业诊疗科目登记的医疗机构开展人体器官移植。

4．其他组织或者个人　任何组织或者个人对违反规定的行为，有权向卫生主管部门和其他有关部门举报；对卫生主管部门和其他有关部门未依法履行监督管理职责的行为，有权向本级人民政府、上级人民政府有关部门举报。接到举报的人民政府、卫生主管部门和其他有关部门对举报应当及时核实、处理，并将处理结果向举报人通报。

第四节　人类遗传资源管理法律问题

一、人类遗传资源的概念

人类遗传资源（human genetic resource）是指含有人体基因组、基因及其产物的器官、组织、细胞、血液、制备物、重组脱氧核糖核酸（DNA）构建体等遗传材料及相关的信息资料。人类遗传资源包括人类遗传资源材料和人类遗传资源信息。人类遗传资源材料是指含有人体基因组、基因等遗传物质的器官、组织、细胞等遗传材料。人类遗传资源信息是指利用人类遗传资源材料产生的数据等信息资料。人类遗传资源是可单独或联合用于识别人体特征的遗传材料或信息，是开展生命科学研究的重要物质和信息基础，是认知和掌握疾病的发生、发展和分布规律的基础资料，是推动疾病预防、干预和控制策略开发的重要保障，已成为公众健康和生命安全的战略性、公益性、基础性资源。

二、人类遗传资源的特点

人类遗传资源和其他传统资源有许多的共同点，比如都可以为使用者提供一定的效用。然而，人类遗传资源与传统石油、矿藏等自然资源在使用和价值转移上又有着明显的区别。

第一，人类遗传资源由于其中蕴涵着特异的遗传信息而成为一种资源，但其只具有一定的研究价值，而不具备直接的实用价值。不能直接使用遗传材料或者从中提取出来的物质进行遗传病的治疗，而只能通过对其进行研究得出研究成果，然后对成果进行开发，开发的产品才具有了直接的实用价值。而传统的水、土地、石油、矿藏等自然资源则不同，它们有些本身就是具有实用价值的物质材料（比如水、土地），有些蕴涵了具有实用价值的成分（比如石油、矿藏）。

第二，相对于一个特定研究目的，人类遗传资源只能使用一次。在研究人员完全揭示了其中蕴涵的信息之后，不仅是作为直接研究对象的遗传资源失去了研究价值，而且该类遗传资源都失去了使用意义，对于此类研究来讲，其就再也不是资源了。比如通过对某个遗传病患者的遗传材料及相关信息进行研究后，找到了导致该病发生的原因，并据此开发出了对症的药物，那么所有同类的遗传病患者就失去了进行研究的价值。传统水、土地、石油、矿藏等自然资源则不同，对它们的使用不会影响同类物质的使用价值，而且它们中多数都可以多次使用（比如水、土地）。

第三，对人类遗传资源的研究不仅使其自身丧失资源地位，同时其所有者也成为研究成果的应用对象。如果研究成果被研究方单方申请专利，那遗传资源的提供者就无权使用它，如果使用，就必须征得专利权人的许可，支付许可费用，否则就是侵犯了专利权人的专利权。而传统资源则不存在这种情况。

遗传资源具有复合性、分布不均衡性和不可再生性。①复合性：是指遗传信息是无形信息和有形载体的统一体；②分布不均衡性：遗传资源分布的时空差异性较大，也就是说遗传资源往往在特定时期内存在于特定区域内；③不可再生性：遗传资源是无形信息和有形载体的复合体，其所承载的无形信息是可以复制的，但是无形信息依托的有形载体一旦灭绝，其所承载的无形信息也就随之灭失。

三、人类遗传资源管理的法律问题

人类遗传资源是生物高科技发展的重要资源，也是生物制药产业的源头。谁先抓住了这个源头，就有可能获得某个基因的知识产权，就意味着可以获得源源不断的利润和极大的社会效益。而人类遗传资源的流失不同于一般特质资源的流失，它意味着流失方将永久性地丧失了对该资源的控制权，失去了对该种专利自由应用的权利和对下游产品的生产权。结果是不得不巨资购买其产品，由资源拥有者成为材料提供者和利润丰厚的市场。因此，人类遗传资源的流失就等于社会财富的流失，保护本国人类遗传资源就等于保护本国的重大财富。由于人类遗传资源涉及公众健康、国家安全和社会公共利益，因而是药物临床研究中，科学技术部严格监管的一环。国家为了管理人类遗传资源，出台了一系列的法律法规，包括《中华人民共和国保守国家秘密法》《中华人民共和国生物安全法》《人类遗传资源管理暂行办法》《中华人民共和国人类遗传资源管理条例》《干细胞临床研究管理办法（试行）》等。

（一）人类遗传资源的性质

人类遗传资源既具有属物性，也具有属人性。人类遗传资源首先是一种物，它一般直接以人身体的一部分组织或材料的形式出现，包括血液、细胞、器官、皮肤、毛发等。除此之外，人类遗传资源还以在此基础上的一些变化的形式出现，主要有以下三种：由人体组织直接产生的后裔，比如由细胞分裂而形成的新细胞，由组织增生的新组织，或者是长出的新器官；由特定人体组织发展出来的，具有一定功能的衍生物，比如细胞系的亚克隆、DNA 的蛋白质表现型、由白细胞的癌细胞抗体与癌细胞融合形成的细胞系培养出的单系抗体；经过生物技术初步处理的含有特定基因或片段的构建体，比如质粒库、噬菌体库等。当然，这些变化的形式是建立在人体组织或材料基础之上的，如果不先得到直接的人体的组织或材料，就不会有这些变化的形式。然而，人类遗传资源又不同于一般的物，它往往是人体的组成部分，而且遗传材料中包含的信息是多方面的，几乎反映了一个人生命的全部秘密，所以人类遗传资源也就具有了属人性。在现代法律体系当中，人体的部分从来就不与其他物等量齐观。不论是活体上取下的组织，还是已经物化为不具生命的物体，在法律上的评价与其他物迥然不同。

人类遗传资源既具有属物性，也具有属人性。因而其既受物权法的保护，也受人格权法的保护。由于人类遗传资源对象物的具体用途与价值难以确定，比如用血样去分析疾病，那它仅仅是一种分析材料，而从血样中提取 DNA 信息用于研发，则其成为一种遗传资源。可见，物权法对其保护的作用是有限的，因而，需要强调和注重人格权法的保护。对人类遗传资源的获取和使用可能构成对当事者人格的侵犯。人类遗传材料的获取一般是通过抽取人体的血液或获取其他器官组织的方式进行,这种获取过程以及之后的开发利用过程涉及提供者的生命健康和隐私问题,有可能侵犯提供者的生命健康权和隐私权。生命健康权指公民对自己身体享有的生命安全、身体健康、生理功能完整的人身权利。生命权的内容以人的生命维持和安全利益为主,健康权的内容以人的器官乃至整体的功能利益为主。隐私权是指自然人享有的对其个人的、与公共利益无关的个人信息、私人活动和私人领域进行支配的一种人格权。遗传材料中蕴涵的信息是个人自身信息的反映,具有客观真实性。同时,遗传材料中包含的信息是多方面的,几乎反映了一个人生命的全部秘密。因而遗传材料的提供者对于其中的信息具有隐私权,即权利主体享有对自己的遗传信息进行保密、不为人知的权利。只要是与公共利益无关的遗传信息,权利人都有权隐瞒,以防止因其遗传特征而受到歧视(如入学、就业、健康护理和保险中的歧视)或其他不公平待遇。与此相应,为研究或其他任何目的而获取的与个人有关的遗传信息,未经权利人许可,不能擅自公开。否则就是侵犯他人的隐私权,要承担相应的侵权责任。

(二)人类遗传资源的权属问题

人类遗传资源为个人和遗传相关人共有,但要受国家的管制。国家是人类遗传资源的管理主体,个人的处分权要服从国家的政策与法规。国家应通过适当的方式和途径确保资源提供者的权利和国家的整体利益,防范某些组织和个人以诱骗的手段获取遗传资源。首先,国家有关部门要进一步完善相关管理法规。对人类遗传资源实行严格的申报登记制度;未经主管部门的许可,任何人不得采集、买卖、出口此类基因资源。其次,国家应该建立专门的人类基因资源管理机构。集中管理和保存收集到的人类遗传资源,搭建人类遗传资源的交易平台,以便于进行规范化的管理。再次,国家可以赋予国内研究机构拥有人类遗传资源的优先使用权和专属持有权。国内研究机构可以此作为条件参与合作研究与开发,并分享研究和开发成果。最后,国家要加大对非法交易的处罚力度。针对一些研究人员私自携带研究样本出境,侵害样本提供者的利益等情况,制定出相应的刑罚手段给以严厉打击。

人类遗传资源为个人和遗传相关人共有,受国家的管制。遗传材料是人身体的组成部分,所以,个人对其具有所有权是毫无疑问的。首先,当事人对自己身体所属部分具有实际的控制权,当事人有权根据自己的意愿对存在于自身的遗传材料进行控制和支配。这种控制权是一种法律的事实状态,该种状态对权利主体来说是一项具有实际意义和内容的权利,它是权利主体行使其他权能的基础。其次,当事人对自己身体所属部分具有利用权,权利主体有权根据个人需要使用存在于自身的遗传材料。比如,允许医生抽取自身血液进行检测研究以治疗某种疾病;允许医生提取胎儿的基因进行检测以诊断胎儿是否患有遗传病等。与此相应,任何人要利用他人的遗传材料都应征得当事人的同意,否则就是侵权。最后,当事人对自身身体所属部分具有有限制的处分权。现代民法认为,处分身体的某一部分,与处分一般有体物具有同等效力,但这种处分是受到限制的,应当在法律允许的范围内行使。因此,遗传材料所有人有权决定是否处分、转让其自身的遗传材料,也可以在此过程中获得某种利益,如得到适当的经济补偿,或者在取得研究成果之后分享利益等,但不得违反相关的法律规定和公序良俗。

但是,存在于个人身体的遗传材料又不完全属于个人,因为无论是从遗传资源的形成、研究中所需的信息还是研究可能造成的影响来看,都与遗传相关人(具有血缘关系的亲属或同一土著地区具有相同遗传表型且有利害关联的人)有关。首先,一个人身体中蕴涵的遗传信息是来自上一代或几代人的,他的亲代对于资源的形成也作出了贡献,他所携带的遗传信息也可能并不为他独有;其次,家族谱系资料是个人提供的遗传材料具有研究价值的重要条件,因为对于研究人员来讲,仅有单一的、无重复的、无群体信息支撑的样本是无法得出确切结论的,还需要参考遗传相关人的一些其他信息资料;再次,对遗传资源的开发和利用还可能触及遗传相关人的隐私或者利益问题。所以,遗传材料并不为个人独有,应该为个人与遗传相关人所共有,遗传相关人也应该拥有一定的知情权甚至获利权。

同时，国家对人类遗传资源拥有主权。依国际法原理，国家主权是国家对其领土范围内的人、事、物的最高控制权。在领土上或进入领土内的任何人或物，就当然隶属于该国。人类遗传资源与土地、矿藏等自然资源一样，只要在一国的领土范围内，就应受该国的主权控制。各国对其遗传资源拥有主权，可否取得和使用人类遗传资源的决定权属于各国政府，各国政府可以依照国家法律和政策行使主权。1992 年的《生物多样性公约》规定"确认各国对其自然资源拥有的主权权利，因而可否取得遗传资源的决定权属于国家政府，并依照国家法律行使"。当然，国家对于人类遗传资源的主权不是对资源事实上的支配权，而是更加类似于管理权的一种权利。

可见，人类遗传资源的权属问题较之传统类型的资源更为复杂，人类遗传资源为个人和遗传相关人共有，但要受国家的管制。国家是人类遗传资源的管理主体，个人的处分权要服从国家的政策与法规。国家应通过适当的方式和途径确保资源提供者的权利和国家的整体利益，防范某些组织和个人以诱骗的手段获取遗传资源。首先，国家有关部门要进一步完善相关管理法规。对人类遗传资源实行严格的申报登记制度；未经主管部门的许可，任何人不得采集、买卖、出口此类基因资源。其次，国家应该建立专门的人类基因资源管理机构。集中管理和保存收集到的人类遗传资源，搭建人类遗传资源的交易平台，以便于进行规范化的管理。再次，国家可以赋予国内研究机构人类遗传资源的优先使用权和专属持有权。国内研究机构可以此作为条件参与合作研究与开发，并分享研究和开发成果。最后，国家要加大对非法交易的处罚力度。针对一些研究人员私自携带研究样本出境，侵害样本提供者的利益等情况，制定相应的刑罚手段给以严厉打击。

四、人类遗传资源管理的法律制度

人类遗传资源是认识人类进化、种族之间血缘关系、遗传同环境的相互作用以及人的寿命和衰老的钥匙，是人类战胜疾病、克服各种生存障碍的宝贵财富。加强人类遗传资源多样性的保护和研究，有利于弄清各人群（民族）之间的演变关系、民族支系划分等问题。通过对一些遗传疾病的致病机制的研究，可以提高一国在人类基因研究领域的水平和地位。而找到这些遗传疾病的诊断和治疗方法，对提高全民族的身体素质、保证公民的身体健康意义重大。

十多年来，许多国家，包括发展中国家和发达国家，已对遗传资源及相关传统知识的惠益分享机制做了很多探索，一些国家也已建立了系统的政策和法规制度。我国是世界上生物多样性最为丰富的国家之一，也是遗传资源及相关传统知识特别丰富的国家。我国在近年的立法中，积极关注遗传资源及相关传统知识保护问题。

（一）《人类遗传资源管理暂行办法》

为了更好地保护和利用人类遗传资源，1998 年，国家制定了《人类遗传资源管理暂行办法》，该办法规定的人类遗传资源管理的内容如下。

1. 对重要遗传家系和特定地区遗传资源进行登记和管理。

2. 对涉及人类遗传资源的国际合作项目进行审核。

3. 对人类遗传资源的采集、收集、研究、开发、买卖、出口、出境等进行审核。

4. 在知情同意的情况下才可取血样或身体其他部分的样本。

5. 对出境材料包括组织类（切片、蜡块）、血液类（血清、血浆、脐带血、抗凝全血）、核酸类（DNA、RNA）、体液类等进行重点管理。

在上述管理规定的基础上，为进一步遏制人类遗传资源的流失，国家针对国际科技合作项目，提出凡涉及我国人类遗传资源（含有人体基因组、基因及其产物的器官、组织、细胞、血液、制备物、重组脱氧核糖核酸构建体等及其产生的信息资料）的国际合作项目，中方合作单位必须按照有关规定办理报批手续，杜绝人类遗传资源违法违规出境。我国境内的人类遗传资源信息，包括重要遗传家系和特定地区遗传资源及其数据、资料、样本等,我国研究开发机构享有专属持有权,未经许可,不得向其他单位转让。获得上述信息的外方合作单位和个人未经许可不得公开、发表、申请专利或以其他形式向他人披露。

(二)《中华人民共和国人类遗传资源管理条例》

我国是多民族的人口大国,具有独特的人类遗传资源优势,拥有丰富的特色健康长寿人群、特殊生态环境人群(如高原地区)、地理隔离人群(如海岛人群)以及疾病核心家系等遗传资源,为发展生命科学和相关产业提供了得天独厚的条件。我国历来高度重视人类遗传资源的保护和利用工作,1998 年,国务院办公厅转发科技部、卫生部联合制定的《人类遗传资源管理暂行办法》,对有效保护和合理利用我国人类遗传资源发挥了积极作用。但是,随着形势发展,我国人类遗传资源管理出现了一些新情况、新问题:人类遗传资源非法外流不断发生;人类遗传资源的利用不够规范、缺乏统筹;利用我国人类遗传资源开展国际合作科学研究的有关制度不够完善;暂行办法存在对利用人类遗传资源的规范不够、法律责任不够完备、监管措施需要进一步完善等问题。为了有效保护和合理利用我国人类遗传资源,维护公众健康、国家安全和社会公共利益,2019 年3 月 20 日国务院第 41 次常务会议通过《中华人民共和国人类遗传资源管理条例》(简称《人类遗传资源管理条例》),自 2019 年 7 月 1 日起施行。该条例分六章计四十七条,包括总则、采集和保藏、利用和对外提供、服务和监督、法律责任和附则,重点在保护我国人类遗传资源,促进人类遗传资源的合理利用,从源头上防止非法获取、利用人类遗传资源开展生物技术研究开发活动。

1. 促进合理利用我国人类遗传资源方面 为了促进合理利用我国人类遗传资源,《人类遗传资源管理条例》规定:一是国家支持合理利用人类遗传资源开展科学研究、发展生物医药产业、提高诊疗技术,提高我国生物安全保障能力,提升人民健康保障水平。二是国家人类遗传资源保藏基础平台和数据库应当依照国家有关规定向有关科研机构、高等学校、医疗机构、企业开放。三是省级以上人民政府科学技术行政部门应当会同本级人民政府有关部门对利用人类遗传资源开展科学研究、发展生物医药产业统筹规划,合理布局,加强创新体系建设,促进生物科技和产业创新、协调发展。四是国家鼓励科研机构、高等学校、医疗机构、企业利用人类遗传资源开展研究开发活动,对其研究开发活动以及成果的产业化依照法律、行政法规和国家有关规定予以支持;鼓励利用我国人类遗传资源开展国际合作科学研究,提升相关研究开发能力和水平。

2. 规范采集、保藏、利用、对外提供人类遗传资源等活动方面 为了规范采集、保藏、利用、对外提供人类遗传资源等活动,《人类遗传资源管理条例》规定:一是采集、保藏、利用、对外提供我国人类遗传资源不得危害我国公众健康、国家安全和社会公共利益,要符合伦理原则,保护资源提供者的合法权益,遵守相应的技术规范。禁止买卖人类遗传资源,为科学研究依法提供或者使用人类遗传资源并支付或者收取合理成本费用,不视为买卖。二是开展生物技术研究开发活动或者开展临床试验的,应当遵守有关生物技术研究、临床应用管理法律、行政法规和国家有关规定。三是保留暂行办法中对采集与保藏我国人类遗传资源、利用我国人类遗传资源开展国际合作科学研究和人类遗传资源材料出境的审批,并明确审批条件、完善审批程序。

3. 优化服务监管方面 为了优化服务监管,《人类遗传资源管理条例》规定:一是国务院科学技术行政部门和省、自治区、直辖市人民政府科学技术行政部门应当加强对采集、保藏、利用、对外提供人类遗传资源活动各环节的监督检查,发现违反规定的,及时依法予以处理并向社会公布检查、处理结果。二是国务院科学技术行政部门应当加强电子政务建设,方便申请人利用互联网办理审批、备案等事项;制定并及时发布有关采集、保藏、利用、对外提供我国人类遗传资源的审批指南和示范文本,加强对申请人办理有关审批、备案事项的指导。三是完善法律责任,加大处罚力度。

(三)《中华人民共和国生物安全法》

生物安全,是指国家有效防范和应对危险生物因子及相关因素威胁,生物技术能够稳定健康发展,人民生命健康和生态系统相对处于没有危险和不受威胁的状态,生物领域具备维护国家安全和持续发展的能力。人类遗传资源与生物资源安全管理适用《中华人民共和国生物安全法》。《中华人民共和国生物安全法》由中华人民共和国第十三届全国人民代表大会常务委员会第二十二次会议于 2020 年 10 月 17 日通过,自 2021 年 4 月 15 日起施行。《中华人民共和国生物安全法》分十章,计八十八条,具体包括:总则;生物安全风险防控体制;防控重大新发突发传染病、动植物疫情;生物技术研究、开发与应用安全;病原微生物实验室生物安全;人类遗传资源与生物资源安全;防范生物恐怖与生物武器威胁;生物安全能力建设;法律责任;附则。

(四)其他法律法规

新修订的《中华人民共和国专利法》对保护人类遗传资源也有所体现。我国专利法第三次修订后规定,"依赖遗传资源完成的发明创造,申请人应当在专利申请文件中说明该遗传资源的直接来源和原始来源;申请人无法说明原始来源的,应当陈述理由"。该条款通过确立专利申请中遗传资源来源信息披露的规定,为保护我国的遗传资源增加了授予专利权的实质性条件,并对遗传资源的获取、商业化利用加以监控,为确保国家主权、事先知情同意、惠益分享等原则的落实提供了基础,避免了遗传资源被大量采掘以及面临保有危机的风险。

新修订的《中华人民共和国畜牧法》第二章对畜禽遗传资源保护进行了规定。

思考题

你认为,单身妇女的生育权是否应该得到保障?为什么?

（张彩霞）

推荐阅读

[1] 蒋祎. 卫生法 [M]. 北京：人民卫生出版社，2020.

[2] 赵同刚. 卫生法 [M]. 3 版. 北京：人民卫生出版社，2008.

[3] 黄丁全. 医疗法律与生命伦理 [M]. 北京：法律出版社，2015.

[4] 信春鹰. 中华人民共和国精神卫生法解读 [M]. 北京：中国法制出版社，2012.

[5] 中共中央宣传部宣传教育局.《中华人民共和国民法典》婚姻家庭编学习读本 [M]. 北京：中国民主法制出版社，2021.

[6] 申卫星.《中华人民共和国基本医疗卫生与健康促进法》理解与适用 [M]. 北京：中国政法大学出版社，2020.

[7] 黎东生. 卫生法学 [M]. 北京：人民卫生出版社，2013.

[8] 国家药品监督管理局. 药品管理法疫苗管理法读本 [M]. 北京：法律出版社，2021.

[9] 陈泽宪. 中医药管理法律知识读本（以案释法版）[M]. 北京：中国民主法制出版社，2016.

[10] 郭自力. 现代医疗技术中的生命伦理和法律问题研究 [M]. 北京：中国社会科学出版社，2021.

中英文名词对照索引